UX 디자인 전략

전쟁에서 이기는 혁신적 디지털 제품을 만드는 법

유엑스 리뷰

UX 디자인 전략

전쟁에서 이기는 혁신적 디지털 제품을 만드는 법

제이미 레비 지음
현호영 옮김

유엑스 리뷰

추천의 글

나는 21살에 '멀티미디어' 분야에서 경력을 쌓기 위해 브루클린에서 맨해튼으로 가는 열차를 탔다. 애프터서비스가 필요한 레이저프린터를 싣고 꿈을 향해 출발한 것이다. 그 열차 안에서 제이미 레비Jaime Levy의 작품을 읽었으며, 언젠가는 꼭 그녀를 만나리라 다짐했다.

1990년대 초반까지도 웹이 없었다. 그렇지만 게시판 시스템BBS은 있었고, 뉴미디어가 빠르게 진화하기 시작하던 시절이었다. 컴퓨터에는 모뎀과 시디롬 드라이브가 내장되기 시작했지만, 웹 브라우저와 광대역 통신broadband이 나오려면 2년가량 더 기다려야 했다.

제이미는 그 누구보다 앞서 디지털 혁명을 일으킨 사람이다. 그는 플로피디스크 잡지를 1990년부터 1992년까지 만들었다. 그 이름은 〈와이어드WIRED〉였으며, 1993년도에 출판 잡지로서 첫선을 보였다. 같은 해 그녀는 영국 가수 빌리 아이돌Billy Idol을 위해 인터랙티브한 홍보 자료를 만들었으며, 빌리는 그걸 자신의 앨범 〈사이버펑크Cyberpunk〉와 함께 발매했다.

이 시점에 나는 〈사이버서퍼CyberSurfer〉라는 잡지를 출간했다. 나의 온라인 닉네임으로 출간했으며, 다섯 부가 팔렸다. 잡지 〈페이퍼PAPER〉 측은 내게 '사이버서퍼의 실리콘앨리CyberSurfer's Sillycon Alley'라는 이름으로 칼럼을 쓰는 일을 맡겼는데, 나는 그 칼럼에서 제이미가 하는 일을 자주 다루었다. 왜냐하면 그녀가 실제로 무언가를 해내는 유일한 사람이었기 때문이다.

제이미는 절대 부자가 아니었다. 그렇지만 그녀는 위대한 예술을 하고 있었다. 대화형 세계interactive world가 어떠해야 하는지를 그린 자신의 비전을 현실로 옮기고 있었다. 그녀는 스스로 억만장자가 될 수 있는 기회를 날려버리기도 했다. 세계적인 디지털 광고 회사 레이저피시Razorfish의 세 번째 공동 창업자가 될 기회를 버린 것이다.

1996년에 나는 '제자리에, 준비… 투자하세요!Ready, Set… Pitch!'라고 하는 Pseudo.com 투자 설명회를 조시 해리스Josh Harris의 유명한 로프트에서 주최했다. 거기서 제이미는 웹 기반 인터랙티브 카툰 스튜디오인 일렉트로닉 할리우드Electronic Hollywood를 선전했다.

그녀는 캐주얼 게임과 유튜브가 엄청난 성공을 거두리란 것을 무려 10여 년 전에 예측했으며, 'UX'와 'IA'에 대해 그 누구보다 일찍 눈을 떴다. 그녀는 우리 모두에게 사용자 경험과 그 흐름에 대해 알려주었다.

나에게는 우버Uber에서 엔가젯Engadget에 이르기까지 100가지가 넘는 인터넷 사업을 일으키거나 투자할 수 있을 만큼의 행운이 찾아왔다. 당신이 세상을 변화시키는 제품을 만들고 싶다면 그 시발점은 아마도 제이미의 손안에서 찾아야 할 것이다.

이 책을 읽으며 그녀가 무엇을 말하고 있는지 주의 깊게 들어보길 바란다. 그것은 바로 UX 기술을 기반으로 한 스타트업을 위한 '누락된 매뉴얼'이다. 바로 당신이 찾던 것이다.

특히 디자이너가 아닌 분들은 이 책을 더욱 주의 깊게 읽어 보길 바란다. 제이미는 용어를 더욱 친숙하고 쉽게 설명하기 위해서 많은 시간을 들였다. 디자이너들이 사용하는 용어를 쉽고 분명하게 이해할 수 있을 것이다.

우리가 20대 청년이던 어느 늦은 밤, '인터넷이란 무엇일까, 또 그걸 이용해서 어떻게 성공할 수 있을까?' 하고 상상의 나래를 펴던 적이 있다. 제이미는 내게 다음과 같이 간결한 말로 그러한 의문을 해결해주었다. "모든 것이 경험에 달렸어요."

삶을 살아가는 것이든 혹은 어떤 제품을 만들어내는 것이든 간에 '모두 경험에 달렸다'는 것보다 더 좋은 조언은 없다.

제이슨 칼라카니스 Jason Mccabe Calacanis
미국의 인터넷 기업인 겸 엔젤투자자

들어가며

전략은 서로 떨어진 점들을 연결하는 것이다. 전략은 당신이 미래에 대한 더 나은 추측을 할 수 있도록 과거에 어떤 일이 일어났으며 현재에는 어떤 상황이 전개되고 있는지를 살펴보게 한다. 전략을 세우는 사람들에게는 탐구적이고 실증적이며 용감한 태도가 필요하다. 그들은 먹잇감에 몰래 접근하여 급소를 찌름으로써 상대의 숨통을 끊는 모험가가 될 필요가 있다.

사용자 경험UX, User Experience 전략은 UX 디자인과 경영 전략의 교차점에 위치한다. 단지 행운을 빌거나 몇몇 와이어프레임wire-frame : 컴퓨터 그래픽에서 3차원 물체의 형상을 나타내기 위해 물체의 형상을 수많은 선의 모임으로 표시하여 입체감을 나타내는 것. 마치 철사를 이어서 만든 뼈대처럼 보이므로 와이어프레임이라 한다.을 디자인할 때, 또는 다량의 코드를 작성할 때보다는 경험을 바탕으로 구축된 전략을 실행에 옮길 때 성공적인 디지털 제품을 제공할 수 있는 법이다.

이 책은 UX 전략을 실행하는 데 바탕이 되는 견고한 구조를 제시한다. 특히 혁신적인 제품을 제작하는 데 적합한 내용을 갖추고 있다. 당신의 근무 환경과 무관한 다수의 사소한 기술들은 제외시켰다. 경영 전략의 기본 원리들이 MBA 학위를 가진 사람이나 이해할 법한 수수께끼가 되어야 할 필요는 없기 때문이다. 디자인과 마찬가지로, 전략은 오직 실행을 통해서만 통달할 수 있는 것이다.

누가 이 책을 읽어야 하나?

이 책은 UX 디자인과 경영 전략 사이의 거대한 지식 격차knowledge gap를 다룬다. 다음의 유형별 독자들을 염두에 두고 저술했다.

기업인, 디지털 제품 관리자, 그리고 사내 기업가

당신은 효과적인 UX를 이용해 성공적인 제품을 만들기 위해 시각디자이너, UX 디자이너, 개발자, 그리고 마케터 등으로 이루어진 팀을 이끌어가기를 원한다. 그러나 시간, 자금, 자원에는 한계가 있다. 이는 당신의 팀이 '응용된 단순함'을 위한 기술적 노력이나 가장 본질적이고 알맞은 도구들을 실무에 투입하는 데 집중해야 함을 의미한다. 당신이 린 스타트업Lena Startup: 단기간에 제품을 만들고 성과를 측정해 제품 개선에 반영하는 것을 반복하며 시장에서의 성공 확률을 높이는 경영 전략의 원리를 이해하고 있고 연구 조사와 평가 절차를 무시하고 싶겠지만, 타당한 전략에 근거한 의사 결정이 필요하다는 점 역시 알고 있을 것이다. 이 책은 가치 제안value propositions: 제품 및 서비스를 통해서 고객에게 전달하려는 혜택을 점검하고, 시장에서 가치 창출을 위한 기회를 발견하고, 전환을 위한 디자인을 하는 당신과 당신의 팀에게 반드시 필요하면서도 가볍게 활용할 수 있는 방법들을 제공해줄 것이다.

UX/UI 디자이너, 그리고 인터랙션 디자이너

당신은 좌절감을 느끼고 있을 것이다. 어쩌면 제품을 디자인하는 바퀴 속의 톱니라고 느끼고 있을지도 모르겠다. 당신은 자신이 하는 작업이 더욱 혁신적이고 올바른 전략에 따라 이루어지기를 원하고 있겠지만 전략적 단계에서 제품을 정의하는 일에 관여하고 있지는 않을 것이다. 어쩌면 비즈니스 학위가 없거나 마케팅 관련 경력이 없어서 직장 생활에서 난관에 부딪히지는 않을까 두려워할 수도 있다. 그래서 이 책은 당신이 다음과 같은 상황에 직면했을 때 어떻게 대처해야 할지를 가르쳐줄 것이다.

- 당신은 기존에 존재하는 것으로부터 아이디어를 훔쳐온 것에 불과하다고 생각하는 제품을 위해 사이트 맵과 와이어프레임을 제작하는 일을 맡고 있다. 다음 6개월 동안은 그러한 순환 고리를 다른 모습으로 보여주는 일에 시간을 소비하고 싶지 않을 것이다. 이 책은 경쟁사로부터 꼭 필요한 특정 서비스만 선별하여 체계적으로 도입함으로써 혁신할 수 있는 방법을 보여줄 것이다.

- 제품이 제시하는 비전이 100퍼센트 옳다고 확신하는 이해관계자들이 있고, 그들의 방향 그대로 디자인을 시행하기를 요구받고 있을 것이다. 당신은 그들이 옳다고 여기는 시각에서 벗어나게 하기 위해 사용자 조사를 진행하고 싶겠지만 그에 대한 예산이 주어지지도 않을 것이다. 이 책은 무언가를 구입하거나 비용을 들이지 않고도 사내 창업가가 선택할 수 있는 사항들을 실례와 함께 보여줄 것이다.

- 당신은 업무상 제품에 대한 엄청난 요청들이 담긴 문서에 숙달되어가고 있으며 전환을 일으킬 디자인을 고안해내기를 요구받고 있다. 이 책은 어떻게 업무 단계를 세분화하는지 보여줄 것이고, 사용자의 욕구가 반영된 행동을 의미 있는 척도로 바꾸는 방법을 보여줄 것이다.

나는 왜 이 책을 썼는가

소프트웨어 디자이너이자 실무자로 일하는 동안 내가 긴장의 끈을 놓지 못하게 한 일이 있다. 시간강사로서 사용자 인터페이스UI, user interface 디자인과 제품 전략과 관련하여 발전하는 지식 분야를 가르치는 일이었다. 1993년 이후 나는 공대생들을 위한 대학원 과정부터 재취업을 희망하면서 마케팅 기법을 정립하기를 원하는 전문 직업인들을 위한 성인교육 과정에 이르기까지 다양한 학생들을 대상으로 모든 것을 가르쳐왔다. 그러나 어떤 상황에서든 학생들이 원하는 모든 것을 전해주는 완벽한 교재는 없었다. 대신, 내가 준비한 프레젠테이션 자료, 예시 문서, 그리고 템플릿을 공유해달라는 요청에 끊임없이 들볶였다. 그러다 결국 나는 스타트업, 에이전시, 그리고 기업들과 함께 일하며 배웠던 UX 전략에 관하여 내가 알고 있는 모든 것을 하나의 자료로 통합시키기 위해 이 책을 쓰게 되었다.

또 나는 장차 전략가가 되려는 디자이너들과 제조업자들이 내가 오랜 시간을 거치며 축적한 전문적 경험을 이 책을 통해 얻기를 바란다. 나는 직업적, 개인적으로 많은 우여곡절을 겪었다. 그리고 그것들은 시행착오를 대하는 나의 태도에 영향을 미쳤다. 이것이 내가 시작부터 건조한 비즈니스나 기술 서적을 쓰지 않았던 이유다. 나는 우리가 제품디자인 업계에서 실제로 경험하는 활력과 유동성의 연대기를 쓰고 싶었다. 단순히 성공이나 항상 작동하는 기능이 아니라 기업가 정신을 묘사하고 싶었던 것이다. 내가 그랬던 것처럼 당신이 상처를 받지 않으면서 나의 여정을 공유하기를 바란다.

이 책은 어떻게 구성되어 있나

나는 수년간 섬세하게 조정해온 교수법을 바탕으로 이 책을 구성했다. 그러므로 이 책을 읽는 첫 번째 방법은 혁신적인 디지털 제품을 제작하는 법을 다룬 안내서로 읽는 것이며, 이것이 내가 원래 의도한 바다. 만약 이게 당신이 이 책을 선택한 이유라면, 당신이 디지털 인터페이스를 통해 해결했으면 하는 아이디어나 문제들을 고려하면서 이 책을 읽는 것이 좋을 것이다. 수영을 배우는 유일한 방법은 먼저 풀에 들어가 차가운 물에서도 당신이 편안해지도록 만드는 것이기 때문이다. 당신과 당신의 팀은 각 장들을 읽어나가면서 순차적으로 기술들을 알아가게 될 것이다. 그렇게 당신이 모든 기술들을 다 습득하면, 미래에 어떤 주문이 들어오더라도 최상의 작업을 해낼 수 있을 것이다.

책은 총 11장으로 구성되어 있다. 1장에서는 UX 전략이란 무엇이고 아닌 것은 무엇인지를 다룬다. 2장은 이 책에서 다루는 모든 도구들과 기술들을 형성하는 UX 전략의 체계에 대해 소개한다. 3장부터 9장까지는 그 앞에서 다룬 UX 전략의 기술들을 어떻게 수행하는지를 가르쳐준다. 10장에는 최고 수준의 전략가들과의 인터뷰가 수록되어 있는데, 같은 주제를 각기 다른 관점에서 바라보는 이 전략가들은 당신에게 통찰력을 줄 것이다. 마지막으로 11장에서는 전반적인 내용을 축약하여 다루며 결론을 내릴 것이다.

일러두기

이 책에는 미국에서 수행된 프로젝트 사례에 관한 화면들과 저자가 예시로 보여주는 화면들이 나온다. 대부분 번역을 하였으나 수정이 불가능한 몇 가지 그림들은 영문으로 되어 있으니 독자들의 양해를 바란다.

UX 전략 툴킷이란 무엇인가?

이 책의 중간중간에는 무료로 사용할 수 있는 툴킷Toolkit이 제시되어 있다. 이 툴킷을 사용하면 여러분은 팀과 함께 제품을 위한 주요 UX 전략 수립에 즉시 착수할 수 있다. 나는 지난 몇 년 동안 의뢰인들과 함께 이 툴들을 협력을 위한 도구이자 동시에 최종 산출물로 활용하며 계속 다듬어왔다. 처음에는 책에서 제시하는 툴킷의 범위가 좁게 보일 수도 있겠지만, UX 전략을 효율적으로 수행하는 방법을 학습하기 위한 출발점이라 생각해주면 좋겠다. 책을 읽어가면서 상세한 설명을 통해 각각의 툴들이 어떻게 사용되는지, 어떤 장점을 제공해주는지 이해할 수 있을 것이다.

무료 UX 전략 툴킷을 사용하기 위해서는 아래의 URL에 접속하면 된다.

http://userexperiencestrategy.com

엑셀 파일.xlsx로 된 툴킷을 내려받은 뒤 그것을 구글 드라이브Google Drive 스프레드시트로 간단하게 불러오면 된다. 툴킷은 마음대로 편집하고 공유할 가질 수 있다. 꼭 당신의 팀원들과 함께 공유하라. 스프레드시트 맨 아래쪽에 다른 툴들 사이에서 화면을 전환할 수 있는 탭이 있다.

UX 전략을 실행하려면 팀원들과 이해관계자들이 협력해야 한다. 교실의 학생이든, 신생 스타트업의 직원이든, 또는 기업 내 복합 기능 팀의 일원이든 당신이 어느 조직에 속해 있는지는 중요하지 않다. 당신이 속한 조직의 모든 구성원이 함께 작업하지 않는다면 어떤 전술도 효과를 거둘 수 없다. 디지털 시대에 협동을 위한 최선의 방법은 클라우드 기반의 도구들과 클라우드 기반의 툴킷을 활용하는 것이다. 이것들은 현장과 원격에서 함께 일하는 팀을 제품 비전에 맞게 조정하는 데 도움이 될 것이다. 클라우드 서비스를 이용하면 같은 팀 동료들과 실시간으로 동일한 문서를 보면서 가상 채팅을 하거나 나중에 문맥상 적절한 메모를 남길 수도 있다.

감사의 말

이 책은 사라 지다Sarah Dzida의 지속적 협력이 없었다면 당신 앞에 놓이지 못했을 것이다. 나는 내가 강의하던 UX 디자인 수업에서 그녀를 처음 만났다. 그녀는 석사 학위 논문을 준비 중이었고, 우리는 결국 수많은 UX 전략 수립과 디자인 프로젝트를 함께 진행하게 되었다. 그 프로젝트들은 그녀에게 통찰력을 주었고, 그녀는 내 비즈니스 사례들 이면의 이야기를 말해주며 나를 도와주게 된 것이다. 결국 그녀는 내가 도서 제안서를 작성할 때부터 각 장의 초고와 최종 원고를 마무리할 때까지 글을 쓰는 동안 글쓰기 코치로서 검토해주었으며 마치 편집장처럼 활약하며 모든 것을 도맡아 주었다. 그녀는 천재적 재능을 발휘해 각 장별로 정신없이 전개되었던 이야기들을 한 편의 매끄러운 장편 이야기로 엮어냈다. 나는 작가가 되기까지 필요했던 전 탐구 과정을 함께해준 그녀의 도움에 영원히 감사할 것이다. 또 아래의 사람들에게 고마움을 전하며 감사 인사를 드리고 싶다.

- 내 최고의 UX 구루이자 린 스타트업의 여왕 레인 핼리Lane Halley에게 대단히 감사드린다. 내가 로스앤젤레스에서 강사로 일하며 이 프로젝트를 처음 보여준 이래 그녀는 출판 작업을 자문해주었다.

- 아래의 기여자분들께도 감사드린다.

체임 디에스토Chaim Diesto, 마일스 프랭크Miles Frank, 에나 드 구즈만Ena De Guzman, 제프 카츠Geoff Katz, 재러드 크라우스Jared Krause, 잔 리Zhan Li, 폴 럼즈데인Paul Lumsdaine, 피터 머홀즈Peter Merholz, 홀리 노스Holly North, 비타 Bita 셰이바니Sheibani, 마이클 시걸Michael Sigal, 밀라나 소볼Milana Sobol, 마이클 수에오카Micheal Sueoka, 에릭 스웬슨Eric Swenson, 로럴 웨초크Laurel Wetzork.

- 출판사와 편집팀의 메리 트레슬러Mary Treseler와 앤절라 루피노Angela Rufino에게 감사드린다.

- 내게 특별한 존재 이유를 주며 열정적으로 프로젝트에 집중할 수 있게 해준 나의 멋진 아들 테리Terry에게 고마움을 전한다. 이 책을 그와 나머지 가족들에게 바친다.

- 이 프로젝트를 진행하는 동안 내가 제정신을 유지할 수 있게 해주며 예술적 자세를 가르쳐준 나의 모든 발레 선생님들에게 고마움을 전한다.

고맙다, 내 삶의 터전 로스앤젤레스.

옮긴이 서문

　기술의 변화로 점철된 시대에 디자인 전략은 끊임없이 수정되고 보완되고 있다. 비즈니스에서 발생하는 문제는 복잡해지고 사용자의 욕구와 결핍은 더욱더 세심한 디자인적 배려를 필요로 하고 있다. 매체는 다양해지고 있으며 융복합 디지털 기술을 디자인에 응용하는 것이 필수불가결해졌다. 이런 시대 상황이 UX 디자인이라는 새로운 분야를 태동시켰다. 이에 따라 디자인 경영자들은 새로운 전략을 세워야 했다. 사용자의 니즈에 민첩하게 대응하며 다중 매체의 시각적 요소를 통합적으로 관리할 수 있는 디자인 조직을 갖춰야 했고, 최고의 경험 전달을 위해 다른 기업들을 벤치마킹해야 했다. 이들은 제품이 주는 최고의 가치인 사용자 경험에서 경쟁 우위를 점하기 위한 UX 전략에 눈을 뜨고 있다.

　전략은 전쟁터에서 주로 사용하는 군사 용어인데 왜 디자인 세계에서까지 흔히 논해지고 있을까? 그것은 디자인 산업이 전쟁터와 같이 치열한 경쟁을 수반하기 때문이다. 최근 디자인과 관련된 소송이 급증하고 있는 것을 보면 알 수 있다. 수요를 조금이라도 더 차지하기 위한 기업들의 싸움은 적을 효율적으로 해치우기 위한 전략의 모색으로 이어졌다. 디자이너로 살아남으려면 자신만의 경쟁 전략이 필요해졌다. 이런 실무적 지향점에서 디자인은 경영학과 같은 곳을 향한다. 전략의 핵심은 '차별화'다. 상당수 디자인 콘셉트가 그러하듯 경쟁자의 서비스를 그대로 모방하는 것은 전략이 아니다. 차별화를 위해 경쟁사를 분석하고 벤치마킹하며 남보다 먼저 우위를 점할 수 있는 디자인적 요소를 개발하는 것이 바로 디자인 전략이다.

　기업을 위한 디자인 전략의 역사가 제법 오래되면서 전략의 기본적인 방향성과 원칙은 이미 정립되었다고 할 수 있다. 그러나 새로운 변화에 적합한 전략을 연구하는 일은 아직 걸음마 단계이다. UX는 디자이너, 개발자, 마케터 등 다방면의 사람들이 추구하는 목표이지만 이를 실제 업무에 연계하기 위한 방법은 정해진 것이 없었다. 그동안 디자인 경영은 중요시되어왔으나 UX 경영에 대한 분명한 모델을 가지고 디자인에 접근한 사례는 많지 않다. 기존의 전략은 현재의 역동적인 기술 변화와 대화형 사용 환경에 대처하기에는 부적합했다. 어떤 경우에는 UX 전략을 수립했으나 그것의 실행이 지지부진했다. 이상만 있었고 구체적인 실천 방안이 부재했기 때문이다.

지금은 디자인 경영의 큰 물줄기가 바뀌고 있는 시점이다. 모든 기업과 브랜드가 사용자 경험을 확보하기 위한 전쟁을 벌이고 있다. 디자인 조직의 상당수가 통합적으로 바뀌고 있으며 사용자 경험을 고려한 제품을 개발하고 있다. 디자이너들에게 경험은 익숙하면서도 업무적으로는 생소한 개념일 것이다. 제품을 아름답고 편리하게 만들고 제품의 부분적인 요소를 특별히 변형시키는 것은 당연한 일이지, 이제 그런 것을 전략이라 할 수는 없는 시대다. 거기서 더 나아가 가치 있는 경험을 창출하는 것이 디자인이 주는 최고의 혜택이 되었다. 그런데 UX를 비즈니스에 활용하는 방법은 잘 알려져 있지 않다. 많은 사람이 UX가 중요하다는 것만 알고 그것을 이용해 수익을 창출하는 법은 모르고 있는 것이다.

그것이 이 책이 출간된 이유라고 생각한다. 〈UX 디자인 전략〉은 다른 UX 책들처럼 반짝 유행하는 기술들을 소개하며 프로세스와 방법론을 안내하는 것이 아니라, 경쟁 시장에서의 UX를 논하며 비즈니스에 필요한 UX의 거대한 원칙들을 소개한다. 다양한 방법론을 아무리 많이 알고 있어도, 여러 가지 소프트웨어를 능수능란하게 다룰 수 있다 하더라도 사용자의 욕구를 충족시켜주며 비즈니스 모델과 조화를 이루는 UX를 만들어내는 것은 전략에 대한 통찰과 비전이 없이는 불가능하다. UX에 대해 충분히 알고 있지만 그것을 어떻게 비즈니스로 연결시키는지에 대해서는 잘 모르는 실무자라면 이 책을 꼭 읽어볼 필요가 있다. 전략을 실행하기 위한 확고한 시나리오를 따라 하다 보면 여러분도 경쟁력 있는 UX 콘셉트를 만들 수 있을 것이다.

이 책은 이론적 학습서라기보다는 오랜 경험을 쌓은 실무자가 자신의 UX 개발 노하우를 전수해주는 특강이자 전략 기획 매뉴얼에 가까운 것 같다. UX를 비즈니스로 끌어들이는 방법을 단계별로 제시한 세계 최초의 책이다. 디자인 전략 중에서도 특히 사용자 경험을 개발하는 데 필요한 방안을 논한다. 제품 중에서도 디지털 제품과 IT 서비스를 다루며, 디자이너뿐만 아니라 관계 학문의 연구자들이나 실무자들도 활용할 수 있는 지식과 정보를 담고 있다. 전반적으로 사용자의 관점에서 문제 해결 방안을 모색하고 사용자 경험을 경쟁사와 비교 분석하는 법을 알려주므로 협동적 사고와 비즈니스 모델의 콘셉트를 바탕으로 UX 디자인 프로세스의 근간이 되는 전략을 수립하는 방법을 이해할 수 있을 것이다. 많은 디자이너들이 자신의 브랜드를 만들고 있는데, 그런 이들에게 이 책이 기획의 길잡이가 될 수 있을 것이다.

오늘날 산업디자이너에게 요구되는 1순위 능력은 전략적 사고와 날카로운 경쟁자 분석력이다. 이를 위해서는 일정한 절차와 명확한 기준이 필요한데, 그것들은 이 책을 통해 알 수 있다. 우리가 궁극적으로 추구해야 하는 것이 사용자 경험이라면 사용자를 둘러싼 문제와 해결책을 찾는 것이 첫 번째 임무라 할 수 있다. 그런 관점에서 보면 디자인은 경영 컨설팅과 흡사하다. 이 책의 내용은 UX 디자이너들이 의뢰인을 상대할 때 설득력을 높일 수 있는 근거가 되어줄 수 있고, 상세한 비전을 제시하는 데도 유용하다. 사용자 경험을 중심으로 독창적인 비즈니스 모델을 만들어볼 수도 있다. 어떻게 UX 디자인 전략을 수립해야 할지를 알려주는 것을 골자로 한 책을 출간하는 것은 국내에서는 새로운 시도라 할 수 있다. UX 디자인을 전략 기획을 위한 핵심 역량으로 활용하는 데 이 책이 조금이라도 도움이 된다면 역자로서 더할 나위 없이 기쁘겠다.

현호영

차례

추천의 글 — 04
들어가며 — 06
누가 이 책을 읽어야 하나? — 07
나는 왜 이 책을 썼는가 — 09
이 책은 어떻게 구성되어 있나 — 10
UX 전략 툴킷이란 무엇인가? — 11
감사의 말 — 12
옮긴이 서문 — 14

1장 UX 전략이란 무엇인가? — 19
2장 UX 전략의 네 가지 원칙 — 31
3장 가치 포지셔닝의 타당성 — 61
4장 경쟁자 조사 수행하기 — 89
5장 경쟁력 분석의 수행 — 121
6장 스토리보드 작업을 통한 가치 혁신 — 151
7장 실험을 위한 프로토타입 제작하기 — 181
8장 게릴라 조사 수행하기 — 215
9장 전환을 위한 디자인 — 247
10장 전방의 전략가들 — 285
11장 대단원 — 335

UX 전략이란 무엇인가?

나는 바늘을 보았고 상처를 입었다. 모두에게 그것은 작은 일부이겠지만.

―닐 영 Neil Young, 1972

몇 년 전, 크게 성공한 소프트웨어 엔지니어 한 명이 새로운 사업을 시작했다. 그가 사랑하는 사람이 마약중독에 걸린 것이 계기였다. 수백만 명의 미국인들이 그럴듯한 곳에서 치료를 받아보려 매년 몸서리치는 여정을 떠나는데, 그 또한 그곳에 발을 들인 것이다. 그러나 무엇 하나 확신하기 어려운 과정이었고 정말 고통스러운 여정이었다. 가격도 투명하게 밝혀지지 않았고, 괜찮은 치료 시설을 알아볼 수 있게끔 편향되지 않은 후기를 제공하는 전문 기관 같은 것도 존재하지 않을뿐더러, 그처럼 절실하게 치료 기관을 찾아다니는 사람들을 낚으려 터무니없는 가격으로 장사를 하는 사기꾼들도 많았다. 그런데 이 와중에 그는 한 가지 사실을 발견했는데, 그것은 적당한 치료 시설들 역시 많은 어려움을 겪고 있다는 것이었다. 손님은 늘지 않았고, 들어오는 소개를 걸러내 적절한 환자를 찾아내는 것도 쉽지 않았으며, 보험회사에서 쉽게 치료비를 내주지도 않았다. 이 여정의 끝 무렵에 그는 다른 종류의 모험을 떠날 기회를 발견했다. 이 업계에 도사린 문제도 해결할 수 있었고 그와 동시에 비슷한 고통을 겪고 있는 사람들에게 도움이 될 수도 있는 기회였다. 온라인 인터페이스를 통해 적절한 환자에게 적절한 치료를 연결해준다는 아이디어를 바탕으로 그는 창업에 시동을 걸게 되었다.

그가 구상한 사업 아이템은 그 시장구조를 완전히 붕괴시켜 버릴 가능성도 있었기에 탄탄한 팀을 구성할 수 있었고 투자 자본도 모을 수 있었다. 그는 이름 있는 괜찮은 재활 시설들과 돈독한 관계를 맺었다. 시설 내 빈 침대에, 그 침대가 필요한 사람들을 배치할 수 있도록 데이터베이스도 구축했다. 정말 최고의 시설만 데이터베이스에 포함될 수 있도록 특별한 조사 방법도 개발했다. 그리고 물론 손님들을 끌어모을 수 있는, 고객을 직접 응대하는 홈페이지도 개발했다.

그들은 어떤 점도 그저 운에 맡기지 않았다. 치료 시설을 찾아본 경험이 있는 사람들에게 온라인 설문조사도 실시했고, 홍보 회사, 마케팅 회사, 검색엔진 최적화SEO 회사와도 계약을 맺었다. 온오프라인 미디어에 광고를 냈고, 업계 전문가를 만났으며, 그들의 가치 제안에 관심을 갖고 함께하고 싶어 하는 비즈니스 파트너도 다수 만나게 되었다.

홈페이지를 열고 그들은 당사 서비스를 이용할 시 비용을 절감할 수 있으며 풍부한 데이터를 바탕으로 솔직한 후기를 제공한다는 점을 홍보하려 페이스북이나 구글을 통해서 수많은 온라인 광고 활동을 했다. 그러나 광고 활동 결과, 어쩌다 트래픽 흔적만 잠시 보일 뿐이었다. 가끔은 서비스에 등록하는 사용자가 있기도 했고 등록 후 다시 재방문을 하는 사용자도 있긴 했지만, 18개월이란 시간 동안 이 사이트를 통해서 치료 센터에 예약을 한 사람은 단 한 명도 없었다.

팀은 분명히 무언가 잘못되었다는 것을 깨달았다. 단 하나의 아이템제품을 구축하기 위해 수백만 달러를 들였는데도 단 한 명의 손님도 불러들일 수 없었다는 것이 그걸 증명했다. 투자자들과 비즈니스 파트너들은 불안해졌다. 홍보 담당자들은 이 콘셉트에 관심을 가지는 미디어를 계속 찾아다녔지만 홈페이지에 드러난 활동이 없어 아무도 방송에 내보내려 하지 않았다. 그래도 그 인터페이스에는 사용자들이 최선의 선택을 내릴 수 있게끔 도와주는 여러 가지 특성 및 기능이 많이 탑재되어 있었다.

팀원들은 분명 사용자 경험이 관건일 것이라 가정했고, 그래서 그들은 나를 찾아오게 되었다.

이전의 많은 제품아이템 개발자들과 마찬가지로 그들은 우리 UX팀에게 홈페이지의 '시각적인 부분과 느낌'을 다시 디자인해달라고 부탁했다. 그것도 가능한 빨리. 결국 비즈니스 파트너들의 걱정은 늘어났다. 그들은 아이템에 이미 많은 기능들이 뿌리박혀 있으니 있는 그대로에다 우리가 무언가를 더 추가하는 것이 쉬울 것이라 생각했다. 하지만 우리는 거절했다. 그들에게 필요한 건 단순히 새 UX 디자인이 아니고 UX 전략이었기 때문이다.

UX 전략에 대한 오해

UX란 여러 분야를 망라하는 포괄적인 용어이고, UX 전략은 UX 디자인과 경영 전략이 교차하는 지점 어딘가에 존재한다. 그러나 그 경계는 분명하지 않다. UX 디자인과 경영 전략은 정교한 해부적 구조 속에서, 서로 연결을 지을 수 있는 많은 점들을 지니고 있다. 그래서 UX 전략에 대해서 떠도는 해석들이 그렇게나 다양하고 많은 것이다.

난 2008년 인디 영Indi Young의 《멘탈 모델Mental Models》이라는 심화 UX 도서에서 'UX 전략'이라는 단어를 처음 접했다. 이 책을 쓸 무렵 인디 영은 UX 디자인을 한 층 더 업그레이드하려는 시도를 하고 있었다. 그녀는 독자들에게 작은 선언을 하나 했는데, 그 내용은 다음과 같다.

경험 전략

제품에 대한 전략은 하나의 형태로만 개발하면 안 된다. 그 사용 경험의 가치가 분명하다 하더라도 제품을 제공하는 가장 중요한 근거들은 모두 공평하게 고려해야 한다. 제시 제임스 개릿(Jesse James Garrett)은 경험 전략이라는 말을 아래와 같이 표현한다.

경험 전략 = 경영 전략 + UX 전략

멘탈 모델은 당신의 경영 전략이 현존 사용자 경험과 비교해서 어떻게 보이는지를 그려볼 수 있게 해준다. 그러므로 이는 경험 전략을 받쳐줄 수 있는 도식이라고 할 수 있다.

표 1-1
도서 《멘탈 모델》에서 발췌한 사이드 바 © 2008 Rosenfeld Media, LLC

난 UX 전략이 무슨 뜻인지 정말로 이해하고 싶었지만 '경험' 전략과 '사용자 경험'이 그냥 한 단어로 보이기만 할 뿐, 책에서는 이 난해한 등식에 대해서는 더 이상 파고들지 않았다. 대규모 에이전시와 기업들과 협력하며 경력을 쌓는 동안 UX 전략의 의도와 관련된 많은 이론적 개념을 들어왔는데, 이 책에서 나는 그런 부분들은 언급하고 싶지 않다. '전략'이 무슨 의미인지 그저 의미론적으로 따져 묻거나, 또는 어떤 이론적 체제가 실제로 적용 가능한지 아닌지를 묻는 유의 논쟁에 기름을 붓는 일은 피해야만 한다. 그것은 우리 고객과 주주들에게 혼란만을 안길 것이고, 2000년대 초반 '사용자 경험 디자인'과 '상호작용 디자인'의 실용 방법 차이에 대해 논쟁이 일던 때 정말로 그러한 결과를 나았다. 하지만 오해가 가끔 대조의 근거점을 제공하는 데 도움이 될 때도 있다. 그래서 큰 오해 몇 가지는 짚고 넘어가기로 하자.

오해 1 : UX 전략은 '북극성'을 분간하기 위한 것이다

진실 : 북극성은 은하에서 가장 밝은 별일 뿐만 아니라 하늘 위에 '고정'된 위치 덕에, 오랜 역사에 걸쳐, 항해를 하는 데 사용되어왔다. 디지털 시대에 한 팀이 북극성과 같이 고정된 위치를 그들의 작전 목표로 잡고 그곳으로 진로를 잡는다고 하자. 이 전통적인 경영 전략은 느리게 진행되는 대기업의 팀에는 좋은 자극이 될 수 있다. 하지만 당신에게 구하는 답이 혁신적인 디지털 제품아이템에 관한 전략이라면? 그것도 불확실성이 넘치고 소비자들이 빠르게 움직이는 시장에 발을 들이려는 중이라면? 그렇다면 당신에겐 민첩한 과정이 요구된다. 진행 중에 여러 방면에서 피드백이 지속적으로 반복되는, 융통성 있고 반복적인 그런 과정 말이다. 그때 당신은 북극성이 당신의 UX 전략을 이끄는 것이 아니라, 당신이 방향을 틀 때마다 그곳으로 다시 나아갈, 그러한 목표를 원하게 될 것이다.

오해 2 : UX 전략은 UX 디자인을 수행하기 위한 '전략적 방법'이다

진실 : 이 오해의 반대는 뭘까? 비전략적으로 UX 디자인을 하는 것일까? UX 디

자인과 UX 전략은 별개의 것이다. 디자인을 할 때, 우리는 무언가를 창작한다. 전략을 짤 때, 우리는 창작하기 전에 필요한 작전을 짠다. 다른 식으로 설명을 하기 위해 '제품'이라는 단어를 '사용자 경험'으로 한 번 교체해보자. 제품 전략가는 제품에 대한 모든 가능성을 생각하고 잠재적 고객과 현존하는 경쟁 상대를 모두 알아본 후에 일을 완료한다. 또한 제품이 얼마의 가치가 있을 것인지, 얼마에 팔릴 것인지, 그리고 다양한 고객층에게 어떤 식으로 유통할 것인지를 고민한다. 반대로 제품 디자이너는 물건을 실제로 제작한다. 둘은 전혀 다른 분야다.

UX 디자이너들이 전체적인 경영 전략을 통지받지 못한 채 작업하는 것을 너무도 자주 봐왔다. 그들은 자신이 받은 비즈니스 요청서에 적힌 사항 이외에 대해서는 아는 것이 없다. 이러한 분리성 때문에 린 UX$^{Lean\ UX}$적 동향이 그렇게 인기가 있는 것이다. 이 동향은 UX 디자이너들이 복합 기능을 담당하는 팀이 한곳에 뭉치게 만드는 접착제와 같은 역할을 함으로써 전략 방면에 더 큰 영향력을 행사하며 더 큰 리더십을 발휘해야 한다고 주장한다.

오해 3 : UX 전략은 단지 제품 전략에 불과하다

진실 : 오해 2는 제품 전략가와 UX 전략가의 비슷한 점을 꼬집어낸다. 그러나 그렇다고 해서 그 둘이 서로의 역할을 쉽게 대신할 수 있는 것은 아니다. 우리 부모님께서는 제품 관리 디렉터인 내 동생과 내가 같은 일로 먹고산다 생각하시지만 말이다. 오프라인 '타깃 마트'의 제품과 마트의 쇼핑 경험을 디자인하는 사람은 '타깃닷컴'을 디자인하는 사람들과는 아주 다른 문제를 고민한다.

그러나 UX 전략은 하나의 디지털 제품 혹은 온라인 경험 그 이상을 담당한다. UX 전략은 정말 다양한 디지털 제품, 서비스, 플랫폼을 모두 포괄한다. 디지털 인터페이스 군집의 모든 구성원을 서로서로 연결시킨다. 참고할 만한 예가 있다.

애플

아이맥, 아이팟, 오프라인 맥 스토어, 아이튠즈, 아이클라우드 등

링크드인

데스크톱, 모바일, 프리미엄

어도비

포토샵, 일러스트레이터, 클라우드

아마존

프라임, 아마존웹서비스, 킨들, 킨들 크리에이터 등

UX 전략은 모든 접점들의 정당성을 입증한 후 UX 디자인을 통해 그 접점들을 구매자와 판매자 사이의 매끄러운 네트워크로 엮어낸다. 이것은 퍼널funnel, 깔때기 아래로 향하는 사용자의 여정 전체를 설명해준다.퍼널에 대한 부가 설명은 9장을 참조하길 바란다.

오해 4 : UX 전략은 브랜드 전략과 밀접한 관련이 있다

진실 : 브랜드 전략이란 유통 경로를 통해 브랜드 메시지를 전달하고 소통하는 방법, 장소, 시기, 내용, 대상 등을 계획하는 것이다. 브랜드 전략은 당신 제품의 UX 디자인을 정의하는 데 도움이 되고, 그 역도 마찬가지다. 하지만 이런 브랜드 메시지를 전달하려는 노력과 목표가 UX 전략과 혼용되기 쉽다. 빈약한 UX는 제품의 '브랜드 가치'를 정말로 떨어뜨릴 수 있지만 그 반대의 상황은 별로 일어나지 않는다. 가장 가치 있는 브랜드도 제품의 빈약한 UX는 극복할 수 없다.

브랜트 쿠퍼Brant Cooper와 패트릭 블라스코비츠Patrick Vlaskovits는 공동 저술한 《린 사업가Lean Entrepreneur》에서 "마케팅은 제품에 대해 더 잘 알게는 해주지만 제품이 허접하면 망하는 것"이라고 말했다. 이 생각을 구글에 적용해보자. 구글은 정말 환상적인 브랜드다. 그럼 이제 구글 플러스라Google+든지 버즈Buzz나 웨이브Wave 같은 아이템제품을 생각해보자. 이런 아이템들은 변함없이 구글 브랜드 전략을 따랐지만 대중의

심사를 견뎌낼 수 없었다. 처음 출시되었을 때 이 아이템들은 사용자들을 어리둥절하게 만들었고 결국 그들의 마음을 사지 못했다. 그들은 '큰 그림' 차원에서 실패했는데 바로 다수의 제품으로, 다양한 네트워크의 사람들과, 어떻게 소통을 하는지에 대한 사용자의 딜레마를 풀어야 했던 것이다.

꼭 기억해야 할 또 한 가지 사실은, 견고한 UX 디자인은 브랜드를 차별하지 않는다는 것이다. 사용자들은 구글 같은 회사들은 UX 역시 좋을 것이라고 추측한다. 구글은 이제 그런 것에 관해선 떠벌릴 필요도 없다. UX가 나쁘다면 오히려 참 이상한 것이다. 그래서 UX 디자인이 더욱더 강력한 힘을 지니는 것이다. 회사가 성장하고 디지털 자산들도 더 확장됨에 따라 당신은 전략을 효율적이고, 신뢰할 수 있게, 꾸밈없이 모든 온라인 서비스에 적용하며 끊임없이 방향을 틀고 작전을 바꿔야만 한다. 어찌 되었든 제품에는 좋은 UX가 꼭 필요하다.

그렇다면 도대체 UX 전략은 무엇인가?

UX 전략은 디지털 제품의 디자인이나 개발을 시작하기 전에 먼저 이루어져야 하는 과정이다. UX 전략이란 본전략이 시장에서 선호되는지를 확인하기 위해 실제 잠재 고객들을 통해 입증해야 하는 해결책에 관한 비전을 의미한다. UX 디자인은 시각 디자인, 콘텐츠 메시지, 그리고 사용자의 과업 수행 난이도와 같은 수많은 세부 사항들을 망라하지만, UX 전략은 '큰 그림'을 나타낸다. UX 전략은 불확실한 상황에서 하나 혹은 그 이상의 비즈니스 목표들을 달성하기 위한 고차원적 계획이다.

모든 전략의 목적은 현재의 위치를 반영한 계획을 수립한 다음, 당신이 실제로 원하는 미래상을 성취하도록 돕는 데 있다. 전략은 자신의 강점을 기반으로 한 것이어야 하며, 약점은 고려 대상에 올려두어야 한다. 또 당신과 팀을 신속히 목적지로 데려다줄 수 있는 경험적이면서도 손쉽게 변형이 가능한 전술을 기반으로 해야 한다터놓고 말해. 아마 이 일을 당신 혼자서 하고 있지는 않을 것이기 때문이다. 얼마나 견고한 전략을 세우는지가 성패를 가른다. 디지털 제품의 세계에서, 시간 지연, 비용 증가, 그리고 나쁜 사용자 경험과 같은 혼란스러운 상황은 팀 구성원들이 제품의 비전을 공유하지 못할 때 더욱 악화된다.

훌륭한 장군들이 그렇듯이, 전략은 개선해나갈 필요가 있다. 그게 바로 우리가 소프트웨어 엔지니어들이 설립한 스타트업이 사면초가에 몰렸을 때 한 걸음 물러나 전투 계획을 새롭게 짜야 한다고 확신한 이유다. 다음 내용은 우리가 직접 약 한 달 동안 달성했던 UX 전략이다.

- 우리는 현재 진행 중인 모든 연구에 의문을 제기했으며, 수많은 연구들이 사실에 기반을 둔 사용자 데이터보다는 비즈니스에 대한 가정에 기반을 두고 있다는 사실을 발견했다. 이것이 바로 의뢰인이 우리 팀이 리디자인을 중단하는 것을 허용한 이유였다.

- 우리는 대기 중인 의뢰인들을 대상으로 최소 기능 제품Minimum Viable Product, MVP : 완전한 제품을 출시하기 전에 최소 실행 가능한 형태로 출시하여 고객들의 반응을 살펴보는 제품의 프로토타입을 사용하여 게릴라 사용자 조사를 수행했다. 의뢰인들은 그들의 고객층이 좋지 못한 치료 센터 때문에 금전적인 손해를 보는 '모든 사람들'이 아니라는 것을 인지했다. 그 대신에, 그들은 부유한 고객층을 타깃으로 삼는 직접 마케팅 채널을 필요로 하는 비즈니스 모델을 구축했다.

- 랜딩 페이지landing pages : 키워드 혹은 배너 광고 등으로 유입된 인터넷 이용자가 다다르게 되는 마케팅 페이지를 가지고 고객 획득을 실험함으로써 우리는 새로운 가치 제안을 실험했다. 이것은 기업 간의B2B 솔루션처럼 다른 비즈니스 모델들에 대해 의뢰인들이 마음을 여는 데 도움을 주었다.

물론, 발견한 내용 중 많은 부분은 의뢰인들이 매우 실망할 만한 내용들이었다. 의뢰인들은 제대로 굴러가지 않은 제품을 만드는 데 수많은 시간과 비용을 할애했다. 처음에 그들은 사이트의 '사용자 경험'을 비난했다. 하지만 큰 그림을 제시함으로써, 우리는 의뢰인들에게 그들의 UX 중 수많은 부분이 실제로 어떻게 디지털 인터페이스 너머의 것들로 인하여 제약을 받는지 보여주었다.

UX 전략이 중요한 이유

심성 모형mental model은 사물이 작동하는 방식에 관한 사람의 심성에 있는 개념적인 모형이다. 예를 들어, 나는 열 살 때 어머니가 은행에 방문해서, 서류를 작성하고 서명하며, 창구 직원에게 돈을 받는 방식을 통해서 현금을 받는다고 믿었다. 스무 살 때는 현금을 얻으려면 은행 카드를 가져가 ATM에 삽입해야 한다고 믿었다. 하지만 만약 당신이 열 살짜리 아들에게 현금을 얻는 방법을 질문하면, 아들은 슈퍼마켓에 가서 식료품 값을 지불하면서 현금을 달라고 부탁해야 한다고 말할 것이다. 현금을 얻는 2015년 심성 모형은 1976년도 심성 모형과는 매우 다르다. 그것은 바로 새로운 기술과 새로운 비즈니스 프로세스가 사람들이 더 효율적으로 과제를 수행하는 방법을 제시하기 때문이다. 오래된 심성 모형들은 뒤집힌다. 삶은 더 나은 삶을 위해 와해되기 때문이다.

이게 바로 내가 스타트업과 일하는 것을 좋아하는 이유다. 기업가들은 가장 큰 리스크를 안고 가는 사람들이기 때문이다. 그들은 본업을 내버리고 열정을 내비치는 엄청난 아이디어 하나에 모든 것을 바친다. 우리의 소프트웨어 엔지니어는 그러한 유형의 사람이었다. 어려운 개인사를 겪은 이후에, 자신이 느꼈던 것을 타인들이 다시 겪지 않도록 하기 위해 문제를 해결하기 원했다. 그는 심성 모형을 바꾸고 싶어 했다.

혁신적인 제품을 구상하는 것은 즐거운 일이다. 하지만 사람들로 하여금 그들의 행동 방식을 바꾸게 하는 것은 어려운 일이다. 고객들이 과거의 방식을 버리려면 그전에 먼저 새로운 방식에서 가치를 확인해야만 한다. 심각한 딜레마를 해결하기 위해 새로운 제품을 고안해내는 것은 심약한 사람들이 할 수 있는 일이 아니다. 당신은 반드시 열정적이어야 하고, 맞닥뜨리게 될 모든 난관들에 몸을 내던질 수 있을 정도로 살짝 정신이 나가 있어야만 한다.

문제를 해결하고, 세상을 변화시키며, 새로운 제품을 만듦으로써 더 살기 좋은 세상으로 이끄는 것은 무엇보다 열정이다. 그리고 이 열정은 본업을 그만두는 기업가들에게만 국한된 것이 아니다. 열정은 제품 관리자, UX 디자이너, 혹은 개발자로 불리는 사람들을 대담하게 만들기도 한다. 이 사람들은 고객들이 원하는 제품을 고안하기 위해 기술을 사용하는 것에 열정적인 사람들이다. 이러한 유형의 사람들을 한곳으로 모으는 일은, 상상 속에서만 존재한 일을 일어나게 하고 철 지난 심성 모형을 없앨 수 있는 필수적인 수단을 확보하게 되는 일이나 다름없다. 그러한 열정이 없다면 왜 다른 무언가를 만들고 싶어 하겠는가?

이 책의 목표는 당신이 따라 할 수 있도록 UX 전략의 실무를 이해하기 쉽게 설명하는 것이다. 이 책을 읽으면 다양한 작업 환경에서 당신의 제품에 UX 전략 기법들을 즉각적으로 적용할 수 있을 것이다.

다양한 비즈니스 사례에서 발생할 수 있는 여러 가지 전략 기법들을 소개할 것이다. 소프트웨어 디자이너, 할리우드 프로듀서, 그리고 상거래 온라인 플랫폼을 통해 통화通貨가 필요없는 세상을 만들고자 하는 재러드Jared라고 불리는 기업가를 만나게 될 것이다. 당신은 또한 UX 전략 프로세스를 문서화하기 위해 가상의 가치 제안을 추적한 UX 견습 학생인 비타와 에나를 만나게 될 것이다. 나의 가족들도 만나게 될 것이다. 나는 부모님께 보고 배우면서 기업가가 되고 싶다는 자극을 받았기 때문이다. 당신은 이 여정이 일종의 보상임을 깨닫게 될 것이다. 당신이 선생이든, 학생이든, 아니면 제조업자든 직업과는 상관없이 말이다. 당신은 또한 프로젝트나 상황과는 관계없이 제품을 고안하는 일이 롤러코스터를 타는 것처럼 짜릿하면서도 위험한 일이며, 제품을 궤도에 올리는 유일한 방법이 실증적이고 비용 효율적인 전략 기법들을 사용하는 것임을 깨닫게 될 것이다.

UX 전략가로서 나는 의뢰인들이 딜레마를 마주하고 꿈을 좇을 수 있도록 도왔다. 이것이 바로 UX 전략을 숙달하는 과정에서 견고한 문제 해결 능력이 중요한 이유이다. 전략은 디자인의 추상적인 본질 그 이상이며, 비판적 사고의 영역에 포함된다. 비판적 사고는 명확하고, 이성적이며, 다른 사고를 포용할 수 있으며, 근거에 기반한 사고방식이다. 제품의 이해 당사자와 기업가들은 고객, 니즈, 그리고 기술을 사용하여 해결하기를 희망하는 솔루션처럼 모든 지점들을 하나로 연결하는 작업을 돕기 위해 UX 전략에 비판적 사고방식을 도입하여 사용한다.

비판적 사고방식을 위해 UX 전략가들은 기술에 대해 열정적이어야 한다. 인터넷이 소비자들에게 디지털 방식으로 무한한 선택권을 제공하기 때문이다. 마우스로 할 수 있는 모든 행동들은 사용자가 내릴 수 있는 결정들을 의미한다. 소비자들을 무한한 선택을 할 수 있다. 구매를 할 수도 있고 안 할 수도 있으며, 좋아할 수도 있고 조롱할 수도 있으며, 공유하거나 잊어버리고, 또는 완료하거나 취소해버릴 수도 있다. 당신은 어떤 기능을 제공할지 알 필요가 있고, 사람들이 어떻게 제공한 기능들을 사용하는지도 알 필요가 있다. 당신은 모든 최신 기기, 플랫폼, 그리고 애플리케이션을 이해해야 한다. 당신의 솔루션을 위해서 위의 사안들을 어떻게 응용할 수 있는지 고려해야 하기 때문이다. 당신과 당신의 팀은 앨리스가 토끼 굴을 타고 이상한 나라에 가듯이 문제를 해결할 방책을 제시할 수 있어야 하기 때문이다.

도약을 위한 준비가 끝났다면 이제 다음 장으로 넘어가보자.

2장
UX 전략의 네 가지 원칙

"전쟁은 승리하는 데 가치가 있는 것이지 결코 오래 하는 데 가치가 있는 것이 아니다."

-《손자병법》

뛰어난 UX 전략은 심성 모형을 혁신함으로써 시장을 와해시키는 수단을 의미한다. 나는 이 점을 잊어버리지 않기 위해 노트북 덮개에 〈그림 2-1〉에 보이는 스티커를 부착해두었다.

그림 2-1
"파괴적 혁신은 새로운 펑크록(Punk Rock : 1970년대 중반 서구에서 일어난 사회 반항적인 록 운동)이다."

독특하지도 않은 디지털 제품을 만드는 데 시간과 힘을 쓰는 것이 무슨 의미가 있 겠는가? 적어도 온라인 시장에서 발견되는 현재의 솔루션들에 대해 더 나은 대안이 있는지 살펴보아야 한다.

시장을 와해시키기 위해 우리는 응집력 있는 모든 세부 사항들을 하나로 연결시켜 UX 전략을 만들 수 있는 프레임워크Framework가 필요하다. 이 장에서는 책에서 소개 할 도구와 기법들을 성공적으로 사용하기 위해 이해해야 하는 중요한 원리들을 분석 할 것이다. 당신과 당신의 팀이 UX 전략가와 같이 사고할 수 있도록 돕는 기본 지침 이라고 생각하면 된다.

UX 전략 프레임워크를 발견한 경로

디지털 세계에서 전략은 보통 '발견 단계'에서 세우기 시작한다. 발견 단계란 팀에 서 만들고자 하는 제품의 핵심 정보를 드러내기 위해 연구에 몰두하는 시기다. 발견 단계는 공판 전 증거조사 단계와 유사하다고 생각한다. '불의의 공격'에 대비해 충분 한 반증을 준비하기 위해 변호사는 상대편 변호사에게 증거를 보여달라고 요청할 수 있다. 이 방식을 통하여, 변호사들은 뜻밖의 일을 피할 수 있다. 당신은 제품 제조업자 로서 전략적으로 뜻밖의 일을 피할 수 있도록 해야 한다.

나는 2007년도에 처음으로 UX 전략을 다룰 기회를 얻었다. 2007년, 나는 현재 파서블Possible사인 스키메틱Schematic사에서 오프라닷컴Oprah.com : 오프라 윈프리의 콘텐츠 를 제공하는 사이트-옮긴이 웹사이트를 다시 디자인하는 작업을 맡아 UX를 지휘했다. 나는 다른 팀 리더들과 함께 발견 단계에 착수하기 위해 시카고로 비행기를 타고 날아갔다.

그 이전에 나는 15년간 주로 인터페이스 디자인과 '첨단' 제품을 만들기 위해 인 터페이스에 플래시Flash와 같은 신기술을 융합하는 일을 했다. 나는 종종 수백 가지의 '필수' 기능이 나열된 요청서를 건네받곤 했다. 혹은 최종 제품이 달성해야 하는 것이 담긴 엉성한 프로젝트 요약서를 받았다. 바로 그러한 문서들을 토대로 나는 자료에서 언급한 상호작용을 가능케 하는, 특정 사용자 시나리오에 맞추어진 사이트나 애플리케이션 맵을 만들었다. 그리고 이러한 문서들을 기반으로 하여, 내 결과물이 문제를 해결했는지 아닌지 추론할 수 있었다. 보통 제품의 증상을 마주하는 지점에 이르러서는 너무 늦기 때문이다. 예산과 일정에 맞추어 디자인을 하기로 되어 있었다.

그러나 2007년에 UX 디렉터였던 마크 슬로언Mark Sloan이 동일한 페이지에 논쟁을 초래할 만한 이해관계자들을 다수 끌어들였다. 오프라 윈프리는 거기에 없었다. 마크는 콘텐츠와 필수 기능 등 우리가 디지털 작업을 해야 하는 시스템을 구성하는 각기 다른 부분들에 대한 이해를 돕기 위해 합의를 이끌어내는 여러 가지 기법을 사용했다. 친화도 맵affinity map, 스티커 투표, 순위 매기기 등이 그것이다. 이런 기법들을 활용해 우리는 세계 곳곳에 있는 수백만 명의 오프라 팬들을 위해 더 나은 플랫폼을 만든다는 목표를 검토할 수 있었다.

모든 워크숍이 끝나고 한 주 후에, 제품팀과 함께 전 제품의 비전을 설명하는 발견 지침서를 제출했다. 이 요약본에는 사용자 페르소나user persona, 콘셉트 맵 분석, 그리고 권고 기능 목록과 같은 내용들이 담겨 있었다. 이해관계자들은 불안한 마음에 즉각적으로 승인했다. 디지털 팀은 시행 단계에 착수했으며, 이 단계는 6개월 동안 지속되었고 감정을 소모했다. 이해관계자, 디자이너, 그리고 개발자들은 와이어프레임과 기능 사양을 다룬 서류 수백 페이지를 공유했다.

하지만 누구도 발견 지침서를 다시 참조하지 않았다. 페르소나와 제안된 솔루션은 현 고객들에 의해 검증되지 않았다. 이해관계자들은 그들의 특정한 사업 부문을 위해 주요 부동산을 잡으려 다시 경쟁하기 시작했다. 하지만 나는 발견 단계에서 무언가 얻은 것이 있었다. 나는 UX 디자이너로서 UX 전략이 잠재적으로 어떤 역할을 할 수 있는지 경험했다. 난 혼란스러웠다. 나는 더 이상 와이어프레임 작업만 하는 원숭이로 머무르고 싶지 않았다.

딱 1년 뒤, 새롭게 디자인한 사이트가 런칭되었다. 나는 세간의 이목을 끄는 의뢰인이 있는 다른 인터랙티브 에이전시HUGE로 자리를 옮겼기에 그 사이트를 다시 들여다보지 않았다. 새로운 직책에서는 사용자 조사와 경영 전략에 더 비중을 두는 프로젝트의 발견 단계에 직접적으로 역량을 집중할 수 있었다. 또한 UX 전략을 구성하고 제품 비전을 구현하는 방법을 결정하는 것을 돕는 데 중추적인 역할을 맡기도 했다. 나는 고객층과 비즈니스 모델에 대하여 깊은 이해가 없는 제품을 만들기 위해 수많은 시간을 쓰는 것이 더 이상 부당하게 느껴지지 않았다.

현재 나는 UX 전략 업무를 전담하고 있으며, 첫 발견 단계 이후로, UX 전략을 반복적이고, 활용하기 쉽게 만드는 방법에 대하여 많은 것을 배웠다. 그리고 그것이 이해관계자, 디자이너, 개발자 등의 사람들 간의 치열한 협력을 바탕으로 한 경험적 과정이라는 점도 배웠다. 왜냐하면 모든 사람이 제품 비전을 공유하면, 당신과 당신의 팀은 제품, 회사, 그리고 미래 고객들을 위해 게임의 법칙을 바꿀 기회를 얻을 수 있기 때문이다.

그러나 나의 방법론은 UX 전략에 대한 나만의 버전일 뿐, 다른 전략가들의 방법론과는 다를 수도 있다는 점은 인정한다. 그것이 UX 전략과 디자인을 실행에 옮겨온 존경스러운 인물들의 프로필을 이 책의 마지막 장에 포함시킨 이유다. 하지만 당신은 우리가 수많은 것들을 맞추어 조정시켜 놓았다는 것 또한 보게 될 것이다. 그게 바로 새로운 규율이나 방법론이 등장할 때 일어나는 일이다. 사람들은 그들만의 접근법을 찾아보겠지만, 그러한 차이점 내에서도 UX 전략을 식별 가능하고 독창적인 것으로 만들기 위해 응용할 수 있는 방법은 반드시 존재한다.

자, 이제 언급했던 모든 것들과 함께 UX 전략 프레임워크를 소개하겠다.

나의 공식은 다음과 같다 :

UX 전략 = 경영 전략 + 가치 혁신 + 검증된 사용자 조사 + 끝내주는 UX 디자인

이것들이 프레임워크를 구성하는 네 가지 원리다. 이 원리들은 첫 발견 단계 이후부터 모든 사례에서 나타났다. 만일 당신이 직접 고객들과 이야기를 하지 않는다면 당

그림 2-2
식탁 위의 접시들로 표현된 UX 전략의 4가지 원리

신은 시장을 충분히 이해할 수 없을 것이다. 만일 당신이 독특한 무언가를 만들어내지 않는다면, 당신의 제품이 잘 굴러가는지 충분히 입증할 수 없을 것이다. '충분히 괜찮다'라는 표현은 실제로는 괜찮지 않은 것이다. 그리고 이러한 원리들을 밝히는 것만으로는 당신의 팀이 우수한 성과를 성취하도록 하는 데 충분한 도움이 되지 않을 것이다. 이 원리들이 서로 영향을 미치는 방식을 이해해야만 한다. 그다음 비결은 다음 장들에 나오는 기법과 도구들을 이용하여 이 네 가지 원리들이 잘 굴러가게 만드는 것이다.

교훈

- 발견 단계는 UX 전략이 시작하는 단계다. UX 전략은 네 가지 원리에 기반을 두고 있다. 경영 전략, 가치 혁신, 검증된 사용자 연구, 그리고 끝내주는 UX 디자인이 바로 그 네 가지 원리다.
- 발견 단계에서 얻은 결과물은 실증적인 데이터(아이디어에서 와이어프레임과 개발로 바로 넘어가기 전에 타깃 사용자들로부터 직접 얻은 의견 같은)에 기반을 두고 있어야 한다.
- 팀이 발견 단계를 실행하는 방법은 UX를 통해 제품의 진정한 가치를 전달하는 방법과 이해관계자들을 위해 진정한 가치를 만드는 방법을 결정하는 요인이 될 수 있다.

제1원리 : 경영 전략

경영 전략은 기업에 가장 중요한 비전이다. 경영 전략이야말로 기업이 존재하는 이유를 보여준다. 또한 조직의 장기적인 성장과 지속성을 담보해주기도 한다. 경영 전략은 핵심 역량과 제품의 기반이 된다. 이 책에서, '제품'이라는 용어는 디지털 제품과 디지털 서비스를 모두 가리킨다.

경영 전략은 제품 제조업자가 시장에서 경쟁자를 물리치며 성장할 수 있게 방향을 제시한다. 또한 회사가 시장에서 포지셔닝하면서 목표를 달성할 수 있게 회사의 지도 원칙guiding principles을 확인시켜 준다. 이를 위해서 반드시 지속적으로 경쟁 우위를 확인하고 활용해야 한다. 경쟁 우위는 회사의 장기적인 생존에 필수적이다.

마이클 E. 포터Michael E. Porter는 고전 도서인 《경쟁 우위Competitive Advantage》에서 경쟁 우위를 달성하는 두 가지 방법을 제시했는데, 바로 원가 경쟁력과 차별화다.

원가 경쟁력은 특정 산업의 제품들 중에서 가장 낮은 가격을 제시하는 것에서 나온다. 자동차, 텔레비전, 햄버거 등 제품군과는 관계없이 이 방법은 회사들이 시장을 지배하기 위해 사용한 전통적인 방법이다. 결국에는 민간 부문이 정부 규제 없이 경쟁하도록 허용하는 것이 자유 시장경제가 이루고자 하는 바다. 월마트Walmart와 타깃Target과 같은 성공 사례들을 보자. 월마트나 타깃 같은 업체들은 가장 저렴한 가격에 엄청난 가짓수의 제품들을 소비자들에게 제공할 수 있다. 하지만 가격을 더 내릴 수 없는 한계점에 다다르면 어떤 일이 벌어질까? 그러면, 더 좋은 제품을 만들기 위해 경쟁해야 한다.

이것은 우리를 포터가 제시한 두 번째 경쟁 우위 요소, 즉 차별화로 나아가게 한다. 우리는 와해성 기술disruptive technology을 만들기 위한 계획을 세우는 제품 발명가이기 때문에, 차별화야말로 우리의 힘이다. 차별화를 확보하면 제품의 지각된 가치perceived value로 인하여 고객들로 하여금 돈을 더 지불하게 만들거나 제품의 독특한 측면에 주목하게 할 수 있다. 소비자들은 제품의 유용성부터 제품에서 얻는 만족감에 이르기까지 개인적으로 높은 비중을 두는 가치에 기반해 제품을 선택한다. 지각된 가치는 평범하고 작은 카페를 시애틀에 기반을 둔 스타벅스와 같이 엄청나게 성공한 카페로 변화시킨다. 사람들이 카페라테에 5달러를 지불하는 이유가 바로 여기 있다. 제품에 경험이 녹아들어 있기 때문이다. 이 경험은 고객이 가게에 들어오는 순간부터 컵을 놓고 쓰레기를 버리며 가게를 나가는 순간까지 지속된다.

오늘날 UX 차별화는 디지털 제품 시장에서 판도를 뒤바꾸는 요소다. 차별화된 사용자 경험은 우리가 세계에서 소통하는 방식을 완전히 바꾸어놓았다. 마이크로 블로그microblog : 짧은 문구로 소식을 전달하며, 실시간으로 업데이트되는 블로그 서비스가 등장하기 이전에 세계가 어떠했는지를 돌아보자. 2006년에 서비스를 시작한 트위터는 140자 제한을 두어 사용자를 어리둥절하게 만들었다. 그러나 이 제한은 트위터의 가치를 높여주는 요소가 되었다. 특히나 업데이트와 관련해서 말이다. 오늘날 사용자들은 새로운 소식과 정보를 얻기 위해 전통적인 언론 매체를 찾지 않는다. 그 대신에 사용자들은 트위터를 확인한다. 허리케인 샌디가 2012년에 동부 해안가를 강타했을 때, 전기가 끊겼는데도 트위터 사용자와 허리케인이 부는 지역에 있는 거주자들, 그리고 언론 및 정부 기관이 2,000만 개가 넘는 트윗을 올렸다. 나는 서부 해안가에 위치한 집에서 TV를 통해 속보를 보면서 뉴욕에 있는 친구들과 트위터를 하며 시간을 보냈다.

UX 차별화로 경쟁자들 사이에서 존재감을 드러낸 또 다른 사례로 지도 애플리케이션 웨이즈Waze가 있다. 웨이즈는 소셜 트래픽social traffic을 GPS 내비게이션과 결합했으며, 이를 통해 사용자들이 목적지로 향하는 순간에 가장 빠른 경로를 찾을 수 있게 했다. 사용자들이 웨이즈를 켠 상태로 운전하면 교통 상황과 다른 도로의 데이터가 네트워크로 전달된다. 사용자들은 사고, 교통 위반 함정 단속, 혹은 다른 위험 요소들에 대한 도로 보고 사항을 공유함으로써 더욱 능동적인 역할을 담당할 수 있으므로 주변에 위치한 사용자들에게 앞에 높인 상황이 어떠한지를 알려줄 수 있다. 2013년 6월에, 웨이즈이스라엘 스타트업는 11억 달러에 구글에 매각되었다. 현재, 웨이즈는 사용자들에게 차별화된 UX를 여전히 제공하고 있지만, 웨이즈의 데이터는 구글 맵스Google Maps로도 연동되고 있다. 구글은 UX 협력의 경쟁 우위를 인지하고 경쟁하는 대신에 자사 제품을 향상시킬 수 있도록 웨이즈를 도입한 것이다.

UX 경쟁 우위는 기술의 새로운 세계를 이해하는 데 매우 중요하다. 전통적으로, 경쟁 우위의 목적은 지속적인 매출을 이끌어내는 제품을 만들어내는 것이다. 그리고 고객이 제조비보다 더 많은 돈을 지불할 때 이해관계자들을 위한 가치가 만들어진다. 이것이 제품의 비즈니스 모델의 핵심이다. 하지만 오늘날 UX 차별화는 당신의 제품이 시장에 출시될 때 거액의 돈을 벌어들이는 것을 의미하지는 않는다. 대신에, 많은 기업가들이 수많은 사람에게 제품이 선택받는 것을 목표로 삼는다. 페이스북과 같은 제품들은 더 값싼 대안이었기 때문에 마이스페이스MySpace나 프렌즈터Friendster 같은 경쟁자들을 공격하지 않았다. 페이스북은 ① 사용자들이 더 가치 있다고 여기는 차별화된 UX를 제공했고, ② 모든 사람들이 페이스북을 채택했기에 이 분야에서 승리를 거둘 수 있었다. 그리고 나서 페이스북은 선별 광고를 판매하기 위해 사용자 데이터를 현금화하는 데 의존하는 새로운 유형의 비즈니스 모델을 만들었다. 2013년에 구글이 인수한 웨이즈 역시 유사한 작업을 했다. 웨이즈는 헌신적인 사용자들에게 접속 권한을 판매함으로써 수많은 돈을 벌었고, 구글은 많은 사용자들이 웨이즈와 구글 맵스 애플리케이션을 계속해서 사용했기에 돈을 많이 벌 수 있었다. 두 회사들은 고객들의 사용을 현금화함으로써 사용자들을 고객으로 바꿀 수 있었다. 여기서부터 '사용자'와 '고객'이란 용어를 섞어서 사용할 것이다.

여전히, 제품의 매출원만으로 비즈니스 모델을 평가할 수는 없다. 또한 제품을 채택하는 사용자들의 숫자로만 평가할 수도 없다. 하지만 젊은 기술 기반 사업가들은 이러한 점을 간과하곤 한다. 이들은 페이스북과 같은 제품들이 명확한 비즈니스 모델 없이도 세계를 제패한 세상에서 자라났기 때문에, 사용자들을 얻기 위해서 얼마나 어려운 일을 치러야 하는지를 알지 못한다. 이들은 또한 엄청난 성공을 거둔 디지털 제품들이 쉽게 비즈니스 모델을 얻은 게 아님을 알지 못한다. 판을 바꾼 기업들은 비즈니스 모델을 갖추기 이전에 실험과 실패를 수없이 거듭했다. 나와 같이 닷컴 버블이 터진 1990년대에 웹을 가지고 작업을 했던 사람들은, 비즈니스 모델 없이 제품을 만드는 것이 얼마나 위험한지 직접 경험했을 것이다. 투자금이 바닥나고, 아무것도 들어오지 않으면, 삶은 암울해진다.

비즈니스 모델을 만드는 과정은 경영 전략에서 가장 근본적인 부분이다. 스티브 블랭크Steve Blank가 썼듯이, 비즈니스 모델은 "기업의 핵심 요소 간의 흐름"을 묘사한다. 이 인용문은 블랭크가 쓴 고객 개발 선언문에 나온다. 여기서 그는 제품 개발자들에게 고정적인 비즈니스 계획을 기술하는 것을 멈추라고 주장한다. 그 대신에, 그는 이들에게 실증적이면서 고객들을 대면하는 발견 방법을 사용하여 입증되는 핵심 요소들을 모두 필요로 하는 유연한 비즈니스 모델을 채택하라고 한다. 이 핵심 요소들이 무엇인지 감을 잡기 위해서, 비즈니스 모델 캔버스Business Model Canvas : 고객층, 가치 제안, 매출원, 그리고 고객 획득과 유지 등을 포함하는 캔버스라고 불리는 도구를 살펴보자.

알렉산더 오스터왈더Alexander Osterwalder와 예스 피그누어Yves Pigneur는 그들의 책인 《비즈니스 모델의 탄생Business Model Generation》에서 비즈니스 모델의 아홉 가지 측면을 분석한다. 이를 통해 논리적이고 체계적으로 사고할 수 있도록 돕는다. 블랭크는 비즈니스 모델 생성을 다루는 작업에서 이 도구를 언급하기도 한다. 이 책에서 우리에게 도움이 되는 부분은 이 요소들 중 얼마나 많은 것들이 디지털 제품을 위한 UX 전략에 해당하는지에 대한 것이다. 해당하는 것들은 다음과 같다〈그림 2-3〉 참조.

고객층
고객이 누구인가? 고객들의 행동 양식은 어떠한가? 이 고객들의 니즈와 목표는 무엇인가?

가치 제안
우리가 전달하기로 약속한 양적이거나 질적인 가치는 무엇인가?

경로
우리의 고객 세그먼트에 어떻게 도달할 수 있는가? 온라인인가? 오프라인인가?

고객 관계
우리는 어떻게 고객을 확보하고 유지하는가?

매출원
이 비즈니스가 가치 제안을 통해 어떻게 매출을 얻는가? 고객들이 돈을 지불하겠는가? 아니면 다른 옵션이 있나?

핵심 자원
제품이 잘 굴러가게 하기 위해 비즈니스에 필요한 전략적 자산은 무엇인가? 콘텐츠인가? 자본인가? 아니면 특허? 우리가 개발해야만 하는 것인가?

핵심 활동
비즈니스가 제안을 전달하기 위해 특유의 전략적인 행동을 취하는가? 철 지난 비즈니스 프로세스를 최적화하고 있나? 아니면 고객들이 거래를 하도록 플랫폼을 만들고 있는가?

핵심 파트너십
우리의 가치 제안을 전달하기 위해서 필요한 파트너십과 공급자는 어떠한 것인가?

비용 구조
우리의 비즈니스 모델이 굴러가도록 하기 위해 필요한 주요 비용은 무엇인가? 우

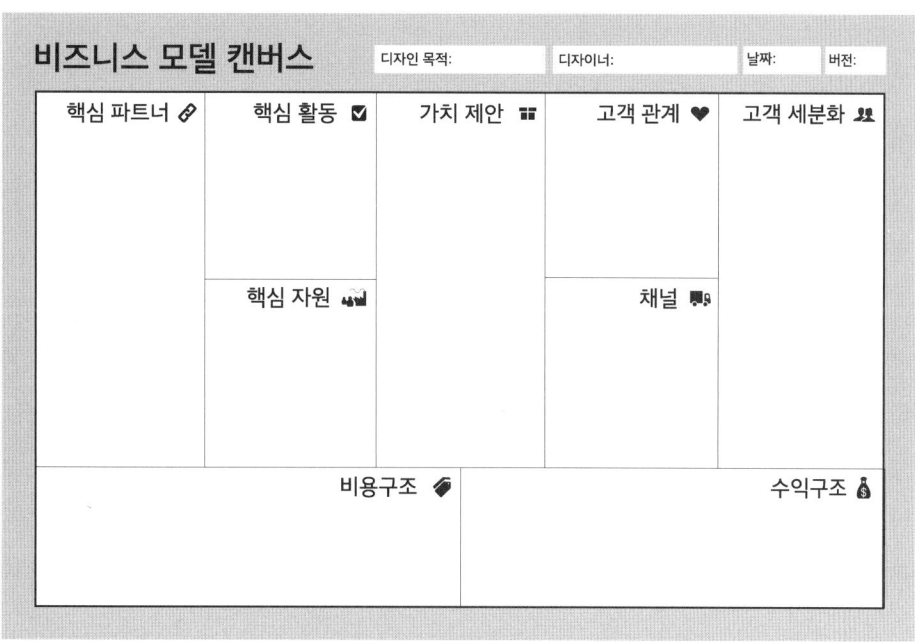

그림 2-3
비즈니스 모델의 9가지 필수 구성 요소를 보여주는 비즈니스 모델 캔버스

리는 즐거움을 줄임으로써 비용을 줄이려고 하는가? 아니면 없앨 수 없는 고정비용이 있는가?

캔버스를 사용함으로써, 제품 개발자들은 제품에 대한 그들의 모든 가정을 한곳으로 모을 수 있다. 그다음 발견 단계를 거치면서 기존의 가정을 수정한다. 이는 이 책에서 제시한 모든 기법들을 이용해 개발하는 과정을 통해 확인할 수 있을 것이다. 이 원리는 경영 전략과 UX 전략이 어떻게 교차하는지를 보여주기도 한다. 비즈니스 모델 캔버스는 제품의 사용자 경험을 만드는 데 핵심적인 요소들을 담고 있으며, 이는 경쟁 우위의 핵심이 된다.

이러한 연결점들을 보지 못하면, 1장에서 소프트 엔지니어들이 처했던 것과 같은 상황에 처할 수도 있다. 거기에 나오는 비즈니스 모델은 회사의 매출원을 제공하기 위해 부유한 고객층에 의존했지만, 제품을 구성하기 이전에 그 고객층을 정확하게 확인하지 않았다. 만일 고객을 발견하는 과정에서 그 사용자와 접촉하지 않았더라면, 미디어와 온라인 광고 매체를 통해 장기간 값비싼 선전 활동을 엄청나게 시행했을 가능성도 있다. 이것은 그 팀의 UX 전략이 증명했던 것처럼 큰 문제가 되었을 수도 있다. 선전 활동이 가치 제안에 관심이 있는 사용자층에 도달하지 못했을 것이기 때문이다.

비즈니스 모델 캔버스는 발견 단계에서 이해관계자와 팀원들이 협력의 중요성을 인식하도록 돕는다. 핵심 자원과 파트너십 같은 항목들은 디지털 제품 관리자나 UX 디자이너가 곧바로 생각해낼 수 있는 것이 아니다. 그 대신, 이러한 항목들은 이해관계자들에게 풍부한 정보와 단서를 제공할 수 있다. 핵심 활동, 고객층, 그리고 가치 제안과 같은 다른 항목들은 이해관계자들이 가장 좋은 제품을 선택하도록 돕는다. 이를 위해 디지털 팀의 가이드에 의존할 가능성이 더 높다. 하지만 디지털 제품팀은 단순한 가정이 사실로 변하기 이전에 동일한 항목들이 실제 사용자들에게서 나온 의견을 필요로 한다는 점을 인지해야만 한다.

우리는 경영 전략을 수립하는 것이 완벽한 계획을 만들어내고 시행하는 것은 아니라는 점을 인지해야 한다. 그 대신에, 경영 전략을 수립하는 것은 실제로 시장에 존재하는 것을 연구하고, 기회를 분석하며, 구조화된 실험을 수행하고, 실패하고, 배우며, 사람들이 진정으로 원하는 가치를 지닌 무언가를 고안해내기 전까지 반복하는 것을 가능하게 한다. 또한 제품과 시장이 변화하고 발전하기에 경영 전략은 반드시 빠르게 변화해야 한다. 신제품을 출시하는 경우 경영 전략은 고객 기반이 경쟁 우위를 확보할 수 있도록 충분한 자금을 조달하거나 충분한 시장점유율을 확보할 만큼 충분한 제품/시장 적합성을 확보하는 데 초점을 맞출 것이다. 그러나 더 성숙한 회사의 경영 전략은 회사의 인프라 및 내부 프로세스를 그대로 유지하면서 회사의 핵심 가치 제안을 구축하는 것이다. 그래서 제품의 초기 생애 주기의 비즈니스 모델 또는 경쟁 우위가 이후 단계에서 달라질 수 있는 것이다. 기업은 계속해서 변화하는 시장에서 조정하고, 계속해서 경쟁 우위를 유지하며, 사용자에게 계속해서 가치를 제공할 수 있도록 다양한 제품을 가지고 실험을 지속해야 한다.

제2원리 : 가치 혁신

디지털 제품을 발명하는 사람으로서, 우리는 변화하는 디지털 시장을 반드시 의식해야 한다. 사람들이 디지털 기기를 사용하는 방식과 이유를 이해해야 하며, 성공적인 UX와 실패한 UX를 정의 내리는 것이 무엇인지를 이해해야 한다. 사용자와 인터페이스 간의 첫 접촉이 일반적으로 성공 혹은 실패를 결정짓기 때문이다. 첫 번째 접촉은 가치 혁신에 대한 당신의 첫인상을 사용자에게 제공하고, 이 가치 혁신이야말로 사람들을 위한 새로운 심성 모형을 와해시키거나 생성해내는 것이기 때문이다. 우리는 반드시 이 작업이 이루어지기를 바란다.

가치 혁신에 대해 면밀히 검토하기 전에, 먼저 '가치'라는 용어에 대해 논의해보자. 이 단어는 모든 분야에서 사용되고 있다. 1970년대 이후에 출간된 비즈니스와 관련된 모든 도서에서 이 용어가 발견된다. 피터 드러커Peter Drucker는 《경영 : 과제, 책임, 실제Management : Tasks, Responsibilities, Practices》에서 고객 가치가 시간이 흐름에 따라 어떻게 이동하는지 논했다. 드러커는 10대 여자아이가 패션을 고려해 신발을 고르는 사례를 들면서 그 아이가 워킹맘이 되면 편안함과 가격을 고려하며 신발을 고르리라는 것을 보여주었다. 1984년 마이클 래닝Michael Lanning은 기업이 가치 있는 고객 경험을 전달하기 위해 어떠한 방법을 취하는지 설명하고자 '가치 제안'이라는 용어를 처음으로 사용했다. 기업이 부를 창출하기 위해서는 경쟁자들보다 더 우수한 제품을 제공하면서 고객이 지불하는 돈보다 낮은 제조비에 제품을 판매해야 한다는 것이다. 1984년에 마이클 포터Michael Porter는 '가치 사슬'이라는 용어를 특정한 산업에서 기업이 가치 있는 제품을 전달하기 위해 수행하는 활동의 사슬로 정의했다. 〈그림 2-4〉는 물리적 제품 제조업자들의 전통적인 가치 사슬을 보여준다.

이 비즈니스 프로세스는 도요타가 자동차를 만들기 위해 사용했으며, 애플이 컴퓨

그림 2-4
가치 사슬

터와 기기들을 만들기 위해 사용한 바로 그것이다. 이 사건들의 가치 사슬에 속한 각 활동이 이루어지는 동안, 기업들은 경쟁사보다 더 나은 결과를 낼 가능성이 있다. 하지만 이 모든 조건은 물리적인 제품에만 적용된다. 반면, 가상의 제품을 만드는 기업은 더 빨리 반복적 순환이 이루어지며 때때로 활동들이 동시에 이루어지도록 하는 가치 사슬을 고려해야 한다.

이것은 전통적인 경영 전략과 원리들이 디지털 제품 전략과 일치하지 않는 이유이기도 하다. 디지털 제품을 제작할 때, 우리는 빠르게 변화하는 온라인 시장, 고객 가치, 그리고 제품을 계속해서 생산하도록 유지하는 데 필요한 가치 사슬에 발맞추기 위해 계속해서 연구하고, 다시 디자인하고, 제품을 재출시해야 한다.

이것은 디지털 제품인 소프트웨어, 애플리케이션, 그리고 사용자들이 인터넷에서 발견하고 매일 사용하는 다른 것들을 디자인하는 과제로 우리를 안내한다. 앞에서 언급했듯이, 사용자들이 제품을 선택하게 하려면 그들에게 가치를 제공해야만 한다. 또한 제품은 사업체가 지속될 수 있도록 사업체에도 가치가 있어야 한다. 하지만 인터넷 공간은 사용자들이 비용을 지불하지 않은 디지털 제품들로 가득하다. 온라인 시장이 무료 제품들로 가득 차 있는 상황에서 당신이 회사가 지속할 수 있는 비즈니스 모델을 제안해야 한다면 어떻게 하겠는가?

가치 혁신이 바로 핵심이다. 《블루오션 전략Blue Ocean Strategy》이라는 책에서, 저자 김위찬과 르네 마보안Renée Mauborgne은 가치 혁신을 "지속적인 차별화와 낮은 가격 추구, 그리고 구매자와 회사를 위한 가치에 있어서의 도약"으로 묘사했다. 이것이 의미하는 바는, 기업이 새로움과 효용 및 가격을 맞추어 조정했을 때 가치 혁신이 발생한다는 것이다〈그림 2-5〉를 보라. 기업은 고객과 이해 당사자를 위해 높은 가치를 지니면서도 저렴한 제품을 만들어내고자 차별화와 가격 경쟁력을 추구한다. 웨이즈가 지속 가능한 비즈니스 모델을 어떻게 찾았는지를 고려해보기 바란다. 웨이즈가 다양한 집단으로부터 받은 데이터는 구글과 같은 회사의 수익성을 향상시켰다. 하지만 웨이즈는 수많은 사람에게 채택되기 위해 고객에게 새로운 유형의 가치를 제공해야만 했다. 이 가치는 UX와 비즈니스 모델을 통한 파괴적 혁신의 이점을 이용하는 것에 기반을 두고 있다.

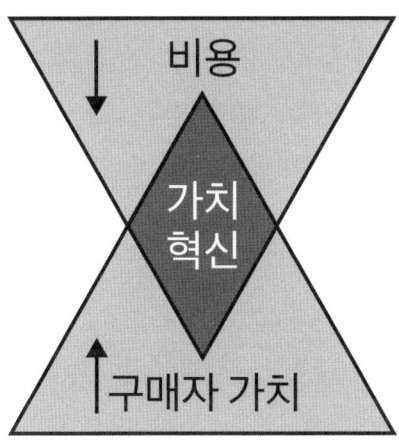

그림 2-5
가치 혁신=차별화와 저비용의 동시 추구

'파괴적 혁신Disruptive innovation'은 1990년대 중반에 클레이튼 M. 크리스텐슨Clayton M. Christensen이 만들어낸 용어다. 그는 저서 《혁신가의 딜레마The Innovator's Dilemma》에서, 첨단 기술 회사의 가치 사슬을 분석했으며, 혁신을 유지하는 기업과 파괴적 혁신을 하는 기업을 구별 지었다. 그는 혁신을 유지하는 행위를 산업군의 리더들로 하여금 기존 고객들을 위해 더 나은 무언가를 할 수 있게 하는 것으로 묘사했다. 파괴적 혁신은 회사의 가장 좋은 고객들이 잠재적으로 사용할 수 없는 제품이므로, 사업체가 지원할 수 있는 것보다 낮은 이윤을 남긴다. 하지만 파괴적 혁신은 경쟁자들이 보지 못하는 방향으로 치고 나갈 수 있다. 크리스텐슨은 파괴적 혁신이 일반적으로 '제품이나 서비스가 시장 밑바닥의 단순한 응용에서부터 시작하여 끈질기게 위로 올라와 결국 기존의 경쟁자들을 대체하는 과정'이라고 주장했다.

혁신적이라는 것은 시장을 뒤흔들 정도로 새롭고, 독창적이며, 중요한 무언가를 한다는 것을 의미한다.《블루오션 전략》에서 저자들은 30여 산업 분야에서 100여 년 동안 이루어져 온 150가지의 전략적 활동을 논한다. 저자들은 헨리 포드Henry Ford의 T 모델, 태양의 서커스Cirque du Soleil : 캐나다의 거리 공연자 기 랄리베르테Guy Laliberte가 1984년에 설립한 엔터테인먼트 회사, 그리고 아이팟iPod과 같은 제품 및 서비스 뒤에 있는 기업들이 어떻게 레드오션 시장이 아니라 블루오션 시장에 진입함으로써 승리를 거두었는지를 설명한다. 유사한 제품을 가지고 있는 다른 경쟁자들이 속한 시장은 레드오션이라고 알려져 있다. 레드오션은 동일한 고객을 놓고 더 낮은 가격을 제시함으로써 경쟁하는 경쟁자들로 가득 차 있으며, 결국에 제품은 일반적인 제품이 되어버린다. 그 반면, 블루오션은 경쟁이 이루어지지 않은 영역으로 누구에게나 열려 있다.

기업의 세계에서 라이벌을 제거하고 경쟁에서 승리하고자 하는 충동은 군사 전략에 기반을 두고 있다. 전쟁에서 전투는 일반적으로 특정한 영역에서 이루어진다. 전투는 한쪽이 상대방에게 무언가를 원할 때 벌어진다. 이것은 기름일 수도, 땅일 수도, 상품 진열 공간일 수도, 아니면 눈알일 수도 있다. 블루오션에서, 기회는 전통적인 경계의 제약을 받지 않는다. 아직 규칙으로 굳어지지 않은 규칙들을 일부 어기는 것이기도 하며, 아직 경쟁이 이루어지지 않은 새로운 시장과 사용자들을 위한 새로운 공간을 만들어내는 당신만의 경쟁의 장이 될 수도 있다.

우리가 블루오션 전략을 디지털 제품 세계에 적용하면, 알려지지 않은 시장에 더 큰 기회가 있을 것이라는 점을 인정해야만 한다. 블루오션 시장의 이점을 누린 기업의 완벽한 예시로 에어비앤비Airbnb를 들 수 있다. 에어비앤비는 사람들이 로스앤젤레스에 있는 나무 위의 오두막집부터 프랑스에 있는 고성에 이르기까지 거의 모든 장소를 목록에 올리고, 찾고, 예약하는 '커뮤니티 시장'이다. 흥미로운 점은 바로 에어비앤비의 가치 제안이 여행과 숙박 산업을 완전히 와해시켰다는 점이다〈그림 2-6〉을 보라. 에어비앤비의 가치 제안은 너무나도 매혹적이어서, 고객이 거주할 장소를 예약하거나 재

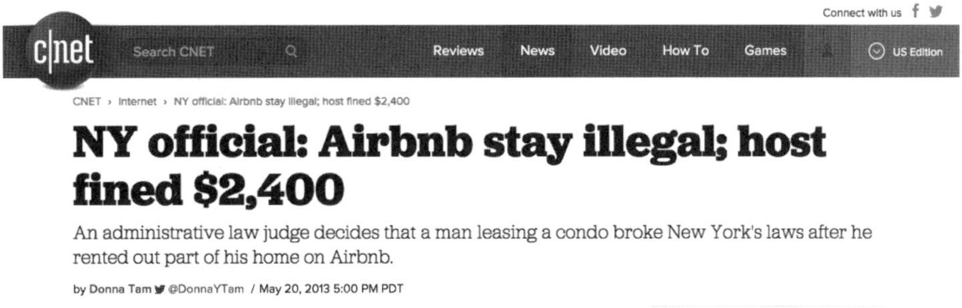

Connect with us

cnet Search CNET Reviews News Video How To Games US Edition

CNET › Internet › NY official: Airbnb stay illegal; host fined $2,400

NY official: Airbnb stay illegal; host fined $2,400

An administrative law judge decides that a man leasing a condo broke New York's laws after he rented out part of his home on Airbnb.

by Donna Tam @DonnaYTam / May 20, 2013 5:00 PM PDT

그림 2-6
뉴스에 실린 에어비엔비 기사

산을 빌려주는 데 있어서 옛 방식으로 돌아가기 어렵게 만든다.

에어비앤비는 끝내주는 UX 디자인을 감질나게 하는 가치 제안과 연결시킴으로써 가치 혁신을 이루었다. 앞에서도 언급했듯이, 진정한 가치 혁신은 UX와 비즈니스 모델이 교차할 때 이루어진다. 이 사례에서는, 에어비앤비가 규칙을 일부 어기고 다시 만드는 방식으로 인하여 블루오션에서 UX와 비즈니스 모델이 교차하게 되었다.

예를 들어, 크레이그리스트Craig's List : 미국의 지역 생활 정보 사이트에서 시작돼 전 세계로 확산된 온라인 벼룩시장는 에어비앤비 이전에 사용자들이 장소를 빌리기 위해 사용한 주요 수단이었지만, 사용자들은 이 사이트를 이용하며 종종 오싹함을 느껴야 했다. 사용자 프로필은 존재하지 않았다. 거래 과정에서 호스트나 게스트에 대한 어떤 정보도 확인할 수 없었다. 에어비앤비는 아마존Amazon, 옐프Yelp : 지역 기반 소셜네트워크로 여러 도시의 식당, 백화점, 병원 등에 대한 평판을 크라우드소싱을 이용해 모으는 서비스다, 그리고 이베이eBay가 그랬던 것처럼 UX에서 품질과 신뢰에 높은 가치를 부여한 '자유시장 하위경제free-market subeconomy'를 가능하게 만들었다. 에어비앤비의 모든 UX는 각 게스트와 호스트가 좋은 고객임을 보증하는 아이디어를 바탕으로 구성되었다. 에어비앤비는 사용자들에게 그들의 심성 모형을 바꿀 것을 요구했다. 에어비앤비의 사용자가 모르는 사람을 집으로 초청하거나, 모르는 사람의 집에서 거주하기를 희망하고, 양 당사자가 이러한 경험에 대해서 모두 좋은 감정을 느끼게 하려면, 과거에 명문화되어 있지 않았던 사회적

에티켓이 실행되도록 해야 했다.

예를 들어, 나는 가족과 함께 샌프란시스코에서 한 주를 보내고 막 돌아왔다. 1,200달러 상당의 돈을 지불해야 할 수도 있는 호텔을 예약하는 대신에별을 3.5개 달고 있는 호텔에서 방 두 개를 2박 동안 사용하는 데 들어가는 돈이다, 우리는 에어비앤비를 이용했고, 예산의 절반만을 사용했다. 단순히 돈을 절약한 것만이 아니었다. 우리는 현지 주민들과 맛집에 더 가까이 위치한 데다 끝내주는 넓은 침실이 두 개 딸린 집에서 묵을 수 있었다. 에어비앤비에 지불한 6퍼센트의 수수료는 무시해도 될 정도였다. 흥미롭게도, 샌프란시스코에 위치한 이 주택의 소유주인 기업 변호사는 가족과 함께 파리에 가 있었다. 그녀 또한 에어비앤비를 통해 예약한 숙소에 머물렀다. 그녀는 이 비용을 우리와의 거래를 통해 얻은 수입550달러+α의 일부로 지불했을 수도 있다. 모든 사람이 이득을 본 것이다! 물론, 이 비즈니스 기회를 잃은 호텔은 예외지만 말이다.

에어비앤비의 경영 전략은 양면적 성격을 가진 시장의 니즈를 충족시키는 것이다. 자신의 주택을 목록에 올리는 사람들과 지낼 수 있는 장소를 예약하려고 하는 사람들 말이다. 에어비앤비는 손쉬운 일정표 도구, 브라우징을 위한 지도 통합, 그리고 VRBO, 홈어웨이Homeaway, 크레이그리스트나 다른 경쟁사들이 제공하지 않았던 매끄러운 거래 시스템 등을 통해 엄청난 가치를 제공한다. 궁극적으로, 에어비앤비는 공정한 시장가치와 함께 무서운 사람들과 거래를 해야 하는 위험을 최소화한, 사용하기 편리한 플랫폼을 제공했다. 이 모든 것은 온라인과 오프라인 경험을 하는 고객과 이해당사자들 모두를 위한 파괴적 가치 혁신을 통해 이루어졌다. 이것이야말로 에어비앤비가 결정적으로 시장에서 승리하고 있는 이유라고 볼 수 있다.

블루오션 시장에서 가격 경쟁력과 차별화가 결합된 가치 혁신을 통해 광범위하게 현재 상황을 와해시키는 제품이 많이 있다. 그리고 UX 전략을 통해 이 제품들은 사람들의 삶을 더 편리하게 만들고, 새로운 방식으로 고객을 모으며, 심성 모형을 박살내 버린다. 에어비앤비, 킥스타터Kickstarter, 이벤트브라이트Eventbrite 같은 기업들은 사람들이 집을 빌리고, 비즈니스 벤처에 대한 기금을 마련하고, 이벤트를 조직하는 기존의 방법을 뒤집어버렸다. 사실, 이벤트브라이트 덕분에 UX 전략에 대한 지식을 갈구하는 사람들이 있다는 나의 가설을 실험할 수 있었다. 이벤트브라이트의 인터페이스를 사용함으로써, 나는 신속하게 1인당 40달러의 가격으로 60석 강좌를 구성할 수 있었고, 전부 판매할 수 있었다. 만약에 프로모션 플랫폼 실험을 도와준 이벤트브라이트가 없었다면, 이 책을 출간할 수 없었을 것이다. 미트업Meetup 같은 다른 플랫폼이 하지 못한 가치 혁신인 유료 이벤트를 열 수 있는 능력을 가능하게 만든 이벤트브라이트에게 감사의 말을 전한다.

제3원리 : 검증된 사용자 조사

제품의 가치를 인지하지 못하는 것은 제품이 실패하게 되는 주요 요소 중 하나다. 이해 당사자들은 제품의 가치를 확인하는 대신에 고객에게 가치 있는 것이 무엇인지를 추정하기에 몽상가에 불과하다. 〈꿈의 구장Field of Dreams〉이라는 영화에 나온 케빈 코스트너처럼, 기업가들은 자신들이 제품을 만들면 사용자들이 그 제품을 찾을 것이라고 굳게 믿는다. 하지만 진실은 모든 제품이 리스크를 안고 있다는 점이다. 이 책의 초반부에 나온 소프트웨어 엔지니어를 기억하는가? 고객들이 무엇을 원하는지에 대한 그의 추정은 잘못된 추정으로 밝혀졌다. 그의 아이디어는 시기적절했고, 다른 제품과는 달랐으며, 매우 혁신적이었고, 심지어 독특하면서도 지속 가능한 비즈니스 모델을 보유하고 있기도 했다. 그럼에도 사용자들은 그 제품을 찾지 않았다. 그리고 우리 팀이 밖으로 나가 그가 목표로 삼은 사용자들에게 질문했을 때 고객들이 우리가 포지셔닝한 그 제품에 돈을 지불하지 않으리라는 것을 알게 되었다.

사용자 조사는 당신이 당신의 가치 제안을 가지고 올바른 길을 가고 있다는 것을 확인해주는 방법이다. 이를 이루는 다양한 방법들이 있다. 민족지학적 현지 연구, 맥락과 관련된 질문, 포커스 그룹, 일지 및 저널, 카드 분류, 아이 트래킹, 페르소나 등등이 있다. 이 전통적인 방법들에 대해서 이야기하고 싶지는 않다. 그 대신에, '린 스타트업'에 대해 이야기하고 싶다.

인정하기 어렵겠지만, 에릭 리스Eric Ries의 《린 스타트업Lean Startup》반드시 읽어야 할 책이다이 대중의 인기를 누리기 전인 2011년 이전에, 기업의 창립자들은 고객들을 '초기에, 그리고 종종' 대면하는 것을 그들의 사명으로 삼지 않았다. 린 스타트업의 실증적이고, 신속하게 대응하며, 투명한 본질은 스티브 블랭크의 고객 개발 방법론과 고도로 이론적인 디자인 싱킹디자인적 사고의 접근법에서 아이디어를 얻은 것이었다. 물론, 조직은 엔지니어 중심적인 디자인과는 반대인 '사용자 중심적인' 디자인을 하기 위해 UX 디자이너들을 보유하고 있었지만, 린 스타트업은 검증된 사용자 조사를 수행하는 것을 제품의 성패를 결정하는 요소로 만들었다. 린 스타트업은 사용자 조사를 측정 가능하도록 만들었다.

이것은 우리를 세 번째 원리인 검증된 사용자 조사로 안내한다. '검증'은 린 스타트업 비즈니스 접근법의 비밀 요소라고 볼 수 있다. 검증이란 특정한 고객층이 당신의 제품에서 가치를 발견하는 것을 확인하는 절차다. 검증하지 않았다면 당신은 그저 고객들이 제품을 사용할 것이라고 추정하고 있을 뿐이다. 검증된 사용자 조사는 관측을 하고 잠재 사용자들에 대한 공감대를 형성하는 것 너머로 나아가게 한다. 검증된 사용자 조사는 사용자와의 상호작용에서 나온 직접적인 피드백에 초점을 기울이는 현실 확인에 기반을 둔 절차다. 이 절차는 제품의 비전이 무지갯빛 미래를 보여주는지 아니면 암울한 미래를 보여주는지를 밝히는 데 도움을 준다.

리스는 '최소 기능 제품MVP, Minimum Viable Product'이라는 용어를 대중화시켰다. 최소 기능 제품이란 간단히 말해서 가치 제안의 핵심 기능만 갖춘 제품을 의미한다. 이를 통해서 잠재 고객이 당신의 제품을 원할지 미리 알 수 있다. 잠재 투자자들에게 미래에 만들 제품을 보여줄 목적으로 시뮬레이션을 했던 전통적인 제품 개발과는 매우 다르다고 볼 수 있다. 초기에 고객들이 당신의 가치 제안을 받아들이게 함으로써, 당신의 제품이 내포한 리스크를 줄일 수 있다. 만일 사용자가 최소 기능 제품을 좋아하지 않는다면, 다른 고객층으로 '눈을 돌리거나', 가치 제안이 다를 수 있는 다른 문제로 전환해야 한다.

MVP와 같은 반복 행위를 수행하려면 당신의 팀이 솔루션을 만들어내기 이전에 연구를 하고 확인을 받을 필요가 있다. 팀이 일반적인 페르소나뿐만 아니라 적합한 고객을 타깃으로 하고 있다는 것을 입증해주고1장에 나오는 팀이 실패했던 일이다, 특정한 문제점을 입증해야, 계속해서 기능을 추가할 수 있으며, 그 이후에 동일한 연구 방법으로 실험을 할 수 있는 것이다. 이것은 개발-측정-학습이라는 린 스타트업의 피드백 고리라고 알려져 있는 과정이다. 당신의 결정을 검증하고 제품의 비전이 최종 사용자의 니즈와 일치될 수 있도록 연구해야 한다.

검증된 사용자 조사는 제품팀의 일원을 되도록 많이 포함시켜야 하는 협력 프로세스이다. 협력은 가치 제안에 대한 합의를 형성하는 데 도움을 줄 것이며, 잇따르는 중심축을 형성하는 데 도움을 줄 것이다. 우리가 다양한 직책을의 역동적인 성격을 지닌 수많은 부류의 사람들과 각기 다른 환경에서 작업하고 있는 것을 고려하면, 이것은 조금 순진하게 들릴 수도 있다. 기업에는 사적인 의도나 선호도를 바탕으로 제품이 이러저러한 요건을 갖춰야 한다고 말하는 이해 당사자들이 다수 있다. 내가 에이전시를 위해 일을 할 때, 제품이 갖춰야 할 요건은 일반적으로 요건 수집 단계에서 고정되어 있었다. 나에게 디자인 단계 도중에 검증된 사용자 조사나 실험을 위한 최소 기능 제품을 만드는 것을 제안하는 것은 말도 안 되는 일이었다. 왜냐하면 에이전시에게는 그것이 반직관적인 행위였기 때문이다. 영업 담당 임원이 그의 UX 인재에게 듣고 싶어 하는 마지막 말은 의뢰인을 위하여 프로젝트 비용을 절감하는 방식에 대한 것이다.

당신이 이와 유사한 직책에 있다면, 사내 기업가가 되기에 적기라고 볼 수 있다. 사내 기업가 정신이란 거대한 조직 내에서 일하면서 기업가처럼 행동하는 것이라고 볼 수 있다. 당신은 공격적으로 리스크를 짊어지고 혁신을 통해 제품의 운명을 결정지어야 할 필요가 있다. 검증된 사용자 조사를 수행하기 위해 한 주나 두 주 정도 시간을 요구하라. 만일 당신이 "안 돼"라는 대답을 듣거나 묻기 어렵다면, 근무 외 시간에 작업하라. 벌어질 수 있는 가장 최악의 사태는, 당신 자신에 대해 무언가를 발견하고 작업 과정을 개선하는 방법을 찾기 시작하는 것이다.

요컨대, 당신의 타깃 고객을 마주하는 것은 협상의 여지가 없는 일이다. 만일 우리가 작업하고 있는 아이디어가 멍청하고 가치가 없는 것이라면, 최대한 빨리 깨달아야 한다. 우리는 실험하고 실패하는 것을 용인할 수 있어야 한다. 맞다. 우리는 도박을 하고 있는 것이나 마찬가지다. 그리고 우리에게 불리한 도박이다. 하지만 결국 이 접근법은 비용 측면에서 더욱 효과적이고 효율적이다.

제4원리 : 끝내주는 UX 디자인

패트릭 블라스코비츠Patrick Vlaskovits와 브랜트 쿠퍼Brant Cooper는 《린 사업가The Lean Entrepreneur》에서 다음과 같이 옹호하는 발언을 한다. "만일 당신이 가장 좋은 실례를 따라 수행하고 있다면, 당신은 혁신하고 있지 않은 것이다." 이것은 매우 자극적인 언사다. 왜냐하면 이미 수립된 인터랙션 디자인 패턴들은 일관된 사용자 경험을 구성하는 데 도움을 주기 때문이다. 또 한편으로는, 끝내주는 사용자 경험을 만들기 위해 실험을 통해 한두 개 정도 규칙을 어기는 것은 아무런 문제가 없다.

'사용자 경험UX'은 과제나 목표를 달성하고자 디지털 제품의 인터페이스를 사용할 때 느끼는 방식을 말한다. 그렇다. 우리는 문의 손잡이를 인터페이스라고 할 수 있고, 100퍼센트 물리적인 제품의 세상으로 디지털과는 무관한 방식을 통해 나아갈 수 있다. 하지만 실제 사례에서 '사용자 경험'이란 용어는 한 사람이 디지털 제품을 활용하려고 할 때 좋은 시간을 누리는지, 아니면 나쁜 시간을 누리는지를 의미한다.

전통적으로거의 20년 동안 지속되어온 원리를 위해 그 단어를 감히 선택하자면, UX 디자인은 개발과 디자인 실행을 위한 제품사이트 맵, 와이어프레임, 프로세스/과제 흐름, 그리고 기능 사양과 연관되어왔다. 기업과 에이전시를 위해 채용을 담당하는 사람은 인터랙션 디자이너, 정보 설계자, 그리고 UX 디자이너를 비롯해 위에서 언급한 제품을 만들어내는 직책을 가지고 UX 디자인을 식별한다. 이러한 정의는 대기업과 에이전시에서 사용되어왔으며, 현재 UX 디자인이 실제로 실행되는 방식과 유사하다. 하지만 '전통적인' 시스템에서 궁극적으로 발생하는 일은, 바로 UX 디자이너와 UX 디자인이 종종 고객 개발과 비즈니스 모델 생성보다는 사용자 참여와 디자인 문제에 더 집중하는 경우가 더 많다는 것이다.

많은 제품 제조업자들은 일반적으로 UX와 관련해서 그들이 내리는 결정들이 얼마나 고객 획득에 묶여 있는지를 알지 못한다. 일반적인 거래 웹사이트나 간단한 가입 과정을 생각해보기 바란다. UX 디자인을 할 때는 이전에 제품에 관여한 사람들이 고객으로 전환하지 못하게 가로막는 진입 장벽에 매우 관심을 기울여야 한다. 이 점은 9장에서 더 자세히 다룰 것이다. 인터페이스와 사용자 흐름은 사용자의 소기의 반응에 맞추어야만 한다. 이 모든 것이 참여이기 때문이다.

이것이 초보 UX 디자이너와 끝내주는 UX 디자이너를 구별하는 요소다. 끝내주는 UX 디자이너들은 다음과 같은 방법으로 제품의 가치 혁신을 이끌어낸다.

- 이들은 아이디어 개시 단계에서 이해 당사자들과 팀원들과 협력하며 작업한다. 그리고 입증하기 위한 구조화된 실험을 디자인 작업에 연결시킨다. 이 실험을 수행할 때는 고객이 랜딩 페이지를 여는 순간부터 가치 제안이 고객과 얼마나 성공적으로 소통할 수 있는지에 초점을 맞춘다. 측정 가능한 결과를 사용함으로써, 디자인과 관련된 결정이 예감보다는 실제 증거에 기반을 두고 이루어진다.

- 이들은 제품에 절대적으로 중요한 핵심 순간들과 기능들을 결정하는 데 도움을 준다. 6장에서는 여러분이 가치 혁신을 발견할 수 있도록 돕는 전략에 초점을 맞추며, 제품의 주요 유용성에 집중한다. 우리는 간단하고 우아한 방식으로 핵심 경험들을 엮을 스토리보드와 같은 기법들을 탐구할 것이다. 또한 새로운 방식으로 그것들을 조합할 수 있도록 경쟁자들과 비경쟁자들의 특징을 도용하고 선택하는 방법에 대해 살펴볼 것이다.

- 이들은 이용할 수 있는 모든 UX 기회를 확인하기 위해 현재 시장 공간에 대해 모든 것을 배운다. 이것은 사람들의 삶을 더욱 효율적으로 만드는 무언가를 제공함으로써 당신이 팀의 엄청난 가치를 만들 수 있도록 한다.
- 이들은 반드시 해결해야 하는 문제와 연관된 핵심 효용성을 발견하고 입증하기 위해 제품의 잠재적인 사용자나 기존의 핵심 사용자와 직접적으로 대화를 나눈다.

- 이들은 온라인 접점과 오프라인 접점을 모두 망라한 접점들을 통해서 UX를 구성한다. 이 UX는 마찰이 전혀 없는 경험을 가능하게 만든다. 이 경험은 에어비앤비와 우버^{Uber}처럼 인터넷상에서 거래가 시작되고, 실제 세계에서 거래가 충족되지만, 리뷰를 작성하기 위해 다시금 사용자를 인터페이스상으로 돌아오게 만드는 제품과 관련이 깊다.

그저 손쉽게 '디자인 씽킹'을 통해 끝내주는 UX 디자인을 생각해낼 수는 없다. 심성 모형이 붕괴되는 것은 UX와 세 가지 원리들이 상호 영향을 미칠 때만 가능한 일이다. 그러면 시장이 와해되는 결과가 발생한다.

이 책 전반에 걸쳐, 끝내주는 사용자 경험을 지닌 제품의 사례 연구에 대해 논의할 것이다. 이 사례들은 그냥 운이 좋아서 발생하거나 '천재적인 디자인' 덕분에 '생긴' UX 디자인 사례가 아니다. 이 사례들은 위에서 언급한 원리들을 드러냄으로써 끝내주는 디자인 사례들이 되었다. 이 원리들을 실행에 옮기고 염두에 둠으로써 유형과 무형 부분의 합으로서 이해하게 되는 것이다. 뒤에서 다음 회사들을 사례로 언급할 것이다.

에어비앤비
여행산업을 파괴하고 있는 거래정보망 그림 2-7

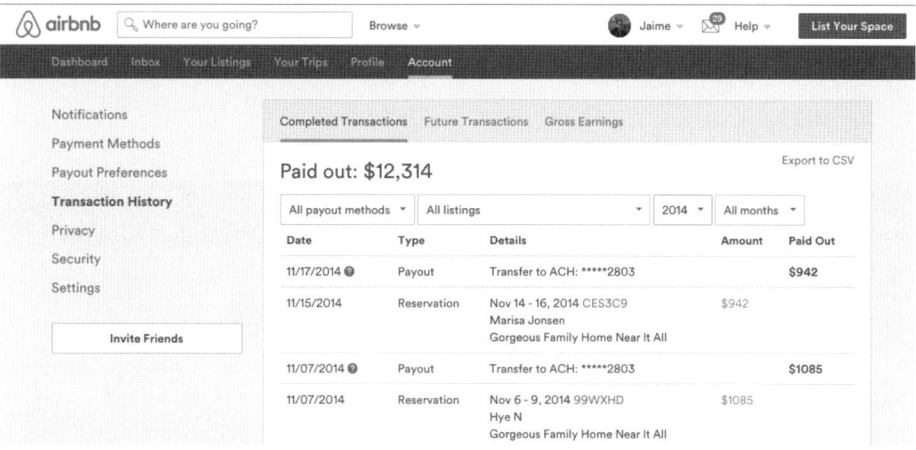

그림 2-7
에어비앤비의 끝내주는 UX

우버

택시 서비스 산업을 파괴하고 있는 차량 공유 앱 그림 2-8

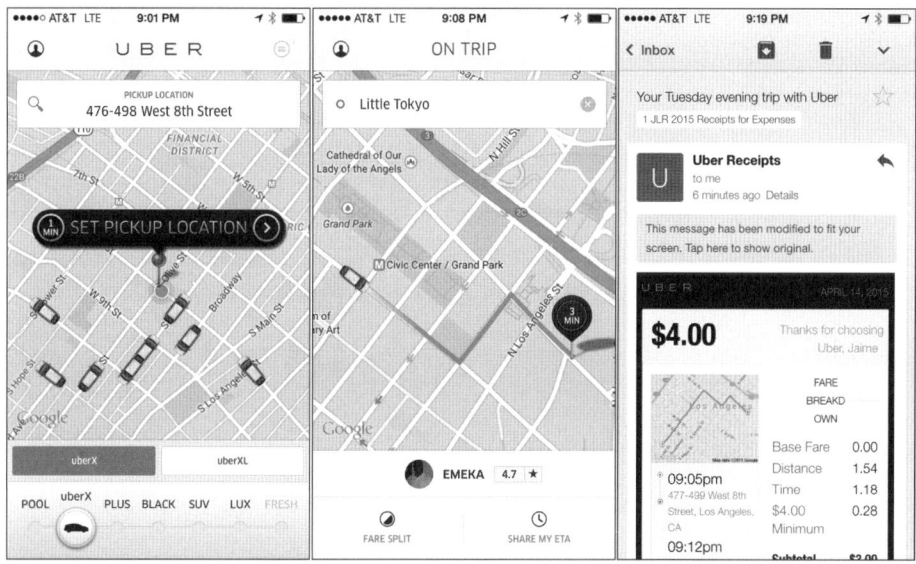

그림 2-8
우버의 끝내주는 UX

웨이즈

사람들이 자동차로 A지점에서 B지점까지 도달하는 방법을 파괴하고 있는 지도 앱 그림 2-9

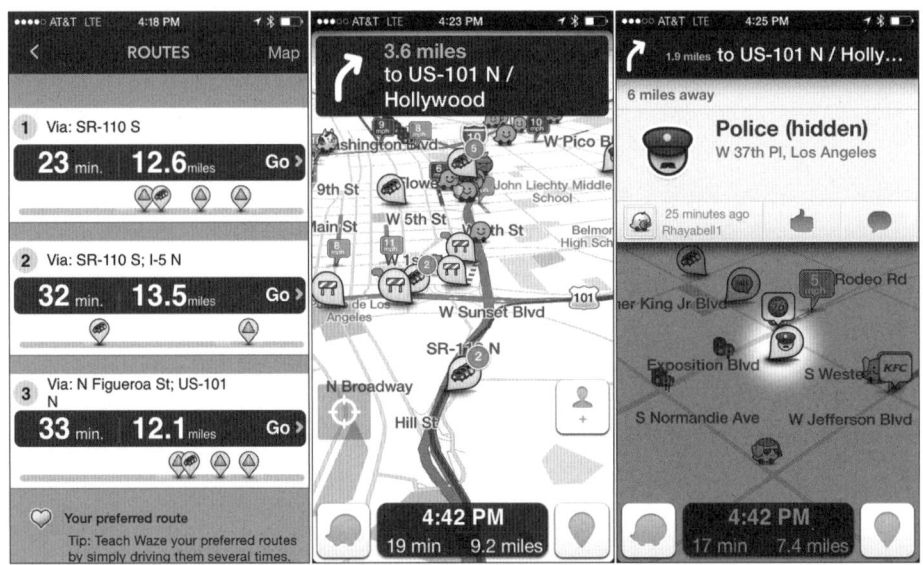

그림 2-9
웨이즈의 끝내주는 UX

틴더 Tinder

OkCupid와 Eharmony와 같은 이전의 데이트 사이트들을 위협하고 있는 데이트 앱 그림 2-10

그림 2-10
틴더의 끝내주는 UX

    이 제품들은 정적인 비즈니스 계획이나 2주짜리 UX 발견 단계를 거쳐 현재 위치에 다다른 것이 아니라, 실험을 하고, 실패를 거치며, 수개월 혹은 수년간 작업을 반복해서 현재 위치에 다다르게 된 것이다. 창업자들과 팀이 무대 뒤에서 리스크를 감수하면서 제품의 비즈니스 모델의 구성 요소들을 모아 구조화된 전략 활동을 통해 제품을 만들어냈다. 창업자들과 팀은 그들의 가치 혁신을 잘 조절해냈으며 열정적인 고객들을 획득했다. 이것들은 블루오션에서 활동할 수 있게 그들을 경쟁 우위로 이끌었다.

UX 전략이 아닌 것 탑 10!

1. 신제품에 대한 멋진 아이디어!
2. 많은 기능들을 나열한 목록!
3. 가능한 모든 시나리오를 고려하여 구현할 준비를 마친 철저히 조사된 계획. 고객의 의견은 필요 없습니다. 100% 확신하기 때문입니다!
4. 피어 투 피어 공유 경제 등으로 자금 조달을 받은 다른 스타트업이 막 사용한 유행어를 창의적으로 바꾼 것.
5. 동기를 부여하는 문구들의 일반적 집합.
6. 일부 전문가들의 오만한 말—"저희 제품은 사회적 린 디스럽션Social Lean Disruption의 선구자인 나잘남 교수의 천재성에서 나온 겁니다."
7. 위험한 가정을 부정하는 가설—"모든 여성들은 분홍색을 좋아해요."
8. 기업이 전달할 수 없는 핵심 가치와 맞지 않는 거창한 비전예: 특허 출원 중인, 꿈을 발견하는 새로운 방법.
9. 좋은 품질 보증 카드처럼 들리는 모호한 확언—"여러분도 사회적 린 디스럽션 달성할 수 있습니다."
10. 북극성을 찾아서.

요약

UX 전략은 사고방식이라고 볼 수 있다. UX 전략이란 완벽한 계획을 수립하고 시행하는 수단이 아니다. UX 전략은 실제로 벌어지는 일을 연구하고, 기회를 분석하고, 구조화된 실험을 시행하고, 실패하고, 배우며, 사람들이 진정 원하는 가치를 지닌 무언가를 고안해낼 때까지 반복하는 것을 의미한다. UX 전략을 구상할 때는 리스크를 지고 실패를 받아들일 수 있어야 한다. 전략이 팀을 올바른 방향으로 이끌고 있다는 것을 입증하기 위해 자그마하게 구조화된 실험들을 수행함으로써 영리한 방식으로 실패하는 법을 배워야 한다.

3장
가치 포지셔닝의 타당성

"경영을 알려면 그 목적을 먼저 알아야 한다. 목적은 경영 자체에 있는 것이 아니라 그 밖에 있어야 한다. 사실 사업체는 사회를 이루는 일부분이기에 그 목적 또한 사회에 있어야 한다. 단 하나만의 경영 목표만이 유효하다. 고객을 창출하는 일이다."

—피터 드러커, 1973

초창기부터 제품의 비전을 무턱대고 정의하지 않는다. 제품이 해결해줄 수 있는 문제가 무엇인지, 주 고객층이 누구인지 먼저 파악하는 것이 순서다. 이것을 파악하려면 많은 탐구가 필요하며, 작은 판단 오류로 비전이 망상으로 바뀌는 결과를 초래할 수도 있다. 그러므로 중심을 잃지 않으려면 제1원리경영 전략과 제3원리검증된 사용자 연구에 대한 깊은 이해가 필수적이다.UX 전략의 네 가지 원리에 대한 설명은 〈그림 3-1〉과 2장을 참조 이 장에서는 고객이 실감할 수 있는 가치 제안value proposition을 세우는 법에 대해 배울 것이다. 그 후에는 이 가설이 맞는지 실험을 통해 검증하는 법을 배울 것이다.

그림 3-1
제1원리와 제3원리: 경영 전략과 검증된 사용자 연구

블록버스터 가치 제안

나는 8학년이었을 때 어머니의 직장에 따라가기 위해 복통이 있는 척 꾀병을 부리고는 했다. 어머니는 버뱅크 스튜디오Burbank Studios에서 법무관으로 일하셨는데, 나는 그곳에 가면 건물 뒤 공터에 있는 세트장 안에 숨거나 텔레비전 프로그램과 영화를 촬영 중인 방송 스태프들을 구경하며 놀았다. 한번은 〈판타지 아일랜드!Fantasy Island!〉 프로그램을 촬영하는 세트장에 갔다가 멕시코 출신 배우 리카르도 몬탈반Ricardo Montalbán 씨를 만난 적도 있다. 1978년의 나에게 이보다 멋진 직업은 없을 것 같아 보였다. 그래서 2012년, 블록버스터 영화를 제작하는 프로듀서가 그 옛날의 스튜디오 건물 뒤 공간에 있는 방갈로에서 만나자는 연락을 받았을 때 더욱 신날 수밖에 없었다. 그는 어떤 제품에 대한 아이디어가 있었는데 이 아이디어가 '근거가 있는 것인지' 나와 의논하고 싶어 했다.

페이드 인:

방갈로 외부 - 아침

롱샷으로 시작하여 방갈로의 창문 안으로 팬 업

컷:

방갈로 내부 - 아침

제작진 조수가 우리의 UX 전략 전문가 제이미를 방 안으로 안내한다. 영화 제작자 폴은 책상에 앉아 있다. 폴은 제이미를 환영하며 일어선다. 둘은 악수를 나눈 뒤 각자 의자에 앉는다. 조수는 방에서 나간다.

폴: 제가 온라인 쇼핑 사이트에 대한 아이디어를 생각해냈는데 당신이 도와주었으면 합니다.

제이미: 들어봅시다.

폴: '바쁜 남성'들이 옷을 살 때 쓸 수 있는 아마존의 위시리스트 같은 개념이죠.

제이미: '바쁜 남성'이 어떤 사람들을 말하는지 더 구체적으로 말해주시겠어요?

폴은 매우 흥분한다. 그는 몸을 앞으로 기울이고 제이미에게 바쁜 남성이라는 고객층을 설명하며 몸짓을 많이 사용한다.

폴 : 이 남성에게는 그의 일이 그의 삶 자체예요. 그는 꽤 많은 돈을 벌지만 소비할 시간이 부족하죠. 그는 고급 제품을 선호하지만 이것들을 사러 쇼핑에 나서는 건 싫어해요. 가게 직원에게 똑같은 설명을 반복하는 데 이골이 나긴 했지만 그래도 VIP 대접은 받고 싶어 해요.

제이미는 무릎에 손을 올린 채 몸을 앞으로 기울인다. 그녀는 입을 열기 전 한 번 뜸을 들인다.

제이미 : 구체적이네요. 하지만 이 문제가 세상의 모든 '바쁜 남성'들이 공통적으로 안고 있는 문제일까요? 그들이 해결되길 바라는 문제라고 생각하시나요?

폴 : 물론이죠! 적어도 저에겐 문제예요!

로스앤젤레스에서는 영화 아이디어를 제시하는 할리우드형과 온라인 서비스 아이디어를 제시하는 창업가형을 모두 쉽게 만날 수 있다. 이 두 부류는 놀랄 만큼 유사하다. 그들 모두는 새롭고 강렬한 어떤 것을 만들어내어 큰돈을 벌고 싶어 한다. 그들의 아이디어를 현실화하는 데는 많은 자본이 필요하다. 자본을 충분히 끌어들이려면 좋은 스토리텔링을 통해 잠재적 관계자 및 투자자들에게 이 아이디어를 원하는 수요층이 있다는 확신을 심어줘야 한다.

시장에는 항상 쓰레기 같은 영화와 애플리케이션이 넘쳐나기 때문에 투자자들은 그들의 투자 성공률이 높지 않다는 사실을 안다. 하지만 그 제품이 실제로 대단하다면 투자 회수율은 엄청날 수도 있다. 그리고 돈뿐만 아니라 '히트 상품'을 만들어내는 것은 콘텐츠와 제품 메이커인 우리의 자아를 충족시켜 준다. 우리는 사람들이 유용하고 의미 있어 할, 우리 어머니들마저 좋아할 만한 제품을 만들고 싶어 한다.

그러나 영화를 제작하는 것과 디지털 제품을 만드는 것에는 한 가지 중요한 차이점이 있다. 영화를 제작할 때는 전략 유명 배우를 캐스팅하고, 게임을 원작으로 한 속편을 만들거나 좋은 각본을 영화화하는 것 같은 이 어떻든 이에 따라 영화를 제작하는 도중에 실증적인 피드백을 통해 리스크를 줄일 기회가 차단되어 있다. 물론 목표 시장에 초기 신들을 공개하여 반응을 살필 수는 있지만, 보통 그때쯤이면 너무 많은 비용이 들기 때문에 재촬영은 쉽게 선택할 수 없다. 디지털 서비스는 '테스트 시장'을 조성하여 훨씬 이른 시점에 타깃 고객층에게 자신의 아이디어를 실험해볼 수도 있고 초기 아이디어에 끝까지 충실해야 할 필요도 없다. 당신의 팀원들을 객관적으로 평가할 기회도 되고 작업이 계획에 맞게 진행되고 있는지 확인할 수 있다. 대규모 도박에 취미가 있는 것이 아니라면 '판타지 아일랜드'에 계속 살 이유가 없는 것이다.

교훈

- 당신을 포함한 주위 관계자들이 당신의 제품에 대해 매우 긍정적이라고 해서 모든 사람이 그럴 것이라는 생각은 착각이다. 디지털 벤처가 대부분 실패하는 이유는 시장에 그 서비스가 꼭 필요한 것은 아니기 때문이다.
- 실증적인 증거를 통해 당신의 팀과 관계자들이 현실을 객관적으로 볼 수 있게 해야 한다. 예측을 사실로 증명해야 한다.
- 당신의 팀원과 관계자들이 하는 말을 액면 그대로 믿으면 안 된다. 잠재 고객이 원하는 것을 찾으려면 그들을 직접 찾아나서야 한다.

가치 제안이란 무엇인가?

일반적으로 가치 제안은 서술의 형태를 띠며, 나의 영화 제작자 고객이 그랬던 것처럼 입에서 처음으로 나오는 문장이다. 엘레베이터 피치elevator pitch : 어떤 제품, 서비스 혹은 기업과 그 가치에 대한 빠르고 간단한 요약 설명를 떠올리면 된다. 제품의 가치를 하나의 독특하고, 기억하기 쉽고, 강렬하며, 반복해서 말할 수 있는 한마디로 표현하는 것이다. 가치 제안의 우선적인 목적은 고객이 당신의 제품을 사용함으로써 기대할 수 있는 장점을 알리는 것이다. 다음은 몇몇 유명한 디지털 서비스들이 제공하는 가치 제안이다.

- '에어비앤비'는 세계 곳곳의 사용자들이 서로 독특한 공간을 게시하고, 발견하고, 예약할 수 있는 커뮤니티형 마켓이다.
- '스냅챗Snapchat'은 제한된 시간 동안 친구들과 메시지, 사진, 비디오, 문구, 그림 등을 공유할 수 있는 가장 빠른 방법이다.
- '웨이즈'는 세계에서 사용자가 가장 많은 SNS 방식의 교통 및 내비게이션 서비스로, 운전자들이 실시간으로 교통 정보를 공유하며 공공의 선에 기여할 수 있는 애플리케이션이다.

제품 메이커로서 당신이 어떤 환경에서 일하고 있든, 당신은 끊임없이 가치 제안을 제시받거나 제시하고 있을 것이다. 에어비앤비, 스냅챗, 웨이즈가 유명해지기 전까지 이 팀들이 투자를 유치하기 위해 예비 투자자들에게 몇 번이나 가치 제안을 설명했을지 상상해보라.

"그건 '아바타'가 '다이하드'를 만났을 때와 같아요!"와 같이 간단해 보이는 한 문장이 실제로 너무도 중요하다는 말이다. 당신은 문장 하나 만들어내는 것이 무슨 그리 어려운 일이냐고 속으로 생각할지도 모른다. 실은 그렇지 않다. 가치 제안 한 문장을 만들어내는 일이 얼마나 어려웠던지, 마음에 드는 가치 제안을 찾을 때까지 리프레시 버튼을 누르면 무작위로 가치 제안을 순식간에 생성하는 서비스itsthisforthat.com가 등장했을 정도다.〈그림 3-2〉 참조

이 웹사이트의 가치 제안 생성 공식을 분해해보자.

그것은 '타깃 고객층 또는 고객층이 필요로 하는 서비스그것'를 위한 '유명한 서비스나 애플리케이션 이름이것' 같은 서비스다!

'이것'은 언급된 서비스가 지닌 마법 같은 능력을 말한다. 데이트 애플리케이션 틴더에게 '이것'은 스와이프swipe : 스마트폰 자판 위에서 손가락을 떼지 않고 문자를 입력하는 기술 동

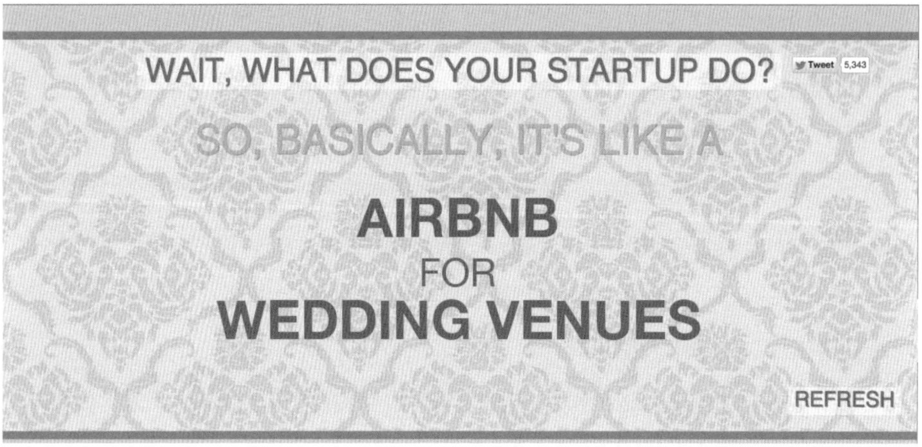

> WAIT, WHAT DOES YOUR STARTUP DO?
> SO, BASICALLY, IT'S LIKE A
> **AIRBNB**
> FOR
> **WEDDING VENUES**

그림 3-2
"웨딩 공간을 위한 에어비앤비"라고 말하는 기계적으로 만들어진 가치 제안

작 하나로 누군가에게 호감을 즉시 표현할 수 있는 기능이다. 웨이즈의 '이것'은 당신의 위치 주변에 있는 웨이즈 사용자들이 실시간 교통 정보를 제공함으로써 지름길을 찾을 수 있는 기능이다. '이것'이 심성 모형이다. '이것'을 잘 비유해서 표현하면 사람들은 제품의 작용 방식을 이해할 수 있고, 사용 결과에 영향을 미치기도 한다.

'그것'은 특정한 고객층 또는 그들이 원하는 것, 혹은 둘 다. 틴더의 '그것'은 시간을 들여 자기소개란을 채우는 대신 쉽게 이성을 만나기를 원하는 사람들이다. 웨이즈의 '그것'은 평소와 다른 길을 이용하더라도 교통 체증을 피하고 싶어 하는 운전자들이다. 이 공식은 해결책을 명확히 표현할 수 있는 빠른 방법을 제공한다.

하지만 가치 제안은 실재하는 문제를 해결하지 않으면 가치가 없다. 무릎이 긁히는 정도의 경미한 문제가 아니라 고통스러운 다리 골절상 정도의 심각한 문제를 해결하는 것이라야 한다. 특정한 조건에 처한 사람들이 신속하게 해결되길 원하는 그런 문제들 말이다. 이러한 문제를 해결해줌으로써 당신의 제품은 이 특정한 조건의 사람들에게 안식이나 기쁨을 가져다줄 수 있다. 소프트웨어 제작에는 시간과 돈이 들기에 당신은 제품을 만들기 전에 이 문제들과 고객들에 대해 알 수 있는 모든 것을 알아내야

한다. 그러므로 그냥 자신의 느낌에 근거하여 새롭고 혁신적인 소프트웨어를 만드는 것은 매우 위험한 시도다.

왜냐하면 만약 당신이 틀렸다면?

또는 당신의 상사가 틀렸다면?

또는 고객이 틀렸다면?

또는 그 성공한 영화 제작자마저도 틀렸다면?

또는 우리가 0.05초 만에 생성해낸 그 가치 제안이 틀렸다면?

답은 간단하다. 자신의 느낌만을 믿었던 당신이 틀렸고, 자금을 다 쓸 때까지 당신의 팀이 이것을 알아차리지 못한다면, 그것은 모두가 진실한 가치 제안을 만드는 데 실패했다는 뜻이다. 모두가 자신들의 자원을 낭비하는 데 성공했다는 뜻이다. 그리고 지금은 당신의 제품 비전이 막 생성되는 단계에 있으므로 어떤 아이디어에도 과도하게 애착하면 안 된다. 특히 실재하는 고객이 실제로 그 제품을 원한다는 타당한 검증이 없다면 말이다.

판타지 아일랜드에서 살고 싶지 않다면……

아래의 다섯 단계를 거치길 바란다. 자세한 설명은 후술하기로 한다.

1단계 : 당신의 우선적인 고객층을 정의한다.

2단계 : 당신의 고객층이 겪고 있는 가장 심각한 문제를 파악한다.

3단계 : 당신의 추정에 따른 임시 페르소나를 만들어본다.

4단계 : 당신 제품의 초기 가치 제안을 검증하기 위해 실재하는 잠재 고객들을 찾아본다.

5단계 : 지금까지 알아낸 내용에 따라 당신의 가치 제안을 재평가한다.

정확히 들어맞는 제품/해결책을 찾을 때까지 수정 반복한다.

이렇게 쉽다! 이 과정을 실증적으로 수행하기만 하면 된다.

1단계 : 당신의 우선적인 고객층을 정의한다

당신과 당신의 팀은 혁신적인 서비스를 런칭하려는 것이기에 고객이 없는 상태에서 출발하게 될 것이다. 그러므로 당신이 고객층을 막연히 남녀노소 모두라고 생각한다면 재고해야 한다. 그러지 않으면 고객 유치를 위한 힘든 싸움을 해야 할 것이다. 모든 사람이 당신의 애플리케이션을 사용하도록 만드는 것과 정말로 필요한 사람들이 회원 가입을 하도록 만드는 것 중에 어느 쪽이 쉽겠는가? 많은 성공적인 디지털 서비스가 후자를 선택했다. 페이스북이 처음 런칭되었을 때, 그들은 전 세계가 아니라 하버드대학교의 학생들에게만 서비스를 제공했다. 에어비앤비는 2008년 미국 민주당의 당 대회에서 처음 테스트 서비스를 시행했고, 틴더 또한 초기 파일럿 프로젝트를 남가주대학 학생들을 대상으로 시행했다.

고객이란 공통된 수요나 문제점이 있으며 특정한 조건을 갖춘 사람들이다. 경쟁자가 없는 시장 환경에서 사람들이 친숙한 방식을 두고 친숙하지 않은 방식으로 행동하

그림 3-3
발표자료의 전형적인 첫 페이지

도록 변화시키려는 시도는 큰 리스크가 뒤따른다. 그러므로 당신의 우선적인 고객층이 겪고 있는 그 문제점은 매우 심각한 것이라야 한다. 특정 고객층을 예로 들면 기존의 학생들과 친해지는 데 애를 먹고 있는 로스앤젤레스에 거주하는 유학생, 연습 공연 기회를 얻고 싶어 하는 대도시에 거주하는 예비 음악인들, 또는 아이들의 일정을 관리하기가 벅찬 도시 외곽에 거주하는 바쁜 엄마들 등이 있을 수 있다. 이러한 고객층은 인구학적 그리고 사이코그래픽psychographic : 소비자가 생활하고 일하며 즐기는 방식에 따라 소비자를 세분화하는 것적인 특성에 따라 파악할 수 있지만, 가장 중요한 점은 이들을 10단어 이내로 정확히 표현할 수 있어야 한다는 점이다.

이제 아까 컴퓨터로 생성한 가치 제안으로 돌아가서 가장 확실한 1차 고객을 상상해보기로 하자. 예산에 맞춰 결혼식을 계획하고자 하는 사람은 대체 어떤 사람일까? 흠……. 〈그림 3-3〉이 보여주듯, 예비 신부일까? 그래, 이것으로 정해보자!

2단계 : 당신의 고객층이 겪고 있는 가장 심각한 문제를 파악한다

이 문제는, 특정 고객층이 겪고 있는 구체적인 문제점이어야 한다. 그럼에도 당신과 당신의 팀은 오로지 추정에 근거해 제품을 만들고 있고, 초기에는 그것이 현실이라는 것을 인정해야 한다. 당신은 사용자들, 그들의 욕구, 그에 대한 해결책을 추정한다. 당신이 추정한 것에 대해서 매우 솔직해야 하며, 사실 그대로 받아들여야 한다.

이 장의 시작에서, 영화 제작자 폴은 자신의 문제를 그의 고객들도 겪고 있을 것이라 생각했다. 그 자신이 소득이 높지만 쇼핑할 시간이 부족한 바쁜 남자였던 것이다. 그러므로 모든 바쁜 남자들은 명품 옷을 사기 위한 온라인 쇼핑 사이트가 필요하다고 생각한 것이다. 만약 이 논리를 다른 모든 가치 제안에도 적용할 수 있다면, 내 디지털 가치 제안을 보고도 이렇게 말할 수 있을 것이다. "내 결혼식을 계획했을 때 나는 제한된 예산을 가진 예비 신부였고 나의 가장 큰 고민은 로스앤젤레스 내에서 내 예산에 맞는 예식장을 찾는 일이었어." 사실 나는 실제로 이런 고민을 했었지만, 다른 모든 알

뜰한 예비 신부들도 같은 생각을 할까?

이 시점에서 한 문장으로 고객과 가설의 문제점을 함께 써보는 것을 추천한다. 아마 이런 식으로 쓸 수 있을 것이다.

로스앤젤레스에 거주하는 예비 신부들은 예산에 맞는 예식장을 찾기 힘들어한다.

만약 이 가설이 맞는다면 다음의 우리의 가치 제안에 중요한 수요가 있음을 검증해줄 것이다.

예식장을 찾기 위한 에어비앤비.

그렇다면 논리적으로 이다음 단계는 이렇게 수요가 확실한 제품에 들어갈 기능들을 계획하는 것일까? 아직 아니다.

1장에서 언급한 소프트웨어 엔지니어를 기억하는가? 그는 자신의 벤처가 런칭할 제품을 곧바로 만들기 시작했다. 그는 그와 비슷한 처지의 고객들이 마약중독자의 친지들 재활 센터들과 치료비를 협상할 수 있는 디지털 플랫폼을 필요로 할 것으로 추정했다. 그리고 그는 이러한 고객들이 많거나 아니면 적어도 그의 벤처 사업이 유지 가능할 정도로 존재할 것으로 추정했다. 하지만 이 추정들은 그냥 추정일 뿐이다. 그는 우리 팀이 검증된 사용자 조사 실험을 수행할 때까지도 그의 제품이 왜 성공하지 못했는지 이유를 특정하지 못하고 있었다. 사용자 조사 실험 결과는 그의 오류를 밝혀냈다. 그의 고객들은 예산이 많다고 해도 마치 호텔 방을 예약하듯이 재활 센터를 인터넷으로 예약하려 하지 않았던 것이다. 그는 잠재 고객들에게 그가 초기에 믿고 싶지 않았던 말을 듣게 되었다. 재활 센터를 예약하는 일은 감성이 필요한 결정이라서 그 모든 과정을 전부 온라인으로 진행하고 싶지 않다는 것이었다.

여기 전문적인 조언 하나가 있다.

사람들이 당신의 제품을 원한다는 분명한 증거를 찾기 전에는 그 가치 제안에 따라 UX를 만들면 안 된다!

당신이 문제 해결사 유형이라면 이것은 UX 디자이너, 제품 개발자들, 그리고 창업가들의 본능적인 특성이다. 이 과정은 처음엔 거꾸로 된 것처럼 느껴질 것이다. 왜냐하면 진짜 거꾸로이기 때문이다. 우리는 고객과 그들이 안고 있는 문제에 대한 추정을 검증하는 솔루션을 회귀적으로 설계하고 있는 것이다. 이러한 접근 방식은 히트작을 포함하여 십여 개의 제품을 개발한 경험이 있는 사람들에게 특히 중요하다. 당신의 유명세를 믿으면 안 된다. 그 대신 새 제품이나 프로젝트에 대해 매번 실험하듯이 접근해야 한다.

서문에서 언급했듯이, 나는 20년이 넘는 세월 동안 대학교의 시간강사로 일했다. 그동안 항상 같은 방식으로 내 강의들을 진행했다. 첫 주에 학생들은 정보기술을 이용하여 해결 가능한 문제들을 생각해야 한다. 학생들은 매주 학기 마지막 프로젝트 과제를 수행하기 위한 기초를 쌓아간다. 학기 말 과제는 내가 이 책에서 가르치는 방법들을 통해 검증이 완료된 실제 제품을 제안하는 것이다. 2014년 봄 학기에 나는 비타와 에나라는 학생에게 '웨딩을 위한 에어비앤비' 제품 비전을 가지고 UX를 개발하는 일을 맡겼다. 그들이 썼던 방법과 결과를 제시함으로써 어떤 가치 제안이든 타당성을 확인하는 작업을 진행할 수 있음을 보여줄 것이다. 그들이 맡은 첫 과제는 바로 페르소나를 만드는 일이었다.

3단계 : 당신의 추정에 따라 임시 페르소나를 만들어본다

페르소나는 관계자들과 개발팀에게 사용자의 욕구, 목적, 동기 등을 이해시키는 데 유용한 도구다. 이러한 방법으로 개발자들은 제품을 더욱 '사용자 친화적'으로 만들 수 있다. 그러나 페르소나 개념은 호불호가 갈려 논란이 있어왔는데, 내가 왜 이 방법을 쓰는지 설명하기 위해 작은 가르침을 드리고자 한다.

소프트웨어 디자인의 초창기에는 제품을 개발하고 프로그래밍하는 엔지니어들이 주로 제품 인터페이스 디자인까지 맡았다. 이러한 제품 인터페이스들은 제품의 실제 사용자들에게 테스트하는 과정이 없었기에 전혀 '사용자 친화적'이지 않았다. 인터페이스들은 제품 개발 기한을 맞추기 위해 급하게 붙여다 쓰는 일이 잦았다.

앨런 쿠퍼Alan Cooper라는 샌프란시스코의 저명한 소프트웨어 디자이너이자 프로그래머는 이 문제를 너무도 잘 파악하고 있었다. 1988년, 쿠퍼는 비주얼 베이직Visual Basic이라는 시각적 프로그래밍 언어를 만들었고, 이 혁신적인 언어는 궁극적으로 마이크로소프트 윈도우에 설치할 애플리케이션을 개발하고자 했던 소프트웨어 회사들에게 개방된 시장을 열어주었다. 1995년, 그는 페르소나 개념을 발명하고 소프트웨어 개발팀들에게 자신의 목표 지향적인 디자인 방법론을 설명하기 위한 책을 쓰기도 했다. 페르소나는 제품 관계자들이 더욱 소비자 친화적인 인터페이스를 만들도록 영감을 불어넣어주는 중요한 도구였다. 하지만 이러한 페르소나를 만들어내기 위해서는 수개월에 걸쳐 심도 있는 민족지학ethnographic : 민족학 연구와 관련된 자료를 수집·기록하는 학문적 연구를 바탕으로 최종 사용자의 진정한 모델을 만들어내야 했다.

2002년, 페르소나는 디자이너들이 즐겨 쓰는 도구가 되었지만 초기의 목적과는 다르게 사용되었다. 레이저피시나 사피엔트Sapient 같은 대형 인터렉티브 에이전시들은 연구/발견 단계에서 고객들에게 더욱 확신을 주려는 용도로 페르소나를 사용했다. 이런 방식으로 사용되는 페르소나는 마케팅 자료 따위에 기반한 편견이 가득하고 우스꽝스러운 캐리커처일 뿐이었다. 사실 2장에서 오프라닷컴의 새로운 디자인 프로젝트에서 만들어졌던 세 개의 페르소나가 바로 이것이다. 결과 발표에 등장한 페르소나들은 각각 다른 인종의 세 사람으로 구현되었는데, 이것은 오직 오프라닷컴의 사용자가 여러 인종으로 구성되었기 때문일 뿐이었다. 실제로 제품의 UX와 인종은 아무런 관계가 없었다. 흑인인 오프라닷컴 사용자가 백인인 사용자와 과연 다른 인터페이스나 다른 기능을 원할까? 이렇게 페르소나는 UX 전략 과정에 정보를 제공하는 데 실패했다. 쿠퍼도 이렇게 말한 바 있다. "페르소나의 전형과 고정관념을 혼동해서는 안 된다. 페르소나는 정확한 디자인 타깃을 제공하고 개발팀과 소통하는 도구로 활용되기 때문에 디자이너는 페르소나의 인구학적 특징을 신중하게 선택해야 한다."

2007년에 발간된 쿠퍼의 저서 《어바웃 페이스About Face》 3판에서 그는 다음과 같은 제목이 붙은 절을 추가했다. "철저한 페르소나의 확립이 불가능할 때 – 임시 페르소나." 자세한 질적 연구를 진행하기 위한 시간, 예산, 상부의 승인 등이 여의치 않은 제품 메이커를 위한 내용이다. 임시 페르소나를 만드는 것은 디자이너와 비디자이너들이 모여 빠른 시간 내에 간단히 수행할 수 있는 협동 작업이었다. 사실 제품 디자이너이자 작가인 제프 고델프Jeff Gothelf 역시 이 개념을 '린 UX 기법'으로 소개하여 고객이 존재하지 않는 상황에서 고객에 대한 생각을 팀들 간에 일체화시킬 수 있도록 했다. 당신은 이 시점에서 임시 페르소나를 활용하여 당신이 추정한 고객을 당신의 팀에게 설명할 수 있을 것이다. 그리고 이것은 모두에게 검증 절차의 시작점을 설정해준다. 그러므로 임시 페르소나는 '보조' 또는 '저비용' 페르소나라고 생각할 수 있고, 아예 없는 것보다는 낫다.10장에서 오랜 기간 UX 업계 대표로 활약한 피터 머홀즈가 프로필에 대해 설명한 부분 참조

임시 페르소나의 레이아웃과 분석

임시 페르소나는 당신이 일차적 고객층에 대해 추정하고 있는 것들을 모아서 표현할 것이다. 그러므로 모든 정보는 가상 고객과 가치 제안에 맥락을 제공할 것이다. 인구학적인 특징이나 사용자의 목표 등과 같은 세부 내용은 제품에 결정적으로 중요한 것이 아니라면 생략한다. 대신 당신은 고객에게 중요하다고 추정하는 것들과 그들이 문제에 어떻게 대응하는지를 보여주는 페르소나에 집중하는 것이 좋다.

임시 페르소나는 아래의 네 부분으로 구성된다.

이름과 스냅샷/스케치

고객의 이름은 무엇인가? 그녀는 어떻게 생겼는가? 특정한 성별과 인구학적 특징

이 예시에서는 20대 후반 또는 30대 초반의 여성을 정하고, 1980년 초에 인기가 높았던 아기 이름을 찾아본다. 당신이 그림을 그릴 줄 안다면 그녀의 모습을 그려본다. 이 설명에 맞는 누군가의 사진이 있다면 가져다 붙인다. 아니면 구글 이미지나 플리커Flickr에서 적당한 사진을 사용한다.

묘사

이 고객의 개인적인 동기를 부여하는 요인들은 무엇인가? 페르소나를 묘사할 때는 어떤 사이코그래픽적 또는 인구학적 특징에 대한 고정관념보다는 제품 아이디어와 관련된 고객의 전형을 그려내야 한다. 예를 들어 당신이 차와 관련된 문제를 풀고 있다면 당신의 팀은 오직 고객의 차에 대한 취향만 신경 쓰면 된다.

행동 양식

이 항목에서는 여러 가지 방법으로 대답할 수 있다. 첫째는 고객이 현재 문제점에 대해 어떻게 대응하고 있는지 답하는 것이다. 인터넷을 통해 방법을 찾아냈을까? 아니면 현실에서? 아니면 둘 다? 고객은 문제를 해결하기 위해 인터넷을 사용할 만큼 인터넷과 친숙한가? 고객은 SNS로 해결하는가? 당신이 제시하는 해결책과 비슷한 유형의 디지털 서비스를 사용하는 사용자들에게서 발견되는 일반적인 행동양식이 있는가? 둘째는 그의 성격이 행동에 어떻게 영향을 미치는지 답하는 것이다. 예를 들어, 페르소나가 사회적으로 성공한 사람이라면 그는 이 문제를 더 잘 해결할 수 있는가? 고객은 쉽게 신뢰하는가, 아니면 의심하는 성격인가?

욕구와 목표

이 항목은 무엇이 고객에게 동기를 부여하고 그녀가 특정한 행동을 하는 원인을 제공하는지 설명한다. 예를 들어, 그녀는 지금의 해결책에서 불만을 느끼는 것이 무엇인가? 어떤 특정한 욕구나 목표가 고객의 현재 행동 양식으로 인해 만족되지 못하고 있는가? 그녀가 사용을 꺼릴 만한 결정적인 요소는 무엇인가? 그녀가 타협할 만한 요소는 무엇인가?

임시 페르소나는 일차적인 고객층을 이해하기 위한 도구로써 사용하는 것이므로 페르소나의 겉모습과 내용은 간단히 유지한다. 다음에 나오는 임시 페르소나에서 비타와 에나는 가로세로 2칸짜리 표에 각 부분을 채웠다. 그들은 표의 좌측 상단에 그들이 생각하는 일차 고객의 이미지를 붙였다. 그리고 다른 세 칸에는 각 부분에 해당하는 내용을 대여섯 요인으로 구성했다. 그들이 고객에 대해 추정한 것들이 비교적 쉽게 설명되는 것을 관찰할 수 있다. 임시 페르소나에 적힌 내용은 외부적으로 검증할 수 있는 것이어야 한다.

〈그림 3-4〉는 비타가 '웨딩을 위한 에어비앤비' 프로젝트에서 처음으로 수행한 과제인 임시 페르소나를 보여준다.

그림 3-4
예비 신부에 대한 비타의 임시 페르소나

눈여겨볼 점은 같은 가치 제안을 기반으로 학생들이 작업한 페르소나들이 상당히 다르다는 것이다. 그들이 상상한 신부는 아주 다른 성격을 갖고 있었다. 비타는 그녀의 고객을 제니퍼라는 이름을 가진 20대 후반에서 30대 초의 직장 여성으로 설정했다. 그녀는 넉넉한 수입을 벌고 있으며 가치에 신경을 쓴다. 이와 달리 에나는 그녀의 고객을 스테파니라는 이름을 가진 좀 더 젊은 20대 중반의 예비 신부로 설정했다. 이 젊은 신부는 좀 더 안정적이고 직장 경험이 있는 제니퍼와 비교해 인생 곡선상 아주 다른 곳에 있다. 이것은 두 신부들 사이에 차별점을 만들어낸다. 예를 들어 젊은 스테파니는 가격도 중요하지만 사람들이 재미있어 할지에도 신경을 쓴다. 이를 위해 그녀는 음식의 질이나 하객의 수를 조정할 마음이 있다. 그러나 제니퍼는 효율적이고 문제를 해결하려는 성향이 강하다. 그녀는 모든 것이 완벽해야 한다는 높은 기준을 고수한다. 그녀는 고민하는 시간을 줄여주고 좋은 가치를 얻을 수 있는 해결책을 필요로 한다.

어느 페르소나가 맞을까? 비타와 에나는 추정에 기반해 임시 페르소나를 만들었

스테파니: 예산을 신경 쓰는 미래의 신부 (에나의 페르소나)

Description
- Mid 20s
- Lives in Los Angeles with her roommate
- Some college
- Freelancer, creative field
- Lives on a tight budget

Behavior
- Has time to seriously research her options
- Uses a spreadsheet to keep track of venues/vendors
- Internet savvy with strong social media presence
- Asks friends for advice
- Reads blogs for the latest trends, new ways to save, cool spaces, purchases, and reviews

Needs & Goals
- Dreams of a small outdoor wedding
- Wants the wedding to be affordable and manageable
- Wants the food to be good, but not fancy
- Needs relevant information to do comparison shopping
- Wants her friends and family to have a good time

그림 3-5
예비 신부에 대한 에나의 임시 페르소나

기에 맞는지 틀린지는 의미가 없고, 임시 페르소나의 세부 내용 또한 더 많은 추정들에 불과하다. 아마도 최종 제품은 두 페르소나를 모두 만족시킬 수 있을지도 모른다. 하지만 그 전의 페르소나의 내용들은 사실 확인이 될 때까지 추정으로 남아 있어야 한다. 어느 페르소나가 맞든, 이 임시 페르소나 작업을 통해 비타와 에나는 그들이 가정한 고객을 더 분명히 인식하게 되었다. 이제 그들은 실제 상황에서 이 고객들을 만나보고 그 신부들이 어떻게 생각할지 들어보면 된다!

4단계 : 당신 제품의 초기 가치 제안을 검증하기 위해 실재하는 잠재 고객들을 찾아본다

고객 탐사

2005년, 실리콘밸리에서 오래전에 창업한 스티브 블랭크는 《깨달음을 향한 4단계 : 성공하는 제품을 위한 전략The Four Steps to the Epiphany: Successful Strategies for Products that Win》이라는 책을 발간했다. 그의 기법은 4단계로 나누어지지만, 나는 1단계인 고객 탐사를 조명하여 당신의 UX 전략에 포함하고자 한다.

고객 탐사란 특정 제품이 특정 사용자들이 안고 있다고 알려진 문제를 해결할 수 있는지를 알아내고, 테스트하고, 검증하는 절차다. 본질적으로 사용자 조사와 같다. 그러나 사람들을 관찰하고, 공감하며, 판단을 내려서는 안 된다. 대신 당신은 '건물에서 나와' 고객에게 검증받아야 한다. 이것이 바로 린 스타트업 경영 방식의 핵심이다. 당신은 능동적으로 사람들의 의견을 경청하고 소통해야 한다. 당신의 목표는 그들이 해결되길 바라는 문제점이 무엇인지 찾아내는 것이기 때문이다.

이것은 아주 당연한 일로 들릴지 모르지만, 놀랍게도 내가 벤처기업과 대기업의 많은 관계자들과 함께 일해본 결과 대다수가 고객들과 소통하지 않는다. 사실, 린 스타트업 이전에는 회사들이 고객들과 소통 없이 무작정 제품을 개발하는 것이 일반적이었다. 영화 제작자 폴처럼 관계자들과 개발자들은 본인이 그 문제를 겪고 있거나 공감할 수 있으면 고객을 이해한 것으로 생각했다. 나는 관계자들이 고객들과 소통하지 않는 진짜 이유는 공포심 때문이라고 생각한다. 제품 비전을 만드는 사람은 누구에게도 보여주지 않고 땀 흘려 각본을 쓰는 각본가와 비슷하다. 그들은 실제 고객이 어떻게 생각할지 두려워한다. 자신의 아기가 못생겼다는 말을 듣고 싶어 하는 사람은 없는 것이다.

이상적인 세상에서 고객 탐사는 개발팀의 최대한 많은 인원을 데리고 현장에 나가는 협업 과정일 것이다. 협업을 통해 자연스럽게 제품 비전에 대한 공통적인 의견을 모을 수 있다. 당신의 팀이 고객 조사를 하려고 하지 않는다면 혼자서라도 하는 것이 좋다. 당신의 상사, 고객, 부정적인 동료들의 허락을 구하지 말고 무작정 실행하라. 시도라도 하는 것이 결정적으로 중요하다. 혼자서라도 고객 탐사를 수행한 후 당신의 팀으로 돌아가 당신이 발견한 내용을 공유하는 것이다. 만약 당신의 이야기를 아무도 들으려 하지 않는다면 그 시점에서 당신이 현재의 프로젝트나 팀, 또는 회사와 계속 일할 것인지 결정하면 된다. 제발 무작정 제품을 개발할 시간에 밖으로 나가 당신의 제품을 더 경쟁력 있게 만들어줄 사실들을 발견하라. 당신의 운명은 당신이 만드는 것이다.

제품 메이커들이 어쩌다 자신들의 아이디어를 과보호하게 되는지는 앞서 살짝 언급한 바 있다. 그들은 아이디어에 많은 에너지와 사랑을 쏟는다. 당신이 UX 디자이너라면 내가 지금 무엇을 말하는지 정확하게 알 것이다. 폴과 같은 고객들은 자신들이 구현하고 싶어 하는 아이디어를 가져온다. 그들은 자신의 제품을 원하는 고객이 있을 거라 짐작한다. 하지만 UX 전략가는 이러한 짐작, 추정이 옳은지 확인하고 싶어 한다. 당신이 이 책을 읽으며 공부하듯이, 당신은 어떠한 해법에 대한 고객 수요가 실재한다는 제대로 된 검증 없이는 어떤 아이디어에도 과도하게 애착하는 것을 경계해야 한다.

다행히도 비타와 에나는 내가 인터넷으로 생성한 가치 제안에 과도한 애정을 보이지는 않았다. 그들은 본인들의 초기 추정이 맞는지 검증하면 되는 것이고 그들은 실제로 행동에 옮길 것이다. 그들은 건물 밖으로 나가 '문제 인터뷰'를 할 것이다.

문제 인터뷰

고객 탐사 중 실시하는 인터뷰의 목표는 실제 사람들과 소통하는 것이다. 내 제자들은 페르소나를 만들어냈고 그들은 그 페르소나와 일치하는 사람들과 이야기를 할 필요가 있었다.

제3원리검증된 사용자 연구를 기억해보자. 당신은 린 스타트업 기법을 사용하고자 하며, 그것은 사용자 연구가 의미 있고 효과적이며 유연해야 한다는 것을 뜻한다. 당신은 개발-측정-학습의 사이클에 최대한 빨리 들어서고 싶을 것이다〈그림 3-6〉 참조. 이 사이클은 당신의 아이디어를 최소한으로 구현개발하는 것에서 시작한다. 아이디어를 구현하는 과정은 고객 반응을 측정할 수 있는 어떤 형태의 데이터를 생성한다. 이 데이터를 고객 피드백으로 삼아 아이디어를 어떻게 개선할지 배울 수 있다. 가치 제안의 걸음마 단계에서 이 측정 작업은 바로 밖에 나가 당신의 임시 페르소나를 검증하는 작업이다.

먼저 예상되는 고객들과 직접 만날 수 있는 근교의 장소를 두세 군데 선정한다. 책상 뒤에 숨어 있지만 말고, 고객들이 어떤 생활 패턴을 가졌을지에 집중하며 창의적으로 장소를 떠올린다. 그들을 실제로 만날 수 없다면 인터넷을 활용한다8장 참조.

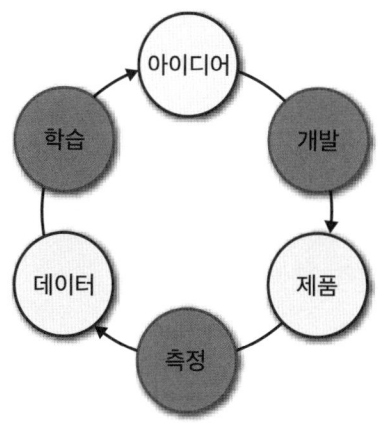

그림 3-6
개발-측정-학습 피드백 고리

비타의 페르소나는 '가성비'를 따지는 중상류층 예비 신부였다. 그녀는 자신의 페르소나와 유사한 사람을 찾고자 로스앤젤레스 시내의 쇼핑몰을 방문하기로 했다. 그녀가 처음 찾아간 곳은 로스앤젤레스 서부에 위치한 웨스트사이드 파빌리온 몰이었다. 이 몰에는 짐보리Gymboree나 베이비갭Baby Gap과 같은 아동복 매장이 많아 젊은 엄마들이 아기를 데리고 쇼핑하러 자주 온다. 나는 비타가 웨딩드레스를 살 수 있는 곳을 찾을 것으로 예상했기 때문에 의아했다.

비타는 젊은 엄마들은 결혼식을 올린 지 얼마 되지 않았기에 그녀에게 유용한 조언을 해줄 수 있을 것이라 생각했다. 비타는 적절하면서도 신뢰감을 줄 수 있는 옷차림으로 몰에 갔다. 그녀는 질문지가 적힌 메모장을 들고, 적절한 타이밍주로 아기가 유모차에 잠들어 있을 때을 골라 그녀의 인터뷰 대상들에게 웃음을 띠며 말을 건넸다. 그녀의 첫 대사는 다음과 같았다.

안녕하세요, 제 이름은 비타입니다. 저는 온라인 창업 아이디어를 위해 조사 중인데, 시간이 되신다면 웨딩플래닝과 관련된 설문을 부탁드려도 될까요?

문제 인터뷰는 선별 작업과 실제 인터뷰 두 부분으로 구성된다. 선별 작업이란 조사 대상을 선별하기 위해 일련의 질문을 하는 것이다. 당신이 접근하는 인터뷰 대상이 실제로 당신의 고객에 대한 추정을 확인시켜줄 고객일지 처음부터 알 수 없으니, 선별 작업용 질문을 통해 가설을 검증해줄 '실험군'을 가려내는 것이다.

그러므로 좋은 선별 질문은 검증 대상에 맞지 않는 사람들을 빠르게 걸러낼 수 있어야 한다. 설문 대상의 기분을 해치지 않으면서 당신에게는 결정적인 정보를 제공하는 질문들이어야 한다. 질문을 역으로 만들어낼 수도 있다. 이 소규모 실험의 대상이 되려면 정확히 어떻게 답해야 하는지 생각해서 질문을 만드는 것이다. 때로는 당신과 대화 중인 사람이 실험군에 들어갈 수 있는지 판별하기 위해 같은 질문을 다르게 물어보며 반복해야 할 수도 있다. 사람들과의 대화 중 상황에 맞추어 질문을 더 일반화 또는 구체화하는 유연성도 필요하다.

비타에게로 돌아가보자. 그녀가 말을 붙인 상대방이 대화에 긍정적인 반응을 보이면 그녀는 곧바로 선별 질문을 던지기 시작했다.

1단계 : 선별 질문

1. 당신은 지난 몇 년 안에 결혼했습니까?
   - 네 (2번 질문으로)
   - 아니오 (설문을 끝낸다)
2. 당신은 로스앤젤레스에서 결혼식을 올렸습니까?
   - 네 (인터뷰를 진행)
   - 아니오 (설문을 끝낸다)

자신의 페르소나에 따라 비타는 인터뷰 대상이 최근에 로스앤젤레스 내에서 결혼식을 계획한 적이 있는지 알아볼 수 있는 선별 질문을 구성했다. 그녀는 대상자가 본인의 결혼식을 비교적 생생하게 기억하는 상태이기를 원했다. 그리고 대상자가 날씨 좋은 남가주에서 결혼식을 계획하여 공원, 해변, 또는 아름다운 정원 등의 야외 예식장을 찾는 상태이기를 원했다. 이 세부 내용에 들어맞아야만 '웨딩을 위한 에어비앤비' 콘셉트의 수요를 확인할 수 있기 때문이었다. 해변이 바라다보이는 타인 소유의 멋진 뒤뜰과 같은 장소는 비타의 페르소나가 가진 고민을 해결해줄 수 있을 것이다.

2단계 : 인터뷰

대화 중인 여성이 선별 질문을 통과하면 비타는 비로소 본격적인 인터뷰를 진행할 수 있었다.

보통 이 시점에 많은 제품 메이커들과 IT 창업가들은 본인들이 구상한 대단한 가치 제안의 혁신적인 장점을 신나게 설명하려 든다. 하지만 당신이 모르는 사람에게 무작정 아이디어를 제시하려고 하면 그들은 그 자리에서 빨리 벗어나기 위해 그냥 당신의 모든 말에 고개를 끄덕일 것이다. 그것은 당신이 원하는 또는 필요한 검증이 아니다. 고객 탐사란 경청하는 것이지 설득하는 것이 아니라는 것을 명심하자. 비타가 그녀의 인터뷰를 어떻게 진행했는지 살펴보자.

1. 당신은 어떻게 결혼식 계획을 짰습니까?
   - 예식과 피로연 장소들을 선택지로 제시
   - 계획 툴들을 선택지로 제시(인터넷, 입소문 등)
2. 당신은 예식 장소에 대한 예산이 제한되어 있었습니까? 그렇다면 그 예산에 맞추는 데 성공했습니까?(성공하지 못했다면 예산을 얼마나 초과했습니까?)
3. 당신은 피로연 인원을 몇 명으로 계획했습니까?(예를 들어 50명에서 200명 사이)
4. 예식과 피로연 장소를 고르 과정에서 어떤 고민들을 했습니까?(예시 : 해변가라든지, 이상적인 장소를 찾는 일)
5. 당신은 그 고민들을 어떻게 해결했습니까? 결혼식에서 꿈꿨던 것들 중에서 이루지 못하고 결국 타협해야만 했던 것이 있었습니까?

이 질문들은 우리가 제시하는 해법의 맥락을 설정해준다. 이제 설문 참여자가 이 맥락을 이해한 상태에서, 이제는 비타가 그녀의 사업 성공 여부가 걸린 질문을 할 차례다.

비타 : 훌륭해요. 성심성의껏 질문에 답해주셔서 너무나 감사합니다. 이제 마지막으로 질문 두 가지만 더 드리겠습니다.

6. 당신은 '에어비앤비'라는 웹사이트를 들어보거나 사용해본 적이 있습니까?
   - 네(7번 질문으로)
   - 아니오(에어비앤비의 가치 제안인 단기 공간 임대 콘셉트에 대해 간단히 설명한 후 7번

질문으로)

7. 만약 에어비앤비와 비슷한 웹사이트에서 결혼식을 올리기 위해 로스앤젤레스 곳곳의 아름다운 뒤뜰 등이 있는 공간을 빌릴 수 있다면 어떤 생각이 드십니까?

이렇게 가치 제안의 핵심 질문을 하면서 동시에 간접적으로 당신은 가설상의 가치 제안을 제시한다. 여기서도 당신은 경청하는 것이지 영업을 하는 것이 아니다. 비타의 질문들이 얼마나 열려 있는지 주목하기 바란다. 비타는 자신의 해법에 대해 긍정적이거나 부정적인 뉘앙스를 덧붙이지 않고 상대방이 자유로운 의견을 낼 수 있도록 운만 떼웠다. 주제 질문을 던진 후에는 상대방의 응답에서 핵심만을 취하고 필요하다면 추가 질문을 한다. 이게 끝이다! 설문에 응답해준 참여자에게 아낌없이 감사하며 제 갈 길을 가도록 보내준다. 선별 질문부터 시작해서 마지막 주제 질문까지 모두 응답해줄 참가자를 10명 정도 찾는 것이 이상적이다.

시장의 양면성

이제 당신의 우선적인 고객층에 대해 진지하게 현실 확인을 할 시간이 되었다. 왜냐하면 이 책은 21세기를 사는 소비자들이 사용할 온라인 서비스에 대한 책이기 때문이다. 그러므로 당신의 잠재 고객 모두에 대해 생각해보아야 한다. 유료 고객도 있을 것이고 무료 고객도 있을 것이다. 이미 눈치챘을 테지만 나는 '사용자'와 '고객'을 같은 의미로 사용하고 있는데, 페이스북이나 유튜브 등의 사용자는 고객이기도 하기 때문이다. 페이스북과 유튜브는 이 무료 고객들을 최대한 끌어모아야만 유료 고객들 광고주들을 자사 제품에 관심을 갖게 만들 수 있다. 이 말은 경우에 따라서 UX를 검증하기 위해 필요한 것은 단 하나의 주요 고객층일 수도 있음을 의미한다. 다음은 예시들이다.

- 넷플릭스^{Netflix} 같은 동영상 스트리밍 웹사이트에게는 영화 시청자들이 고객이다.

- 〈뉴욕타임스〉 온라인판과 같은 온라인 뉴스에게는 뉴스 시청자들이 고객이다.
- 씨티은행 홈페이지와 같은 금융 웹사이트에게는 은행 계좌를 가진 사람들이 고객이다.

그러나 만약 당신이 제공하는 서비스가 진정한 의미를 가지기 위해서는 두 부류의 사용계층을 필요로 한다면 어떨까? 시장의 양면성은 인터넷이라는 공간의 특성에서 기인한다. 이 특성은 각각의 주요 고객층이 겪는 사용자 경험을 만들고 검증해야 하기 때문에 UX 전략에 큰 영향을 미친다. 이베이에는 판매자와 구매자가 있다. 에어비앤비에는 공간을 빌려주는 사람과 대여하는 사람이 있다. 이벤트브라이트에는 이벤트 기획자와 이벤트 참여자가 있다. 방금 언급한 서비스들은 고유의 여러 가지 뛰어난 기능을 제공함으로써 양쪽의 고객층을 모두 만족시키고 있으며, 이것이 당신이 해야 하는 일인지도 모른다.

에어비앤비는 한 고객 집단(호스트)이 자신의 부동산을 다른 고객 집단(게스트)에게 빌

존과 수잔: 웨딩 장소 소유자들 (에나가 만든 페르소나들)

Description
- Late 40s/early 50s married couple
- Live in a good part of Los Angeles
- Educated
- 100-200k household salary
- Have kids in college

Behavior
- Know how to use the Internet
- Use Airbnb for world travel
- Have listed their home on Airbnb and Home Away
- Enjoy sharing their beautiful home and making it nice
- Flexible and open to trying new things

Needs & Goals
- Need to find more ways to supplement their income
- Need a reliable service for subletting their home
- Want to put their spacious house to good use
- Need to know the guests are trustworthy
- Need the entire experience of subletting to be easy

그림 3-7
웨딩 공간 주인에 대한 에나의 임시 페르소나

려주는 행위를 매개하는 디지털 플랫폼이다. 에어비앤비는 매매가 일어났을 때 '양쪽'에서 소정의 수수료를 받는다. 비타와 에나의 가치 제안은 P2P, 즉 사용자 대 사용자 간의 공유경제를 기반으로 한 에어비앤비의 혁신적인 비즈니스 모델을 벤치마킹한 것이다. 예비 신부들이 예식을 올리기 위해 합리적인 예식 장소를 찾는 고민을 그들이 해결해주려면 시장의 다른 쪽을 찾아내어 연결해야 한다. 결혼식을 위해 집을 대여해줄 사람들 말이다.

에나는 고객 탐사 중에 이 사실을 깨달았다. 결과적으로 그녀는 전 단계로 돌아가 〈그림 3-7〉과 같이 또 다른 주요 고객의 특성을 가진 임시 페르소나를 만들었다.

그녀의 가치 제안이 현실성을 가지기 위해서는 이 고객층이 존재해야만 한다. 에나에게는 존이나 수잔 같은 사람들이 필요하다. 말리부에 멋진 저택을 가지고 있으면서 그 부동산을 이용해 수익을 얻을 수 있는 혁신적인 해법에 긍정적인 사람들 말이다. 그들은 아마도 우리의 예비 신부들보다 나이가 많을 것이고, 자신들의 집이 많은 사람들로 인해 초토화될지도 모른다는 걱정을 할 것이라고 에나는 추정했다.

나는 에나에게 이 임시 페르소나를 어떻게 검증할 것인지 물어보았다. 그녀가 이런 사람들을 어디에서 찾을 수 있을까? 해변에 있는 멋진 집의 대문을 두드리면 될까? 행운이 따라야 할 일이다. 아니면 말리부에 위치한 고급 식료품점에서 장을 보는 손님

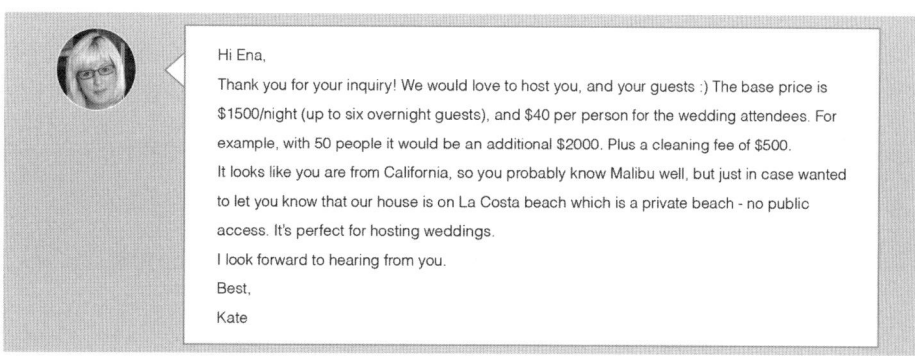

그림 3-8
에어비앤비에서 결혼식 장소 대여를 묻는 에나의 질문에 대해 긍정적 답변을 하는 주인 (예시 화면)

들에게 물어볼 수도 있다. 나는 그녀가 쉽게 검증하기 힘든 페르소나를 쫓고 있다고 걱정하며 그녀에게 고객 탐사를 더 면밀히 해보라고 조언했다.

다음 주에 에나는 〈그림 3-8〉과 같이 꽤 멋진 검증 결과를 가지고 돌아왔다. 그녀는 본인이 예비 신부인 척 실제 에어비앤비 사이트에서 실제 호스트들에게 연락했다. 그녀는 호스트들에게 결혼식 장소로 집을 빌려주는 것을 고려할 의향이 있는지 물었다. 그리고 비용은 어느 정도로 생각하는지도 물었다. 알고 보니 사람들은 이미 에어비앤비를 통해 결혼식 장소로 집을 빌려주고 있었다.

에어비앤비의 호스트들은 이미 공식 시스템을 벗어난 편법을 쓰고 있었다. 그들은 에어비앤비의 기본 비즈니스 모델과 UX에서 벗어나 별도의 가격 패키지를 구성하고 있었고, 에나에게 돌아온 응답을 살펴본 결과 호스트들은 이미 예식장 임대 문의에 익숙하다는 것을 알 수 있었다. 그렇다면 이 정보가 에나의 가치 제안에 어떤 영향을 미쳤을까? 알아보자!

5단계 : 지금까지 알아낸 내용에 따라 당신의 가치 제안을 재평가한다

위에서 살펴봤듯이 검증된 사용자 연구에 반드시 많은 비용이나 시간이 드는 것은 아니다. 비타는 어느 토요일 하루 동안에 자신의 추정을 검증하고 〈그림 3-9〉와 같이 그 결과를 취합했다.

그녀의 선별 질문을 통과한 사람은 10명뿐이었지만 그녀는 그중 9명이 합리적인 가격대에 결혼식 장소를 찾느라 애를 먹었다는 사실을 알아냈다. 그리고 그녀는 그 사람들이 본인의 결혼식에 얼마를 썼는지와 하객의 수도 알아냈다. 이 정보는 그녀의 가치 제안에 영향을 미쳤다. 예식 장소의 규모가 그녀가 처음에 예상한 것보다 훨씬 중요한 변수임을 의미했기 때문이다. 이로 인해 그녀는 로스앤젤레스 시내에 그녀의 고객들이 원하는 규모의 민간 주택이 얼마나 존재하는지 의문을 품게 되었다. 현실을 직시하게 된 것이다.

반대로 에나는 고객 탐사를 통해 웨딩을 위한 에어비앤비 콘셉트가 이미 존재한다

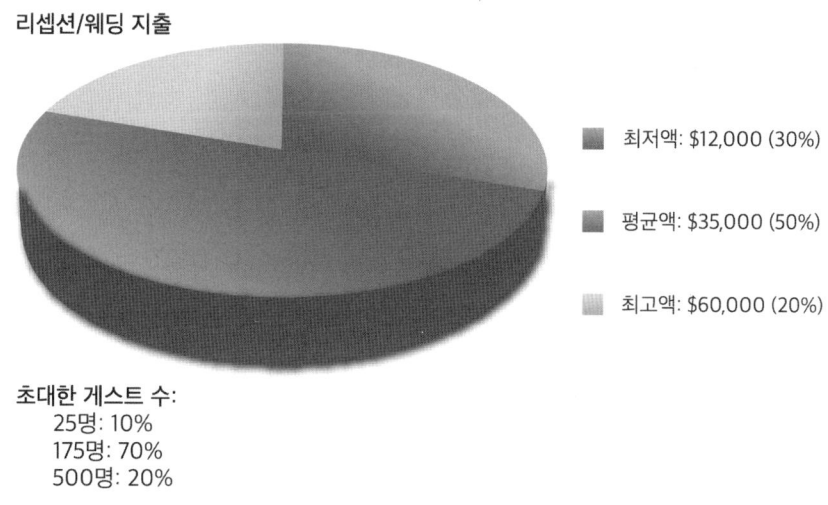

그림 3-9
비타의 고객 발견 결과

는 사실을 알아냈고, 그 주인공은... 바로 에어비앤비였다! 게다가 그녀는 에어비앤비가 웨딩 행사에 있어서만큼은 부동산의 호스트와 예비 신부들이 마주하는 목표, 문제점, 시각 등을 반영하도록 디자인되어 있지 않다는 사실도 알아냈다. 예를 들어, 에어비앤비에서는 특정 공간에서 사적인 파티를 열 수 있는지 여부를 알 수 없다. 에나가 했듯이 목록을 보고 각 집의 주인에게 직접 연락해서 알아내야 한다. 하지만 대안이 없기 때문에 집주인과 예비 신부 모두 임시방편으로 에어비앤비를 활용하는 것이었다! 이런 증거를 찾아낼 때야말로 당신의 '가치 혁신'의 창조적 피가 끓는 것이다.

이제 고객 피드백도 받았으니 비타와 에나처럼 당신과 당신의 팀도 결단을 내려야 할 것이다. 왜냐하면 다음 셋 중 한 상황이 벌어졌을 것이기 때문이다.

- 당신의 고객에 대한 가설이 검증되지 않았다. 그러므로 당신의 고객이 실제로 누구인지 다시 생각해야 한다. 2단계로 돌아가자.
- 당신의 고객이 겪고 있는 고민에 대한 가설이 검증되지 않았다. 그러므로 문제가 무엇인지 다시 생각해야 한다. 2단계로 돌아가자.
- 당신의 고객과 문제가 모두 검증되었고 당신의 솔루션에 상당한 자신감이 생겼다. 4장으로 넘어가자.

요약

이 장의 도입부에서 나는 웨이즈, 에어비앤비, 스냅챗과 같은 멋진 서비스들이 내놓은 가치 제안에 대해 서술했다. 이 중 몇몇은 창업자가 서비스를 런칭하고 상당 기간 서비스를 견인해가기 전 초기에 생각했던 가치 제안과 많이 다르다. 제품의 가치 제안은 고객의 니즈에 대한 이해가 깊어지며 진화하기도 한다. 드러커의 말을 인용하는 것은 이제 지겹겠지만, 그는 이런 말도 했다. "전략이란 나의 사업이 무엇인지 아는 것과 무엇이어야 하는지를 알아야 하는 것이다." 고객 탐사 기법과 임시 페르소나 같은 전통적인 사용자 연구 도구를 함께 사용하며 당신의 제품이 옳은 방향으로 가고 있는지 비용 효과적으로 확인할 수 있게 되었다. 사용자들이 두려워도, 연구에 익숙하지 않더라도, 결재선이 복잡하더라도, 납기에 허덕이고 있어도, 비전 문구를 보며 멍하게 있더라도 당신은 제품 개발 사이클의 초기에 미리 사용자들을 만나봐야 한다. 실패하는 것보다 훨씬 낫기 때문이다.

4장
경쟁자 조사 수행하기

이제 당신의 가치 제안에 대한 강력하고 긍정적인 신호를 보았다면 "왜 이 해법이 지금껏 만들어지지 않았을까?" 질문을 할 차례다. 세상의 모든 일들은 이미 벌어졌다고 말하고 싶지 않지만, 적어도 대부분 일들은 전에 이미 시도되었다. 왜냐하면 지난 20년 동안 개인과 기업들이 온라인상으로 유통, 소비할 수 있는 제품들을 설계해왔기 때문이다! 무엇이 실제로 성공하고 실패했는지는 당신의 경쟁 우위를 위해 꼭 알아야 한다. 그래서 이 장과 다음 장에서는 원리 1경영 전략에 대해 심도 있게 알아볼 것이다〈그림 4-1〉 참조.

그림 4-1
제1원리: 경영 전략

어려운 길로 돌아가기

탐사적 시장조사를 하는 것은 양파 껍질을 벗기는 일과 비슷하다. 더 많은 층을 벗길 때마다 더 많은 사실을 알아낸다. 그리고 당신의 제품 비전이 사실 독창적이 아니라는 사실을 알고 눈물을 흘릴지도 모른다. 하지만 경쟁자를 제치기 위해 필요한 것이 무엇인지 일찍 알수록 좋지 않을까? 당신이 무엇을 모르고 있는지 모른다면, 당신은 어려운 길로 돌아갈 위험해 처해 있다.

사랑하는 나의 아버지를 예로 들겠다. 1976년 당시 38살이던 아버지는 캘리포니아의 인기 레스토랑 체인의 지역 관리자 자리를 그만두겠다는 결심을 했다. 그는 UCLA에서 회계 전공으로 졸업한 후로 계속 피고용인으로만 일했기에 창업을 하고 싶은 마음이 간절했다. 아버지와 친한 한 친구는 로스앤젤레스에 핫도그 매점을 여러 군데 내며 잘 해가고 있었다. 그래서 아버지는 관리자 경험을 바탕으로 성공할 수 있을 거라 자신했다.

아버지는 노스할리우드에 있는 한 세차장 옆자리의 핫도그 매점이 매물로 나온 것을 발견했다. 그 매점을 지켜보면서 세차장 손님들이 핫도그 매점으로 가지 않는 것을 관찰했다. 매점은 꽤 낡았고, 매점 주인은 고객들에게 별로 신경 쓰지 않는 것처럼 보

그림 4-2
1978년 핫도그 가게 앞에 선 내 아버지 앨런 레비Alan Levy의 폴라로이드 사진

였다. 아버지는 이 매점의 수익을 끌어올릴 수 있다고 확신하고 곧바로 인수했다.

아버지는 매점에 새로 페인트칠을 하고, 메뉴를 추가했으며, 매점 주인이 바뀌었다는 간판을 크게 내걸었다.

처음 매점을 연 날, 아버지는 핫도그를 10개도 채 팔지 못했다. 게다가 바퀴벌레들이 자꾸만 위로 올라와서 손님들이 가까이 오기도 전에 바퀴벌레를 잡느라 바빴다. 그때 나와 동생12살, 10살은 주말이면 매점 근처에서 놀았는데, 우리가 봐도 아버지는 새로운 사업을 어떻게 해야 할지 몰라 우왕좌왕하는 것 같았다. 결국 아버지는 노력을 했음에도 이 사업을 되돌려놓을 수 없음을 깨달았다. 아버지는 관리자로서 노하우를 갖고 있었지만 그것이 핫도그 매점 운영을 매일 해나가기 위해 필요한 감정적인 에너지와 체력에는 도움이 되지 않았다. 그래서 매점을 내놓았다.

어느 날 아침, 어떤 사람이 아버지의 "매점 팝니다"라는 광고를 보고 찾아왔다. 그는 정오에 매점을 방문하여 자기를 소개했다. 그는 핫도그 하나를 산 뒤 점심시간이 끝날 때까지 매점 운영을 지켜보았다. 처음 한 시간 동안, 근처 요양원에 계시는 한 할머니가 걸어와 핫도그 하나를 샀다. 한 입을 베어 물더니 환불해달라고 요구했다. 그녀는 "이 맛이 아니에요"라고 말했다.

그 남자는 다음 날에도 찾아와 점심시간 동안 지켜보았다. 그가 떠나려고 할 때 아버지는 이 사업이 어떻게 보이는지 물었다.

"앨런, 솔직히 말하자면 말입니다." 남자는 강한 아르메니아 억양으로 답했다. "당신은 송장과 결혼한 것과 같아요."

그 말을 들은 아버지는 며칠 동안이나 우울해했다. 아버지는 운명을 받아들이며 큰 손해를 보고 매점을 팔았고, 이 일은 우리 집의 가계에 큰 타격을 주었다. 하지만 이 모든 경험은 아버지그리고 우리 남매에게 커다란 교훈을 주었다.

교훈

- 새로운 사업을 시작하기 앞서 그 사업이 어떻게 운영되는지 모든 것을 배워야 한다. 당신의 열정에 심취해 이성을 잃지 말자.
- 경쟁자를 탐구하라. 그들은 무엇을 잘하고 있나? 또 무엇을 잘못하고 있나? 고객이 당신의 제품을 사용해야 할 이유는 무엇인가?
- 당신의 가치 제안을 사업으로 만들 수 없다면 실패를 인정하는 꼴이다. 실패는 전혀 두려워할 필요가 없다! 대신 새로운 아이템을 찾거나, 기존의 가치 제안을 수정하라.

경쟁력 분석 매트릭스 툴

당신과 당신의 팀은 당신의 서비스로 새로운 시장을 개척한다고 생각하고 있을 테지만 이것을 어떻게 확신할 수 있는가? 사실 당신은 이미 존재하는 시장에 뛰어들고 있을 가능성이 다분하다. 그러므로 당신은 타깃 고객층의 니즈에 기존의 디지털 솔루션이 어떻게 대응하고 있는지 조사해야 한다.

경쟁력을 가지려면 당신은 세상에 무엇이 있는지, 무엇이 통하는지, 그리고 무엇이 통하지 않는지 알아야 한다. 그렇기에 경영 전략에서 경쟁자들에 대한 시장조사는 매우 중요한 요소다. 경쟁 제품의 사용자 경험의 장점과 단점에 대한 진솔한 정보를 가지고 있어야 한다. 꼼꼼히 조사하면 사용자 경험에 대한 최신 경향과 이미 구식이 된 모델이 무엇인지 등의 보물 상자와도 같은 귀한 정보를 얻어낼 수 있다. 더불어 당신의 개발팀이 경쟁 제품과, 그들의 디자인적인 장점, 그리고 어떤 부류의 고객층이 경쟁 제품을 이용하는지를 알 수 있다. 하지만 구슬을 꿰기 전에 구슬을 먼저 모아야 한다.

나는 경험을 통해 종합적인 경쟁력을 분석하는 가장 효율적인 방법은 모든 자료를 하나의 매트릭스로 표현하는 것이라는 사실을 알아냈다. 교차 비교를 하기에도 눈에 잘 보이고, 스프레드시트를 사용하면 조사를 하는 동안 어떤 정보도 잃어버리지 않을 수 있다. 매트리스에는 비교 작업이 필요한 모든 정보를 담을 수 있다. 매트리스를 작성하는 일이 끝나면 나는 질적으로 뛰어나고 양적으로 방대한 자료를 납득 가능한 방법으로 이해함으로써 내 제품이 어떤 위치에 있는지 이성적으로 판단할 수 있다.

스프레드시트를 사용할 때 나는 엑셀보다 구글 스프레드시트를 선호한다. 팀원들과 관계자들 등 많은 사람이 쉽게 접근할 수 있는 무료 클라우드 툴이기 때문이다. 이렇게 모든 인원이 항상 최신 자료에 접근할 수 있으면 중요한 회의 때 사람들이 멍한 표정으로 가만히 앉아 있는 상황을 미연에 방지할 수 있다.

〈그림 4-3〉에서 내가 전에 경쟁력 조사를 위해 구글 문서를 사용하여 작성한 스프레드시트의 예시를 볼 수 있다. '바쁜 남자를 위한 온라인 쇼핑몰' 프로젝트를 위해 수행한 연구를 바탕으로 나는 설명과 자료를 제시할 것이다. 서문에서 언급했듯이 이 책에 경쟁력 분석 매트릭스를 작성하는 데 도움을 주는 가이드가 실려 있다. 이것을 당신의 개발팀과 사용하길 바란다.

당신의 궁극적인 목적은 경쟁 우위를 가진 해법을 만들어내는 것이다. 당신의 팀

Competitors	URL of Website or App Store Location	Usernames and Password Access	Purpose of Site	Year Founded
DIRECT COMPETITORS				
Trunkclub	http://www.trunkclub.com/	usn: jim@castersblues.com pwd: Learning000	Your own virtual personal stylist will shop and send you men's apparel. Trunkclub helps guys discover awesome designer clothes without any of the shopping. Hand-selected outfits from exclusive designers, free shipping both ways.	2009
Bombfell	http://www.bombfell.com/	usn: jim@castersblues.com pwd: Learning000	Bombfell was a monthly subscription for clothes. Join now to get clothes picked just for you by a stylist, so you can spend your time doing awesome guy stuff.	2012
JackThreads	https://www.jackthreads.com/	usn: jim@castersblues.com pwd: Learning000	JackThreads is an online Flash sales shopping community selling apparel, shoes, and accessories from top-tier streetwear and contemporary fashion brands.	2008
INDIRECT COMPETITORS				
Fab	http://fab.com/	usn: jim@castersblues.com pwd: Learning000	Daily curated design flash sales featuring the world's leading designers and manufacturers.	2011
Gilt	http://www.gilt.com	usn: jim@castersblues.com pwd: Learning000	Flash sales-Gilt Groupe hand selects both established and up and coming brands relevant to its membership base. Each Gilt Groupe Shopping Event is designer-specific and held over a one day period.	2007

그림 4-3
경쟁 시장 조사 스프레드시트 예시

은 시장조사를 하는 과정에서 필연적으로 경쟁 제품들이 제공하는 사용자 경험에서 부족한 점을 찾게 된다. 경쟁력이란 디테일에서 발생하게 마련이고, 이런 디테일이 바로 원리 2가치 혁신을 만들어내는 토양이 된다.6장 참조

꼼꼼한 조사가 이루어지면, 꼼꼼한 분석을 결과물로 얻을 수 있다. 당연하게 들리는 말이지만, 얼마나 많은 중대 결정들이 피상적인 시장조사를 기반으로 이루어지는지 보면 놀라울 뿐이다. 우리와 같은 전략가는 이런 시장조사를 조각조각의 핵심 정보들로 추려내어 우리의 고객들이 현명하고 논리적인 결정을 내릴 수 있도록 돕는 일을 한다. 이 과정을 천천히 보여드릴 것이다. 이 모험이 끝날 때쯤이면 당신은 정보가 정말로 권력이라는 사실을 이해하게 될 것이다.

경쟁의 의미를 이해하기

경쟁력 분석을 위한 시장조사의 기초를 먼저 닦아보기로 하자. 먼저 시장의 범위를 설정해야 한다. 손가락으로 허공에 큰 원을 그려보자. 이 원 안에는 온 지구에서 정기적으로 혹은 항상 인터넷에 접속할 수 있는 모든 사람이 들어간다. 이 원 밖에 있는 사람은 그 외의 모든 사람들이다. 그들은 상상에서 지워버리고 이 원 속의 사람만을 생각하자.

디지털 제품 메이커로서 당신이 접근하고 지배하고자 하는 시장은 바로 인터넷이다. 당신만의 시장은 아니다. 인터넷은 당신의 제품을 유통할 채널이다. 이 디지털 고속도로를 이용하면 제품을 만들고, 제품을 유통시키며, 그 어떤 유통 채널보다 고객수를 늘리거나 소통하기 용이하다. 그렇기에 인터넷이 텔레비전이나 라디오 같은 전통적인 채널보다 훨씬 더 강력한 것이다.

온라인 시장의 특징 중 하나는 이 안에 당신의 기존 고객과 미래의 고객이 모두 들어 있다는 것이다. 그들은 유료 고객일 수도, 무료 고객일 수도 있다. 디지털 방식으로 당신의 제품에 접근할 수 있는 이상 그들은 특정 연령대에 국한되지 않는다. 이 공간

안에서 어떤 업체의 제품이 당신의 제품과 비슷하거나 아니면 살짝만 비슷하더라도 그들은 당신의 경쟁자다. 그들은 당신의 고객이 될 수도 있는 20억여 명에 달하는 고객 지분율을 나누어 갈 능력이 있다.

그렇다고 해서 약 20억 명의 사람들이 모두 당신의 고객은 아니다. 그렇다고 생각한다면 당장 3장을 다시 읽고 오라. 이 사실을 처음부터 인지하고 있다면 당신의 경쟁자를 찾아내기가 더 쉬울 것이다.

경쟁자의 분류

경쟁자는 개인, 집단, 또는 기업이 될 수 있으며, 이들은 당신과 같은 목표를 갖고 있고 당신의 팀이 원하는 것과 같은 것을 위해 노력하고 있다. 당신이 새로운 시장에 뛰어든다면 '직접적 경쟁자'는 없을 수도 있다. 하지만 당신이 아직 모를 뿐, 실제로는 당신의 제품이 들어가게 될 시장은 이미 존재할 가능성이 높다.

직접적 경쟁자란 당신의 기존 고객과 미래 고객에게 당신의 가치 제안과 같거나 아니면 아주 유사한 가치 제안을 제공하는 회사들이다. 당신이 사로잡고자 하는 고객들이 인터넷에서 현재 당신의 제품 대신에 이 직접적 경쟁자의 제품에 시간과 돈을 쓰고 있다는 뜻이다. 이 업체가 가장 훌륭한 인터페이스를 갖고 있는지와 관계없이 말이다!

3장에서 언급한, 영화 제작자 폴을 위해 수행한 경쟁자 조사를 통해 나는 가장 강력한 직접적 경쟁자가 〈그림 4-4〉에 나와 있는 트렁크클럽Trunk Club 이라는 웹사이트라는 사실을 알아냈다.

트렁크클럽은 폴의 예상 고객들이 겪고 있는 고민을 해결하는 훌륭한 해법을 제공한다. 예를 들어 '바쁜 남자'는 성가신 가게 점원들을 피하고 싶어 한다. 고급스럽게 들리는 이 '클럽'에 가입하면 그는 자기 집에서 은밀히 고급 옷을 배송받을 수 있다. 폴이 3장에서 말한 가치 제안의 핵심을 똑같이 제공하고 있지 않은가? 그래서 트렁크클럽이 폴의 직접적 경쟁자라는 것이다.

그림 4-4
직접적 경쟁자의 웹사이트: 트렁크클럽

    간접적 경쟁자는 다른 고객층에게 당신의 가치 제안과 비슷한 가치 제안을 제공하거나, 똑같은 가치 제안은 아니지만 비슷한 것을 제공하면서 당신과 똑같은 고객층을 겨냥한다. 예를 들어 간접적 경쟁자가 제공하는 일차적 서비스는 당신의 가치 제안과 다르지만 그들이 제공하는 부가 서비스가 당신의 가치 제안과 비슷할 수 있다. 또는 당신의 잠재 고객층이 당신이 곧 제공할 멋진 서비스가 해결해줄 그 문제를 지금 해결하기 위해 간접적 경쟁자의 인터페이스의 어떤 면을 활용하고 있을 수도 있다.

    '바쁜 남자의 온라인 쇼핑몰'에 대한 경쟁자 조사를 하던 중 나는 또 다른 온라인 쇼핑몰인 길트Gilt, 〈그림 4-5〉 참조가 간접적 경쟁자라는 것을 발견했다.

    길트는 '바쁜 남자' 고객층이 겪고 있는 문제를 부분적으로 해결해주기 때문에 간접적 경쟁자다. 길트를 이용하면 '바쁜 남자'는 성가신 가게 직원들을 상대할 필요 없이 최고급 브랜드에서 쇼핑을 즐길 수 있다. 하지만 길트는 시간제한 판매를 비즈니스

그림 4-5
간접적 경쟁자의 웹사이트: 길트

모델로 한다. 각 제품을 짧은 시간주로 24시간 동안만 판매한다. 이러한 방식으로 길트는 고객에게 큰 폭의 할인가를 제공할 수 있지만 폴의 고객층은 가격 할인 때문에 유연성과 시간을 포기하고 싶지 않아 한다. 시간제한과 길트 측에서 상품을 직접 큐레이션하는 콘셉트는 사실상 폴의 예상 고객들이 정말로 원하는 옷들을 사는 데 방해가 된다. 그러므로 '바쁜 남자' 고객들은 길트를 통해 그들의 니즈를 부분적으로 충족할 수는 있지만 그것이 이상적인 해법이 되지는 못하는 것이다.

경쟁이 직접적이든 간접적이든 인터넷이라는 상업 공간은 가혹하기 이를 데 없는 곳이다. 당신의 경쟁자는 어떻게든 당신의 종합적인 성공 가능성에 영향을 미치기 때문에 그들에 대해 최대한 많은 것을 알아내야만 한다. 현실의 사람들은 종종 제품 메이커들이 생각지도 못한 방식으로 그들의 제품을 소비하거나 다른 제품과 조합하여 사용한다. 에나가 인터뷰한 사람들이 에어비앤비를 결혼식 장소를 찾을 목적으로 이용한 것처럼 말이다. 당신의 제품이 속한 산업 안에서 조금이라도 우위를 점하기 위해서는 철저하고 또 철저한 조사를 하는 방법밖에 없다.

경쟁자를 찾아내고 경쟁자 리스트를 작성하는 법

당신의 직간접적 경쟁자를 찾아내는 방법은 여러 가지다. 사실 경쟁력 분석을 하러 자리에 앉기도 전에 당신은 몇몇 경쟁자들을 이미 알고 있을 것이다. 고객 탐사 또는 다른 조사를 수행하는 과정에서 사람들이 자신이 이용 중인 제품에 대해 이야기했을 수도 있다. 관계자들과 인터뷰할 때 당신의 고객, 투자자들, 그리고 다른 제품 메이커들은 각자 부러워하고 벤치마킹하고 싶어 하는 제품에 대해 말할 것이다. 아니면 당신의 팀의 제안을 보고 이러한 유사 서비스가 있지 않느냐고 언급할지도 모른다. 이렇게 언급되는 경쟁자의 이름들을 어딘가에 메모해두자. 이메일, 워드, 아니면 공책에라도 목록을 작성하라. 아니면 엑셀 같은 스프레드시트를 이용해도 좋다. 아주 이른 시일 내에 이 목록이 다시 필요해질 것이다.

물론 인터넷을 서핑하며 몇몇 제품을 발견할 수도 있다. 효과적인 시장조사를 하기 위한 인터넷 검색 도구는 여러 가지가 있다. 일반적인 조사를 위해 가장 많이 쓰이는 검색엔진은 아마도 구글일 것이다. 고급 검색 필터 기능이 매우 강력하다. 그리고 혹시나 누락된 결과물이 있을지 모르니 마이크로소프트 빙Bing 기반의 야후 검색엔진도 활용해볼 것을 권한다. 이제 '바쁜 남자를 위한 온라인 쇼핑몰'의 경쟁자 목록을 작성하기 위해 앞서 말한 도구들을 활용하는 방법을 소개하겠다.

경쟁자 조사

먼저 당신의 가치 제안과 맞붙게 될 서비스를 공급하는 직접적 경쟁자를 찾는다. 영화 제작자 폴의 비전은 바쁘고 부유하며 명품 옷을 고집하는 남자를 위한 플랫폼이었다. 그러므로 당신은 '바쁜 남자'가 자신의 문제를 해결하기 위해 어떤 검색어를 사용할지 알아내야 한다. 이 경우에는 폴의 고객이 어떻게 원하는 서비스를 찾을지 거꾸로 찾아내는 방법을 쓰는 것이다. 다음은 몇몇의 검색어 후보들이다.

- 남성 온라인 사이트
- 남성 쇼핑몰
- 명품
- 온라인 의류
- 개인 스타일리스트

검색 결과를 훑어볼 때는 최대한 빠르고 정확한 것이 이상적이다. 온라인 검색 전문가가 일반인과 가장 다른 점은 어떤 제품이 당신의 조건에 부합하는지 결정 내리는 데 걸리는 속도다. 검색을 제대로 한다면 당신은 잠재적 경쟁자 외에 더 많은 정보를 접하게 될지도 모른다. 이를테면 해당 분야 전문가가 블로그에 같은 분야의 '상위 10위'라거나 '최고의' 제품들을 소개하는 웹 페이지를 찾을 수 있다. 블로그 매체 또한 경쟁자를 찾는 훌륭한 도구가 될 수 있다. 다른 방법 중 하나는 스타트업 활동에 대한 가장 많은 자료를 보유한 크런치베이스Crunchbase를 활용하는 것이다. 그리고 당신의 검색어와 관련된 사이트가 구글 광고란에 뜨면 '이와 비슷한 것을 검색' 버튼을 활용할 수도 있다.〈그림 4-6〉참조 이 버튼을 클릭하면 〈그림 4-7〉과 같은 화면이 나온다. 각 경쟁 업체의 홈페이지에 들어가는 것도 도움이 된다. 그들의 회사 소개를 읽고 제품군을 살펴본다. 당신의 가치 제안과 상통하는 점이 있는가? 만약 있다면 이 업체를 당신의 경쟁자 목록에 추가한다. 부합하지 않는다면 뒤로 가기 버튼을 누른다. 이것을 반복한다!

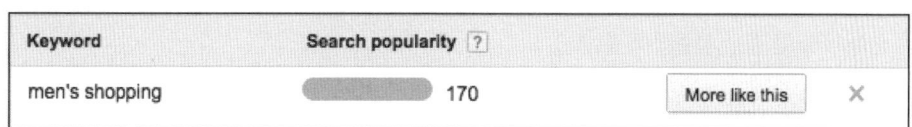

그림 4-6
이것은 구글 애드워즈에 있는 "More like this이보다 더 유사한"라는 키워드 기능이다. 이 버튼을 클릭하면 그림 4-7에 나온 것과 같은 결과를 보여준다.

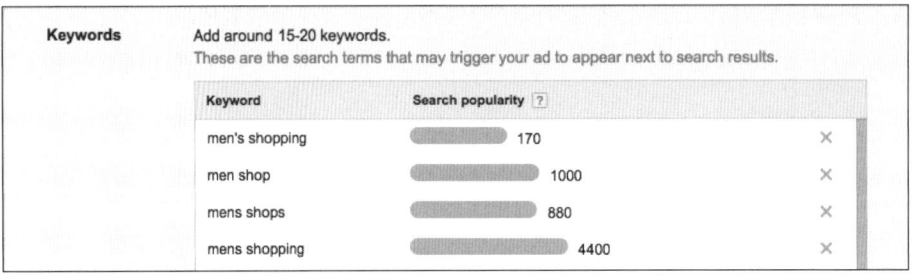

그림 4-7
"More like this" 기능은 가장 인기 있고 적절한 키워드들을 결과로 보여준다.

두세 군데의 경쟁자들만 조사해서는 당신의 업계에 대해 대단한 정보를 알아낼 수 없다. 당신이 정말로 블루오션을 찾아낸 것이어서 시장에 경쟁자가 손에 꼽을 수 있는 정도인 것이 아니라면 적어도 상위 5위까지의 직접적 경쟁자와 3위까지의 간접적 경쟁자를 찾는 것을 목표로 계속 조사한다. 그리고 이미 시장에 안착한 경쟁자들과 시장에 새로 진입한 경쟁자들을 나누어서 살펴보라. 새로운 업체들이 어떤 면에서 기존 업체들의 장점을 뛰어넘는 혁신을 보여주는지 객관적으로 볼 수 있다.

빠른 도움말
- 따옴표 기호를 활용해 검색 단어의 순서를 여러 방법으로 바꿔서 검색해본다.
- 게을러지면 안 된다. 체계적으로 당신이 찾은 모든 링크를 살펴보아야만 무엇 하나 놓치는 일을 예방할 수 있다.
- 검색 결과 화면 첫 페이지만 보고 끝내지 않고 적어도 5페이지 또는 상위 50개 링크에 들어가 보물 같은 정보를 획득한다.

매트릭스에 데이터 채워 넣기
이제 직접적 경쟁자들과 간접적 경쟁자들의 목록이 만들어졌다. 이는 곧 우리가 나머지 데이터를 모으기 시작할 수 있음을 의미한다. 지금 컴퓨터가 앞에 있다면 UX 전략

Competitors	URL of Website or App Store Location	User Names and Password Access	Purpose of Site	Year Founded
DIRECT COMPETITORS				
Competitor Name 1				
Competitor Name 2				
Competitor Name 3				
Competitor Name 4				
INDIRECT COMPETITORS				
Indirect Competitor Name 1				
Indirect Competitor Name 2				
Indirect Competitor Name 3				
Indirect Competitor Name 4				

그림 4-8
경쟁 분석 매트릭스 템플릿

툴킷에서 경쟁 분석 매트릭스를 열어보자. 〈그림 4-8〉을 보면 알겠지만 사용할 수 있는 빈 템플릿을 준비해두었다. 각각의 경쟁자 목록을 Y축 맨 왼쪽 단에 기입해 넣자.

직접적 경쟁자와 간접적 경쟁자를 따로 구별하자. 〈그림 4-9〉에 나와 있듯 사이트 주소나 앱스토어 종류도 기입한다. 예를 들어 구글플레이인지 애플스토어인지 구별하면 된다. 이것을 참조하면 데이터를 다시 한 번 확인하고 그것이 사실인지를 알 수 있다. 그런데 이 목록은 나중에 언젠가는 다시 짜야 한다. 후에 조사를 다 하고 분석할 준비가 되고 나면 5장에서 그 방법을 확인할 수 있다. 하지만 일단은 정확하게 조사하는 데 집중하도록 하자.

Competitors	URL of Website or App Store Location
DIRECT COMPETITORS	
Trunkclub	http://www.trunkclub.com/
Bombfell	http://www.bombfell.com/
JackThreads	https://www.jackthreads.com/
INDIRECT COMPETITORS	
Fab	http://fab.com/
Gilt	http://www.gilt.com

그림 4-9
Y축으로 내려가면서 나오는 경쟁자 리스트

그럼 이제 꽤 힘이 드는 과정으로 넘어갈 것이니 미리 숨을 깊게 들이쉬자. 바로 조사 및 결과 도출 과정이다. 속도를 조절해서 최대한 빠르고 철저하게 데이터를 잡아낼 수 있도록 하자. 또한 열린 마음을 유지하자. 이 제품이 정말로 경쟁자가 되는지 안 되는지 그것 말고는 어떤 선입견도 가질 필요가 없기 때문이다.

조사 시간이 꽤 오래 걸릴 수 있으니 어려워지려고 할 때는 꼭 한숨 먼저 돌리고 오자. 우선은 한 시간 내에 각 줄에 최대한 많을 칸을 채우는 것부터 시작한다. 그런데 중간에 현실감각을 되찾을 시간이 필요하니 타이머를 30분에 맞춰놓자. "적을수록 좋다"는 말을 잊지 말자! 조사 사항은 간결하게 요점만 집어서 적자. 이렇게 하면 스프레드시트를 다시 참고할 상황이 벌어졌을 때 관련 없는 정보에 시간 낭비하며 오랫동안 훑어봐야 할 필요가 없다.

우리 클라우드 예시를 보면 각 줄에 경쟁자를 기입하고 각 단에 속성을 기입한 것을 알 수 있다.〈그림 4-10〉참고 맨 오른쪽 단은 분석 단인데 나중에 조사 자료 수집을 마치고 5장으로 가기 전까지는 일단 무시한다.

Competitors	URL of Website or App Store Location	Usernames and Password Access	Purpose of Site	Year Founded	Funding Rounds
Revenue Streams	Monthly Traffic	# of SKUs / Listings (estimate)	Primary Categories	Social Networks	Content Types
Personalization	Community/ UGC Features	Competitive Advantage	Heuristic Evaulation	General Notes	Questions/Notes to Team

그림 4-10
X축의 속성들

시장 영역이나 UX 속성에 기초하여 각 경쟁자를 평가해 각 줄을 채워 넣을 것이다. 각 칸에 들어가야 할 속성의 종류에 대해 설명하겠다. 모든 속성이 모든 디지털 제품에 적용할 수 있는 것은 아니고, 또 관련 없는 속성일 수도 있다. 당신 제품에 적용되지 않는 속성 같으면 그냥 넘어가도 되고 지워버려도 된다. 혹은 이 스프레드시트에 없는 속성 중에 고려할 필요가 있는 것이 있을 수 있다. 칸을 더 추가하거나, 혹은 사용하지 않는 칸에 대신 집어넣어서, 관련 있는 속성은 얼마든지 추가하자. 각 UX의 장점과 단점을 제대로 평가하는지가 가장 중요하다.

웹사이트의 주소 또는 앱스토어 위치

이 칸에는 해당 제품을 이용하기 위해 고객들이 가장 많이 활용하는 온라인 위치를 대표적으로 몇 가지 적는다. 데스크톱에서만 이용할 수 있는 제품이라면 답은 〈그림 4-11〉과 같이 URL, 즉 웹사이트 주소가 될 것이다. 하지만 다양한 플랫폼에서 이용할 수 있는 제품이라면 웹사이트 주소를 기입하고, 또 앱스토어 미리 보기 페이지의 링크도 같이 거는 등, 다양하게 기입할 수 있을 것이다. 팀에서 각자 다른 기기를 사용할 수도 있으니 다들 쉽게 참고할 수 있도록 해야 한다. 어떤 앱인지 보려고 모두가 다 직접 다운받아야 하는 상황은 피하도록 한다.

웨이즈라는 앱에 애플과 안드로이드 두 링크를 모두 걸어놓은 예다.

애플

https : //itunes.apple.com/us/app/waze-social-gps-maps-traffic/id323229106?mt=8

안드로이드

https : //play.google.com/store/apps/details?id=com.waze&hl=en

틴더 웹사이트 http://www.gotinder.com처럼 만약 제품이 원래 모바일 앱이고 데스크톱 버전은 마케팅이나 보조 자료로만 사용되는 경우라면 두 가지 플랫폼을 다 작성할 필요는 없다.

웹사이트의 URL 또는 앱스토어상의 위치
http://www.trunkclub.com/

그림 4-11
URL/앱 위치 결과 예시

경쟁자의 웹사이트나 모바일 앱이 둘 다 고객의 제품 경험에 필수적인 것이라 판단되면 해당 경쟁자를 아예 두 줄로 나눠버리길 추천한다. 특히 사용자 경험이나 기능이 다른 경우라면 더 그렇다. 예로 에어비앤비의 데스크톱 버전과 더 간결한 모바일 버전을 들 수 있다. 이렇게 각 플랫폼을 따로 평가할 수 있다.

아이디 및 비밀번호 접속

지피지기면 백전백승이다. 적의 알려지지 않은 부분까지도 다 알아야 한다. 대개 이렇게 할 수 있는 유일한 방법은 당신이 직접 경쟁 제품의 사용자가 되어 제품을 경험해보거나 혹은 판매 경로를 체험해보는 것이다. 그렇다. 직접 가입해서 앱을 다운받아야 한다. 〈그림 4-12〉의 칸은 그에 대한 정보를 기록하는 곳이다.

그림 4-12
사용자 이름과 비밀번호 셀 데이터 예시

아이디 및 비밀번호 접속

usn: jim@castersblues.com
pwd: Learning000

직접 접속하여 얻은 정보를 기록하면 당신과 팀원의 시간을 아낄 수 있다. 모두가 다 가짜 인간과 프로필을 만들어낼 필요도 없다. 이 방법은 판매자와 구매자로 나눠지는 등 두 가지 종류의 계정을 취급하는 시장을 조사할 때는 특히나 더 유용하다. 그렇지만 가입할 때는 정신을 차려야 한다. 아이디와 비밀번호, 그리고 개인 정보를 정말 조심해서 잘 골라야 하기 때문이다.

유용한 팁 몇 가지를 소개한다.

- 조사하고 있는 모든 제품에 일괄적으로 쓸 아이디와 비밀번호를 하나씩 만든다. 이렇게 하

면 팀끼리 기억하고 공유하기도 훨씬 쉽다. 어떤 제품사이트에서는 비밀번호에 대문자와 숫자를 포함하길 요구할 때가 있으므로 미리 그렇게 설정한다.

- 아이의 생일이나 평소 쓰는 비밀번호처럼 개인적인 신변을 드러내는 정보나 비속어는 절대로 쓰지 마라. 고객이나 동료들이랑 공유하게 될 정보다.
- 페이스북 계정으로는 사적인 계정이든 공적인 계정이든, 절대로 로그인single sign-on하지 말아야 한다. 다른 소셜 네트워크도 마찬가지다.
- 소셜 네트워크에서 프로필을 설정하고 있다면 개인이나 회사 메일은 절대로 쓰지 마라! 대신 지메일이나 야후에서 보조 계정을 하나 더 만들자. 그리고 이 가짜 이메일 계정으로 가짜 프로필을 설정한다.
- 조사하는 제품이 상거래 사이트라면 무언가를 구입하자. 유료 앱을 조사 중이라면 그냥 사자. 너무 아끼지는 말자! 어차피 웬만하면 몇 달러밖에 안 한다. 팀 전체가 하나의 계정을 쓰는 거면 이 정도 재정 투자는 충분히 가치 있다.

왜 그렇게 꽁꽁 싸매야 할까

개인의 신변을 드러내는 계정을 사용하지 않아야 하는 이유는 두 가지다.

첫째 이유 : 내가 치료 센터 스타트업과 관련된 일을 하고 있을 때 가치 제안을 하기 위해 경쟁자를 찾아야 했다. 이때 트위터 등의 소셜 미디어 계정을 이용해서 조사가 가능했는데, 트위터에서는 약물 재활 센터나 치료 센터를 위한 조언 등을 구하는 트윗도 올렸다. 그래서 개인 계정을 사용하면 나와 우리 팀의 직업적 평판에 위험을 줄 수 있었기에 그러고 싶지 않았다. 그리고 가족이나 친구들이 내가 사적으로 그런 치료 방법을 구하고 있다고 생각하여 걱정할 수도 있다는 점도 우려스러웠다.

두 번째 이유 : 스타트업의 세계는 치열하다. 경쟁자가 민감한 상태라면 당신이 경쟁자라는 것을 알 수 있다. 그쪽에서 당신의 계정을 알아차리거나, 당신이 경쟁 정보를 수집하고 있다는 사실을 알아차리면 당신의 접속을 차단해버릴 수도 있다.

사이트의 목적

사이트의 목적은 이 사이트가 왜 존재하느냐는 것인데, 기본적으로 상품이나 가치 제안을 고급스럽게 묘사하는 표현이 들어간다. 경쟁자가 사용자 혹은 투자자에게 제품을 어떻게 설명할 것 같은지 생각해보자. 〈그림 4-13〉처럼 주요 고객이 누군지, 제품이 어떤 역할을 하는지 한두 문장으로 정리해 적는다.

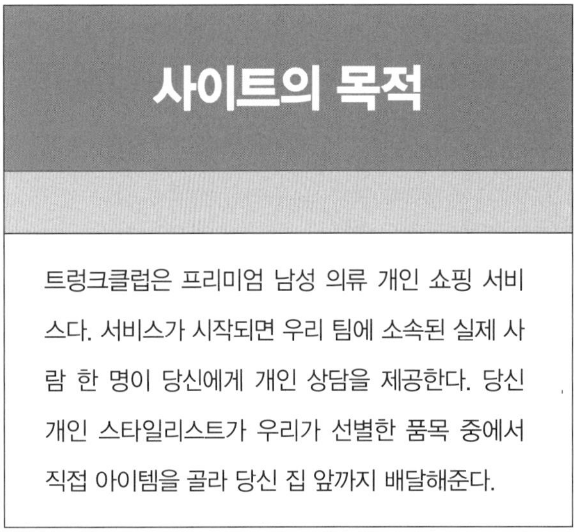

그림 4-13
사이트의 목적 예시

> **사이트의 목적**
>
> 트렁크클럽은 프리미엄 남성 의류 개인 쇼핑 서비스다. 서비스가 시작되면 우리 팀에 소속된 실제 사람 한 명이 당신에게 개인 상담을 제공한다. 당신 개인 스타일리스트가 우리가 선별한 품목 중에서 직접 아이템을 골라 당신 집 앞까지 배달해준다.

아래의 위치에서 주로 그러한 정보를 찾을 수 있다.

'회사소개About 혹은 About Us' 페이지
경쟁자가 직접 가치 제안을 적어놓은 경우가 많다.

크런치베이스
'개요Overview'와 '세부 사항Company Details' 두 곳에 모두 회사 소개가 되어 있다.

아이튠즈나 구글플레이 앱스토어
'세부 사항' 맨 위 두 줄에서 웬만한 사항은 다 얻을 수 있다.

페이스북, 핀터레스트, 트위터, 유튜브와 같은 소셜 미디어

가끔씩 여기서도 가치 제안에 대한 정보를 제공한다.

온라인 연례 보고

상장 기업이라면 모두 연례 보고를 발표해야만 하는데, 여기 시작 부분에 주로 회사 소개가 들어가 있다. 간단하게 경쟁자 이름이랑 '연례 보고Annual Report'만 검색하면 된다!

창립 연도

이 회사는 어떤 연도에 창립되었는가? 혹은 이 제품이 언제 출시되었는가?〈그림 4-14〉 '회사 소개About Us' 페이지나 크런치베이스 등 가치 제안을 찾았던 곳에서 같이 찾을 수 있는데, 이 정보를 분석하면 시 도움이 된다. 어떤 선수제품이나 서비스가 시장에 새로 들어왔고 어떤 선수가 오랫동안 자리를 지키고 있는지 확인할 수 있기 때문이다.

그림 4-14
설립연도 결과 예시

투자 순환

투자 순환은 사업을 하는 데 필요한 자금 운용과 확장 및 자본 프로젝트, 자본 획득 등 여러 목적의 돈을 투자를 통해서 모으는 하나의 개별 순환이다.〈그림 4-15〉 참고 이 정보도 역시 크런치베이스 혹은 경쟁자의 웹사이트에서 찾을 수 있다. 자금을 제공받는 경쟁자는 경쟁적 이점이 있기에, 이 정보가 중요하다.

그림 4-15
투자 심의 결과 예시

투자 심의

5명의 투자자들로부터 4회에 걸쳐
12,400,000달러

수익 구조

수익 구조는 제품으로 수익을 얻는 경로다. 〈그림 4-16〉에 나와 있듯 거래 수수료가 될 수도 있고 광고나 한 달 이용료가 될 수도 있다. 혹은 SaaS^{Software as a Service} : 소프트웨어의 여러 기능 중에서 사용자가 필요로 하는 서비스만 이용 가능하도록 한 소프트웨어를 통해서, 또는 사용자 데이터나 동향을 다른 회사에 파는 것을 통해서 수익을 얻을 수도 있다. 오케이큐피드^{OkCupid}는 무료 데이트 사이트다. 하지만 회사는 프리미엄 기능이나 광고를 통해서 수익을 얻는다. 페이스북은 첫째 수익 모델로 데이터마이닝^{data mining} : 많은 데이터 가운데 숨겨져 있는 유용한 상관관계를 발견하여, 미래에 실행 가능한 정보를 추출해내고 의사 결정에 이용하는 과정을 차용해 신용 있는 사용자의 경쟁력 있는 정보를 제3자에게 팔고 있다. 또한 이베이는 사용자들이 서로 쉽게 물건을 사고팔 수 있는지에 성공 여부가 달려 있는 수익 구조를 가졌다. 그리고 어도비는 클라우드 기반 서비스에 한 달 이용료를 청구한다.

제품이 어떤 수익 경로를 가지는지는 UX 구조와 직접적인 관련이 있다. 사용자와 주주가 제품에서 가치를 느끼게 해주는 건 바로 UX 구조이기 때문이다. 성공적인 경쟁자의 수익 모델을 잘 살펴보면 그것이 사실이란 걸 알 수 있을 것이다. 경쟁자가 제품에 어떤 수익 모델을 차용했는지 잘 모르겠다면 그들의 웹사이트를 더 자세히 살펴보라. 그들이 오랫동안 살아남고 싶다면 결국엔 어떤 식으로든 누군가에게 비용을 청구할 수밖에 없다. 사이트 내에 광고가 있는지 살펴보라. '광고 안내^{Advertise with Us}'를 클릭하여 어떤 식으로 진행되는지 살펴보라. 그리고 이용권은 어떤 식으로 청구하는지 살펴보자. 또한 연례 보고가 있다면 거기서도 찾아보자.

그림 4-16
수익 구조 결과 예시

월간 트래픽

이것은 실제로 측정 가능하고 수량화도 가능한 속성이다. 컴스코어ComScore에 접속하면 다른 사이트의 트래픽〈그림 4-17〉 참조 및 사이트 접속 분minutes 등 아주 적절한 데이터를 얻을 수 있다. 무료로 월간 트래픽 측정치를 볼 수 있는 사이트도 정말 많다. 대개 조사하고 있는 사이트의 도메인 명만 입력하면 바로 정보를 얻을 수 있다. 컴피트닷컴Compete.com이나 퀀캐스트Quantcast, 알렉사Alexa에 들어가보라. 여기서나 비슷한 다른 사이트에서 공짜 자료를 슬쩍 가져올 수 있다. 여러 종류의 데이터를 살펴보고 삼각측량 하여 평균 트래픽 데이터 값을 구할 수 있는데, 트래픽 데이터가 아예 없는 것보다는 훨씬 나을 것이다. 그리고 아이폰iPhone 다운로드 횟수 및 통계는 앱애니App

그림 4-17
월간 트래픽 결과 예시

Annie, 앱피규어스AppFigures, 모프앱Mopapp, 디스티모Distimo같이 훌륭한 사이트에서 찾을 수 있다.

재고 관리 코드 및 목록 수

종종 확인하기 어려운 정보이기에 이 칸은 선택 사항이다. 여기서는 해당 제품에 얼마나 많은 품목과 목록이 올라올 수 있는지를 기록한다. 자포스Zappos 같은 전자 상거래 사이트에는 재고 관리 코드SKU, stock keeping units, 〈그림 4-18〉 참조가 적혀 있다. 각 재고 관리 코드는 사이트에서 판매 중인 제품의 수량을 의미하는데, 예를 들어 자포스에서 남성 신발 카테고리의 첫 페이지로 들어가면 바로 현재 남성 신발이 1만 3,828개13,828SKU가 판매되고 있다는 걸 확인할 수 있다. 그러면 이제 다른 여러 사이트에서 같은 카테고리에 얼마나 많은 제품을 팔고 있는지 비교할 수 있다. 그리고 비디오 공유나 콘텐츠 제작 사이트에는 얼마나 많은 비디오나 기사가 실제로 사이트에 올라와 있는지가 기록되어 있다. 또 상거래 상품 사이트나 플랫폼에서는 얼마나 많은 거래 아이템이 올라와 있는지를 봐야 한다. 두세 개 정도의 검색어를 이용하여 대강 측정하더라도 말이다.

그러나 이 속성은 클릭 한 번으로 바로 정보를 확인할 수 있는 마법의 버튼 같은 게 없다는 문제가 있다. 많은 경우에, '무한 스크롤'과 같은 디자인이 통상적으로 적용되어 있어 얼마나 많은 상품이 더 표시될 수 있는지 쉽게 알지 못한다. 그러니 다양한 품목에 공통적으로 적용될 만한 낱말로 검색을 시도해보자. 의류 사이트에서는 '신발'이나 '셔츠' 같은 단어로 검색을 해볼 수 있다. 목표는 비교할 만한 데이터를 획득하는 것이다. 예를 들어 한 제품예를 들어 손목시계이 여러 경쟁 사이트에 걸쳐 총 몇 개가 올라와 있는가? 경쟁 사이트가 얼마나 비었거나 가득 찼는지를 분명히 확인해야 한다. 경쟁 사이트가 정말로 사용자에게 약속한 만큼을 제공하고 있는가?

소셜 네트워크 플랫폼에서는 사용자들이 다른 사람들과 얼마나 자주, 그리고 얼마나 많이 소통하는지를 확인하자. 검색 시 다양한 낱말을 조합하여 가지각색의 결과를 도출할 수도 있겠다. 우리는 그저 비교를 위해 측정할 것을 찾는 것이 목표이니, 단의 이름은 당신의 데이터 내용에 적절한 것으로 바꾸어도 상관없다.

그림 4-18
재고 관리 코드(SKU) 및 목록 결과 예시

주요 카테고리

사이트가 Honda.com처럼 상품을 팔거나 Oprah.com처럼 콘텐츠를 제공하는 곳이라면, 제품이나 콘텐츠가 어떤 카테고리로 나뉘는지를 이해할 필요가 있다. 사이트는 아마도 카테고리가 이미 나뉘어 있을 것이니 사이트의 글로벌 내비게이션 메뉴를 살펴보자. 카테고리 구분이 여성, 남성, 아이 등으로 간단하다면 〈그림 4-19〉에서처럼 그냥 그것을 스프레드시트로 복사해 오면 된다. 카테고리 구분이 아마존이나 이베이처럼 복잡하다면 그 사이트는 아마도 '수평적 이마켓 플레이스'일 것이다. 수평적 마켓은 많은 종류의 제품과 서비스를 판매하면서 다양한 범위의 고객들의 필요를 만족시키려 노력한다. 당신이 수평적 이마켓 플레이스인 사이트에 대해 연구 중이라면 카테고리 중 어떤 종류가 가장 활발한지 알아보자. 메인 페이지에 어떤 게 올라와 있나 살펴보고,

그림 4-18
주요 카테고리 결과 예시

주요 카테고리

바지, 캐주얼바지, 스웨터, 폴로 셔츠, 재킷, 티셔츠, 신발

'인기 상품'이나 '판매 베스트'로 홍보되는 상품을 살펴보자. 그 후 그 상품에 해당하는 카테고리를 기입하면 된다. 다만 제품 카테고리가 아닌 '회사 소개'나 '고객 지원' 등의 카테고리는 제외한다.

소셜 네트워크

경쟁 브랜드가 트위터나 페이스북 같은 곳에도 올라와 있는가? 그리고 경쟁사가 어떤 소셜 플랫폼을 쓰려고 하는가? 요즘에는 대부분의 제품이 이런 플랫폼의 도움을 받지만, 그렇다고 모든 소셜 미디어를 다 이용하는 것은 아니다. 〈그림 4-20〉처럼 각 경쟁자가 이용하려고 하는 소셜 미디어 전략을 분명하게 기입한다. 이 정보를 찾으려면 트위터나 페이스북, 인스타그램, 핀터레스트 등에 제품의 이름을 쳐보기만 하면 된다. 그 외에도 제품과 관련이 있는 다른 소셜 플랫폼이 있다면 똑같이 이름을 쳐보면 된다. 아니면 그냥 경쟁자의 사이트에 들어가봐도 쉽게 찾을 수 있다.

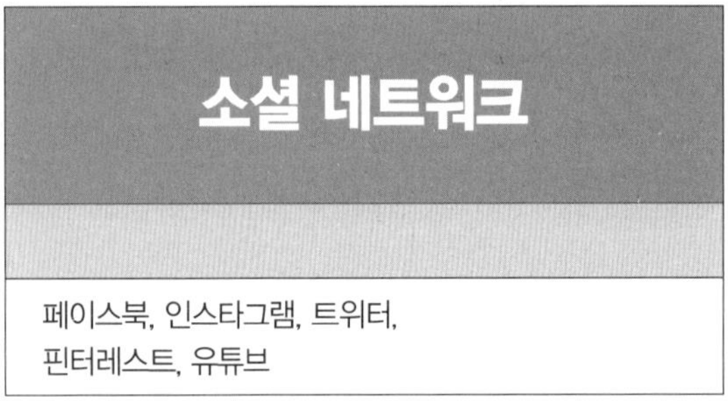

소셜 네트워크
페이스북, 인스타그램, 트위터, 핀터레스트, 유튜브

그림 4-20
소셜 네트워크 결과 예시

콘텐츠 종류

이 항목에서는 〈그림 4-21〉과 같이 경쟁 사이트가 어떤 종류의 콘텐츠를 제공하는지 파악한다. 제공되는 콘텐츠가 대개 글인가 사진인가, 아니면 비디오인가? 얼마나 많은 콘텐츠가 사이트를 차지하고 있으며 어떤 식으로 표시되는가? 콘텐츠가 잘 정리되어 있는가? 훑어보거나 읽어보기 쉬운가? 제품 세부 설명 페이지에서 얼마나 자세하고 유익하게 정보를 제공하는가?

콘텐츠 유형
사진, 설명 텍스트

그림 4-21
콘텐츠 유형 결과 예시

개인화 기능

〈그림 4-22〉에 나와 있듯, 개인화는 고객이 앱이나 사이트와 밀접한 관계를 맺을 수 있게 하는 데 가장 필수적인 기능 중 하나로 부가가치 경험을 제공한다. 예를 들어 에어비앤비나 아마존, 혹은 이베이에서는 로그인 없이도 기본적인 검색은 가능하다. 하지만 즐겨찾기나 구매 등 그 이상의 기능을 사용하려면 로그인이 필요하다. 사람들이 경험을 개인화하는 데 더 많은 시간을 보낼수록 제품과 더 밀접한 관계를 맺게 된다. 페이스북을 봐라! 개인화 기능 중엔 즐겨찾기, 찜하기, 사용자 프로필, 위시리스트, 맞춤 콘텐츠 경험, 맞춤 인터페이스 경험, 메시지 보내기, 장바구니 등이 있다. 그러니 경쟁자의 뉴스레터 서비스에 가입하라.

또 다른 조사 방법은 각 경쟁사의 '나의 페이지'에 들어가는 것이다. 사이트나 앱에 개개인에게 유용한 기능, 또는 가치 제안이 달성되도록 돕는 기능이 어떤 것이 있

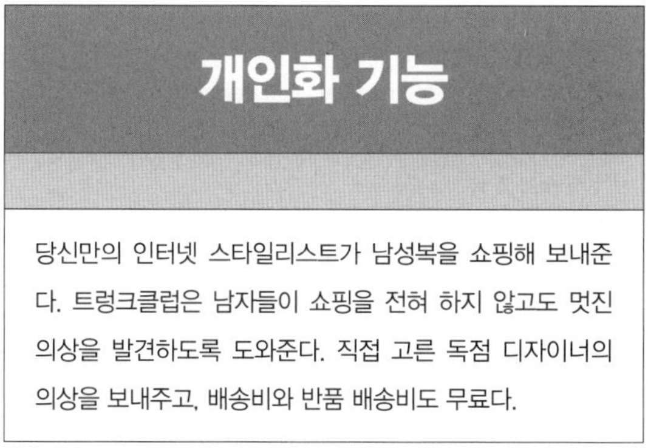

개인화 기능
당신만의 인터넷 스타일리스트가 남성복을 쇼핑해 보내준다. 트렁크클럽은 남자들이 쇼핑을 전혀 하지 않고도 멋진 의상을 발견하도록 도와준다. 직접 고른 독점 디자이너의 의상을 보내주고, 배송비와 반품 배송비도 무료다.

그림 4-22
개인화 기능들 결과 예시

는지를 살펴보자. 예를 들어 고객들은 어떻게 자신의 경험을 자신이 원하는 대로 맞추는가? 그 경험이 점착성이 있는가? 점착성이 있다는 것은 너무 밀접하여 사용자들이 정말로 제품에 착 달라붙고 싶어 하는 걸 의미한다. 사용자의 이름을 표시하는가? 가장 최근에 본 상품을 기억하고 표시해주는가? 선호하는 상품 목록을 만들 수 있는가? 이런 식으로 모든 경쟁자를 쭉 훑어보면 어떤 개인화 기능이 필수적이고, 필수적이지 않은지가 곧 명확해질 것이다.

커뮤니티/사용자 생성 콘텐츠 기능

사용자 생성 콘텐츠UGC 혹은 크라우드소싱Crowd Sourcing : 대중이란 뜻의 Crowd와 아웃소싱의 합성어로, 대중의 참여를 통해 솔루션을 얻는 방법 콘텐츠는 사용자가 직접 만드는 콘텐츠다. 옐프나 웨이즈, 이베이 혹은 에어비앤비 같은 서비스는 사용자 생성 콘텐츠 없이는 쓸모도 없는 상품이다. 이에 반해 리바이스Levis나 에이비시ABC 같은 브랜드는 대부분 편집 콘텐츠로 이루어진다. 편집 콘텐츠란 사이트에 직업적으로 관여한 사람들이 만든 콘텐츠다. 이 단에서는 〈그림 4-23〉과 같이 사용자 생성 콘텐츠의 양과 편집 콘텐츠 양을 비교해서 측정한다. 그래서 과반수가 둘 중 어느 콘텐츠에 속하는지를 파악한다.

게시판이나 후기, 이야기 등을 올리는 콘텐츠 포스팅과 댓글 기능을 조사하자. 어떤 기능이 필수적인지 확실하게 알아보고, 또 이 기능이 고객들에게 어떻게 가치를 전달하

그림 4-23
커뮤니티/UGC 기능들 결과 예시

커뮤니티/UGC 기능

친구 초대 기능, 사용자 생성 콘텐츠(UGC) 없음

는지 구체적인 사례를 기입하자.

경쟁 우위

생각을 다르게 해야 한다! 차별화란, 다른 경쟁자들에게서 찾을 수 없는, 두드러지는 기능을 제공하는 것을 의미한다. 그 차별화를 통해, 〈그림 4-24〉에 기입된 것처럼, 상품이 경쟁 우위를 차지할 수 있다. 그래서 이 칸에는 상품의 가치를 높여주는 다양한 속성들의 조합을 기입할 수 있다. 그 속성 중엔 온라인 경험에 특성화된 것도 있고, 오프라인 경험에 특성화된 것도 있을 것이다.

예를 들어 자포스는 굉장히 훌륭한 고객 경험을 제공하여 명성을 높였다. 반품 절차를 간소화했을 뿐만 아니라 훌륭한 브라우징 경험으로도 잘 알려져 있는 브랜드다. 아주 짧은 동영상을 제공하는 바인Vine은 초창기에, 화면을 아무데나 터치하여 동영상을 아주 쉽게 촬영할 수 있는 기능을 제공함으로써 차별화했다. 지금 바인은 트위터가 소유한 초특급 소셜 네트워크 브랜드가 되었다. 또한 카약닷컴Kayak.com은 프라이스라인Priceline보다 훨씬 먼저 실시간 필터링 검색 기능을 제공했다. 심지어 정말 간단한 대화식 패턴, 즉 슬라이더도 제공해서 실시간 필터링으로 재미까지 느낄 수 있게끔 해주었다.

각 상품의 차별성 세 가지를 대표적으로 뽑아내서 이 칸에 나열하자. 스스로에게 물어보자. 과연 어떤 새로운 기능이 처음 시장에 출시되어 성공을 거둘 수 있었을까?

그림 4-24
경쟁 우위 결과 예시

경쟁 우위

시카고의 트렁크클럽 사무실은 고객이 방문할 수 있는데, 이곳에 스타일리스트들이 근무한다. 애틀랜타, 보스턴, 댈러스, 샌프란시스코에 비슷한 사무실을 오픈할 예정이다.

이 기능은 쉽게 복제할 만한 기능인가? 필터링, 그리고 옵션의 광범위한 데이터베이스, 그중 어느 쪽이 더 나은가? 어떤 속성들이 온라인 경험에만 특별히 적용되는가?

휴리스틱 평가

'휴리스틱발견적 학습'이란 거창한 단어는 실험과 시행착오를 의미한다. 다시 말해 제품을 이용해서 실제로 경험해보고 어떻게 돌아가는지 직접 확인하는 것이다. 어떨 것 같나?

기본적으로 이것은 사이트가 이용할 만한지 빠르게 평가하는 과정이다. 철저하게 점검할 시간은 없을 테니 그냥, 〈그림 4-25〉에 나와 있는 것처럼, 빨리 훑어보고 A에서 F로 평균 점수를 매긴다. 아래의 질문을 참고한다.

- 이 경험을 통해 사용자의 주요 목적이 손쉽게 이루어지는가? 직관적인 경험인가?
- 내비게이션과 페이지/스크린 레이아웃, 그리고 시각적 디자인이 일관성이 있는가?
- 제공되는 콘텐츠나 서비스가 찾기 쉽고, 검색 및 열람이 쉬운가?
- 에러 메시지와 같은 사용자 피드백이 만족스러운가? 실시간 고객 지원이 가능한가?

고객 후기

여기는 상품 웹사이트 외부에서 올라온 수백, 수천 개의 방대한 고객 후기를 요약해서

그림 4-25
휴리스틱 평가 결과 예시

휴리스틱 평가

등록 및 맞춤 조사가 간단하다. 브랜드 아이콘과 이미지를 혼합해서 사용한다. 그것을 제외하고는 프로필 설정을 조정하는 경험은 제한적이다. 맞춤 조사 작성을 다시 하는 건 불가능해 보인다.

적는 곳이다. 모바일 앱의 후기는 해당 상품을 다운받는 앱스토어에서 찾을 수 있다. 웹사이트에는 문제 해결에 도움이 되는 조언 등을 사용자가 직접 올려서 대중에게 공개하는 식의 게시판이 있다. 쿼라Quora : 사용자 커뮤니티에 질문을 요청하고 질문에 답변하며 수정 및 정리하는 질의응답 웹사이트와 같은 게시판인데, 그런 곳에서 가끔 후기를 찾을 수 있다. 찾을 때는 최근에 발생한 불만 사항을 찾는 것이 중요한데, 그런 부분을 미리 파악하여 상품 개선에 적용할 수 있기 때문이다.

일반적 기타 노트

다른 항목에 들어갈 곳이 없는 정보들을 기입하는 곳이다. 상품과 관련해서 조사한 것 중 어떤 것이든 넣으면 된다. 필요하다면 항목의 이름을 바꾸어도 상관없다.

팀 혹은 스스로에게 질문 및 메모

이 항목은 여러 사람의 함께 작성해야 한다는 걸 기억하자. 다른 사람들이 당신이 채워놓은 조사 사항을 읽어보고 가치 있는 정보를 제공해줄 수 있다. 이곳에 그런 정보를 기입하는데, 예를 들어 이런 식이다. "크롬Chrome에서는 이용 불가능하네. 나라면 사용하기 좀 그렇겠다." "야, 스티브, 여기 상거래가 어떻게 돌아가는지 보려면 일단 네가 신발 하나만 주문해줘야겠어." 또한 그 외 기억하고 싶은 기타 메모를 기입할 수도 있다. 그리고 모든 사이트에 다 적용될 만한 조사 속성들이 있을 수 있다. 그런 속성들을 모아놓는 주차장으로 이 항목을 사용할 수도 있을 것이다.

분석

모든 경쟁자들의 조사를 마치기 전까지 일단 이 항목은 넘어간다. 이 분석에 대한 내용은 5장에서 제대로 다룰 것이다.

마지막 메모 하나 : 종종 일어나는 일인데, 제품팀이나 주주들이 이 과정을 넘어가고 나면 더는 시장조사에 관심을 보이지 않는다. 그러나 인터넷이란 정말 급속하게 움

직이는 공간이기에 이렇게 하는 것은 실수다. 인터넷 세상에선 많은 것들이 정말 빨리 바뀐다. 계속해서 경쟁 상황이 바뀌고 있다. 그러므로 경쟁자 조사는 절대로 끝이 있을 수 없다. 언젠가 한 경쟁자는 망하고 다른 두 경쟁자가 갑자기 튀어나올 수도 있다. 마치 두더지 게임을 하는 것처럼 말이다. 예를 들어 2012년에 나는 바쁜 남성들을 위한 쇼핑 사이트에 관한 경쟁자 조사를 했다. 그러나 지금 상황을 보면 그때와는 매우 다르다. 그렇기에 당신과 당신의 팀이 항상 기민하게 준비된 자세로 경쟁자의 새로운 아이디어를 파악하고, 또 그 즉시 그것이 당신 제품에 어떤 영향을 끼칠지를 확인해야 한다.

UX에 초점을 맞춰 시장조사 수행하기

UX 리더나 멤버가 시장조사를 진행하면 많은 이득이 있다.

디자인 품질 향상

뛰어난 UX 디자인과 보통의 UX 디자인을 갈라놓는 것은, 많은 경우에, 뉘앙스다. 마치 뛰어난 시각디자인이 색조가 약간 다른 것이 여느 디자인과 다르고, 뛰어난 음악이 하나의 악기가 박자를 완벽하게 맞추는 것이 여느 음악과 다른 것처럼 말이다. UX를 공부하다 보면 인터페이스나 스크린의 흐름이 조금 강화되면서 예상치 못한 힘을 발휘하는데, 여기서 바로 그 뉘앙스를 찾을 수 있다. 예를 들어 프롬프트가 정말 필요한 때 딱 한 번 등장하는 것이 그 뉘앙스다. 또는 '저장 중……저장됨'처럼 진행 상황을 보여주는 메시지도 있는데, 이것은 내가 가장 좋아하는 뉘앙스 중 하나다.

단순성

UX 디자이너들은 클릭을 몇 번 할지를 고민하고, 또 얼마나 작업을 쉽게 수행할 수 있을지를 고민한다. 그들은 종종 상호작용 디자인 패턴을 변경함으로써 품질을 향상시킬 기회를 포착한다. 그러니까 다시 한 번 틴더의 예로 돌아가, 단순하게 그냥 왼쪽으로 밀고 오른쪽으로 미는 것이 어떻게 그렇게 중요한 양자택일이 되었는지를 생각해보자.

비용

한 UX 디자이너가 조사와 제품 형성을 맡는 편이 작업이 더 빠르다. 그는 경쟁자를 조사하면서, 어떤 상호작용 디자인의 최선 실행 방안이 예를 들어 '상세 검색'이 실제로 가장 실행이 잘되는지를 확인할 것이다. 그렇게 그 디자이너가 각 사이트의 분류 체계와 내용을 조사하여 그 내용에 대한 전문가가 되어줄 것이다.

2인조

2인조로 팀을 꾸려 시장조사를 하는 것은 UX 리더나 전략가가 하급 연구원을 멘토링 할 수 있는 기회가 된다. 하급 연구원이 조사를 하고 리더가 분석을 하면 리더는 더 효율적으로 작업할 수 있다. 그렇게 해서 UX 팀 전체가 모든 경쟁자의 디자인에 익숙해질 것이다.

UX 혁신

UX 디자인을 개선하는 것은 거의 언제든지 가능하다. 우리가 탐색에 시간 투자를 할 가치가 있는 해법을 제공한 덕분에 사람들은 더욱 정교한 작업에 익숙해지고 있다. 인터넷은 모든 연령층의 사람들의 일상에 뿌리박히면서 더욱더 강력해지고 빨라지고 복잡해지며 더욱더 만연해질 것이다.

요약

독창적인 것을 만들기 위해서는 경쟁을 무시할 수가 없다. 이 장에서는 시장에 대해 파악하기 위해 경쟁 조사를 수행하는 방법을 설명했다. 직접 및 간접 경쟁사를 식별하는 방법을 배웠다. 여러분은 끊임없이 웹을 검색하여 다양한 질적 및 양적 데이터 포인트를 수집함으로써 제품이 어떤 시장에 진입하고 있는지 파악할 수 있을 것이다. 이제 그리드를 분석하고 UX에 영향을 미칠 유의미한 정보를 추출할 때이다. 복잡하게 들릴 수도 있지만, 당황할 필요 없다. 그냥 5장으로 넘어가자.

5장
경쟁력 분석의 수행

"(분석이란) 개인이 데이터 또는 정보를 이해하는 과학적 그리고 비과학적 방법과 절차를 기술적으로 응용하여 결정권자들이 사용할 수 있는 통찰력 있는 정보를 찾아내고 실행 가능한 조언을 생산하는 일이다."

— 바베트 벤소산Babette Bensoussan & 크레이그 플레이셔Craig Fleisher,
《비즈니스 경쟁 분석Business and competitive analysis》

당신이 방금 인터넷 상업 공간을 꼼꼼히 조사하여 모은 내용의 세부 정보 안에는 정말 중요한 것들이 숨어 있다. 이 장에서는 경쟁력 분석 매트릭스의 분석 섹션을 활용하는 방법을 알려줄 것이다. 이 장이 끝날 때쯤이면 당신은 매트릭스상의 검색 결과물을 실행 가능한 학습으로 바꿀 수 있는 유용한 기법들을 알게 될 것이다. 나의 목표는 당신이 제품의 가능성을 확신할 수 있도록 돕고 앞으로 나아갈 때 필요한 조언 즉 원리 1의 경영 전략(그림 5-1) 참조을 제공하는 것이다.

그림 5-1
제1원리: 경영 전략

블록버스터 가치 제안, 제2부

3장에서 잠시 남겨두었던 드라마로 다시 돌아가보자. 우리의 UX 전략가 제이미는 할리우드의 뒷마당에서 유명한 영화 제작자 폴을 만나 그가 구상한 부유한 '바쁜 남자'를 위한 쇼핑몰에 대해 대화 중이었다. 폴은 그 가치 제안이 본인이 개인적으로 겪고 있는 고민을 해결하는 해법이기도 하다고 털어놓았다.

방갈로 내부 - 아침
화면에 제이미와 폴을 잡는다. 폴은 당당하고 제이미는 의문스러워한다.

제이미 : 인터넷에 유사한 경쟁자가 있는지 알아보았나요? 누군가가 이미 하고 있는 사업이 아닐까요?
　　　　폴은 양손을 번쩍 들었다. 그는 자신의 아이디어에 도취되어 있다.
폴 : 제가 아내와 함께 알아봤는데 우리가 원하는 서비스를 정확하게 제공하는 곳은 없었어요.

　　　　　　　　　　　　　　　　　　　　　　　　　　　　　　　　　　디졸브 효과

방갈로 내부 - 아침
2주가 지나고 제이미는 방갈로에 다시 찾아왔다. 폴은 '경쟁력 분석 결과'의 요약본을 쳐다보고 있다. 그는 혼란스럽고 짜증나 보인다.

제이미 : 제 조사와 분석을 보시면 알 수 있듯이, 시장에는 당신의 아이디어를 사업화한 경쟁자들이 여럿 있고 투자 유치도 끝났어요.
폴 : 이 회사들의 이름을 제가 들어본 적이 없네요. 그래서 당신 생각에는 이 회사들과 직접 경쟁하는 건 위험하다는 말인가요?
제이미 : 사실 저는 당신이 목표로 하는 고객층을 더 조사했으면 해요. 그리고 그들이 현재 이 문제를 어떻게 해결하는지도 알아보고요.
폴 : 저처럼 쇼핑을 혐오하는 남자들이 많다는 것을 이미 알고 있어요.

제이미 : 그럼 이들을 인터뷰하고 당신의 가치 제안에 몇 가지 변형을 더하여 실험을 해보는 건 어떨까요?

폴 : 그냥 웹사이트 개발에 착수하고 그 후에 일이 어떻게 진행되는지 지켜보았으면 좋겠어요.

제이미 : 시장조사에서 발견된 웹사이트들을 먼저 자세히 살펴보고 이들의 동향을 먼저 알아보면 어떨까요? 아니면 당신의 아내에게 그 일을 맡겨도 돼요. 그리고 분석 자료에는 온라인을 기반으로 하여 당신의 문제를 해결할 다른 제안도 포함되어 있어요.

폴 : 전 여전히 제 아이디어가 유망하다고 생각해요.

씬 엔드.

누가 보아도 폴은 시장분석 결과에 기뻐하지 않았지만 그의 아내는 이 소식을 반가워했다! 그녀는 이 아이디어가 자칫 자금만 삼켜버릴 늪일지도 모른다고 느꼈고, 그녀의 직감을 뒷받침할 강한 외부 의견의 등장에 기뻐했다. 결국 영화 제작자 폴은 그의 아이디어를 포기하고 영화 제작이라는 본업으로 돌아갔다. 나는 그 후로 그의 연락을 다시 받지 못했다.

교훈

- 당신의 관계자들과 의뢰인이 경쟁에 대한 이해를 하고 있는지 물어보고 그들의 주장이 실증적인 조사로 뒷받침되는지 확인한다.
- 분석 결과 초기의 제품 비전과 비즈니스 모델에 리스크가 있을 경우 특히 대안을 함께 제시해야 한다. 결국 당신은 의뢰인이 그들의 꿈을 실행 가능한 전략으로 변환시키는 것을 도와주어야 하기 때문이다.
- 가끔 사람들은 이미 한 아이디어에 고취되어 아무리 많은 조사 결과를 들이대도 그 마음을 돌릴 수 없을 때가 있다. 이럴 때 전략가는 자신에게 개인적이고 윤리적인 질문을 해야 한다. 이 사람이 조사 결과에 상관없이 제품을 만드는 것을 도와줄 것인가, 아니면 여기서 그만둘 것인가?

분석이란 무엇인가?

분석의 핵심은 많은 정보를 여러 개의 단순하고 실행 가능한 조각으로 변환시키는 것이다. 다른 정보들 사이의 관계를 찾아내어 왜 특정한 일이 발생하는지 알아내야 한다. 큰 문제를 작은 문제들로 세분화함으로써 당신과 당신의 팀은 결과물의 큰 그림에 좀 더 쉽게 접근할 수 있다.

어떤 자료를 의미 있는 정보로 변환하는 것은 사실상 경쟁 정보라는 더 큰 절차에 속하는 한 단계이다.〈그림 5-2〉참고 경영서적 작가인 짐 언더우드Jim Underwood는 이렇게 기술했다. "경쟁 정보는 한 조직의 미래 성공에 영향을 미칠 수 있는 시장 환경, 경쟁, 그리고 기타 환경에 대하여 합법적이고 윤리적인 방법으로 수집하고 분석하고 그 정보를 바탕으로 실행에 옮기는 절차다." 언더우드는 공정한 조사는 공정한 결정으로 이어진다고 말했다. 그리고 이것이 의뢰인이 컨설턴트를 고용해야 할 한 가지 이유다. 의뢰인이 감정에 치우친 판단을 내리는 것을 방지할 수 있기 때문이다.

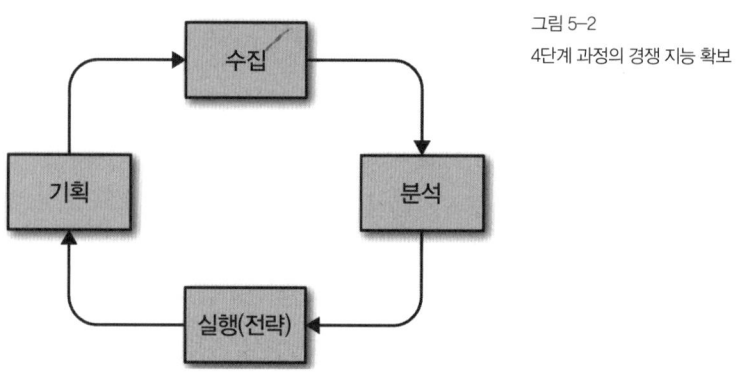

그림 5-2
4단계 과정의 경쟁 지능 확보

이러한 분석적인 접근 역시 린 스타트업의 개발-측정-학습 사이클과 관련이 있다. 이 사이클 안의 모든 전략적, 전술적 결정을 내릴 때마다 분석적인 접근을 해야 한다. 오늘 맞는 일이 내일은 맞지 않을 수도 있다. 당신의 팀이 혁신적인 제품을 만들고자 한다면 끊임없이 정보를 수집하고 분석하여 실행에 옮겨야 한다. 경쟁력을 유지하기 위해서 당신의 경쟁 정보를 항상 개선해야 한다.

당신의 경쟁자들에 대해 자세히 알아냈다면 이제는 이 자료를 분석하여 무엇이 통하고, 왜 통하며, 진화하는 시장 환경에서 당신의 제품에 어떤 기회가 있을지를 알려줄 정보를 만들 준비가 되었다. 당신의 경쟁자들이 이미 제공하는 기능들을 그대로 답습한 제품을 시장에 내놓을 수는 없기 때문이다. 당신이 분석한 결과물이 그저 경쟁자들과 스펙을 비교하는 것이 되어서도 안 된다. 예를 들면, "이것이 다른 모든 경쟁자들이 '구독' 버튼을 사용하는 방식입니다" 또는 "모든 경쟁자들이 이 기능을 가지고 있으니 우리도 넣어야 합니다!" 내가 존경해 마지않는 스티브 블랭크는 〈경쟁 분석에 의한 죽음Death by Competitive Analysis〉이라는 글에서 '우리의 기능들 대비 그들의 기능들' 표를 만드는 것은 결국 배를 침몰시킨다고 비판했다. 최대한 많은 기능을 집어넣으면 전체적인 사용자 경험과 비즈니스 모델을 무시하는 결과를 초래할 수 있으며, 고객들이 그들의 목표를 달성하기 위해 어떤 기능을 진정으로 필요로 하는지를 통찰하지 않는 것과 마찬가지다. 모든 것을 분석하고 팀에게 꼭 필요한 기능을 골라 추천하며 무엇이 가치 혁신원리 2을 만들어낼 것인지 알려주는 것은 당신의 몫이다. 경쟁을 의미 없게 만들기 위해 당신은 기존에 나와 있는 제품들에 비해 급진적으로 독특한 무언가를 더해야 한다. 그것은 원자료를 스프레드시트에 정리하고 분석함으로써 알아낼 수 있다.

경쟁 분석과 시장 기회를 위한 네 단계

1단계 : 둘러보고, 훑어보고, 각 열마다 높음과 낮음을 색깔로 분류한다.

2단계 : 비교를 위한 논리적인 그룹을 만든다.

3단계 : 각 경쟁 제품의 특징과 장점을 벤치마킹을 통해 분석한다. 스프레드시트의 마지막 열에 작성

4단계 : 경쟁 분석 결과 보고서를 작성한다.

이렇게 쉽다! 우리는 그저 우리의 절차를 체계적으로 진행만 하면 된다.

위의 단계들을 거치면 당신의 시장조사 자료를 의미 있는 경쟁 지능으로 바꿀 수 있다. 많은 노동을 투입해야 하는 이 절차가 끝나면 주요 시사점들을 사용하여 경쟁

조사 결과 보고서를 작성하고 실행안을 첨부한다.

1단계 : 둘러보고, 훑어보고, 각 열마다 높음과 낮음을 색깔로 분류한다

스프레드시트를 분석하는 목표는 당신의 자료를 양식화한 보고서 또는 발표 자료로 만들어 당신의 제시안을 뒷받침하는 근거로 사용하는 것이다. 그러려면 체계적 사고를 이용해 정보와 절차를 정리해야 한다. 체계적 사고에 대한 자세한 내용은 10장에서 밀라나 소볼과의 인터뷰를 참조. 이제 당신의 스프레드시트에 있는 미가공 데이터를 살펴보자.

데이터를 둘러보고 훑어보기

모든 데이터를 스프레드시트에 입력하고 나면 이것을 분석하기에 앞서 모든 줄경쟁자들과 열속성을 다시 한 번 상기한다. 이때 나는 두 가지 속독 기법을 쓴다. 훑어보기 skimming와 둘러보기 scanning다. 훑어보기란 글 위로 시선을 빠르게 훑어 내려가면서 기초적인 의미만을 파악하는 것이다. 나는 데이터를 분석할 때 속독을 하지만 그렇다고 대충 읽거나 절차를 생략하지는 않는다. 그 대신 나는 대면한 작업이 간단한지 복잡한지를 먼저 따진다. 내 스프레드시트가 5줄에 5열짜리인지, 아니면 빈칸이 많은 12줄에 24열짜리인지 내용의 밀도와 완성도를 가늠해야 작업이 어느 정도 걸릴지 알 수 있다. 이것이 중요한 이유는 이 작업에 들여야 하는 시간은 한정되어 있을 것이고 겨우 한 줄을 분석하기 위해 귀중한 프로젝트 시간을 낭비할 수 없기 때문이다. 예를 들어 당신이 분석할 경쟁자가 20곳이고 분석 작업을 20시간 안에 완성해야 한다면 경쟁자 한 군데를 분석하는 데 한 시간을 쓸 수 있는 셈이다. 균형 잡힌 시각으로 사각지대 없는 조사와 분석을 하려면 시간 배치는 필수적이다. 그리고 무언가가 미완성이거나 비어 있다면 확인하라. 당신이나 조사를 수행한 담당자가 명백한 경쟁자를 실수로 빠뜨린 건 아닌가? 월간 다운로드 수나 트래픽량을 표시하는 열이 비어 있는가? 이 정보는 중요한 데다 분석하다 말고 조사 단계로 돌아가는 것은 집중도를 현저히 떨어트린다.

미가공 데이터 포인트 측정

'데이터 포인트data point'는 개별성을 가진 정보의 단위다. 어떠한 하나의 사실이나 관찰 내용은 각각의 데이터 포인트다. 우리가 분석을 하는 과정에서 데이터 포인트들은 어떤 것이 성공이나 실패인지 확인시켜 준다. 스프레드시트에서 주목할 데이터 포인트는 두 가지다. 양적 데이터와 질적 데이터.

양적 데이터는 숫자와 통계들이다. 이 사이트가 얼마나 많은 트래픽을 유도하는가? 얼마나 많은 결제가 이루어지는가? 숫자는 척도, 거래, 또는 선택 사항의 수일 수도 있다. 질적 데이터와 달리 이 숫자들에는 논리와 순서를 적용할 수 있다. 예를 들어, 스타벅스의 라테에 대한 양적 데이터 포인트는 컵의 사이즈, 커피의 온도, 가격, 바리스타가 한 컵을 만드는 데 소요되는 시간 등이 될 수 있다.

질적 데이터는 묘사적이고 주관적이다. 누군가의 의견, 반응, 감정, 미적 평가, 물리적 특징 등 재미있는 것들이지만 대부분 이를 수치화할 수 없다. 이러한 데이터 포인트는 쉽게 측정하거나 순위를 매길 수도 없다. 스타벅스 라테의 질적 데이터 포인트는 맛, 향, 거품이 얼마나 단단한지, 매장 내 인테리어가 어떤지, 서비스 등이 될 수 있다.

양적 데이터	질적 데이터
수치매트릭스, 데이터 집합	서술적
측정 가능	관찰 가능, 측정 불가능
길이, 면적, 부피, 속도, 시간 등	의견, 반응, 취향, 외형
객관적	주관적
구조적	비구조적

가끔은 양적·질적 데이터 사이의 경계가 모호한 경우도 있다. 그러니 신중해야 한다. 예를 들면 연애 애플리케이션에서 '갈색 눈을 가진 남자'가 질적 데이터라고 생각할 수 있다. 색깔을 나타내는 속성이고 한 남자의 매력도를 평가하는 기준이 되기 때문이다. 그러나 만약 이 사이트가 남성 사용자에게 등록 단계에서 자신의 눈 색깔을

갈색, 파란색, 옅은 갈색, 회색, 초록색 중 하나만 고르도록 한다고 생각해보자. 이 경우에 갈색 눈은 수치화할 수 있는 정보다. 데이터 포인트가 객관적이고 이를 수치화할 수도 있기 때문이다.

색깔 분류의 재미

〈그림 5-3〉과 같이 당신은 의미 있는 데이터 포인트, 추세, 기타 패턴을 알아보기 위해 스프레드시트를 색으로 분류할 수 있다. 예를 들어 가장 유용한 정보예를 들어. 모든 경쟁자들이 다루기 힘들어하는 기능에는 노란색을 입힌다. 긍정적인 속성에는 초록색을 입힌다최고 월간 트래픽량. 단순함을 잃지 않으면서도 색을 효과적으로 사용해야 한다. 초기 단계에서 복잡한 체계를 만드는 것은 분석에 도움이 되지도 않을뿐더러 다른 팀원들에게 혼란을 줄 수 있다. 색깔 분류는 정말 꼭 기억해야 할 중요한 정보에만 가끔 사용해야 한다.

521816 visitors	Mens' Shoes, Shirts, Pants, Jackets, Sweaters, Sweatshirts, Denim	Facebook, Twitter, Instagram	Magazine-like images, Zoom, Item descriptors and sizes/dimensions, Sizing charts
381536 visitors	Sales categories ranging from home products to clothing to jewelry to art work.	Facebook, Instagram, Twitter, Pinterest	Photos, Zoom, Item descriptors and sizes/dimensions, Sizing charts
1810842 visitors	Coveted fashion and luxury lifestyle brands at sample sale prices. Gilt Groupe includes sales for men, women, and home as well as Gilt City (geo-specific), Gilt Taste (food), and Jetsetter (travel).	Facebook, Instagram, Twitter, Pinterest	Photos, Zoom, Item descriptors and sizes/dimensions, Sizing charts

그림 5-3
회색으로 표시된 셀들은 유의미한 속성의 색 코드를 보여준다.

2단계 : 비교를 위한 논리적인 그룹을 만든다

데이터를 전체적으로 대강 이해한 지금 단계에서는 앞으로의 분석 절차를 아주 효율적으로 만들기 위한 숙제를 하나 끝내야 한다. 당신의 분석표 안에 있는 사이트들과 애플리케이션들 중 공통점이 있는 것들을 모아 비교한다. 사과는 사과끼리, 오렌지는 오렌지끼리, 신선 식품 배달 애플리케이션은 신선 식품 배달 서비스끼리 비교하는 것이다. 함께 비교할 수 있는 소그룹으로 경쟁자들을 분류한다.

논리적 그룹화를 사용하여 공통적인 속성을 가진 경쟁자들을 한 '바구니'에 집어 넣는다. 당신에게는 이미 바구니 두 개가 있다. 직접적 경쟁자와 간접적 경쟁자. 이 둘 이외에 다른 소룹을 만들 속성이 없다면 최소한 경쟁자들의 이름 순서라도 바꾸어라. 복잡할 것 없이 가장 강력한 경쟁자 순으로 나열해도 좋다.

다음은 소그룹의 예시다.

논리적 소그룹 예시
데스크톱 vs 모바일 플랫폼
콘텐츠 종류예를 들어, 이커머스, 퍼블리셔, 애그리게이터
횡적 시장크레이그리스트 vs 아마존 vs 이베이 vs 타깃 또는 월마트
종적 시장의류, 피트니스, 금융 등
비즈니스 모델

다음은 경쟁 제품 목록을 정리할 수 있는 다양한 방법의 사례들이다.

- 트래픽이 가장 많거나 다운로드가 가장 많은 것나는 항상 가장 인기 있는 경쟁사를 맨 위에 올린다.
- 알파벳 순서
- 시장에서 가장 최신 제품에서 가장 오래된 제품 순서
- 다양한 기능에서 최소의 기능까지 순서대로
- 재고 관리 코드, 물품, 혹은 제품 리스트트래픽과 연결되어야 함에서 가장 큰 것부터 가장 작은 것까지

당신의 목표는 어떤 요인이 특정 서비스에게 경쟁 우위를 부여하는지 파악하기 쉽도록 자료를 재가공하는 것이다. 왜 특정 제품이 다른 이들보다 성공적인지 이해할 수 있도록 공통점과 차별점을 찾는다.

3단계 : 각 경쟁 제품의 특징과 장점을 벤치마킹을 통해 분석한다 스프레드시트의 마지막 열에 작성

벤치마크benchmark라는 단어는 건축가들이 석재 구조물을 만들 때 평행봉을 정확히 위치시킬 수 있도록 새겨놓은 표식에서 비롯되었다. 이 표식들은 〈그림 5-4〉에서처럼 주로 평행선 아래에 화살표 모양으로 표현되었다.

그림 5-4
영국 국가 지리원(Ordinance Survey)의 컷 마크(cut mark)

경영에서 벤치마킹은 다른 조직과 쉽게 비교할 수 있도록 주요 특징들을 파악하고 조사하는 데 도움이 된다. 이러한 분석은 비용 절감, 영업망 최적화, 제품 개선으로 이어져 타깃 고객층에게 더 큰 가치를 제공하게 된다. 이와 유사한 맥락에서 당신이 자료를 분석할 때 매트릭스상의 모든 제품사이트 또는 앱을 서로 비교하여 벤치마킹할 것이므로, 당신은 속성별로 작업을 수행할 것이다.

스프레드시트상의 열은 각각 다른 속성을 나타내고 이 속성들에 대해 당신은 다운로드 횟수나 콘텐츠 종류 등의 데이터 포인트를 수집했다. 이러한 양적 질적 데이터 포인트는 가장 좋은 서비스와 최악의 서비스를 측정하고 점수를 매길 수 있도록 도와준다.

직접적 경쟁자를 벤치마킹할 때는 그들의 제품들 사이에서 동등하게 경쟁할 수 있는 제품을 찾는 것이 좋다. 미래의 고객들이 당신의 팀이 제공할 가치 제안에서 기대하게 될 최소한의 기준을 찾는 것이다. 고객들이 제품 상세 페이지에 사진, 동영상, 사용자 후기들이 있기를 기대하는가? 업계 1위 업체는 가장 많은 품목과 제품을 제공하는가? 가장 혁신적이고 다운로드 횟수가 많은 애플리케이션 뒤에는 막대한 투자가 있었는가?

간접적 경쟁자를 벤치마킹할 때는 이 제품들이 문제를 해결할 수 있는 대안을 어떻게 제공하는지 분석한다. 예를 들어, '바쁜 남자의 온라인 쇼핑몰' 경쟁 분석에서 나는 간접적 경쟁자들의 월간 트래픽량을 벤치마킹했다. 웹사이트 길트는 달마다 180만 명의 트래픽이 있었지만, 길트의 직접적 경쟁자인 패브Fab는 38만 명의 트래픽을 모았다. 이 데이터 포인트는 흥미를 끌었고 이런 질문으로 이어졌다. 이 두 사이트 간의 월별 트래픽 격차가 왜 이렇게 큰 걸까? 길트가 무엇을 더 잘하고 있는 걸까?

당신은 트렌드, 패턴, 차이, 그리고 업계 전반의 모습을 찾는 것이다. 종종 당신은 종적 시장 안에서 공통적인 패턴이 반복되는 것을 알아차릴 것이다. 이들이 왜 다 같은 방식으로 망가져 있는지 고민하게 될 것이다. 이들이 특히 유용한 기능 하나를 무시했고, 당신이 이것을 사용한다면 가치 혁신으로 이어질지도 모른다6장을 참조하라. 업계 하위 업체들은 콘텐츠, 트래픽, 충성도, 개인화, 불편한 사용자 경험 등 어떤 원인으로 흥행하지 못한 것일까? 경쟁자들을 벤치마킹함으로써 당신은 타 업체의 최고의 UX와 비즈니스 모델에서 한 단계 더 혁신하고 최적화하여 가치를 창출할 기회를 찾을 수 있다. 이러한 금괴들을 당신의 보고서에서 추천안으로 제시하는 것이다.

각 경쟁자를 분석한 칼럼

분석 칼럼을 제일 마지막에 넣는 이유는 당신의 가치 제안을 둘러싼 경쟁 환경 전반에 대한 폭넓은 시각과 데이터를 필요로 하기 때문이다. 하지만 이제 당신은 이 열을 채울 준비가 되었다.

이 시점에서 당신은 경쟁자들 사이의 미묘한 차이들을 볼 수 있을 것이다. 당신은 속성들을 벤치마킹하고 어느 경쟁자가 성공인지 실패인지 평가할 수 있다. 어느 경쟁자가 업계 1, 2위이고 어느 업체가 업계 순위에서는 밀려나 있지만 무엇인가 대단한 일을 하고 있는지 알 수 있다. 이 업계 안에 존재하는 다양한 비즈니스 모델들을 알 수 있다.

당신이 분석한 결과를 토대로 각각의 경쟁자들에 대한 다음의 질문들을 짧은 단락으로 작성해보자.

- 이 경쟁자는 당신의 가치 제안에 대해 어떻게 경쟁하고 있는가?
- 직접적 경쟁자라면, 이 제품의 강점과 약점이 무엇인가?
- 간접적 경쟁자라면, 이 제품은 유사한 해법을 제공하는 것인가, 아니면 유사한 고객층을 겨

분석

트렁크클럽은 직접적 경쟁자. 이들의 비즈니스 모델은 도매가로 구입하고 소매가에 판매하여 재고관리를 함으로써 수익을 창출하는 것이다. 스타일리스트들을 시카고 한 도시에서만 고용하여 스타일리스트들의 기량과 수준 등을 쉽게 관리한다. 고객들이 스타일리스트와 대면하여 함께 옷을 고를 수 있도록 제공하는 시카고의 피팅룸 및 쇼룸 또한 눈여겨볼 만하다. 이 비즈니스 모델은 매우 호응이 좋아 애틀랜타, 보스턴, 댈러스와 샌프란시스코 등에도 지점을 열 준비를 하거나 고려를 하고 있다. 애틀랜타와 댈러스는 남부에 위치하고 시카고에 비교해 매우 큰 교통 중심지다. 보스턴과 샌프란시스코에는 부유하고 IT와 친숙하며 바쁜 직장인들이 많이 거주한다. 전화/이메일/메신저/화상 채팅을 통한 퍼스널 컨설팅 모델과 도시별로 집중된 물리적 공간 등을 따라 할 것을 고려해야 한다.

그림 5-5
직접적 경쟁자 분석 예시

냥하는 것인가?
- 당신의 관계자가 이 업체의 이름과 이 칸만을 읽는 경우 꼭 알아야 할 내용은 무엇인가?

〈그림 5-5〉와 〈그림 5-6〉을 보면 '바쁜 남자의 온라인 쇼핑몰' 프로젝트와 관련해 에 내가 이 질문들에 어떻게 답했는지 볼 수 있다. 다음은 직접적 그리고 간접적 경쟁자의 예시다.

분석

〈길트〉는 간접적 경쟁자다. 길트는 최고급 명품을 크게 할인한 가격에 단기간 내에 판매하는 방식으로 사용자들을 모으고 있다. 그러나 우리의 예상 고객층은 60퍼센트 이상의 큰 할인폭을 찾는 것이 아니다. 고려할 만한 기능으로 최근에 추가된 '핀해서 언록하세요pin it to unlock'가 있다. 이 기능은 이렇게 작동한다. 길트에 올라온 제품의 이미지가 핀터레스트에서 50회 이상 '핀'되면, 이 핀은 그 제품을 더 할인된 가격에 살 수 있는 비밀 링크로 연결된다. 고려할 만한 또 다른 기능은 얼리버드 엑세스early-bird access로, 특정 수 이상의 제품을 공유하거나 특정 수 이상의 친구를 초대하면 다른 사용자보다 더 일찍 세일에 참여할 수 있는 기능이다.

그림 5-6
간접적 경쟁자 분석 예시

분석 칸에 경쟁자의 특장점을 한눈에 알 수 있도록 쓴다. 당신의 팀과 관계자들이 원본 데이터에 모두 접근할 수 있다고 해도 결국 이 마지막 분석 칸만 읽을지도 모르는 일이기 때문이다. 이것은 결국 당신의 일이다. 분석 칸은 당신의 팀원과 관계자들이 스프레드시트를 단 한 번도 읽지 않아도 이해할 수 있도록 모든 것을 정리 요약하는 곳이다.

4단계 : 경쟁 분석 결과 보고서를 작성한다

귀추법은 관찰에서 가설을 세우는 추론의 한 방법이다. 믿을 만한 데이터관찰을 분석하고 이와 관계된 증거를 설명하는 것이다. 이것은 당신이 추천안을 제시할 논리적 근거가 되고, 추천안을 제시하는 것이 바로 경쟁 분석 결과 보고서를 작성하는 목적이다. 결과 보고서는 당신의 경쟁 분석을 읽기 쉬운 형태로 요약하며 이후를 위한 추천안을 제시한다. 당신이 경쟁 환경에 잠수하여 찾은 모든 정보를 분석한 후 얻은 최후의 결론이다. 현재의 경쟁 환경에 대한 당신의 종합적이고 객관적인 견해를 마치 대담하듯 사용자에게 친숙한 방식으로 표현하는 것이다. 이 문서는 당신의 의뢰인이 당신이 수행한 조사의 결과물로 가져가는 것이다. 그러나 결과 보고서를 작성하기 전에 한 번 스프레드시트에서 떨어져서 바라보라. 나무에서 멀어져 숲을 보려고 해보자. 먼저, 시장 환경에 대한 다음의 질문들에 답할 수 있어야 한다.

- 당신의 가치 제안명품을 판매하는 온라인 쇼핑몰과 가장 유사한 가치 제안을 제공하는 경쟁자는 누구인가? 그들의 제품은 고전하고 있는가? 그 이유는 무엇인가? 아니면 그들의 제품이 시장에서 매우 성공적이어서 당신의 제품이 끼어들 여지가 없지는 않은가?
- 당신의 타깃 고객층부유한 남성의 관심을 끄는 경쟁자는 누구인가? 고객들이 이 사이트들을 어떻게 찾아냈다고 생각하는가?예 : 유료 광고
- 어느 제품이 최고의 사용자 경험과 비즈니스 모델을 제공하는가? 어느 경쟁자가 독창적인 기능을 제공하는가? 무엇이 성공 요인인가? 당신의 고객층이 좋아하는 그들의 기능은 무엇인가?

둘째, 당신은 시장에 당신의 제품이 진입할 여지가 있는지를 보고서에 언급해야

한다. 어떤 기회가 있는가? 어떤 틈을 찾아 채울 수 있는가? 당신의 시장조사와 분석을 통해 당신의 팀이 잭팟을 터뜨릴 수 있는 창업 기회를 찾아냈다는 결론을 얻었을 수도 있다. 당신의 제품은 아래 중 하나 또는 모두에 해당할 것이다.

- 독창적인 무언가를 시장에 최초로 출시하는 것이다.예 : 핀터레스트
- 고객들에게 시간이나 돈을 절약할 수 있는 대안을 제공한다아마존 프라임은 정기적으로 같은 물건을 사야 하는 수고를 덜어준다
- 두 부류의 다른 고객층에게 동시에 가치를 창조한다에어비앤비는 호스트와 게스트에게, 이벤트브라이트는 이벤트 기획자와 참가자에게 동시에 가치를 창조한다.

이것이 바로 2장에서 언급한 블루오션이다. 김위찬 교수와 르네 마보안 교수가 집필한《블루오션 전략》이라는 책의 주제는 경쟁자가 없는 시장에서는 경쟁이 무의미해

그림 5-7
퍼플오션

진다는 것이다. 블루오션에는 아직 충족되지 못한 니즈를 가진 고객들로 가득하다. 레드오션은 물고기를 두고 싸우는 상어들만 가득한 시장이다. 결과 보고서를 작성할 때 당신의 제품이 블루오션 또는 레드오션에 있는지 아니면 그 중간쯤에 있는 퍼플오션에 있는지 언급할 수 있어야 한다.

당신이 블루오션 아니면 적어도 퍼플오션이라도 찾아냈다면 이제 훌륭한 UX와 비즈니스 모델로 제품 아이디어를 구현할 구체적인 전략들을 제시할 수 있을 것이다. 이때가 바로 우리 UX 전략가들이 성공 또는 실패를 이끌어낼 수 있는 진정한 가치를 제공할 수 있는 순간이다.

즉 당신의 목표는, 제품의 성공 가능성 여부를 묻는 질문에 답하는 것이고 조사에 근거하여 기회를 발굴하는 것이다. 결과 보고서를 작성하는 구체적인 가이드라인은 없다. 하지만 수년 동안 보고 직접 작성한 바에 따르면 보고서에 포함되어야 하는 필수 요소들이 존재한다. 당신이 이해할 수 있도록 결과 보고서의 예시를 제시하겠다.[10]장에서는 제프 카츠가 자신의 보고서에 무엇을 쓰는지 볼 수 있다.

결과 보고서, 섹션 1 : 서문/목표

서문에서는 본 보고서의 목표를 제시하고 관계자들이 이 보고서를 ① 읽고 ② 열린 마음으로 검토하도록 소개한다. 적절하게 서문을 작성하기 위해 여러 번 다시 써야 할지도 모른다. 이 페이지에 어떤 말이 들어가야 하는지 아주 간단하게 요약된 초안을 쓴 다음에 그 외의 자료를 가지고 다시 돌아와 편집하는 방법도 추천한다.

이 페이지에 포함시킬 요소들은 다음과 같다.〈그림 5-8〉 참고

목표를 서술한다.

당신의 팀은 '의뢰인의 가치 제안'과 동일하거나 비슷한 가치 제안을 제공하는 다른 제품들이 '시장'에서 어떤 경쟁력을 가졌는지 알아보기 위해 경쟁 조사를 수행했다. 의뢰인의 가치 제안을 명확히 서술하여 이 보고서의 주제에 혼란이 없도록

해야 한다. 조사가 이루어진 연도와 월도 밝혀야 한다. 이 분석 결과는 경쟁 환경이 바뀜과 동시에 낡은 정보가 될 것이기 때문이다.

현재의 시장 상황을 일반적으로 서술한다.
"상품 거래를 허용하는 웹사이트는 무궁무진하다"거나 "시장은 다음의 핵심 그룹으로 분할되어 있다"는 등의 내용을 쓸 수 있을 것이다. 당신이 스프레드시트에 기록한 경쟁자 그룹이 어떤 성격을 가지고 있는지를 소개할 수도 있다. 적어도 당신이 고려했던 모든 경쟁사를 직접적, 간접적 경쟁자로 분류하여 열거한다.

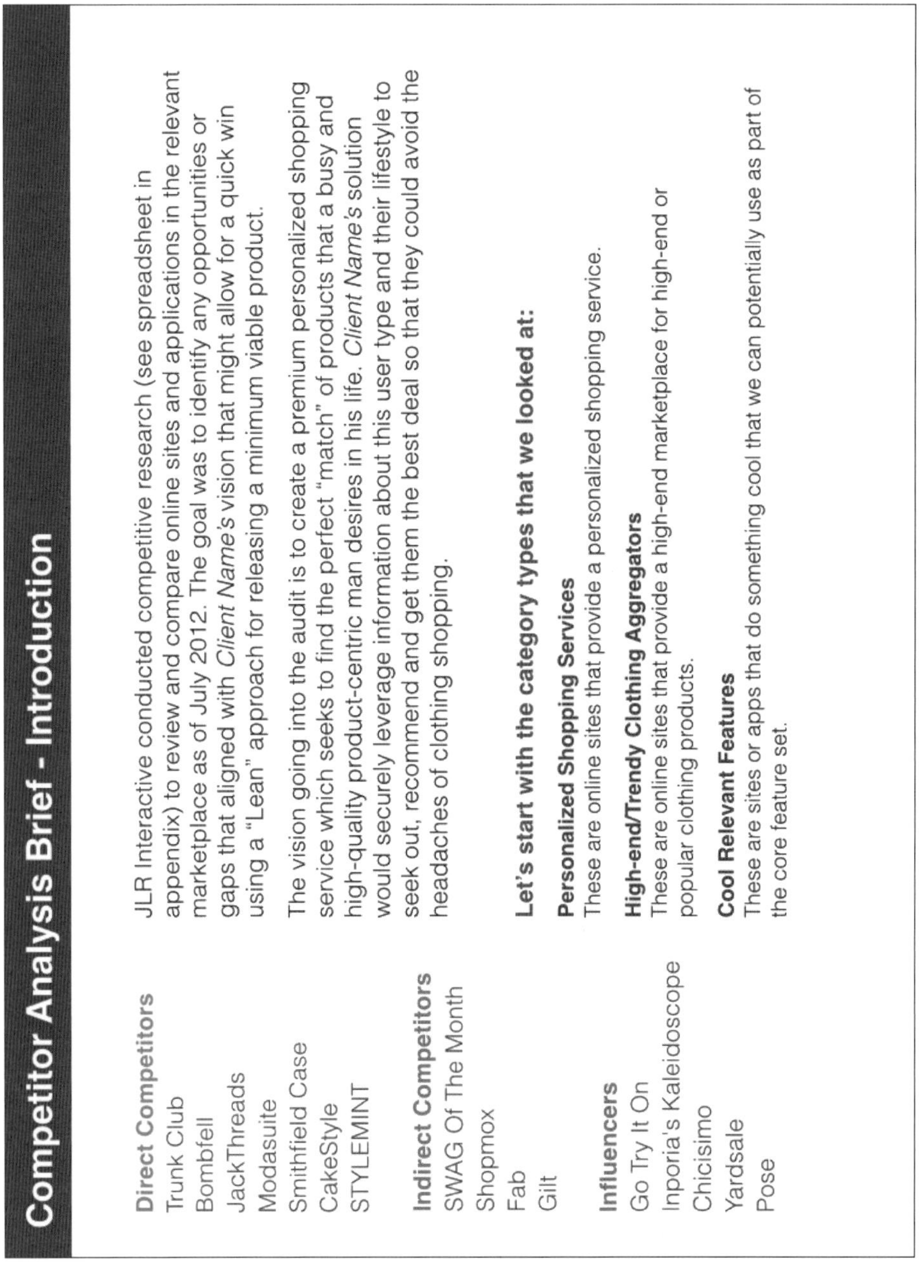

Competitor Analysis Brief - Introduction

JLR Interactive conducted competitive research (see spreadsheet in appendix) to review and compare online sites and applications in the relevant marketplace as of July 2012. The goal was to identify any opportunities or gaps that aligned with *Client Name*'s vision that might allow for a quick win using a "Lean" approach for releasing a minimum viable product.

The vision going into the audit is to create a premium personalized shopping service which seeks to find the perfect "match" of products that a busy and high-quality product-centric man desires in his life. *Client Name*'s solution would securely leverage information about this user type and their lifestyle to seek out, recommend and get them the best deal so that they could avoid the headaches of clothing shopping.

Let's start with the category types that we looked at:

Personalized Shopping Services
These are online sites that provide a personalized shopping service.

High-end/Trendy Clothing Aggregators
These are online sites that provide a high-end marketplace for high-end or popular clothing products.

Cool Relevant Features
These are sites or apps that do something cool that we can potentially use as part of the core feature set.

Direct Competitors
Trunk Club
Bombfell
JackThreads
Modasuite
Smithfield Case
CakeStyle
STYLEMINT

Indirect Competitors
SWAG Of The Month
Shopmox
Fab
Gilt

Influencers
Go Try It On
Inporia's Kaleidoscope
Chicisimo
Yardsale
Pose

그림 5–8
경쟁사 분석 조사 결과 요약에 관한 슬라이드 예시

결과 보고서, 섹션 2 : 직접적 경쟁자

이 섹션에서는 상위 두세 곳의 경쟁 제품을 언급하고 이들의 가치 제안이 당신의 그것과 어떤 관련성이 있는지 설명한다. 보고서의 말미에 나올 추천안을 가장 잘 지원해줄 수 있는 방식으로 경쟁사의 특징을 서술한다.그림 5-9 참고 경쟁사 홈페이지 또는 당신이 주목하는 기능이 사용된 화면을 스크린샷으로 첨부한다. 그 제품이 시각적으로 뛰어나거나 훌륭한 UX를 구현하고 있거나 비즈니스 모델을 잘 보여줄 수 있다면 특히나 중요하다. 예를 들면 인터넷에는 별자리 예언 사이트가 많다. 이들 모두가 '당신의 별자리입니다' 기능을 가지고 있지만 그중 몇 사이트는 더 개인적이거나 더 나은 해설을 쓰는 방식으로 차별화된 사용자 경험을 제공한다.

각각의 직접적 경쟁자를 논의하며 특정 제품이 어떤 면에서 경쟁력이 있는지 서술할 수 있다.〈그림 5-10〉,〈그림 5-11〉참조 UX에서 특히 강조하고 싶은 부분을 화살표로 표시할 수도 있다. 당신의 팀에 심각한 위협이 되는 경쟁자를 명시한다. 시장점유율이 높은지, 당신의 예상 고객층을 공략하는지, 그들의 제품이 훌륭한지, 회사의 규모를 빠른 시간 내에 키울 투자를 이미 유치했는지 등의 정보를 서술한다. 꼭 벤치마킹해야 한다고 여겨지는 기능이나 레이아웃을 짚어낸다. 그리고 경쟁자들의 약점도 서술한다. 어떤 기능은 없는 것이 나은가? 어느 경쟁자가 어떤 점에서 특히 안 좋은 반응을 얻었는가? 이 업체의 약한 UX는 당신의 제품에 기회가 될 수 있는가?

Direct Competitors

Trunk Club
www.trunkclub.com

Description
Trunk Club is a personal shopping service for premium men's clothing. A stylist handpicks clothing for you and then it is shipped in a trunk so you can try it on in the privacy of your own home.

Pros
Centralized stylists out of Chicago allow them to manage the skill/quality of their stylist offerings effectively. The Chicago fitting/showroom offers users who can travel there to get face-to-face time with a stylist.

Cons
The clothing options are quite expensive. Their mobile experience has limited functionality.

JackThreads
www.jackthreads.com

Description
JackThreads automates the style recommendations based on user's preferences and showcases the newest and best clothing options.

Pros
JackThread collects personalized data by allowing shoppers to star favorite categories and track their favorite brands and products.

Cons
They offer too many choices with a heavy focus on price instead of style recommendations. Their mobile app does not yet offer search capabilities.

Bombfell
www.bombfell.com

Description
Bombfell is a monthly subscription for men's clothing where members get clothes picked for them by a stylist.

Pros
Since Bombfell operates on a pretty forecastable monthly subscription model, it doesn't have to carry a ton of inventory month-to-month to support its growth. They used a mix of brand icons and images to make registration and the personal survey simple.

Cons
It creates too niche a user base, given the test bed for this service offering is primarily tech-savvy well-to-do Bay Area males.

그림 5–9
직접적 경쟁자의 고급 관점 슬라이드

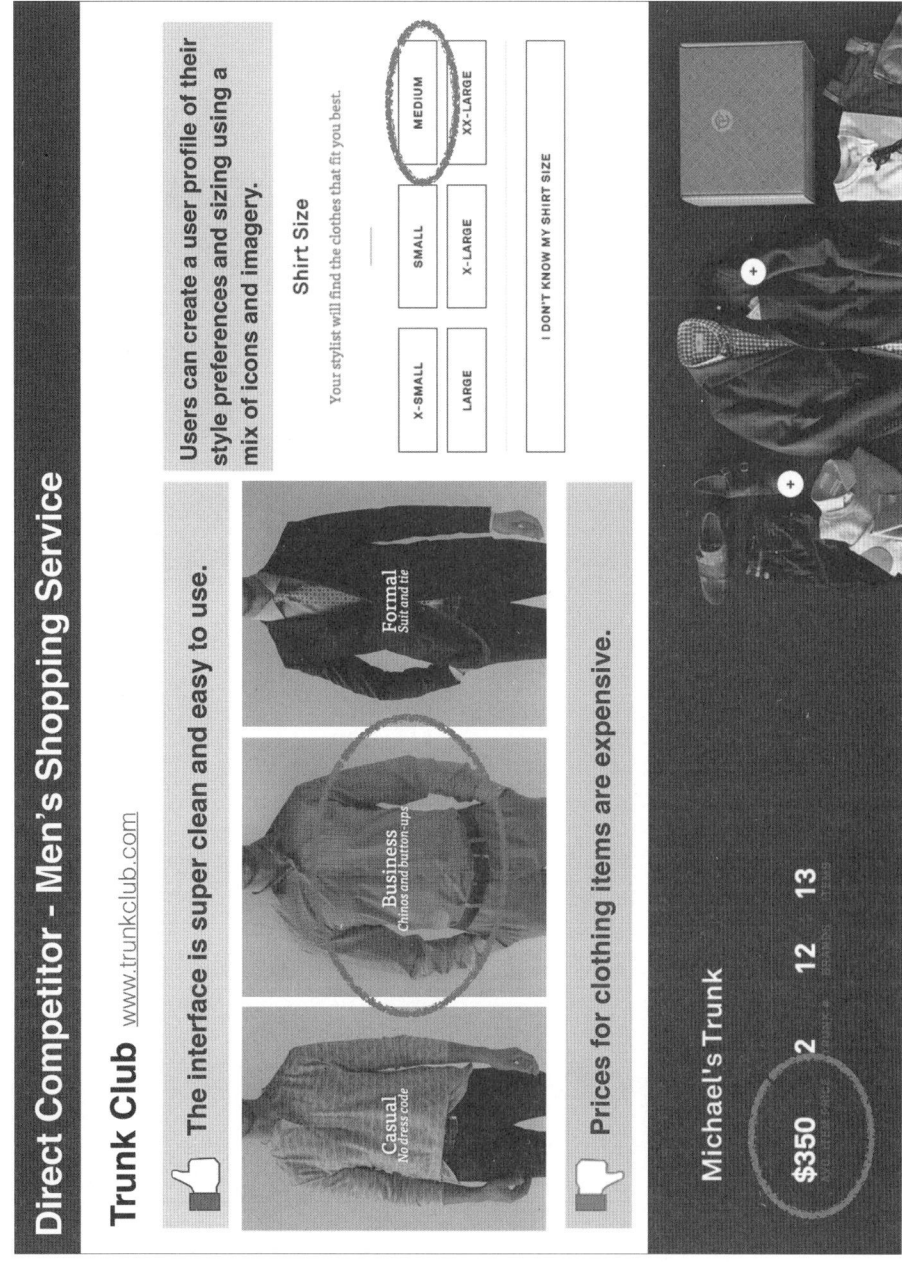

그림 5-10
직접적 경쟁자 제품의 적절한 측면 제시

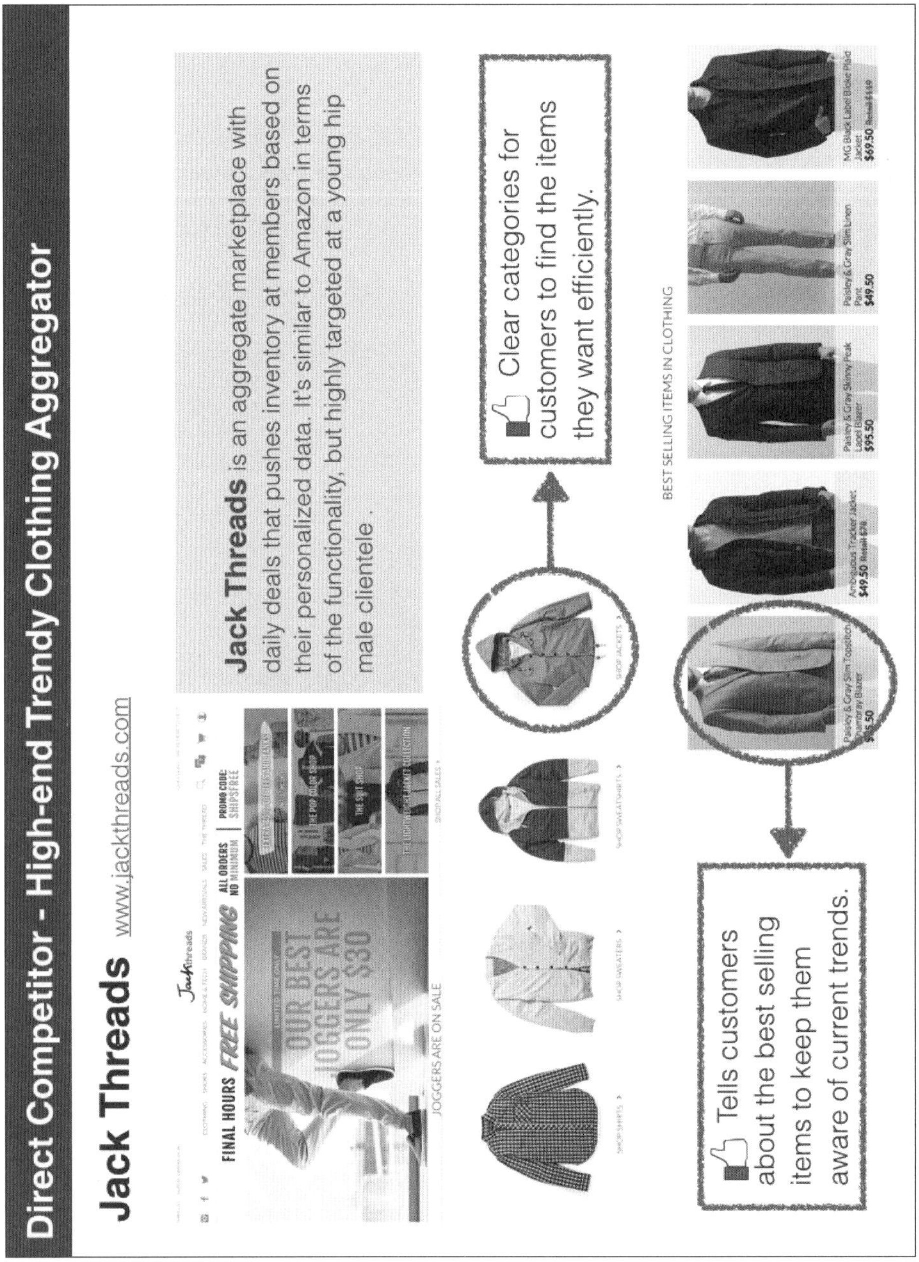

그림 5-11
직접적 경쟁자 제품의 적절한 측면 제시

결과 보고서, 섹션 3: 간접적 경쟁자

간접적 경쟁자들이 당신의 가치 제안과 관련해서 어떤 점을 제대로 해내고 있는지 서술한다.〈그림 5-12〉 참조 이들은 직접적 경쟁자가 아니므로 부정적인 면은 덜 중요하다.

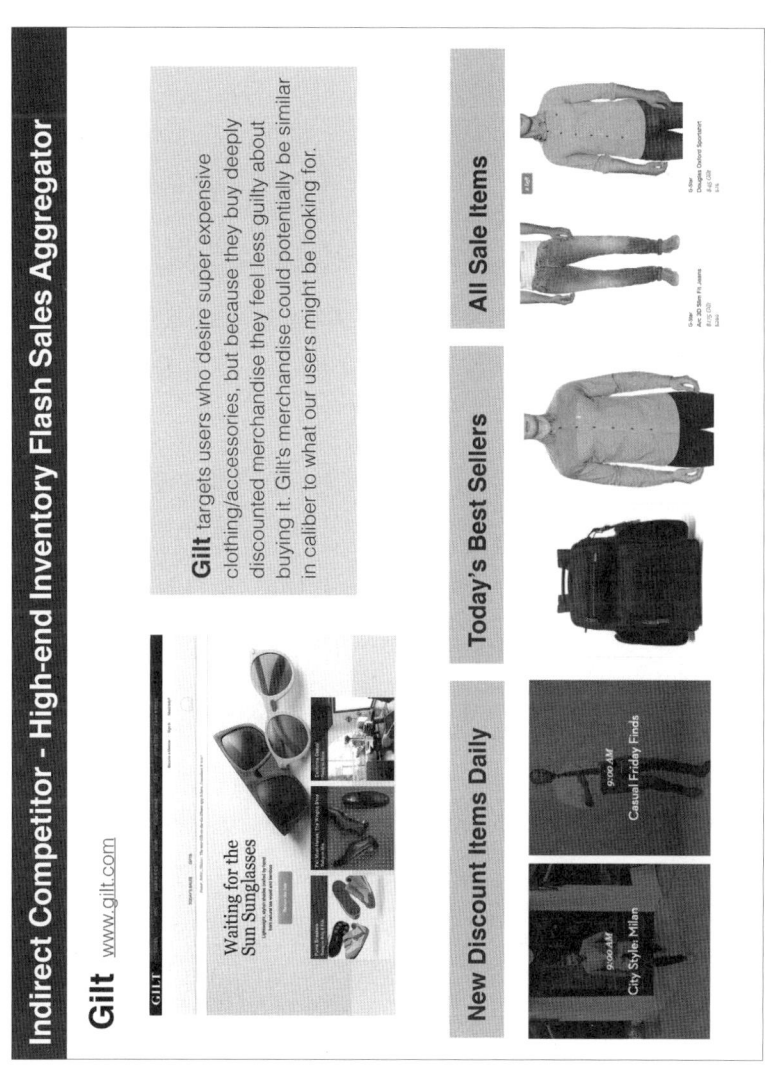

그림 5-12
간접적 경쟁자 슬라이드

아래의 분야에서 힌트를 찾아라.

- 현금화를 위한 수익 출처
- 내비게이션 체계 또는 결제 절차의 심성 모형
- 경험을 간소화시키는 기능
- 새롭고 흥미로운 효과와 애니메이션
- 개선된 소통과 콘텐츠 전략

당신의 팀이 구현하고자 하는 해법과 관련된 UX의 면면을 화살표로 표시한다. 왜 이들을 강조하는지 서술하고 이러한 통찰이 어떤 시장 기회를 제공하는지 설명한다. 이러한 시사점들이 보고서 말미에 제시하는 추천안과 연결되도록 잘 정리한다.

결과 보고서, 섹션 4: 업계 리더들의 멋진 기능 소개

이 섹션에는 당신의 경쟁자가 아니더라도 멋지거나 당신의 제품에 활용할 수 있는 UX 기능이나 특장점을 서술한다. 〈그림 5-13〉, 〈그림 5-14〉 참조 나는 이런 제품들을 '인플루언서influencers'라고 부르는데, 이들은 당신의 경쟁 환경 안에 있지는 않지만 당신 제품의 가치를 혁신하는 통찰력을 제공할 수 있기 때문이다. 인플루언서는 꼭 온라인 제품일 필요도 없다. 고객과의 상호작용, 거래, 또는 당신이 구현하고자 하는 어떤 기능을 가지고 있다면 인플루언서다.

인플루언서가 갖춘 아주 멋진 기능을 당신의 제품에 응용함으로써 차별화에 성공할 수도 있다. 에어비앤비가 옐프의 지도 기능을 활용한 것이 좋은 사례다. 옐프는 에어비앤비의 직접적, 간접적 경쟁자도 아니었지만 에어비앤비는 지도를 줌인, 줌아웃 함으로써 검색 결과를 세분화하는 기능을 그들의 부동산 대여 서비스에 적용할 수 있다는 것을 발견했다. 그리고 그 지도 기능은 이제 에어비앤비를 차별화하는 독특한 기능이 되었다!

당신이 시장 환경을 조사하고 분석하는 과정에서 이미 인플루언서들을 파악하거

그림 5-13
모바일 공간의 UX 인플루언서들

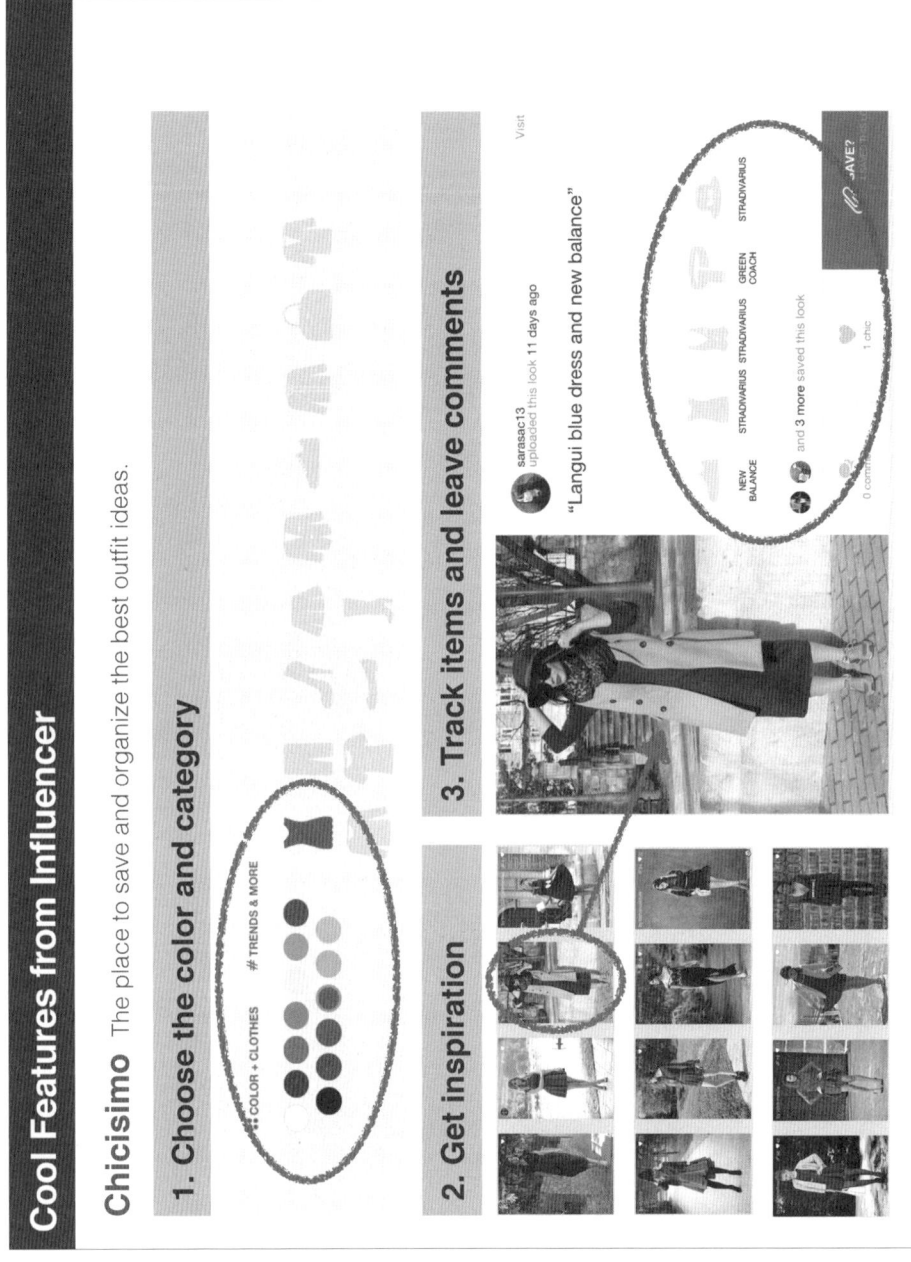

그림 5-14
UX 인플루언서 슬라이드

나 기억하고 있을 것이다. "내 제품이 좀 더 어떤 다른 제품과 같았다…" 하고 한숨을 쉬었을지도 모른다. 그 제품은 아마도 좋은 인플루언서일 것이다. 그리고 어떤 한 인플루언서가 당신이 가치 제안을 떠올리도록 영감을 주었을지도 모른다. 예를 들어 영화 제작자 폴은 아마존의 위시리스트 기능을 보고 자신의 쇼핑몰에 대한 영감을 얻었다. 아마존은 그의 직접적, 간접적 경쟁자도 아니겠지만 아마존의 UX는 분명 폴의 제품에 긍정적인 영향을 미치고 경쟁력을 갖추게 할 동력이 되었을 것이다. 그러므로 인플루언서 또한 앞에서 직접적, 간접적 경쟁사를 분석한 방식으로 이 섹션에 서술한다.

결과 보고서, 섹션 5: 결론 및 추천안

이것이 가장 중요한 섹션이다. 당신의 의견을 강하고 권위 있게 내세워야 한다. 이 결론을 요약한 글에서는 현재의 경쟁 환경이 어떤지 솔직하고 균형 잡힌 시각으로 보여주어야 한다.〈그림 5-15〉참고 그러나 당신의 의뢰인이 어떻게 해야 할지 모르는 상태로 내버려두면 안 된다. 의뢰인의 초기 비전이 무엇이었는지 생각하고, 시장이 블루이든 레드이든 퍼플이든 상관없이 그 비전의 어떤 부분이 구현 가능성이 있는지 생각한다.

당신의 분석이 가치 제안을 지지한다면, 당신의 추천안은 사용자 경험을 통해 시장의 기회와 틈을 활용할 수 있는 구체적인 방법으로 구성될 것이다. 당신의 추천안은 다음의 질문들에 답해줄 것이다.

- 브라우즈나 검색 버튼을 통해 현재 고객들이 힘들게 찾고 있는 어떤 기능을 개선할 수 있는가?6장 참조
- 제품 경험을 어떻게 더 개인적으로 만들 수 있는가?6, 8, 9장 참조
- 사용자 경험을 개선할 수 있도록 퍼널을 만들거나 최적화할 수 있는가?9장 참조
- 당신의 퍼널에 사람들이 모이도록 SNS를 활용할 방안이 있는가?9장 참조

분석 결과 가치 제안에 특정 리스크가 존재한다면, 추천안에 타깃 고객층 또는 그

들이 겪고 있는 문제를 다시 생각해봐야 한다는 의견을 담아야 한다. 당신의 팀 또는 관계자들에게 현재의 가치 제안 또는 비즈니스 모델의 다른 버전을 생각해보도록 제안할 수 있다. 그리하여 당신의 제안은 아래의 내용들을 언급할 수 있다.

- 이 가치 제안을 구현하는 일에 너무 큰 비용이 드는가? 아니면 최소 기능 제품으로 실험하여 리스크를 줄일 방안이 있는가?[7, 8장 참조]
- 이 가치 제안의 어떤 면을 해결할 수 있는 또 다른 관점의 해법을 떠올릴 수 있는가? 아니면 팀에게 고객층 또는 문제를 재설정할 것을 권유해야 하는가?[3, 8장 참조]
- 가치 제안에 가능성이 있는지 확신하기 위해 게릴라 사용자 조사[8장 참조]나 A/B 테스트[9장 참조] 같은 추가 조사가 필요한가?

당신의 제안이 긍정적이든 부정적이든, 당신에게는 조사 대상 제품의 실현 가능성 여부를 놓고 어느 한쪽을 선택해야만 한다. 영화 제작자 폴이 그랬듯이, 어떨 때는 당신의 추천안이 의뢰인이 듣고 싶어 하는 방향이 아닐 수도 있다. 그것이 현실이고 어쩔 수 없을 수도 있다. 하지만 당신이 조사를 수행하고 자료를 분석하는 이유는 제품의 실제 가능성을 알아보고 사람들이 본인의 시간과 에너지를 어떻게 쓸 것인지 자료에 기반하여 예측하기 위해서다. 의뢰인의 초기 비전에 걸림돌이 많을 수도 있다. 이 제품보다 더 나은 대안이 있음을 발견했을지도 모른다. 이러한 자료를 분석하여 탄탄한 증거와 함께 의견을 제시하는 것이 당신의 일이다.

당신은 경쟁 조사 결과 보고서의 말미에 도달했고, 당신의 제품이 어떠한 시장 환경에 맞서고 있는지 명확히 이해한다. 이제 당신은 교차로에 서 있다.

- 당신이 레드오션에 있다면 "나는 왜 포화 상태의 시장에서 제품을 만들려 하는가?" 스스로 질문할 필요가 있다. 책의 앞부분으로 돌아가 당신의 고객층, 문제, 또는 경쟁 환경을 재평가해야 할 수도 있다.
- 당신이 퍼플오션 또는 블루오션에 있다면 6장으로 넘어가자. 당신은 혁신적인

Competitor Analysis Brief - Summary

Direct Competitors
Trunk Club
Bombfell
JackThreads
Modasuite
Smithfield Case
CakeStyle
STYLEMINT

Indirect Competitors
SWAG Of The Month
Shopmox
Fab
Gilt

Influencers
Go Try It On
Inporia's Kaleidoscope
Chicisimo
Yardsale
Pose

CURRENT MARKETPLACE
Yikes, this looks like a shark-infested ocean of product offerings with similar value propositions to *Client Name* with respect to the target users (men) and their desire to avoid the shopping experience. We also saw plenty of sites and apps that allow users to get fashion advice and style profiles.

OPPORTUNITY
There might be an opportunity around a personalized iPhone app for identifying products (either by humans or by algorithms) and getting recommendations on where to quickly purchase that item online for the best deal. But the human endeavor would entail a large workforce of fashion-conscious identifiers and the assumption that random photos of items taken by our users can actually be "identified" most of the time.

RECOMMENDATION
Our advise is for *Client Name* to carefully read through the spreadsheet and Findings Brief. Then to personally test drive the most noteworthy competitors' services before moving forward with this business concept. As discussed, the concept seems potentially risky and costly to pursue. Now is the time to ascertain exactly who *is* the target customer segment and if they are truly being underserved in the current marketplace.

그림 5-15
요약 슬라이드 예시

제품을 만들어낼 가능성의 문턱 위에 있다! 이제 당신이 할 일은 이 기회를 어떻게 활용할지 생각하는 것이다.

자료 제출과 시사점

외뢰인이 스프레드시트에 대충 눈길만 주고 UX 전략가에게 소명을 다했다며 감사해하는 일이 생각보다 흔하다. 그러므로 스프레드시트는 미가공 데이터로서 의뢰인이 필요할 때 편한 시간에 열어볼 수 있도록 별도로 첨부한다. 나는 구글 스프레드시트의 엑셀 버전을 파일로 다운받는 것을 추천한다. 그렇게 하면 인터넷에 연결하지 않아도 의뢰인이 열어볼 수 있고 클라우드 버전의 링크를 보낼 필요 없이 필요한 사람과 전자문서를 직접 공유할 수 있기 때문이다. 만약 이 작업이 계속되고 협업으로 발전할 가능성이 있다면 클라우드 버전의 링크도 함께 첨부한다.

요약

경쟁력 분석을 철저하게 수행하려면 경쟁 환경에 대한 정보를 수집하기 위해 조직적인 노력을 기울여야 한다. 이 장에서 당신은 경쟁 분석을 통해 현재의 트렌드를 파악하고 무엇이 통하고 통하지 않는지 등을 통찰할 수 있다는 것을 배웠다. 모르는 것을 알게 되는 것은 당신의 팀이 실수를 반복하지 않게 도와주고 좋은 아이디어를 더욱 개선할 수 있도록 만든다. 좋은 분석은 또한 당신의 제품을 시장 환경에서 활용할 수 있는 틈과 기회를 노출시킨다.

6장에서는 여기서 배운 내용을 사용하여 UX와 비즈니스 모델에 특화시킨 차별화와 혁신을 통해 새로운 가치를 창출하는 법을 배울 것이다.

6장
스토리보드 작업을 통한 가치 혁신

"현존하는 수요 그 이상으로 뻗어나가는 것은 가치 혁신을 획득하는 데 핵심적인 요소다."

-김위찬과 르네 마보안, 《블루오션 전략》

만약 당신의 목표가 무언가를 발명하는 것이라면, 그 제품이 정말로 없어서는 안 되는 것이 되게끔 만들어주는 장점을 찾아야 한다. 이것은 당신이 공식적인 디자인 단계로 접어들기 이전에 엄청난 가치를 보여주는 UX의 순간을 어떻게 발생시킬 것인지를 이해해야 한다는 것을 의미한다. 이를 성취하기 위해서는 제2원리인 가치 혁신과 제3원리인 끝내주는 UX〈그림 6-1〉를 융합해야 한다.

만일 당신이 경험이 풍부한 디자인 전문가라면, 이번 장이 포토샵에서 디자인 작

그림 6-1
제2원리와 제4원리 : 가치 혁신과 끝내주는 UX

업을 하거나 끝내주게 보이는 제품을 만드는 것에 관한 내용이 아니라는 것을 유의해야 한다. 이번 장에서는 그 대신에 당신의 팀이 제품의 잠재적인 가치 혁신을 확인하고 극대화하는 데 초점을 맞추게 하는 디자인 도구를 다룬다. 또 제품의 궁극적인 가치 제안을 통해 당신의 사고를 촉진하는 방법을 다룬다.

모든 것은 시기 선택에 달려 있다

1990년에 나는 뉴욕대학교의 인터랙티브 텔레커뮤니케이션 프로그램Interactive Telecommunications Program에서 석사 학위 논문을 쓰기 위해 내 소프트웨어 디자인 역량과 실험 예술, 그리고 음악에 대한 애정을 융합시킨 인터랙티브 애니메이션을 고안했다. 800kb 용량의 플로피디스크에 담은 이 애니메이션은 기술과 예술을 융합시킨 작품이었다. 나는 이 전자적 경험을 하이퍼카드HyperCard : 1987년에 매킨토시용으로 개발한 것으로 문자 데이터를 비롯하여 그래픽, 음성 등의 데이터를 입력할 수 있는 멀티미디어 프로그램—옮긴이와 비디오웍스VideoWorks : 1980년대의 미디어 제작 및 편집 도구—옮긴이를 이용해 매킨토시에 적합하게 프로그래밍했다.

이 플로피디스크에는 인터랙티브 콘텐츠 목록이 실려 있었는데, 그 목록에는 시와 게임, 그리고 공장 소음을 배경음으로 한 고함 소리가 뒤섞인 애니메이션으로 연결되는 링크가 있었다. 수없이 많은 밤을 지새운 뒤, 나는 세계 최초로 애니메이션으로 된 전자 잡지를 만들겠다는 목표를 달성했다. 이 잡지는 잘 작동되었고, 연주되었으며, 플로피디스크 하나에 모두 담을 수 있었다! 그 잡지가 바로 〈사이버 래그Cyber Rag〉 1호로, 〈그림 6-2〉에서 그 모습을 살짝 엿볼 수 있다.

물론 시장에는 몇몇 경쟁자들이 있었다. 예를 들어, 시장에는 기술 중심적인 콘텐츠로 채워치고 애니메이션이 없는, 하이퍼카드로 만든 작품들도 있었다. 또한 덜 대중화된 코모도 아미가Commodore Amiga에서 작동되고 전자게시판Bulletin Board Service, BBS에서 내려받을 수 있는 인터랙티브 예술 디스크도 있었다. 하지만 〈사이버 래그〉와 같

그림 6-2
플로피디스크에 담긴 사이버 래그 1990 전자 잡지

은 디지털 제품은 없었다. 나는 맥Mac에 기반을 둔 플로피디스크에 디지털 콘텐츠를 집어넣음으로써 디지털 콘텐츠를 주류로 만들고 대중이 더 손쉽게 접근할 수 있게 하는 절호의 기회를 잡은 것이다.

그러나 플로피디스크에 담긴 완전히 독창적인 전자 잡지를 만드는 것과, 그것을 일반 대중에게 선보이고 일반 대중이 이 전자 잡지의 독창성을 인지하게 만들고 최종적으로 구매하게끔 만드는 것은 전혀 다른 일이었다. 3장에서 언급했듯이, 지금보다 어렸던 그 당시의 나는 고객들이 누군지 알아내야만 했다. 나는 내 고객들이 BBS에서 무료로 전자 잡지를 내려받을 가능성이 있는 1990년대의 컴퓨터 마니아들이 아니라는 사실을 알게 되었다. 심지어 나는 모뎀을 보유하고 있지도 않았다. 바로 그때 나는 〈사이버 래그〉 1호를 새로운 전자출판 매체로 바라보기만 해서는 안 된다는 것을 알아차렸다. 이 전자 잡지는 팬 매거진을 직접 만들어서 자체 출판하는 X세대의 DIY do-it-yourself 태도와도 일맥상통하는 면이 있었다. 단지 X세대가 똑같은 작업을 아직 전자 잡지의 형태로 하지 않은 것뿐이었다. 이것은 내가 물리적인 제품을 만드는 것뿐만 아니라, 제품 포장, 마케팅, 그리고 유통까지 담당해야 한다는 것을 의미했다.

20대였을 때 나는 토요일마다 거의 빼먹지 않고 〈사이버 래그〉 사본을 수백 장의 플로피디스크에 저장하는 작업을 했다. 라벨을 붙이고, 포장지를 출력하고, 포장하고, 그리고 나선 제품을 서점 주인들에게 전달하기 위해 뉴욕시와 로스앤젤레스에 있는 독립 서점들에 들어가곤 했다. 독립 서점 주인들은 일반적으로 그 시절에 내가 선보인 가치 제안을 이해하지 못했기에 혼란스러워했다. 일부 서점 주인들은 제품을 선보이기 위해 필요한 매킨토시조차 보유하고 있지 않았다. 그들은 플로피디스크가 비어 있지 않거나, 내용물이 망가지지 않았거나, 자극적인 포르노로 차 있지 않다는 것을 확인할 방법이 없었다. 그러한 경험을 하면서 나는 먼저 제품을 보여줘서 익숙하지 않은 출판 매체를 판매해야 하는 가게 주인의 두려움을 완화시키는 것이 가장 좋은 전술이라는 것을 배웠다.

플로피디스크들은 정말 잘 팔려나갔다. 고객들은 플로피디스크가 무엇인지 궁금해했고, 컴퓨터 스크린으로 볼 수 있는 최초의 전자 잡지를 경험하기 위해 기꺼이 6달러를 지불했다. 일반적으로, 서점들은 최초로 제품을 전달하고 나서 몇 개월 안에 다시 전화를 걸어 더 많은 제품을 요청하곤 했다. 언론에서 유명세를 타기 시작할 때쯤, 나는 수천 장의 플로피디스크〈사이버래그〉 1호, 2호, 3호, 그리고 〈일렉트로닉 할리우드〉 I과 II를 판매하기 시작했다. 이 플로피디스크들은 독립 서점과 미술관에서 판매되었고, 우편 주문으로도 판매되었다. 당시 나는 플로피디스크를 출판해내는 것 외에는 다른 사업 모델을 보유하고 있지 않았다. '무언가'가 일어나기 전까지는 말이다.

마침내 '무언가'가 일어났다. 2년 뒤에, 나는 식자공 일을 마치고 집으로 돌아와서는 자동응답기에 녹음된 메시지를 들었다.

"제이미 씨, 안녕하세요! EMI 레코드에서 근무하는 헨리라고 합니다. 당신의 플로피디스크 잡지 중 하나를 막 구매한 빌리 아이돌을 대신해서 전화드립니다. 빌리 씨는 당신이 그의 새로운 프로젝트에 참여하는 데 관심이 있는지를 알아보고 싶어 하십니다. 미팅 약속을 잡고 싶은데, 당신네 사람이 우리 쪽 사람한테 연락을 주실 수 있으신가요? 감사합니다."

나는 들떴지만 동시에 혼란스러웠다. 대체 "당신네 사람"이란 누구를 의미한 것일까? 어머니께 부탁해서 빌리에게 전화를 해달라고 해야 했던 것일까?

어머니는 전화를 하지 않았다. 내가 했다. 그리고 나는 일자리를 얻었다.

1993년에, EMI는 특별판 디지팩digipak으로 플로피디스크에 담은 빌리 아이돌의 신상 CD 앨범 〈사이버펑크〉를 출시했다.

〈사이버펑크〉 앨범은 인터랙티브한 홍보 자료interactive press kit, IPK가 실린 최초의

그림 6-3
플로피디스크가 함께 수록된 빌리 아이돌의 앨범 〈사이버펑크〉

상업 앨범이었다. 플로피디스크는 내가 제작한 소프트웨어의 사용자 맞춤형 버전(매크로미디어 디렉터Macromedia Director에서 '다른 이름으로 저장하기'를 한 것)으로, 내 혁신의 수준을 한 단계 높여주었다. 나는 흥분했고 이 모험이 내 경력에 도움이 될 것이라고 생각했다. 이제 나는 인터페이스 디자이너와 전자출판인으로서 나 자신을 금전적으로 부양할 수 있을 것이었다. 곧 데이비드 보위David Bowie에서 마이클 잭슨Michael Jackson에 이르는 모든 사람들이 추후 출시할 앨범에 수록할 커스텀 디스크 잡지를 주문하기 위해 내게 전화를 할 것이었다. 내가 만든 제품을 사용한 얼리 어댑터early adopter뿐만 아니라 전 세계가 이 새로운 전자출판 매체가 얼마나 멋진지 '이해'할 것이었다. 정말이지 장밋빛 미래가 펼쳐져 있는 듯했다.

불행히도, 바로 이때 우여곡절을 겪게 되었다. 물론, 성공적으로 새로운 디지털 매체를 개발해냈고, 잠재력이 큰 시장을 발견했으며, 이 새로운 디지털 매체를 끔찍이도 좋아하는 두 사용자 그룹(인디 서점 고객과 록 가수)을 상대로 꽤 판매량을 올렸다. 하지만 빌리는 예전만큼 잘나가는 유명 연예인이 아니었다. 비평가들은 그를 힐난했고, 일부는 사이버 문화에 편승한 허세 가득한 앨범이라고 비난했다. 빌리의 신곡들은 MTV나 라디오에서 거의 주목을 받지 못했고, 실패작이 되어버렸다. 패키지 디자인과 관련해서도 큰 문제가 있었다. 디지팩은 부피가 커서 일반 CD의 세 배에 이르는 공간을 차지했다. 이것은 음반 가게들이 재고로 쌓아두기 어렵게 만드는 원인이 되었다. 빌리의 〈사이버펑크〉 앨범은 말 그대로 제대로 된 제품이 아니었고, 시장에 맞지도 않았다.

나는 IPK나 커스텀 플로피디스크를 만드는 작업에 다시는 기용되지 않았다. 하지만 이 일 덕분에 몇 가지 가치 있는 교훈을 얻었다.

교훈

- 시기 선택이 전부다. 당신이 시장을 뒤흔들 만한 혁신적인 제품을 가지고 시장에 최초

로 진입하더라도, 성공한다는 보장은 없다. 전자출판의 경우, 디지털 미디어는 정말로 디지털로 유통해야 한다. 하지만 1993년에, 디지털 유통은 불가능했다. 인터넷을 위한 최초의 웹 브라우저는 여전히 개발 중이었다.

- 맥락이 핵심이다. 내가 만든 플로피디스크 잡지는 '강렬했다'. 이는 단지 신기술 때문에 그런 것은 아니다. 반反실리콘밸리에 관한 이야기들과 값비싼 기술박람회에 몰래 들어가는 팁 등을 선보인 잡지의 내용이 바로 가치 혁신과 맥이 닿았기 때문이다. 이에 반해, 빌리의 앨범 마케팅 내용은 전략적인 술책으로 받아들여졌다.
- 성공적인 디지털 제품을 만들려면 수많은 측면이 뒷받침해줘야 한다. 디지털 제품을 개발하는 것은 작은 요소에 불과하다. 그뿐만 아니라 지속적인 채택, 확장성, 광범위한 유통, 매출원, 그리고 당신 자신보다 더 큰 팀이 필요하다. 기본적으로, 혁신적인 비즈니스 모델이 필요하다.

가치 혁신을 발견하기 위한 기법

경쟁자 조사를 하면 당신이 가치 제안을 하는 시장에 어떠한 디지털 제품과 서비스가 존재하는지를 통찰할 수 있다는 것을 배웠다. 하지만 경쟁자 조사는 당신의 팀이 다른 제품을 똑같이 베끼거나 부분적으로 제품을 향상시키는 것을 돕기 위해서 하는 것이 아니다. 그 대신에, 당신은 더 나은 발명품을 통해 새로운 가치를 만들 수 있어야 한다.

지속적이고 시장성 있는 제품을 보유하기 위해 UX 전략은 당신이 사업 목표와 사용자 가치 사이에서 균형을 잡도록 요구한다. 설령 당신이 세계 최초의 전자 잡지이나 세계 최초의 웹사이트를 만드는 것은 아니라 하더라도, 당신의 제품은 새롭고 독특한 방식으로 고객들을 끌어들일 무언가가 있어야 한다. 당신의 제품이 무료로 제공되는 디지털 제품이라면 이 점은 특히나 중요하다. 당신의 미래 고객들은 다른 제품이 아닌 당신이 제안하는 솔루션을 다음과 같은 이유로 선택하기를 원해야 한다.

① 이미 존재하는 제품보다 훨씬 더 효율적이다. ② 미처 인지하지 못한 문제점을

해결한다. ③ 과거엔 존재하지 않았던 부인할 수 없는 욕구를 만들어낸다. 기본적으로, 당신은 가치 혁신을 통해 경쟁이 없는 블루오션 시장의 이점을 누림으로써 가치를 향상시키는 것이다.

당신의 가치 제안 내에 존재하는 가치 혁신은 그 자신을 독특한 기능의 집합으로 나타낸다. 기능은 사용자에게 유용함을 전달하는 제품 특성을 의미한다. 대체로 기능이 적을수록 더 많은 가치를 제공한다. 다음 내용은 내가 디지털 영역에서 관측한 네 가지 핵심 기능 집합들의 "비밀 요소" 가치 혁신 패턴을 나타낸다.

- 본 제품은 경쟁자와 관련 있는 UX 인플루언서의 특성을 혼합한 기능을 제공한다. 이 혼종은 과제를 해결하는 더 나은 대안을 제공한다. 미트업＋결제 시스템＝이벤트브라이트
- 본 제품은 현존하는 더 큰 플랫폼의 가치 제안에서 혁신적인 일부분을 떼어내어 제공하거나, 살짝 변형하여 제공한다. 구글 맵스＋크라우드소싱＝웨이즈
- 본 제품은 본디 서로 다른 사용자 경험을 간편하고 핵심적인 솔루션 하나로 합친다. 사용자의 모든 요구를 한곳에서 충족시키는 상점이 된다. 모바일 영상과 사진을 찍고 공유하는 방식을 단순화한 바인 또는 인스타그램
- 본 제품은 과거엔 가능하지 않았던 거래를 성사시키기 위해 각기 다른 두 사용자층을 한자리에 모은다. 이를 통해 위에서 언급한 사용자들의 세계에 혁신을 불러일으킨다. 거주지를 빌려주는 사람들＋여행객들＝에어비앤비

보다시피, 이 패턴들은 현존하는 제품들을 모방해서 제품을 만드는 것에 대한 것이 아니다. 당신은 현존하는 제품을 바탕으로 그 역량을 한 단계 더 끌어올려야 한다. 엄청난 아이디어들은 예상치 못한 장소에서 발견되기를 기다리고만 있다. 당신은 그저 먹잇감을 노리는 사냥개처럼 웹을 뒤지기만 하면 된다.

이 장의 나머지 부분에서는 위에서 언급한 네 가지 패턴을 통해 가치를 혁신하기 위해 새로운 기회를 발견하는 밀렵 기법을 살펴볼 것이다. 밀렵은 일반적으로 야생동

물을 불법적으로 사냥하고, 죽이며, 포획하는 것으로 정의된다. 그러나 경쟁자의 특성과 상호작용 패턴을 참조하는 것은 불법이 아니다. 그것은 일반적인 문제를 해결하기 위한 일반적인 접근법이다. 당신은 이러한 핵심들을 수많은 각기 다른 장소에서 가져와 가치 혁신을 이루기 위해 새로운 맥락에 합칠 것이다. 이러한 방식으로 당신이 경쟁에서 승리할 수 있는 것은 아니지만, 경쟁자들을 완전히 무의미하게 만들 수 있다.

당신이 곧 배우게 될 네 가지 기법은 다음과 같다.

- 핵심 경험 식별하기
- UX 인플루언서 활용하기
- 기능 비교하기
- 가치 혁신 스토리보드 작업하기

주의할 것은, 이 기법들은 당신과 당신 팀의 의식을 고양하기 위한 것이라는 점이다. 이 기법들은 고객에게 구사할 만한 것이 아니다.

핵심 경험 식별하기

일반적으로 '핵심'이라는 단어가 다른 단어 앞에 나오면, 그건 바로 뒤에 나오는 단어가 매우 중요하다는 것을 의미한다. '핵심 레버리지 포인트', '핵심 성과 지표^{KPIs}' 그리고 '핵심 주주'와 같이 수많은 경영 용어에서 핵심이라는 단어가 사용된다. 내가 '핵심 경험'이라는 용어를 처음 본 것은 오랫동안 UX의 대가였던 레인 헬리와 함께 공동으로 학습을 담당했던 린 UX 워크숍에서였다〈그림 6-4〉를 보라.

강의에서, 레인은 "최소 기능 제품^{MVP}은 당신의 핵심 가치를 입증할 만큼의 제품일 뿐이다$^{가치 제안}$"라고 적힌 슬라이드를 보여주었다. 레인이 추후에 자신이 이 용어를 만든 것은 아니라고 말하기는 했지만, 나는 그녀의 정의를 복음처럼 받아들였고 즉각적으로 내 기법에 융합시켰다.

그림 6-4
2013년 로스엔젤레스에서의 린 UX 발표에 쓴 핵심 경험 슬라이드

　핵심 경험이란 당신이 목표하는 바를 위해 당신의 가치 혁신을 정의 내리는 기능 집합이다. 당신의 제품이 경쟁 우위를 가질 수 있도록 하기 위해서 반드시 존재해야 하는 것이다. 핵심 경험은 당신의 제품을 다른 제품들과 차별화해줄 경험을 정의 내린다. 핵심 경험은 기능의 이국적인 치환일 수도 있고, 하나의 중요한 기능일 수도 있다. 앞에서 제시한 패턴에서 묘사한 것과 같이 말이다. 예를 들어, 댄 새퍼Dan Saffer는 저서 《마이크로인터랙션Microinteractions》에서 "트위터가 어떻게 140자짜리 메시지를 보내는 단일 인터랙션으로 구성되어 있는지" 묘사하고 있다. 2장에서 논한 바와 같이, 트위터는 사람들이 세상에서 소통하는 방식에 혁신을 불러일으켰다.

　당신의 아이디어의 핵심이 핵심 경험에 다다르게 하기 위해, 다음 질문들을 자기 자신에게 던져보라.

- 무엇이 임시 페르소나가정한 고객들가 이 제품을 좋아하게끔 만들겠는가?
- 사용자 여정의 어떤 순간이나 부분이 이 제품을 독창적으로 만들겠는가?

- 경쟁자 조사와 분석을 바탕으로 했을 때, 어떤 시나리오나 기능이 모자란 부분을 해결할 것인가?
- 당신의 잠재 고객들이 현재 자신들의 목표를 달성하기 위해 어떠한 종류의 해결책을 시행하고 있는가?

당신이 자신에게 던지는 질문들은 결국 끝내주는 UX 디자인을 통해 전달할 핵심 경험으로 당신을 이끌 수도 있다.

그러나 당신의 핵심 경험을 기능과 혼동하지 않도록 주의하기 바란다. 4장에서 이야기했고, 〈그림 6-5〉에 나와 있는 것처럼, 내 학생인 에나는 에어비앤비 웨딩 서비스 Airbnb for Weddings를 위한 핵심 경험을 정의 내리는 첫 단계를 밟을 때 핵심 경험을 기능과 혼동을 했다.

핵심 경험(첫 번째 버전)

- 가격과 하객 수를 고려하여 공간을 검색한다.
- 그 공간들에서 결혼식을 했던 신부들의 리뷰를 읽는다.
- 업데이트된 가격, 이용 가능한 패키지, 사진 촬영 서비스 등을 찾는다.
- 실행 가능한 날짜가 표시된 달력과 예약된 웨딩 날짜를 본다.
- 앱을 통해 응답률과 연락처를 본다.
- 고객 서비스, 응답률, 그리고 전체 공간을 검토한다.

그림 6-5
에어비앤비 웨딩 서비스를 위한 에나의 부정확한 핵심 경험(나는 그녀에게 다시 할 것을 요청했다.)

에나는 여섯 가지의 복잡한 핵심 경험을 밝혀냈다. 하지만 '핵심'이라는 단어가 '가장 중요하다'는 것을 의미한다면, 어떻게 그것이 여섯 가지나 될 수 있겠는가? 그래서 그녀는 정말로 중요한 기능을 목록으로 만들었다. 주요 기능을 정리한 그녀의 1.0 버전에선, 이러한 기능을 모두 포함시키는 것이 좋을 것이다. 예비 신부들은 이 사이트를 통해 모든 일을 처리하고 싶어 할 것이기 때문이다. 하지만 핵심 경험을 식별하는 목적은 최소한으로 간추리는 데 있다. 어떠한 기능 집합이 가치 제안에서 가장 핵심적인 부분일까? 만일 당신이 다시금 트위터를 돌아본다면, 트위터 플랫폼의 일부 기능들다이렉트 메시지, 뉴스피드, 그리고 리트위트에 눈길이 갈지도 모른다. 그렇지만 핵심 경험은 여전히 '140자'에 있다. 이를 만들어내는 기능 집합은 오로지 140자만을 허용하는 텍스트 필드다. 이것이야말로 트위터를 정의 내리고 다른 제품들과 차별화해주는 것이다.

그래서 나는 에나에게 다음 단계로 넘어가라고 말했다. 경쟁 분석에서 무엇을 배웠는지 깊이 생각해보라고 말했다. 또한 곰곰이 생각할 몇 가지 특정한 질문들도 전해주었다.

- 다른 경쟁 제품을 통해서는 할 수 없으며 당신의 제품을 가지고서 할 수 있는 가장 중요한 것은 무엇인가? 예시를 들어보라.
- 다른 경쟁 제품들로는 해결할 수 없으며 당신이 지금 해결하기 위해 노력하고 있는 문제점은 무엇인가?
- 당신의 해결책을 컴퓨터나 스마트폰의 화면으로 접했을 때, 그것이 고객들에게 어떻게 보이겠는가? 대화형 인터페이스인가? 아니면 그냥 결과물만 보여주는가? 사용자들이 어떤 효용을 느낄지 표현하라.
- 마지막으로, 이 화면을 본 후에 고객들이 무엇을 하겠는가? 가치 제안을 알아차릴 수 있을까? 다시금, 사용자들이 볼 효용을 시나리오로 표현하라.

이 질문들에 기반하여, 에나는 〈그림 6-6〉에 나타난 대로, 조금 더 나은 결과물을 도출했다.

> **핵심 경험(두 번째 버전)**
>
> - 비용이 합리적이면서도 놀라운 웨딩 공간을 보여주는 옵션들에 대한 결과 집합
> - 음식, 플라워, 그리고 발렛파킹 등의 서비스 회사들을 간추린 리스트를 포함한 웨딩 패키지에 관한 턴 키(turn key, 일괄 수주 계약) 방식의 옵션

그림 6-6
에어비앤비 웨딩 서비스에 대하여 에나가 두 번째로 시도해 도출한 핵심 경험(나는 이것을 승인했다.)

그렇다. 수많은 기능이 에나의 두 번째 버전에서 제외되었다. UX 전략을 수행할 때는 다루어야 할 전장을 주의 깊게 선택해야 한다. 당신은 팀과 재원을 제품의 핵심적인 효용에 집중하고 싶을 것이다. 이 경우에, 에나는 모체 플랫폼인 에어비앤비에서 그녀의 에어비앤비 웨딩 서비스를 분리시키는 경험에 초점을 맞추어야 했다. 차별화야말로 핵심 경험이 표현해야 할 것이기 때문이다.

비타와 에나두 사람은 에어비앤비 웨딩 서비스 실습을 진행하며 한 팀이 되었다는 자신들이 더 나은 핵심 경험을 제시할 수 있다는 사실을 깨달았다. 고객 발견 단계에서, 비타와 에나는 고객들이 가장 골치 아파하는 핵심 문제는 모든 판매자들을 체계적으로 정리하는 것이라는 사실을 알게 되었다. 결혼식은 일생에 한 번뿐인 이벤트이기에, 신부가 될 사람은 매우 많은 사항을 짧은 기간에 학습해야 한다. 단 한 번 치를 일을 위해 예식장을 예약하고, 메뉴를 기획하고, 꽃을 주문하고, 방문객을 위해 주차 공간을 배치하는 것을 배우느라 엄청난 시간과 힘을 들인다. 비타와 에나는 기획 과정을 어떻게든 패키지화하면 사용자들을 위한 핵심 경험으로 만들 수 있지 않을까 생각해보기 시작했다. 그리고 그들은 UX 인플루언서를 활용함으로써 그들의 해결책을 도출해냈다.

UX 인플루언서 활용하기

5장에서, 당신은 UX 인플루언서에 대해 배웠다. 이들은 당신의 직접적인 경쟁자도 간접적인 경쟁자도 아니다; 그들의 가치 제안은 당신과 아무런 관련이 없다. 그렇지만 그들의 사용자 경험과 기능은 당신 제품의 가치를 혁신하는 데 영감을 제공할 수 있다. 기존 틀에서 벗어나 생각하는 것이 핵심이다. 가치 혁신 패턴 중 하나가 서로 전혀 다른 기능을 혼합시키고 조화시키는 것임을 기억하는가? 바로 그게 여기서 일어나는 일이다. 서로 맞지 않은 부분을 합침으로써, 엄청난 와해를 불러일으키곤 한다. 경쟁 관계에 있지 않은 제품 혹은 서비스도 당신에게 도움을 줄 수 있다는 사실을 믿기만 하면 된다.

예를 들어, 비타와 에나는 다이렉TV^{DIRECTV}와 다이렉TV가 사용자들에게 제공한 유료 번들에서 영감을 얻었다. 다이렉TV는 에어비앤비 웨딩 서비스의 가치 제안과 아무런 연관이 없었지만, TV 번들 관련 UX는 매우 세심히 계획한 것이었다. 다이렉TV는 자체 UX를 매우 진지하게 받아들인 것이 분명해 보였고, 비타와 에나는 이 유형의 UX가 자신들이 핵심 경험을 찾는 데 큰 도움이 될 것이라고 여겼다.

우선, 다이렉TV가 TV 패키지를 어떻게 선보였는지 보기 위해 직접 거기에 방문해보자. 〈그림 6-7〉을 한번 보라. 내부 품목을 한데 묶고 사람들이 자신만의 TV 패키지를 자기 취향대로 맞출 수 있도록 한 몇 가지 흥미로운 아이디어들이 보인다. 잠재력이 있는 새로운 비즈니스 모델을 살짝 엿볼 수도 있다. 자세히 살펴보기 바란다힌트 : 턴키 솔루션의 콘셉트다.

다이렉TV를 방문하는 사람이 가장 먼저 하는 일은 우편번호를 입력하는 것이다. 그 결과물로 많은 패키지와 마주하게 된다. 엄청 많지는 않지만, 사용자가 선택 작업을 하기에는 딱 적당한 양이다. 다이렉TV 덕분에 비타와 에나는 자신들의 핵심 경험을 어떻게 선보여야 할지 실마리를 얻을 수 있었다. 그 실마리란, 신부가 될 사람에게 다섯 패키지 이상을 선보이지 말라는 것이었다.

각 패키지의 디자인과 레이아웃은 똑같지만, 배경 색상은 다르다. 이것을 보며 비

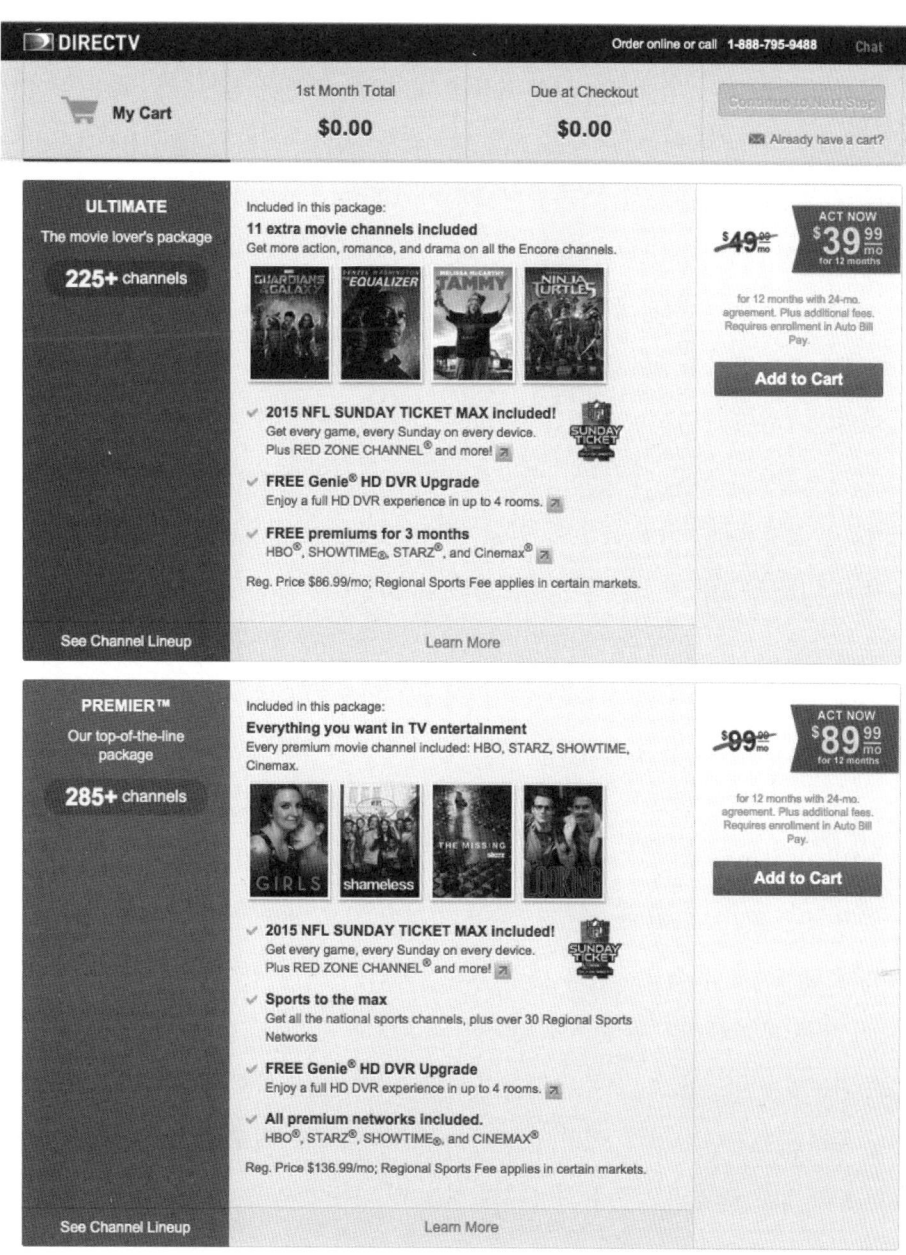

그림 6-7
다이렉TV 패키지(훌륭한 정보 디자인의 예시)

타와 에나는 두 번째 실마리를 얻었다. 명백히 차별화된 웨딩 패키지를 선보이라는 것이었다. 아마 그들은 각기 다른 배경 색상을 사용했을 것이다. 하지만 더 좋은 아이디어는, 패키지 간의 차별화된 부분을 보여주는 쉽게 알아볼 수 있는 이미지나 아이콘을 사용하는 것이다. 예를 들어, 고급 웨딩 패키지는 후면 유리창에 "우리 방금 결혼했어요"라고 적힌 리무진을 보여줄 수도 있으며, 그에 반해 저렴한 패키지는 일반 소형 승용차를 보여줄 수도 있다. 세 번째와 네 번째 실마리는 비타와 에나가 다이렉TV가 패키지를 진열한 방식을 알아차렸을 때 다가왔다. 화면을 아래로 내리자 더 많은 혜택들이 나열되어 있고 배나 되는 공간을 차지하는 더 비싼 패키지들이 나왔다.

세부 사항들을 보고, 이 세부 사항들을 어떻게 당신의 제품에 사용할 수 있을지 고민해보면 실마리를 포착할 수 있다. 이상적으로는, 당신은 콘셉트보다 더 나은 결과물을 내고, 이를 당신의 제품 디자인을 한 단계 더 상승시키는 데 사용할 수 있다. 하지만 지금 당장은 아무것도 디자인할 필요가 없다. 지금은 가장 좋은 아이디어를 끄집어내는 것을 목표로 삼는다. 가장 좋은 아이디어들을 얻은 다음엔, 가치 혁신을 보여주기 위해 스토리보드로 만들 것이다.

기능 비교하기

모형과 스토리보드를 만드는 작업을 시작하기 전에, 먼저 참고할 만한 사례를 하나 이상 찾아보자. 유사한 사용자 기능이 있는 여러셋에서 다섯 사례를 연구하고 확인하여, 이 모든 참고 사례를 한 문서에 넣어라. 이 방법을 통해, 단일 UX 문제에 대한 다양한 접근법을 비교할 수 있다. 비교를 통해 발견한 내용은 쓸모가 없을 수도 있고 영감을 불러일으킬 수도 있다. 여전히, 당신은 새로운 모델을 찾고 있고, 사용자 목표를 둘러보고, 찾고, 걸러내고, 공유하며, 도달하는 더 나은 방법을 생각해내기 위해 익숙한 것 너머로 생각하기를 원한다.

해체된 접근법은 기능 비교feature comparison라고 불린다. 당신은 이 접근법이 모순된다고 생각할 수도 있다. 특히나 5장에서 내가 비대한 기능 요구 사항 목록을 만드는 것을 개탄한 블랭크의 생각에 동의했던 것을 기억한다면 더욱 그럴 것이다. 그렇기는 하지만, 당신이 고객에게 보여주려는 것이 아니라 발견을 위해 도구를 사용하는 것이기에, 기능 비교는 가치 혁신을 위한 기회를 포착하는 데 매우 유용할 수 있다. 기능 비교는 문제 해결 방안들을 우리 앞에 명확하게 제시해준다. 그중에서 당신은 새로운 인터랙션 패턴을 구성하기 위해 가장 좋은 해결방안과 요소를 선택할 수 있다. 당신은 그러한 요소들을 참조하고 그것들을 우수한 UX로 융합하는 데 필요한 것이라면 무엇이든 해야 한다.

기능 비교는 당신을 더 깊이 있는 연구로 인도할 수 있다. 경쟁자 조사를 수행했을 때, 당신은 〈그림 6-8〉에 나와 있는 것처럼 직접 경쟁자와 간접 경쟁자의 가장 흥미로운 기능들을 적은 짧은 목록을 만들었다. 영감을 얻기 위해 이 목록을 보며 작업을 하는 것도 괜찮다.

개인화 기능	커뮤니티/UGC 기능
선호 공간 저장, 웨딩을 위해 원하는 기준(장식, 식음료 등) 기반의 가능한 옵션 선택, 선택된 공간에 대한 견적 비용을 확인해야 한다. 3개의 공간들의 비용을 비교한다.	집주인과 게스트 사이의 상호 리뷰, 각 블로그 포스트에 대한 코멘트 추가, 리뷰 설정, 이벤트 만들기, 리스트 만들기
회원가입은 공간을 찾는 사용자들이 공간과 서비스 제공사를 즐겨찾기 할 수 있게 해준다. 서비스 제공사들은 프로필 지원과 성과에 대한 통계를 위해 웹사이트와 이메일 주소에 링크를 넣을 수 있고, 관리자 페이지에 실시간 접속도 가능하다. 검색 결과 페이지에 특징 리스트가 나온다. 하나 이상의 카테고리에 따라 서비스를 나열할 수 있으며 검색 범위를 확장할 수 있다.	유튜브 비디오; 동영상 시연을 통해 서비스를 보여주기; 많은 링크드인 글

그림 6-8
경쟁자 조사를 통해 배운 기능들

정답은 당신의 눈앞에 있을 수도 있다. 혹은, 당신의 가치 혁신을 발견하기 위해 한 걸음 더 나아가야 할 수도 있다. 당신의 경쟁자의 웹사이트로 돌아가 기능을 보여주는 화면을 스크린샷으로 찍거나 실제로 조사를 해야 할 수도 있다.

수년 전, 한 다국적기업이 아이폰용 전자책 리더의 UX를 디자인하기 위해 나를 고용했다. 이미 시장에는 전자책 리더스탄자Stanza, 이리더eReader, 킨들Kindle, 눅Nook 등이 여럿 있었기에, 나는 경쟁자 조사와 분석을 수행했다. 그 전자책 리더들을 다운로드하고, 자료를 캡처했다. 수많은 기능과 경험을 보여주는 스크린샷을 캡처했다. 예를 들어, 책을 찾기 위해 전자책 리더를 훑는 방법, 로딩 스크린의 UI, 목차를 읽는 방법, 그리고 강조 처리와 주석 처리 방법을 보여주는 화면을 캡처했다. 기본적으로, 내가 디자인해야 하는 핵심 경험을 다루는 기능들을 기록했다. 그리고 나서 스크린샷을 전부 아이포토iPhoto로 내보냈고, 서로에 대한 관계에 기초하여 정리했다. 마지막 단계로, 나란히 늘여놓고 시각적으로 비교할 수 있도록 어도비 인디자인Adobe InDesign에 있는 커다란 캔버스에 이들을 진열했다. 이 비교를 바탕으로 아이디어가 떠오를 때 메모를 하곤 했다. 〈그림 6-9〉는 이 문서의 샘플을 보여준다.

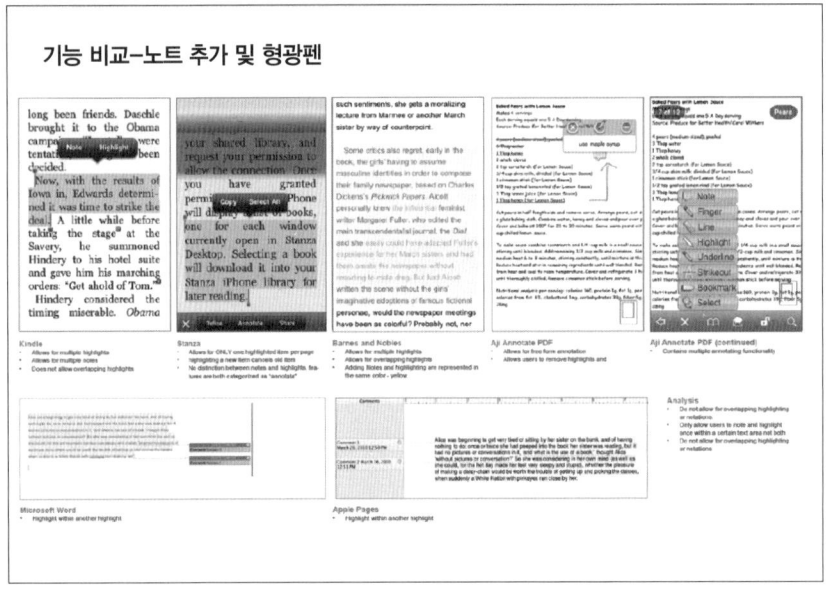

그림 6-9
노트 또는 형광펜에 관한 전자책 리더의 기능 비교

이러한 과정을 진행하는 데 네 시간이 넘게 걸렸다. 의뢰인은 내게 이러한 과정을 수행하라고 요청하지도 않았으며 돈을 지불하지도 않았다. 그렇지만 이러한 작업을 한 덕분에 나는 경쟁자들이 공식적인 혹은 새로운 디자인 패턴을 가지고 과제를 성취하기 위해 만든 가장 좋은 실례들, 변변찮은 실례들, 그리고 정말로 흥미로운 접근법들을 관찰하고 정량화할 수 있었다. 또한 디자인에 소요되는 시간을 절약할 수 있었다. 백지 상태에서 디자인 작업을 시작한 것이 아니라서 쓸데없이 시간 낭비를 하지 않아도 되었기 때문이다. 다른 유용성에는 다음과 같은 것들이 있다.

- 일반 사용자가 애플리케이션으로 유입되는 흐름을 보면서 신속하게 애플리케이션이나 사이트 맵을 만들 수 있다.
- 사용자들이 목표를 달성하는 것을 돕는 패턴과 일반적인 방법을 인지할 수 있다. 다시 말해, 다른 애플리케이션을 이용하는 사용자들을 끌어오고 싶다면, 미리 사용자 기대user expectations를 결정할 수 있다.
- 내 경쟁자가 이미 무엇을 잘하고 있는지를 알기 때문에 완전히 새로운 것을 만드는 일과 UI를 더 복잡하게 만드는 일을 피할 수 있다.
- 실증적인 증거도 없으면서 막연히 내가 하는 일을 가장 잘 수행하는 방법을 안다고 생각하는 정신 나간 주주나 윗선의 의견을 다룰 수 있다. 잘 수행한 연구를 통해 얻은 증거 덕분에 나는 대부분의 경우에 내가 최선이라고 생각하는 방식으로 UX 디자인을 이끌 수 있었다.

경쟁자들과 UX 인플루언서들의 기능 비교를 통해, 당신은 시각디자인에서 인터랙션 디자인, 기능 집합, 그리고 콘텐츠가 표시되는 방식에 이르기까지 모든 것들을 비교할 수 있다. 목표는 〈그림 6-10〉의 타조와 같이 자신이 처한 경쟁적 환경에 대해 하나도 모르는 상황을 피하는 것이다. 종종 당신은 경쟁자의 매장에서 아이폰이나 안드로이드폰으로 스크린샷을 캡처해야 할 수도 있고, 돈10~30달러을 내고 애플리케이션을 구매해야 할 수도 있다. 의뢰인에게 비용을 부과하거나, 직접 돈을 지불한 다음 나중에 의뢰인에게 비용을 청구하라. 궁극적으로, 기능 비교는 당신과 의뢰인의 시간과 돈을 절약시켜 줄 것이다. 특히, 4장과 5장에서 배운 심화 과정을 수행한 이후에 이 비교는 당신의 시각을 열어줄 것이다.

개인적 와해

안전지대 밖으로 나와 새로운 경험에 자기 자신을 노출시킬 때 우리는 성장이라는 보상을 얻을 수 있다. 당신이 습관적인 패턴을 와해시킬 때 당신은 변한다. 그리고 이것은 당신이 행동하는, 존재하는, 그리고 경험하는 새로운 방식을 받아들일 수 있게 한다. 예를 들어 다음과 같이

- 나는 발레를 시작한 45세가 되어서야 드디어 똑바로 서는 법을 배웠다.
- 나는 원예를 시작한 42세가 되어서야 드디어 맛있고 신선한 샐러드 만드는 법을 배웠다.
- 나는 아들을 낳은 39세가 되어서야 드디어 느긋해지고 그냥 놔두는 법을 배웠다.

일상적인 일들을 신선한 시각으로 바라보는 것은 우리가 명백한 눈에 보이는 것 이상을 보고 새로운 정신 모델을 찾아내게끔 도와준다. 와해는 직업적인 삶과 개인적인 삶 모두에서 계속해서 같은 것을 상상하거나 디자인하게끔 가두는, 스스로 세운 벽을 무너뜨린다.

가치 혁신 스토리보드 작업하기

당신 제품의 핵심 경험을 확인한 당신은 이제 이 순간들을 '이야기'라고 알려진 서사적 도구로 묶어버리고 싶을 것이다. 그리고 이야기는 분명 당신의 기능 비교에서 시각디자인에 대한 강조와 함께 좋은 도구가 될 것이다.

그림 6-10
자신의 주변을 모른다는 것은 타조가 머리를 모래 속에 감추어 위험으로부터 숨는 것과 같다.

스토리보드 작업을 처음으로 한 사람은 독일 영화 제작자인 로테 라이니거Lotte Reiniger다. 그녀는 1926년에 만든 장편 애니메이션 영화인 〈아흐메드 왕자의 모험The Adventures of Prince Achmed〉를 위해 처음으로 스토리보드를 그리고 색칠을 했다. 그 이후로, 스토리보드는 광고, 만화, 영화, 소프트웨어 디자인, 그리고 수많은 다른 사업 과정에서 사용되는 다용도의 도구가 되었다. 그 이유는 바로 스토리보드가 시각적 사고를 촉진하기 때문이다. 혹은 《게임 스토밍: 혁신가, 규칙 파괴자, 변화 창조자를 위한 전략Game Storming : A Playbook for Innovators, Rulebreakers, and Changemakers》의 저자들데이브 그레이Dave Gray, 서니 브라운Sunni Brown, 제임스 매카누포Jamews Macanufo이 썼듯이, "스토리보드는 참여자들이 가능성을 상상하고 현실화할 수 있도록 해주는 시각화 작업이다."

가치 혁신을 위한 스토리보드 작업 3단계

스토리보드의 목표는 당신의 핵심 경험을 담은 이야기를 시각적으로 표현하는 것이다. 경험의 가장 중요한 요소에 초점을 맞추는 형식을 사용하는 것이 좋다. 적은 내용으로 더 많은 것을 표현하고, 당신의 사용자를 괴롭히던 문제가 해결되었다는 행복한 결말로 이야기를 마쳐라. 나는 다음과 같은 방식으로 스토리보드를 구성하길그리고 프레젠테이션하길 추천한다.

1단계: 패널 목록 만들기

당신이 에나가 그녀의 핵심 경험을 처음에 목록으로 만들었을 때 그랬던 것처럼 제품의 모든 기능을 보여주려는 것은 아니라는 점을 염두에 두기 바란다. 당신은 오로지 스토리보드 패널을 통해 당신의 고객이 가장 "가치 있게" 느낄 만한 순간들을 보여주면 된다. 이 순간들 중 일부는 인터페이스 디자인에 영향을 미칠 것이며, 다른 순간들은 오프라인에서 일어날 것이다. 경험에 걸리는 시간이 20분인지우버처럼 아니면 2개월인지에어비앤비처럼와는 상관없이 경험의 전 과정을 보여주도록 하라.

이는 비타와 에나가 예비 신부들에게 웨딩 서비스를 이용하기 위해 에어비앤비에 계정을 등록하는 방법을 보여주기보다는 그녀들이 꿈꾸는 결혼식을 현실로 만드는 방법을 보여줘야 한다는 것을 의미했다. 비타와 에나가 함께 제작한 패널 목록은 다음과 같다.

1. 신부가 될 사람이 아름답고 가격이 알맞은 예식 장소를 온라인상에서 찾고 있다.

2. 그녀는 둘에서 셋 정도의 목록 결과를 발견한다.

3. 그녀는 끝내주는 목록의 세부 사항을 본다.

4. 그녀는 패키지장소, 음식, 꽃를 선택한다.

5. 그녀는 장소/여행 일정/제출 서류에 대한 확인서를 받는다.

6. 그녀는 해변가에서 결혼을 한다!

2단계: 시각적 포맷디지털 몽타주 vs. 종이 스케치을 결정하기

일부 사람들은 그림을 그리는 법이나 스케치하는 법을 안다. 하지만 또 나와 같이 어떤 사람들은 졸라맨처럼 뼈대만 있는 형상도 잘 그리지 못한다. 가장 중요한 것은, 바로 당신의 스토리보드를 끄집어낼 수 있게 하는 빠르고 손쉬운 포맷을 선택하는 것이다. 만일 당신이 포토샵을 능숙히 다룰 수 있다면, 몇 가지 인터페이스 아이디어를 그래픽디자인으로 융합시켜라. 스토리보드의 뼈대를 잡는 데 시간을 낭비하지 말아야 한다. 구글에서 사진을 찾아 사용하거나 다른 사이트의 화면을 캡처해 살짝 변경하는 것도 모두 괜찮다. 필요한 이미지들을 만들고, 그리고, 모은 다음에, 그것들의 가로세로 비율이 비슷하고 당신의 캔버스에 잘 맞는지 확인하라. 이 단계에서 모든 사용자 인터페이스를 디자인할 필요는 없다. 그 대신, 가장 좋은 콘셉트를 나타내는 인터페이스의 요소들에 집중하라.

에나는 자신이 구글 이미지Google Images에서 발견한 사진들을 사용하기로 했다. 그런 다음 그녀는 포토샵을 이용해 빠르게 목업을 제작했다. 또한 그녀는 '결과물 보기'와 '상세 목록 보기' 화면에 다이렉TV와 똑같은 레이아웃을 그대로 사용했다. 지금 당장 새로운 무언가를 디자인할 필요는 없었기 때문이다. 그녀는 그저 UX가 어떻게 작동하는지를 보여주기만 하면 된다.

3단계: 스토리보드를 캔버스에 펼쳐두고 각 패널 아래에 캡션 더하기

자 이제, 당신의 스토리보드를 검토하라. 내용이 매끄럽게 전개되는가? 간결한가?

"에어비앤비 웨딩 서비스"의 스토리보드—게스트의 경험

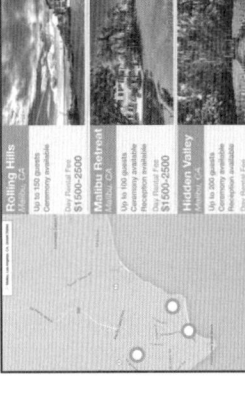

1. 제니는 아름답고 히피적인 가격의 웨딩 공간을 찾고 있다.

4. 그녀는 예산에 적합한 이 공간에 대한 웨딩 패키지를 선택한다.

2. 그녀는 사진과 기본 가격 정책이 각각 다른 결과 집합을 받아본다.

5. 그녀는 사전 방문 날짜를 포함한 확인 사항들을 받아본다.

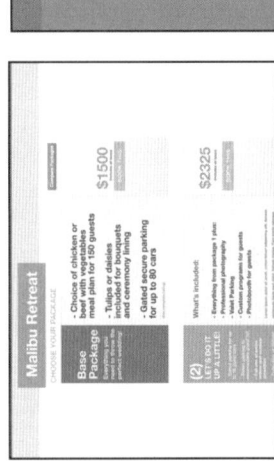

3. 그녀는 좋아하는 공간을 선택하고 리스트에 있는 세 공간 하면을 살펴본다.

6. 제니와 남편은 생각했던 그대로 결혼식을 올린다.

그림 6–11
예비 신부를 위한 가치 혁신을 보여주는 비타의 스토리보드

"에어비앤비 웨딩 서비스"의 스토리보드—공간 주인의 경험

1. 집주인들이 그들의 부동산을 이용해 돈을 벌 수 있는 새로운 방법을 찾고 있다.

2. 그들은 30분 내로 목록을 생성한다.

3. 그들은 예비 신부들로부터 문의를 받는다.

4. 그들은 결혼을 앞둔 커플에게 집 투어를 시켜주고 이전의 결혼식 사진들을 보여준다.

5. 예정대로 결혼식이 진행되고 집주인은 10,000달러의 수익을 얻는다.

그림 6-12
집주인을 위한 가치 혁신을 보여주는 에나의 스토리보드

6장 스토리보드 작업을 통한 가치 혁신   175

고객의 이상적인 경험을 쉽게 따라갈 수 있는가? 만일 그렇다면, 당신의 가치 혁신을 성공적으로 스토리보드화했다는 것이다. 캡션은 간략하게 소문자로 적는다. 두 줄 이하로 말이다. 다시금 말하는데, 적을수록 더 좋다.

〈그림 6-11〉과 〈그림 6-12〉는 비타와 에나의 스토리보드를 각각 보여준다. 이들이 만든 스토리보드가 그들 제품의 가치 혁신이 무엇인지 잘 보여주는 것 같은가?

이번 장의 시작 부분에서 언급했듯이, 스토리보드는 제품이 아니다. 다른 작업 환경에서 아이디어를 결정하는 데 스토리보드를 매우 유용하게 사용한 사례들이 있기는 하다. 하지만 지금 우리는 그저 스토리보드를 서사적 맥락에서 핵심 경험을 계획하는 데 사용하고 있다.

비즈니스 모델과 가치 혁신

UX와 관련하여 가치 혁신 기능 밀렵 방법을 논의했다. 가치 혁신 기능을 당신의 비즈니스 모델에 적용할 수 있으며 적용해야 한다는 것을 잊으면 안 된다. 그 이유는 바로 가치 혁신이 원가 경쟁력과 차별화를 결합시킴으로써 경쟁 우위로 이끌기 때문이다. 이것은 당신의 끝내주는 UX가 당신의 비즈니스 모델에 연관되어 있으며, 그 반대로 당신의 사업 모델이 UX에 연관되어 있다는 것을 의미한다. 이 두 가지 요소들의 결합은 당신이 경쟁에서 앞지를 수 있게 하며 당신의 제품이 역동적인 시장에서 살아남을 수 있게 한다.

내가 개인적으로 덜 경험하기를 바랐던 시장인 온라인 데이트 시장과 이 시장의 전형적인 모습을 보여주는 세 가지 플랫폼을 한번 살펴보자. 바로 이하모니eHarmony, 오케이큐피드 그리고 틴더 말이다.

이하모니의 비즈니스 모델은 월간 구독 서비스에 기반을 두고 있다. 이하모니의 가치 제안은 친절함, 정신력, 그리고 외향성과 같이 고객들의 핵심 특성에 중점을 두는 만남 연결 알고리즘에 의지하고 있다. 사용자들은 고도로 관리된 만남을 주선받기 전에 수백 가지 질문에 답해야 한다. 더 많은 만남을 주선받으려면 기존의 만남을 끝마쳐야 한다. 당신이 직접 프로필을 훑어볼 수 있는 방법은 없다. 플랫폼이 '결혼을 염두에 둔 사람들'을 위해 디자인되었기에 좀 더 유도적인 커뮤니케이션을 위한 도구를 제공하기도 한다.

오케이큐피드는 이하모니와는 정반대다. 동일한 시장에 존재하지만 말이다. 오케이큐피드의 비즈니스 모델은 고객에게 무료로 제공되고, 시간이 흐르면서 매출원이 페이스북이 그런 것처럼 유료 광고에서 프리미엄 기능 서비스로 바뀌었다. 하지만 가치 제안의 본질은 사용자들이 정성적이고 정량적인 데이터에 기반하여 만남들을 거를 수 있는 강력한 UX에 있다. 사용자들은 기능에 대한 투표를 통해 고도로 개인화된 프롬프트prompt : 사용자에게 보내는 메시지에 응답함으로써 자신만의 알고리즘을 맞춤화할 수도 있다. 오케이큐피드가 사용자 데이터와 프리미엄 기능 서비스를 통해 수익을 거두는 동안, 고객들은 만나고 싶은 상대방의 폭을 완벽하게 통제한다.

가장 최근에 만들어졌으며 가장 혁신적인 온라인 데이트 제품은 틴더다. 모바일로만 서비스를 제공하는 이 도전자는 이미 3천만 명의 사용자를 보유하고 있다. 그리고 오케이큐피드의 가치 제안을 빠른 속도로 갉아먹고 있다. 틴더는 손쉬운 사용과 신속성에 모든 것을 걸고 있다. 〈그림 6-13〉에서 볼 수 있듯이, 사용자들은 진짜 혹은 가짜 페이스북 계정을 통해 가입하고, 사진을 몇 장 올리고, 때로 약력을 작성하고, 15분 뒤에 틴더를 사용하기 시작한다.

틴더는 양 당사자가 서로 관심을 표명할 때만 서로 상호 작용할 수 있도록 함으로써 데이트 사이트의 전통적인 심성 모형을 반전시킨다. 바로 이 지점에서 틴더의 가치 혁신이 시작된다. 틴더를 통해 사용자들은 거리, 나이, 그리고 성별에 따라 관리되는 카드를 계속해서 제공받는다. 바로 그것이 첫 번째 핵심 경험이다. 사용자들은 프로필이 마음에 들지 않으면 왼쪽으로 화면을 움직이고, 마음에 들면 오른쪽으로 화면을 움직인다. 양 사용자가 모두 오른쪽으로 화면을 움직이면, 메시지 시스템을 통해 서로에게 메시지를 보낼 수 있다. 다른 데이트 사이트와는 달리, 틴더는 반경 1마일 내에서

그림 6-13
틴더로 만든 저자의 간결한 사용자 프로필

짝을 찾아준다. 바로 그게 두 번째 핵심 경험이다. 만일 당신이 로스앤젤레스나 뉴욕 같은 교통체증이 심한 도시에 살고 있다면, 걸어갈 수 있는 거리 내에 살고 있는 상대방을 찾을 수도 있다. Y세대를 위해 짧은 만남을 제공하는 애플리케이션으로 시작한 것이 이제는 모든 연령층의 사람들이 모든 유형의 관계에 신속하게 빠져드는 장소가 되었다.

게다가 틴더는 확실한 매출원을 가지고 시작한 것도 아니다. 틴더의 비즈니스 모델에 따르면 수많은 대중에게 채택되는 것이 가장 시급한 과제였기 때문이다. 지금 틴더는 선별 광고나 더욱 정교한 기능을 제공하는 유료 멤버십〈그림 6-15〉을 판매하는 식으로 매출원을 실험하고 있다.

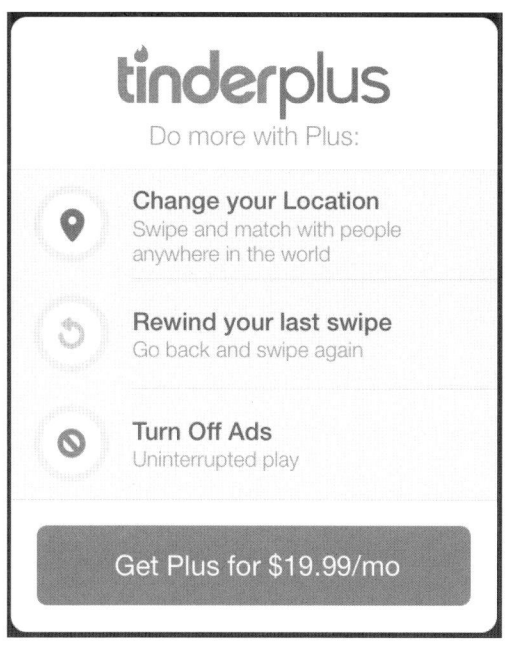

그림 6-14
틴더의 새로운 매출원

여기서 요점을 집고 가고자 한다.

- 이 모든 제품들은 아주 뚜렷한 사용자 경험과 비즈니스 모델을 보유하고 있다.
- 이들 모두 동일한 고객들을 놓고 벌인 경쟁에서 부인할 수 없는 성공을 거두었다.

이 각각의 제품을 혁신적으로 만든 것은, 정교하게 조정된 부분들을 통해 기능과 비즈니스 모델 구성 요소를 치환함으로써 사용자들을 끄는 독특한 방법이다.

요약

이번 장에서 우리는 아이디어를 최종 목표인 가치 혁신 표현과 연결하는 데 관련된 많은 자료와 개념을 다루었다. 나는 제품의 주요 유용성에 초점을 맞추어 디지털 제품의 가치 혁신이 이루어지는 방법을 설명했다. 당신은 가치 제안을 보여주는 핵심 경험의 중요성을 배웠으며, 경쟁자들과 동일하거나 약간 더 나은 제품을 만드는 것이 왜 시간 낭비인지 배웠다. 나는 UX 인플루언서를 포착하는 방법도 보여주었다. 당신은 다른 제품의 기능, 상호작용 패턴, 그리고 비즈니스 모델 아이디어를 뽑아내서 그것들을 무언가 새로운 것을 만들기 위해 융합하는, 기능 밀렵 방법을 배웠다. 마지막으로, 당신의 고객 여정을 가치 혁신과 연결시켜줄 스토리보드를 가지고 이야기를 풀어나가는 방법을 배웠다.

이제, 이 환상의 나라에서 벗어나 실험을 실행하는 데 필요한 프로토타입을 만들어 현실에서 제대로 혁신을 하고 있는지 살펴볼 것이다.

7장
실험을 위한 프로토타입 제작하기

"잘못된 전략을 추구하느라 막대한 돈을 초기 투입하는 것만은 피해야 한다. 실험적 사고방식을 지닐 필요가 있다."

― 클레이튼 크리스텐슨

린 스타트업의 전제는 초기에 피드백을 얻어 제대로 가고 있는 것인지를 확인하는 것이다. 이는 또한 제3원리의 기초이기도 하다. 에릭 리스와 스티브 블랭크는 되도록 일찍 실험해보는 것이 중요하다고 주장한다. '린 스타트업 머신'이라고 불리는〈그림 7-1〉참고 스핀오프 운동이 세계적 행사로 열리는데, 여기에서 각각의 스타트업과 상품 제작자들은 주말 동안 최소 기능 제품을 디자인하고, 구축하고, 테스트하는 법을 배운다.

UX 전략이 성공하려면 제품이 사람들이 진정으로 원하는 솔루션을 제공하는지

그림 7-1
슬로건 "빨리 실패하고 더 빨리 성공하라"

지속적으로 테스트해야 한다. 그러니 스토리보드만 보고 있지 말고 최소 기능 제품이나 프로토타입으로 눈을 돌려야 한다. 그리고 그것으로 구조화된 소규모 실험을 해서 팀이 올바란 방향으로 나아가고 있는지 되도록 일찍 알아봐야 한다. 이러한 실험은 비즈니스 모델을 실제 세상에 적용할 때 맞닥뜨릴 현실을 직면하게 해줄 것이다. 이는 또한 UX 전략 프레임워크의 4가지 원칙을 이루는 요소들을 섞어놓는 과정을 촉발시킨다. 〈그림 7-2〉 참고

그림 7-2
UX 전략의 4가지 원칙

할 수 있는 최선을 다하라

아버지가 4장에서 이야기한 망해가는 핫도그 매점을 사기 몇 년 전에, 나는 어머니

가 샌페르난도밸리에 있는 우리 집 침실 벽장에서 성공적인 사업을 시작하고 운영하는 것을 지켜보았다. 1970년대 초, 어머니는 35살이었고 테니스에 흘딱 빠져 있었다. 미국에서 1970년대는 테니스의 시기였다. 텔레비전으로 중계된 윔블던, US오픈, 프렌치오픈 등에서 존 뉴컴John Newcombe, 켄 로즈월Ken Rosewall, 크리스 에버트Chris Evert 같은 선수들의 경쟁으로 인해 테니스의 인기는 더욱 높아졌다. 뒷마당에 테니스코트가 딸린 집, 강도 높은 훈련 프로그램이 있는 컨트리클럽이 전국 각지에 생겨나고 곳곳에서 경기가 열렸다. 햇살 좋은 캘리포니아 남부에서 테니스는 상류층 생활의 필수 요소가 되었다. 내가 초등학교에 다닐 무렵, 어머니는 내 남동생을 데리고 동네 공원 놀이터에 가서 그곳에서 레슨을 받았다. 어머니는 테니스에 소질이 있었다. 강력한 슬라이스 리턴을 장착했으며, 레슨을 시작한 지 6개월 만에 첫 번째 여자 복식 트로피를 따냈다.〈그림 7-3〉 참조

그림 7-2
1972년 첫 번째 테니스 트로피를 들고 있는 저자의 어머니 로나 레비의 사진

오래 지나지 않아서, 어머니는 테니스를 즐기기만 하는 것이 아니라 그 너머를 보기 시작했다. 어느 날 복식 파트너인 레아 크레이머Lea Kramer와 점심을 먹던 중 영감이

떠올랐다. 둘은 테니스 코트 안팎의 모든 것을 사랑했지만, 합리적인 가격의 테니스복을 찾기란 불가능하다는 것에 동의했다. 로스앤젤레스에 있는 테니스복 할인점들의 경쟁력을 분석한 끝에, 그들은 블루오션에 다다랐다. 가치 제안을 발견한 것이다.

그들은 각각 투자금 500달러를 가지고 있었다. 둘 다 판매직 경험은 없었다. 레아는 부기를 할 줄 알았다. 어머니는 법원 서기로 일해본 게 전부였고, 대학은 다니지 않았다. 하지만 어머니는 행동가였다. 그녀는 시범 운영을 해봄으로써 가치 제안을 실험해보자고 제안했다. 어머니는 친지에게 도움을 받아 상품을 조금 구했다. 그 친지는 헌옷 업계에서 일했고 로스앤젤레스 시내 의류 제조업자들을 알고 있었다. 또한 그 친지는 영화배우 엘크 소머Elke Sommer를 알고 있었는데, 그 배우는 이 새로운 사업 파트너들에게 자신의 새 테니스복 중 일부를 원가가 조금 넘는 가격에 팔았다. 원피스 4벌과 파스텔색 치마 10벌, 브라 12개를 가지고 어머니와 레아는 고객을 찾기 시작했다.

어머니와 레아는 먼저 테니스 코트에서 고객을 찾기 시작했다. 그들은 어머니의 차 트렁크에 실어놓은 옷들은 자랑스럽게 뽐냈다. 하지만 사람들이 옷을 입어볼 사적인 공간이 필요했다. 그래서 그들은 지역 테니스 클럽에서 이름과 전화번호를 얻어다가 집에서 수다나 떨자고 불렀다. 학교에서 돌아오면 반쯤 벌거벗은 여자들 한 무리가 어머니의 침실에 있곤 했다. 어머니는 다양한 스타일의 옷을 입혀보느라 바빴다. 그 후 어머니와 레아는 베벨리힐스 가정의 자선 파티에도 초청되었다. 수입의 10퍼센트를 기부했다. 그들은 옷을 트럭에 싣고 부유한 고객들이 사는 동네로 가서 저택 창고에 팝업 드레스 룸을 열었다. 이러한 실험들은 결국 어마어마한 성공으로 이어졌다. 그들의 창업 계획은 심지어 《LA 매거진》의 "LA 10대 대박 세일" 중 하나로 실렸다. 그들은 창업 첫해에만 1만 달러어치의 물량을 확보했고 베벌리힐스, 오하이, 퍼시픽 팰w리세이즈 전역에 걸쳐 고객층을 확보했다. 그리고 마침내 침실 벽장에서 나와 벽돌과 모르타르로 벤투라 대로에 지은 러브 매치Love Match 테니스 숍을 열었다!〈그림 7-4〉 참조

사업은 시작부터 손익분기점을 넘었다. 어머니와 레아는 수익을 재투자하여 더 많은 물건을 구입했다. 그들은 수입을 임의로 조절하며 융통성 있게 일정을 조절했다.

그림 7-4
1974년 러브매치 테니스 숍 앞에서 찍은 레아 크레이머(왼쪽)와 로나 레비의 사진

이렇게 함으로써 아이들을 기르고 테니스도 칠 수 있었다. 3년 후, 그들은 새로운 쇼핑몰에 있는 세 배 규모의 매장으로 옮겼다. 러브 매치 테니스 숍은 여전히 성공을 이어갔지만, 10년쯤 지났을 때 어머니는 가게를 접기로 결심하셨고 레아가 공정한 가격으로 어머니 지분을 샀다. 테니스 경기를 마칠 때 행하는 에티켓에 따라, 그들은 악수를 하고 동업 관계를 마무리 지었다.

교훈

- 성공적인 창업을 위해 MBA나 대학 교육이 필요한 것은 아니다. 필요한 것은 행동력이다.
- 작게 시작하라. 큰 아이디어를 가지고 있다면, 시험해볼 방법을 찾아라. 실천해봄으로써 리스크를 관리하라. 작은 곳에 빨리 돈을 걸어라.
- 내 역할을 다할 수 있는 한 동업 관계를 유지하라. 동업 관계가 끝나면, 우아하게 악수하고 떠나라.

나는 어떻게 실험에 중독되었는가

2007년 마크 앤드리슨Marc Andreessen이 '제품/시장 적합성'이라는 용어를 고안해 냈을 때, 그는 "실제 잠재 고객이 풍부한 훌륭한 시장은 스타트업에서 제품을 끌어낸다"고 말했다. 이는 블랭크의 고객 개발 방법론과도 상통한다. 블랭크는 제품 제작자들이 고객의 문제를 이해하면서 제품 구상을 시작하며 고객의 욕구로부터 해법을 뽑아낸다고 주장한다. UX 전략에서 당신은 실험을 함으로써 이를 해낼 수 있다.

그러나 우선, 우리는 실험이 정확히 무엇인지 정의할 필요가 있다. 실험은 가정을 시험하는 것이다. 실험 목표는 측정 가능한 결과를 바탕으로 당신의 가정이 옳은지 틀린지를 밝혀내는 것이다. 실험 후에, 당신은 결과를 평가하고 기존 가정을 받아들이거나 거부할 수 있어야 한다.

실험은 다양하며 실험실 또는 현장에서 진행할 수 있다. 통제하에 비교를 위해 대조군과 함께 진행할 수도 있고 자연적으로 통제 집단 없이 진행할 수도 있다. 그러나 어떤 유형의 실험이든지 실험은 가정이 틀린 부분을 입증하기 위해 변수를 시험하는 것이다. 이러한 변수는 통제하거나 변화시킬 수 있는 어떤 물건, 요인, 조건이어도 된다. 실험 과정에서 변수를 관찰하면서 인과관계를 찾는다. 일정한 시간 동안 실험하면서 변수가 변화할 때 무슨 일이 일어나는지 관찰 가능한 증거를 측정하고 경험적으로 포착한다. 실험은 이처럼 간단하다. 만약 그렇지 않다면 처음 당신의 생각이 복잡했을 것이다.

2011년 초에 나는 시스코 시스템Cisco Systems에서 원격 UX 전략 컨설턴트로 정규직으로 근무 중이었다. 동시에 나는 로스앤젤레스에 있는 기술을 기반으로 하는 신생업체들에서 더 사소하고 궂은 일거리를 찾고 있었다. 3월에 나는 재러드 크라우스를 만났다. 그는 무모하고 명랑하며 똑 부러지는 기업가였다. 그리고 뉴욕대 동창이었다. 그는 사람들이 쉽게 모든 유형의 제품과 서비스를 거래할 수 있는 완전한 기능을 갖춘 온라인 플랫폼을 만들려는 큰 계획을 세웠다. 또한 그는 초기 투자자들도 확보한 상태였다. 물론, 다른 물물교환/거래 플랫폼들이 있었지만, 어떤 것도 공통적인 흥미와 지정학적 위치에 기반을 두고 사용자들을 이어주는 정교한 시스템을 갖추고 있지는 않았다. 바터퀘스트BarterQuest나 스왑닷컴Swap.com 같은 다른 거래 플랫폼들은 투박한 인터페이스에 중고품 시장에서나 볼 수 있는 물품들을 거래하고 있었다. 재러드는 뭔가 혁신적인 만들고 싶어 했다.

나는 즉각 프로젝트에 착수했다. 이혼을 겪은 데다 종일 근무하고 아들이 유치원에 가기 시작하던 때였다. 약 6개월이 지난 후, 우리는 사업 준비를 마쳤고 프로젝트 로드맵과 정보 구조, UX 와이어프레임의 절반 정도를 완성했다. 재러드는 인공지능 전문가들을 모아 인상적인 팀을 꾸렸다. 우리의 가치 제안은 기본적으로 '물물교환을 위한 오케이큐피드커플 매칭 사이트', 또는 재러드의 표현을 빌리면, '뒤가 구린 일을 위한 매칭 사이트' 정도였다. 큰 아이디어는 고객들이 그들이 제공해야 하는 것과 원하는 모든 것을 목록으로 만들 수 있는 것이었다. 그러면 백엔드back-end 알고리즘이 적절한 사람들을 이어줄 것이었다.

프로젝트는 야심차고 정교했다. 〈그림 7-5〉를 보면 거래 흐름 자체가 복잡했음을 알 수 있다.

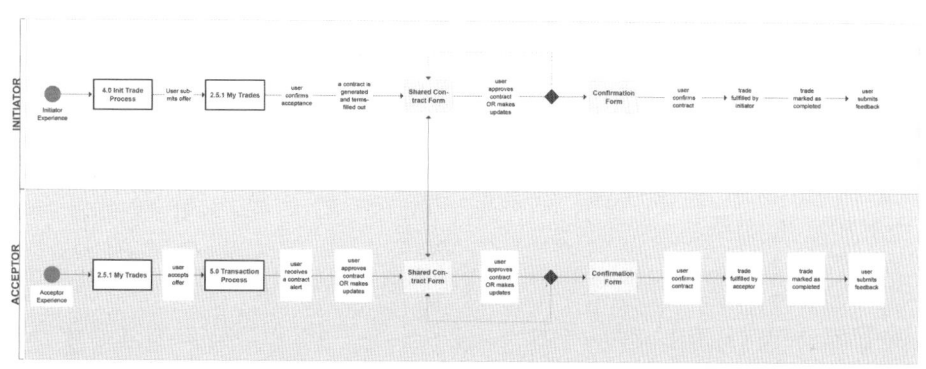

그림 7-5
트레이드야가 만든 거래 흐름

그러던 어느 날, 와이어프레임 검토 회의를 시작하려는데, 재러드가 내게 UX 작업을 그만둬야 할 거라고 말했다. 나는 바로 그렇게 하는 대신 《뉴욕타임스》 베스트셀러인《린 스타트업》을 읽었다. 이틀 동안 나는 패서디나에 있는 아로요 세코 산책로를 걸으면서 오디오북을 들었다. 책은 내게 두 가지의 무서운 현실을 일깨워줬다. 첫 번째는 재러드와 내가 제품에 대한 행동 방침을 대폭 변경해야 한다는 것이었다. 이는 내가 힘든 UX 작업을 대거 내팽개치거나 미뤄야 한다는 것을 의미했다. 두 번째 현실은, 각 단계를 확실히 매듭짓고 다음 단계로 넘어가는 기존의 '폭포수waterfall' 소프트웨어 개발 모델에 기반을 둔 UX 전략과 디자인 방법론이 이제 구식이 되었다는 거였다.

규칙은 완전히 바뀌어 있었다.
- 이제 초기 제품 대량 '출시'를 목표로 하는 UX 전략 단계 작업은 하지 않아도 된다. 이제는 UX의 다양한 측면을 표현할 수 있는 점진적인 사전 출시MVPs 계획이 필요했다.
- 고립된 작업은 그만두고 팀주주, 개발자, 디자이너에 문서 시스템을 넘겨야 했다. 이제는 계속해서 협력하고 그들과 '함께' 전략을 세워서 제품이 일찍 출시될 거라는 확신을 줘야 했다.
- 제품이 완성된 후에 고객이 제품을 사랑해주길 바라며 소원이나 비는 것은 끝이었다. 이제, 고객들은 UX와 가치 제안을 검증했던 방식으로 실험을 하기를 요구하고 있었다.

프로젝트 중간에 절차를 바꾸는 것은 굉장한 스트레스였다. 게다가, 우리는 자금이 바닥나고 있었다. 그래서 재러드는 한 차례 더 투자금을 끌어와야 했다. 투자자들은 진짜 증거, 즉 우리 제품의 성공 가능성을 뒷받침하는 견고한 근거를 원했다. 재러드가 품었던 가장 큰 의문은 이거였다. "왜 낡은 노트북을 제대로 팔기 위해 기다려야 하지? 그냥 크레이그리스트중고 거래, 구인 사이트에 팔아버리고 원하는 데 그 돈을 쓰면 되잖아?" 재러드와 나는 우리의 꿈같은 전망이 그저 꿈이 아니라는 것을 보여주기 위해 즉각 최소 기능 제품으로 실험에 돌입했다.

도전 과제는 가치 제안의 핵심을 검증할 UX의 일부를 고립시키는 것이었다. 우리는 또한 기술적으로 실현 가능한 무언가가 필요했다. 개발자들이 한 달 안에 구축할 수 있는 것이어야 했다. 재러드는 자신이 탁월한 마케팅 능력으로 충분한 사람들을 랜딩 페이지로 끌어들일 수 있을 거라고 자신만만해했다. 그렇지만 우리는 사람들이 즉시 이해할 수 있고 텅 빈 쇼핑몰처럼 느끼지 않을 페이지를 만들어야 했다.

우리는 사람들이 온라인에서도 오프라인 세계에서 거래하는 방식대로 거래를 하는지 파악하기 위해 한 달이나 기다리고 싶은 마음은 없었기 때문에―그리고 오프라인 거래는 우리의 온라인 거래 틀 밖에 있었다. 최소 기능 제품은 성공적인 거래를 위해 즉각적인 결과를 도출해낼 필요가 있었다. 우리는 이 실험을 통해 많은 것을 알아내야 했다. 우리가 알아내야 할 가장 중요한 것은, 뭔가 거래하고 싶어 하는 사람이 동등한 수준의 다양한 거래 제안이 있는 경우와 특정하게 '원하는' 물건이 있는 경우 중 언제 거래가 더 잘 일어나는가 하는 점이었다. 재러드는 만약 우리가 매일 하나의 거래에 집중해서 우리가 가정한 고객층이 구미가 당길 만하게 만들면, 성공적인 거래를 만들어낼―실제 거래가 발생할 가능성이 높아질 거라고 직감했다.

결정하기 가장 어려운 부분은 백엔드 공작 하나 없이 실험을 어떻게 진행할 것인가 하는 점이었다. 우리는 가장 큰 혁신을 제공하는 핵심 경험에 초점을 맞출 필요가 있었다. 트레이드야TradeYa의 핵심 경험은, 돈을 내지 않고 원하는 것을 얻을 수 있다는 가능성이었다. 낯선 이들과 거래할 사람들이 필요했다. 모든 거래가 순조롭게 진행되도록 재러드는 일일이 그들을 도와줄 작정이었다. 양 당사자가 이메일을 통해 물물교환 계획을 주고받도록 돕는 것이나 세븐일레븐 앞에서 만날 시간을 중재하는 것은 어렵지 않았다. 어느 주말 동안 재러드와 나는 나란히 앉아 개발자들에게 필요한 모든 필수 UX 서류를 모두 작성했다. 한 달도 되지 않아 '오늘의 거래Trade of the Day'가 탄생했다.

그림 7-6은 트레이드야의 원래 비전과 첫 MVP에 대한 전후 애플리케이션 맵을 보여준다.

그림 7-7은 트레이드야의 원래 비전과 첫 MVP에 대한 홈페이지 와이어프레임의 전과 후를 보여준다.

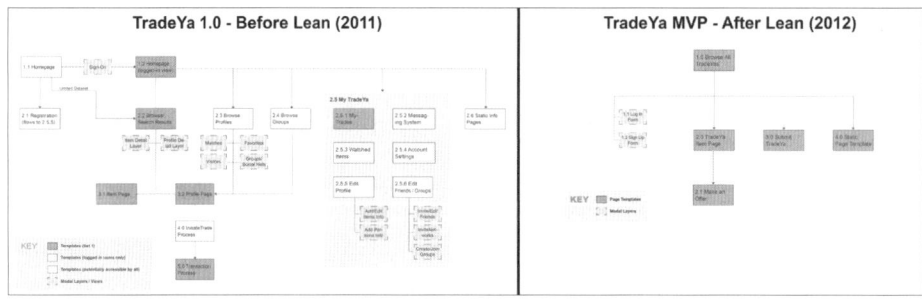

그림 7-6
'린(Lean)' 전과 후의 트레이드야 사이트맵

그림 7-7
'린' 전과 후의 트레이드야 홈페이지

슬쩍 UX 서류 시스템을 들여다보기만 해도 제품이 얼마나 줄었는지 알 수 있었다. 우리는 기본적으로 개발자가 백엔드코드와 데이터베이스 조작을 하지 않고도 프런트엔드 frontend, 사용자 인터페이스에서 기본적인 거래를 가능하게 할 방법을 찾아야 했다. 우리는 크레이그리스트가 사용자들에게 계정을 만들 것을 요구하지 않고도 완벽하게 작동했으니, 트레이드야의 첫 버전도 그럴 것이라고 생각했다. 그래서 나는 모든 개인화 및 거래에 관한 와이어프레임을 없애버렸다. 사용자 프로필, 장바구니, 사용자 리뷰까지도 다 없앴다. 최소 기능 제품으로 실험해본 경험상 그런 건 필요 없었다.

비대했던 제품은 간결해졌다. 할 수 있는 것은 줄어들었지만 더 잘할 수 있었다. 그것이 핵심이었다. 왜냐하면 우리는 기능이 과다했던 오리지널 버전을 구축할 시간도 자원도 없었기 때문이다. 우리는 또한 양면 시장two-sided marketplace에서 흔히 발생하는 닭과 달걀 문제를 안고 있었다. '물자'를 거래할 사용자가 없다면 누가 그것을 거래하러 오겠는가? 그래서 다음과 같은 오랜 질문을 하게 되었다. 뭐가 먼저인가, 상인인가, 손님인가?

이 시점에서 재러드는 실험의 강도를 더 높였다. 그는 팀 내의 모든 사람들이투자자, 개발자, 디자이너, 우리 모두 성공적인 거래를 해낼 때까지 제품이나 서비스를 들고 테스트에 참여해야 한다고 주장했다. 나는 이렇게까지 직접 참여해야 할 줄은 몰랐다! 나는 낡은 소파도 없었고 개인용컴퓨터가 갖고 싶거나 필요하지도 않았다. 그래서 나는 내 UX 기술을 팔기로 했다.〈그림 7-8〉 참고 내 '오늘의 거래' 제안은 스카이프Skype로 2시간 동안 UX 컨설팅을 해주는 대신 ① 아무거나 받거나 ② 내가 가진 오래된 플래시 애니메이션을 유튜브 영상으로 바꿔주는 매우 작업을 해주는 것이었다.

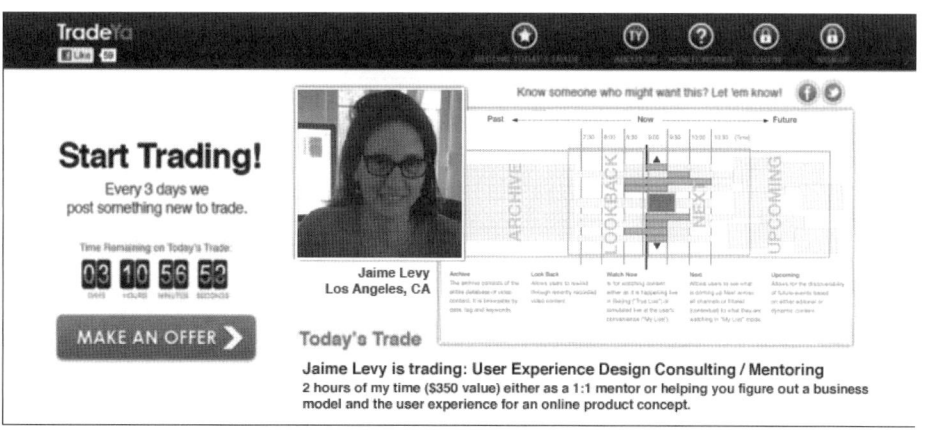

그림 7-8
저자의 트레이드야

겁도 나지만 재미있었다. 게다가, 그것은 우리의 처음에 생각한 가치 제안과 부합하는 일이었다. '뭐가 구린 일을 위한 매칭 사이트' 말이다. 24시간 안에 나는 포틀랜드 출신 디지털 컨설턴트인 에드워드가 한 제안을 받아들였다. 이때쯤 나는 진심을 다해 참여하고 있었다. 나는 우리의 가치 제안과 UX가 이베이와는 상당히 다르다는 것을 직접 경험했다. 오히려 오케이큐피드에 훨씬 가까웠다. 거래는 성공적이었다. 에드워드는 내 애니메이션 시리즈를 유튜브에 올려주었다. 그리고 나는 그에게 포틀랜드에서 UX 일거리를 얻는 방법을 가르쳐주었다. 나는 심지어 그에게 채용 면접을 연결해주었다. 이 모든 사용자 경험은 굉장히 매혹적이었다. 우리는 거래를 통해 돈보다 더 큰 가치를 얻었다. 왜냐하면 우리는 둘 다 거래한 기술의 교환을 통해 많은 것을 얻었지만 둘 중 누구도 세금계산서를 발행할 필요가 없었기 때문이다. 현재의 그리고 잠재적인 투자자들은 이를 보고 흡족해했고 더 많은 자금이 모였다. 그래서 우리는 실험과 학습을 계속할 수 있었다.

이러한 사례 연구에서 볼 수 있듯이, 제품/시장 적합성을 알아보기 위해 설계하고 실행할 수 있는 수많은 유형의 실험이 있다. 어떤 실험은 단 한 줄의 코드도 쓰지 않고 실행할 수 있다. 유명한 방법 두 가지를 소개한다.

온라인 캠페인

재러드는 마케팅을 통해 사람들을 우리의 새로운 랜딩 페이지로 끌어들일 수 있다는 자신에 차 있었다. 다시 말해, 그는 트레이드야를 광고할 필요가 있었다. 모든 광고, 컨시어지 MVP^{concierge MVP} : 고객이 필요로 하는 모든 편의 서비스를 제공하는 최소 기능 제품, 익스플레이너 영상^{explainer video} : 짧은 시간에 기업, 제품 또는 서비스를 창의적이고 명쾌하게 설명하는 영상이나 킥스타터 캠페인의 일차적인 목적은 잠재적인 고객들이 행동을 취하는지 측정하는 것이다. 그들은 시험 삼아 누르는 첫 클릭으로 반응을 해줘야 한다. 클릭과 같은 긍정적 반응은 매트릭스^{metrics}라고 불리는 비트 크기의 측정값과 함께 상세한 행동들을 추적할 수 있게 한다. 매트릭스는 다음의 질문들에 대한 답을 제공한다.

- 얼마나 많은 사람이 유튜브 영상 페이지에 도달했는가?
- 당연히, 얼마나 많은 사람이 영상을 끝까지 보았는가?
- 영상 페이지에서 제품 사이트로 얼마나 많은 트래픽이 몰려갔는가?
- 얼마나 많은 사람이 더 많은 정보를 얻기 위해 이메일 주소를 입력했는가?
- 얼마나 많은 사람이 전체 판매 퍼널을 통과하여 월 정기 구매에 가입했는가?

진정으로 성공적인 전환은 사람들이 당신 제품의 가치 제안에 관심을 가지게 만들고 결국은 그들을 고객으로 만들어준다. 매트릭스는 온라인 광고에 대한 클릭률 CTR부터 고객 만족도에 이르기까지 모든 것을 알려줄 수 있는 잠재력이 있다. 매트릭스는 9장에서 더 자세히 다룰 것이다.

하지만 온라인 광고는 사용자에게 최소 기능 제품의 가치 제안을 제시함으로써 그들이 '구매에 동의'할 것인지를 보기 위해 사용할 수도 있다. 이는 보통 짧은 형식의 익스플레이너 영상이나 애니메이션으로, 제품의 이점을 설명한다. 웹 페이지, 유튜브, 킥스타터나 인디고고Indiegogo 같은 크라우드펀딩crowdfunding 플랫폼에서 이들을 찾아볼 수 있다. 그리고 이들 영상은 투자자를 끌어들이고 자금을 모아 제품의 호소력을 검증하고 사용자를 모으기 위해 만들어진다. 성공적인 구매 동의는 예비 소비자가 이메일 주소나 다른 개인 정보를 알려주는 것이다. 이러한 유형의 피드백 데이터는 '평가'로 여겨진다.

가장 유명한 사례 중 하나는, 2008년 드루 휴스턴Drew Houston이 작업 중이던 드롭박스Dropbox라고 부르는 제품의 3분짜리 화면 기록 녹화분을 공개한 것이다. 화면 기록은 그 제품의 가치 제안, 즉 기능성과 사용 편리성, 그리고 장점을 보여주었다. 영상은 퍼져나갔고 거의 하룻밤 만에 휴스턴은 7만 5,000명이 넘는 얼이 어댑터들을 가입자로 확보했다. 이 제품은 아직 만들어지지도 않았는데 말이다. 이는 성공적인 전환의 결과로, 사람들이 제품을 원한다는 것을 보여준다! 이 광고나 '컨시어지 MVP'에릭 리스가 《린 스타트업》에서 말한 것은 스타트업이 익스플레이너 영상을 이용한 실험을 시작할 수 있도록 촉진했다. 민트Mint, 크레이지에그Crazy Egg, 달러쉐이브클럽Dollar Shave Club, 그루폰Groupon, 에어비앤비의 사례를 보라. 〈그림 7-9〉는 재러드가 트레이드야를 위해 제작한 익스플레이너 영상을 보여준다.

그림 7-9
트레이드야의 가치 제안에 관한 재러드의 익스플레이너 영상(https://www.youtube.com/watch?v=ENBGDRHAJN4)

컨시어지 MVP

'컨시어지concierge'란 프랑스어로 '문지기'를 뜻한다. 호텔이나 주택단지에서 컨시어지는 고객세입자, 손님, 누구든지의 경험이 건물또는 서비스나 제품에 들어서는 순간부터 매끄럽게 진행되도록 하는 역할을 한다. 컨시어지 MVP란 고객의 경험을 인터페이스 없이 시뮬레이션하고 고객의 경험이 되도록 마찰 없이 이루어지도록 노력하는 것을 뜻한다. 인터페이스 백엔드 없이 되도록 많은 프론트엔드 핵심 경험을 시뮬레이션해봄으로써 간단히 리스크를 줄일 수 있으며 무엇이 잘못되고 있고 무엇이 제대로 되고 있는지 볼 수 있다. 백엔드를 구축할 시간이나 자원이 없다면, 컨시어지 MVP를 만드는 것이 가장 좋은 차선책이다.

이것이 바로 재러드가 많은 기능을 잘라내며 했던 일이다. 그는 전화, 이메일, 대면 접촉을 통해 사용자 간의 거래를 조장했다. 자동적으로 돌아가는 백엔드는 사용하지 않았다. 제품의 가치 제안을 검증하는 컨시어지 실험이 날조됐다는 것을 보여주는 사례와 기사들은 많다. 카스다이렉트Car's Direct, 자포스, 푸드온더테이블Food on the Table, 에어비앤비와 같은 제품들의 컨시어지 실험도 그런 사례에 속한다. 얼리 어댑터들은 단순히 기술 혁신 자체에 매혹되며 뭔가 새로운 것을 경험해보려는 경향이 강하다. 심지어 장난질이 좀 섞여도 말이다.

그러나 이것은 전혀 새로운 일이 아니다. 오래전부터 혁신가들은 '꾸며댔고' 사용자들은 '홀딱 빠졌다'. 1769년에 볼프강 폰 켐펠렌Wolfgang Von Kempelen이라는 발명가가 오스트리아 왕비 앞에서 자동 체스 기계를 시연했다. '기계로 된 터키인' 혹은 '투르크The Turk'라고 불린 이 기계는 몇십 년 동안 체스를 두며 유럽을 여행했고 나폴레옹 보나파르트Napoleon Bonaparte와 벤저민 프랭클린Benjamin Franklin 같은 정치인들을 이겼다. 심지어 에드거 앨런 포Edger Allen Poe는 기계 안의 작은 공간에 다리 없는 퇴역 군인이 들어가 체스를 두는 것이 아니냐는 의심을 글로 쓰기도 했다. 사용자들은 실제로 기계 안에, 접히는 칸막이로 가려진 훨씬 더 넓은 비밀 공간에 체스의 대가가 숨어 있었다는 것을 몰랐다.〈그림 7-10〉참고 사용자들은 기계가 아닌 인간과 체스를 둔 것이다.

하지만 눈속임은 사람들을 생각하게 만들었다. 수학자들은 이를 통해 컴퓨터에 대해 생각하게 되었다. 그것은 또한 산업혁명 여명기의 청중이 슈퍼컴퓨터의 가치 제안을 맛보게 해주었다. 오늘날, 야심찬 기업가들은 복잡한 디지털 제품을 수동으로 모의 조종할 수 있다. 아마존의 기계로 된 '터키인'은 크라우드소싱 장터를 제공하며, 사업체들은 그 장터를 통해 개개인에게 세부 업무를 아웃소싱할 수 있다. 이 플랫폼은 다양하고 확장 가능한 인력에 대한 주문형 접근on-demand access을 제공하며, 이를 통해

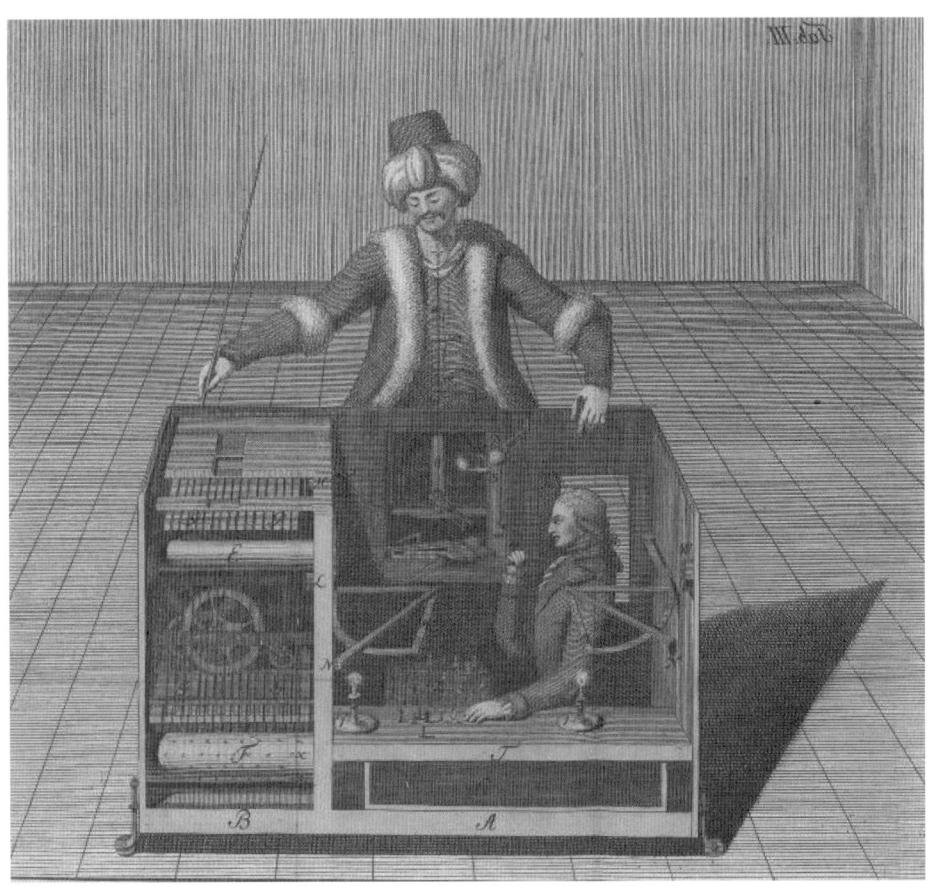

그림 7-10
"터키인(The Turk)"이란 작품의 복제 판화

백엔드 기술을 모방하기 위한 인간 지능의 장점을 취할 수 있다. 이것은 바로 재러드가 트레이드야의 새 버전이 출시되기 전, 뒤에 숨어서 거래들을 가능하게 했던 사적인 접근과 같은 것이다. 어떤 마법을 부리기로 하든지, 컨시어지 실험은 전체 상품을 구축하고 무슨 일이 일어나는지 보는 것보다 훨씬 위험이 적다.

오즈의 마법사가 되어라

디지털 제품 시뮬레이션의 역사는 1983년 J. F. 켈리J. F. Kelley가 실행한 IBM 실험으로 거슬러 올라간다. 그는 〈사용자 친화적 자연언어 컴퓨터 애플리케이션 작성을 위한 경험적 방법론An empirical methodology for writing user-friendly natural language computer applications〉이라는 백서에서 '오즈 패러다임OZ Paradigm'이라고 명명한 방법론을 소개한다.

켈리는 자신이 한 실험을 다음과 같이 묘사한다. "참가자가 인간이나 다름없이 영어를 이해하는 프로그램과 상호작용하고 있다는 인상을 받은 상태에서 이루어지는 실험적 시뮬레이션이다. 실제로 최소한 개발 초기 단계에서 프로그램은 원활하지 않고 부분적으로만 돌아간다. '마법사'처럼 행동하는 실험자가 참가자와 프로그램 사이의 의사소통에 은밀히 간섭하여 필요한 답이나 인풋을 제공한다." 우리는 켈리가 《오즈의 마법사》에서 인용한 유명한 '마법사' 캐릭터를 알고 있다. 이 고전적인 동화에서, 마법사는 자신이 "위대하고 강력"하다고 도로시를 속이기 위해 속임수와 소품들을 사용한다. 마법사의 놀라운 시뮬레이션은 도로시로 하여금 그만이 도로시 일행의 문제를 해결할 유일한 사람이라고 믿게 만든다.

혁신적인 콘셉트를 검증하기 위해 새로운 기술의 시뮬레이션을 창안해내는 것이 초기 검증에서 핵심을 이룬다. 특히 켈리는 구현하고 측정하고 학습하는 피드백 루프feedback loop를 통해 많은 사용자들에게 제품을 노출했다. 그들은 이전에는 완전하게 구축된 복잡한 전체 인터페이스 없이는 컴퓨터를 사용해본 적도 없는 사람들이었다. 켈리는 기계 대신 인간을 이용하여 자신의 시스템을 실제처럼 보이게 할 수 있을 만큼 인공지능을 시뮬레이션함으로써 검증된 사용자 조사를 해냈다.

프로토타입을 이용하여 상품/시장 적합성 테스트하기

재러드와 내가 하던 일을 되돌려 최소 기능 제품을 만들기로 했을 때, 트레이드야는 이미 디지털 실체를 가지고 있었다. 하지만, 만약 당신이 실제 웹사이트를 아직 가지고 있지 않다면? 스토리보드와 아이디어뿐이라면? 이럴 때 바로 프로토타입이 진가를 발휘한다. 프로토타입을 만드는 목적은 당신이 가정한 고객들이 당신의 솔루션을 필요로 하며 지속적으로 사용할지를 충분히 검증하기 전까지 코딩과 설계를 미루는 것이다.

프로토타입은 당신이 만들고자 하는 궁극적인 경험을 사용자에게 친숙하게 만들어 줄 수 있는 것이라면 그 어떤 것이라도 좋다. 저충실도 종이 프로토타입이든 고충실도 실물 크기 모형이든 관계없다. 오늘날 기술 산업계에서, 프로토타입을 만드는 것은 중요한 일이다. 디지털 팀은 액슈어Axure나 옴니그래플OmniGraffle 같은 프로그램으로 상당히 정교한 프로토타입을 만들어낸다. 이러한 프로토타입들은 전략적 사용 가능성을 검증하거나 개발팀에게 기능성을 전달할 때 유용하게 쓰일 수 있다. 반대로, 전략적인 개념을 소비자에게 전달하기 위해 뭔가 '클릭할 만한 것'을 만드는 것은 쉽사리 자원을 낭비하는 일이다. 실제로 내가 전략에 대한 것을 말하면서도 전형적인 UX 방식인 와이어프레이밍wireframing을 전혀 언급하지 않았다는 것을 눈치챘을 것이다. 소비자들과 주주들은 대부분 와이어프레임을 보지 못하고 이를 통해 경험을 '얻지' 못한다. 만약 당신이 중요한 아이디어를 그들의 상상력에 맡긴다면, 일부 고객들의 반대를 무릅써야 할 것이다. 왜냐하면 어떤 이들은 이해를 하지 못하기 때문이다.

배울 것이 없는 프로토타입은 시간 낭비라고 생각한다. 6장에서, 나는 핵심 경험에 집중해야 하는 이유를 이야기했다. 이제 '솔루션 프로토타입solution prototype'을 만들기 위한 시작점으로써 스토리보드를 사용할 것이다. 이렇게 함으로써 실험을 실행할 수 있으며 사용자에게 기능 검증 절차Proof-of-Concept를 보여줄 수 있을 것이다. 또한 팀이 게릴라 사용자 조사를 할 수도 있을 것이다. 게릴라 사용자 조사에 대해서는 8장에서 살펴보기로 하자.

솔루션 프로토타입을 뚝딱 디자인하는 세 단계

나는 솔루션 프로토타입을 '5화면 MVP'라고 불렀었는데, 이제는 그러지 않는다. 왜냐하면 프로토타입은 분명히 '실용적'이지 않고 '상품'이 아니기 때문이다. 프로토타입의 유일한 목적은, 인터페이스의 핵심 경험을 보여주며 제품의 잠재적 비즈니스 모델을 슬쩍 엿볼 수 있는 최소한의 화면을 만들도록 하는 것이다. 이는 혁신적인 스토리보드를 한 단계 끌어올릴 수 있는 기회이기도 하다.

그러나 스토리보드와 마찬가지로 솔루션 프로토타입도 개발을 위해 픽셀 단위까지 완벽하게 만들 필요는 없다. 인터페이스와 도판은 현존하는 다른 웹사이트에서 잘라와 붙여 넣어도 된다. 콘텐츠를 입력해 넣는 수고를 덜 수 있을 것이다. 고객의 평가를 얻기 위한 실험을 하기 위해서는 아웃풋을 이용할 수도 있다. 프로토타입은 최종 상품이 아니다. 다만 향후 디자이너에게 정보와 영감을 주거나 어쩌면 디자이너를 괴롭힐 수도 있을 것이다.

솔루션 프로토타입 화면과 콘텐츠의 일반적인 프레임워크는 다음과 같다. 중간 화면의 순서와 양은 핵심 경험을 몇 개나 보여줄 필요가 있느냐에 따라 조절할 수 있다.

1. **설정** 보통 랜딩 페이지나 사용자 대시보드
2. **핵심 UX 1** 보통 1~3개의 화면에 가치 혁신을 보여주는 핵심 상호작용을 담는다.
3. **핵심 UX 2** 보통 1~3개의 화면에 가치 혁신을 보여줄 수 있는 핵심 상호작용을 담는다.
4. **가치 제안** 성공적인 거래의 최종 결과
5. **가격 책정 전략적용 가능한 경우** 앱의 가격, 월별 요금, 패키지 비용 등을 보여준다. 제품 수익 흐름이 광고로 이루어질 경우 주요 화면에 어떻게 광고가 보일 것인지 예를 제시하는 것도 고려해야 한다.

3장에서 소개한 내 학생들인 비타와 에나의 예로 돌아가서 성공적인 솔루션 시제품을 만드는 법을 알아보자.

1단계

보여주려는 화면의 간단한 목록이나 개요를 써라. 1~2개의 핵심 경험이 포함될 것이다. 스토리보드를 작성할 때처럼, 정말로 보여줄 필요가 있는 세부 사항을 뽑아내야 한다.

비타와 에나는 스토리보드에 더 많은 세부 사항을 추가하고 싶어 했다. 그들의 목록을 보자.

1. 랜딩 페이지에 사용자의 질문이 기입될 것
2. 목록과 지도, 필터가 노출된 결과 세트
3. 목록과 지도, 필터가 필터링된 결과 세트
4. 결과 상세 화면
5. 가정의 이미지를 보여주는 사진 갤러리, 특히 결혼식 사진
6. 패키지 선택사항과 그 가격
7. 여행 설정 화면
8. 서비스 비용을 포함한 최종 가격을 확인하는 화면

솔루션 프로토타입의 모든 단계가 고객이 온라인에서 하는 경험을 시사하고 있는 것을 주목하라. 비타와 에나가 검증하고 싶은 것이 바로 이것이기 때문이다. '디지털 제품이 고객의 문제를 해결하는가?'

2단계

스토리를 들려주는 이미지들을 섞어 만들기 시작하라.

6장에서는 잘 꾸려진 UX와 UI 디자인 패턴들이 많다는 점을 다루었다. 이 단계에서는 처음부터 만들어나가는 대신에 그러한 패턴을 아무 문제 없이 참조할 수 있다. 그러나 프로토타입이 진짜처럼 보이도록 최선을 다해야 한다. 앞서 기계로 된 터키인

을 이야기를 할 때 말했듯이 핵심은 기계 견본의 시뮬레이션을 만드는 것이다.

〈그림 7-11〉부터 〈그림 7-18〉까지는 비타와 에나의 최종 솔루션 프로토타입이 어떻게 생겼는지 보여준다. 잘 들여다보면 대부분 아이디어를 경쟁자와 선배들에게서 빌려온 것임을 알 수 있을 것이다.

그림 7-11
에어비앤비 웨딩 서비스의 프로토타입 화면 1

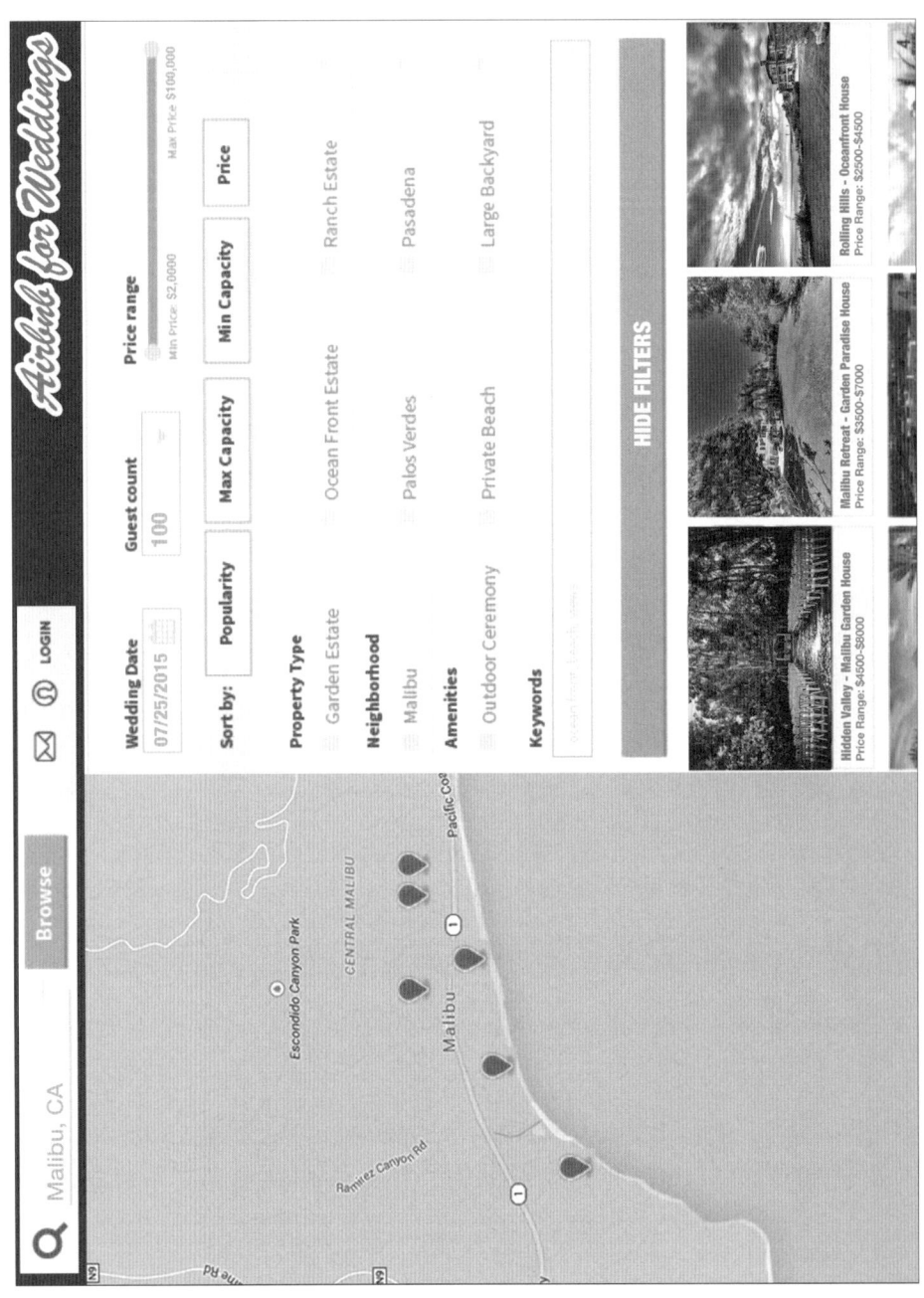

그림 7-12
에어비앤비 웨딩 서비스의 프로토타입 화면 2

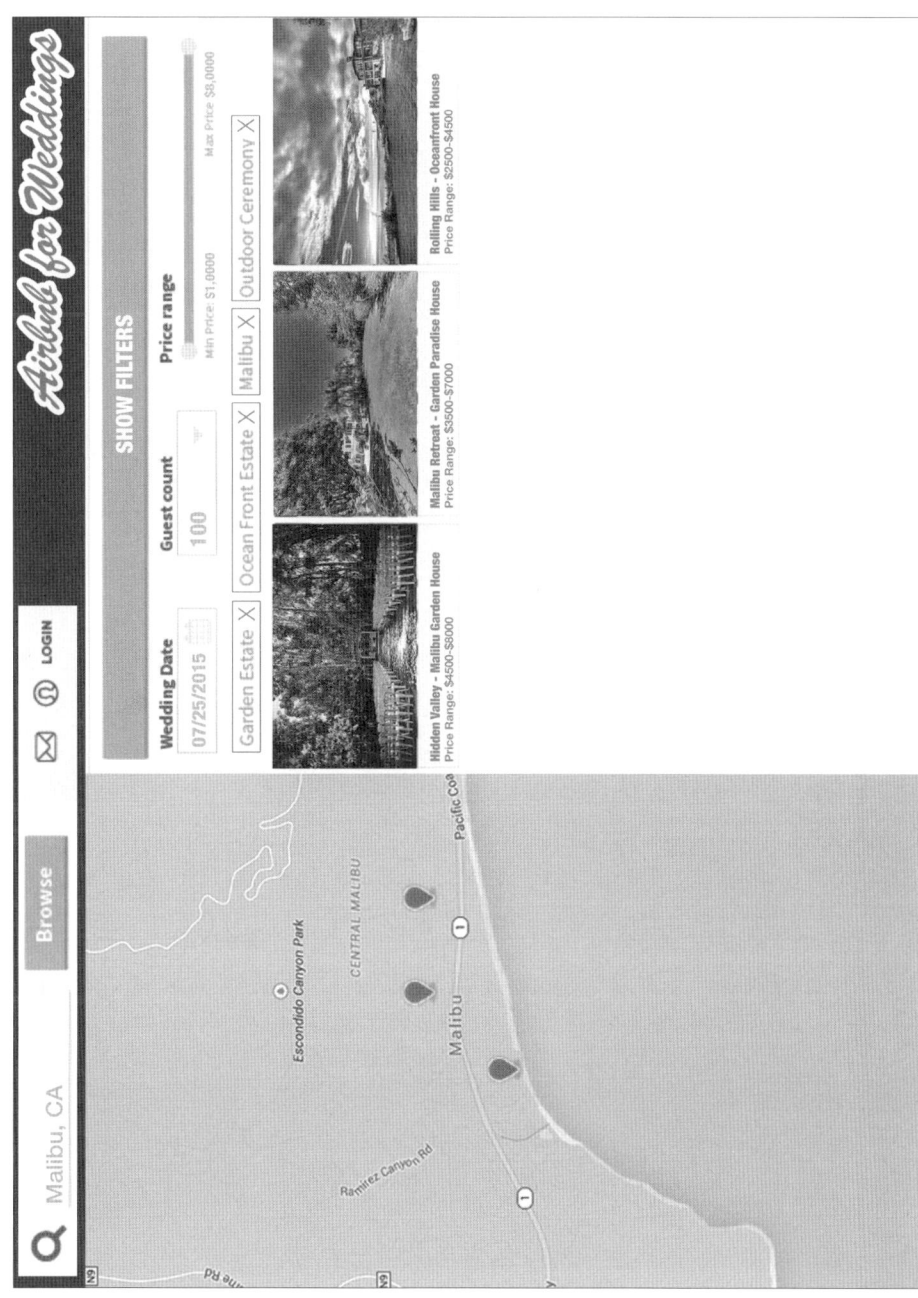

그림 7-13
에어비앤비 웨딩 서비스의 프로토타입 화면 3

그림 7-14
에어비앤비 웨딩 서비스의 프로토타입 화면 4

그림 7-15
에어비앤비 웨딩 서비스의 프로토타입 화면 5

그림 7-16
에어비앤비 웨딩 서비스의 프로토타입 화면 6

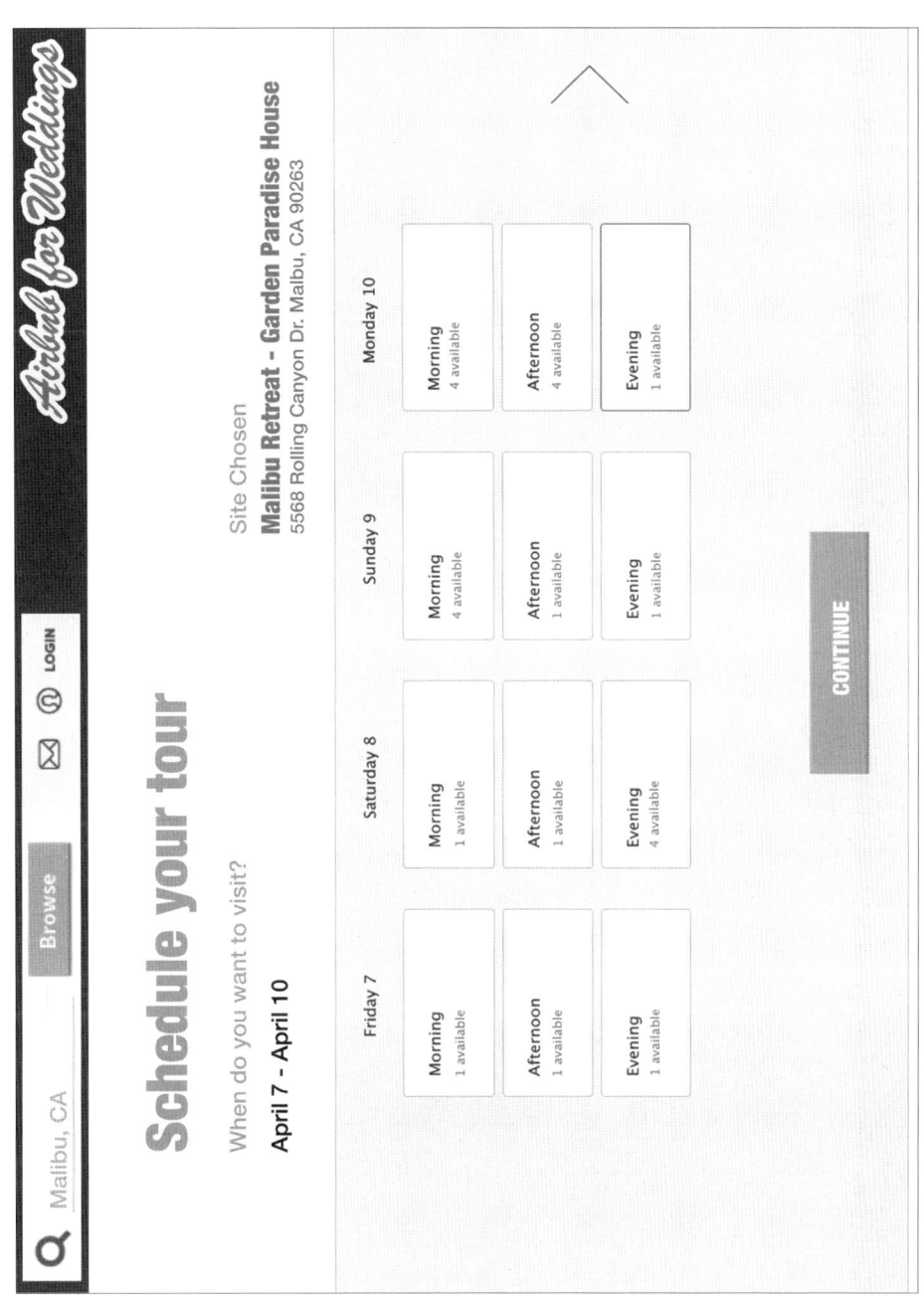

그림 7-17
에어비앤비 웨딩 서비스의 프로토타입 화면 7

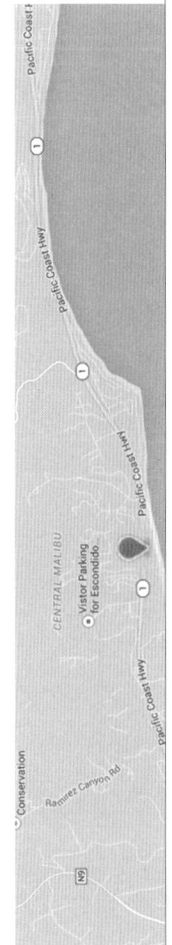

그림 7-18
에어비앤비 웨딩 서비스의 프로토타입 화면 8

화면 1부터 5까지는 에어비앤비 콘셉트를 콘텐츠와 함께 재작업

화면 6은 다이렉TV 패키지를 웨딩 패키지용으로 재조정

화면 7은 애플의 지니어스바Genius bar에서 예약 시스템을 따옴

화면 8은 맞춤 디자인

첫 버전을 만들 때는 가장 빨리 일할 수 있는 어떤 도구연필, 화이트보드, 포토샵, 뭐든 편리한 것으로를 이용해도 상관없다. 전체 솔루션 프로토타입이 어떻게 될 것인지 파악이 될 무렵에 시각 디자이너가 작업을 시작하면 된다.

3단계

모든 스크린샷을 프레젠테이션 툴에 붙여 넣어라

나는 혼자서 작업할 때는 포토샵에서 레이아웃을 만든다. 디자이너팀과 같이 작업할 때는 구글 프레젠테이션Google Presentation을 이용해서 프로토타입을 구축하길 권한다. 이렇게 하면 팀이 다양한 화면을 구축할 때 쉽게 협력할 수 있다. 구글 프레젠테이션으로 만든 프로토타입은 PDF 형식으로도 완벽하게 출력되므로, 배포하기도 쉽다. 그래서 비타와 에나 역시 선형 솔루션 프로토타입을 포토샵에서 구축한 뒤 최종 제품을 PDF로 뽑아내기로 결정했다.

이는 중요한 단계다. 왜냐하면 프레젠테이션에서 중점적으로 신경 써야 할 점은 이해관계자들에게 솔루션 프로토타입을 보여주는 것이 아니라, 고객에게 프로토타입을 보여주는 것이기 때문이다. 사용자들은 상호작용이 되지 않더라도 인터페이스를 사용하고 있다고 느끼고 싶어 한다. 아이패드 같은 색이 쁘게 나오는 화면에 PDF를 띄우는 것은 게릴라 사용자 조사에서 매우 효과적이다. 8장에서 더 자세히 살펴보기로 하자. 참가자는 자기가 보고 싶은 속도로 화면을 넘겨볼 수 있다. 앞뒤로 오가면서 핵심 경험이 진행되는 흐름을 이해할 수 있다. 이 정도의 상호작용으로도 훌륭한 피드백을 받을 것이다. 예를 들어, 비타가 예비 신부 신랑에게 솔루션 프로토타입을 보여주었을 때, 그들은 적당한 가격의 집에서 환상적인 결혼식을 올릴 수 있다는 아이디어를 좋아

했다. 그들은 에어비앤비를 사용해보았고 개인 간에 주택 임대차가 어떻게 이루어지는지 알고 있었다. 하지만 그들은 솔루션 프로토타입 인터페이스를 통해서는 여행 일정을 정할 수 없다는 점을 지적했다. 비타와 에나가 미처 고려하지 못한 점이었다. 결국 이를 수정하여 사용자가 여행 일정을 고르는 달력 기능을 포함시켰다.〈그림 7-17〉 참고 그런 다음 비타와 에나는 다섯 명의 목표 고객을 대상으로 새로운 프로토타입을 보여주고 이 기능이 그저 '있으니 좋은' 것 이상인지 알아보았다.

인터랙티브 프로토타입을 제작하기 위한 멋진 툴들

어도비 아크로뱃Adobe Acrobat, http://www.adobe.com/products/acrobat/create-interactive-pdf-files.html: 인터랙티브한 PDF 파일을 제작하는 툴로 어도비 아크로뱃으로 이미지를 불러와서 그 이미지를 인터랙티브하게 만드는 것이다.

발사믹 목업Balsamiq Mock-Up, https://balsamiq.com: 와이어프레임을 신속하게 제작하는 툴로 수백 가지의 인터랙션 패턴과 아이콘을 이용해 웹사이트, 모바일 앱 등을 빠르게 만들 수 있다.

인비전Invision, http://www.invisionapp.com: 인비전은 어떤 툴을 사용하더라도 고해상도 압축파일을 만들 수 있게 해주는 툴이다. png 파일을 업로드하고 그것들을 모바일 기기에서 사용자들이 확인할 수 있게끔 쉽게 공유할 수 있다. 코멘트와 설명을 캡처하기에도 용이하다.

UXPin http://www.uxpin.com: UXPin을 사용하면 포토샵에서 파일을 가져올 수 있고 URL을 통해 사람들이 테스트해보고자 하는 환경에서 데모를 제공할 수 있다.

Prott https://prottapp.com: Prott를 사용하면 이미지들을 쉽게 엮을 수 있으며 핫스팟hotspot을 더하고 다양한 기기에서 콘셉트를 테스트할 수 있도록 인터랙티브 프로토타입을 내보낼 수도 있다.

솔루션 프로토타입 현실성 확인 : 왜 사용자 경험 조사와 비즈니스 모델 구축은 함께 진행해야 하는가?

2장의 비즈니스 모델 캔버스를 기억하는가? 〈그림 2-3〉 왼쪽을 자세히 들여다본 다음 〈그림 7-19〉를 보자. 우리는 거기에 나와 있는 구성 요소들핵심 제휴업체, 핵심 활동, 핵심 자원이 솔루션 프로토타입의 구성에 미칠 영향을 고려해야 한다.

당신은 프로토타입 콘셉트의 실행 계획을 팀원들에게 솔직하게 이야기해야 한다. 인터페이스에 대한 디지털 솔루션을 실험해보고자 하는 거라면, 당신은 화면 너머의

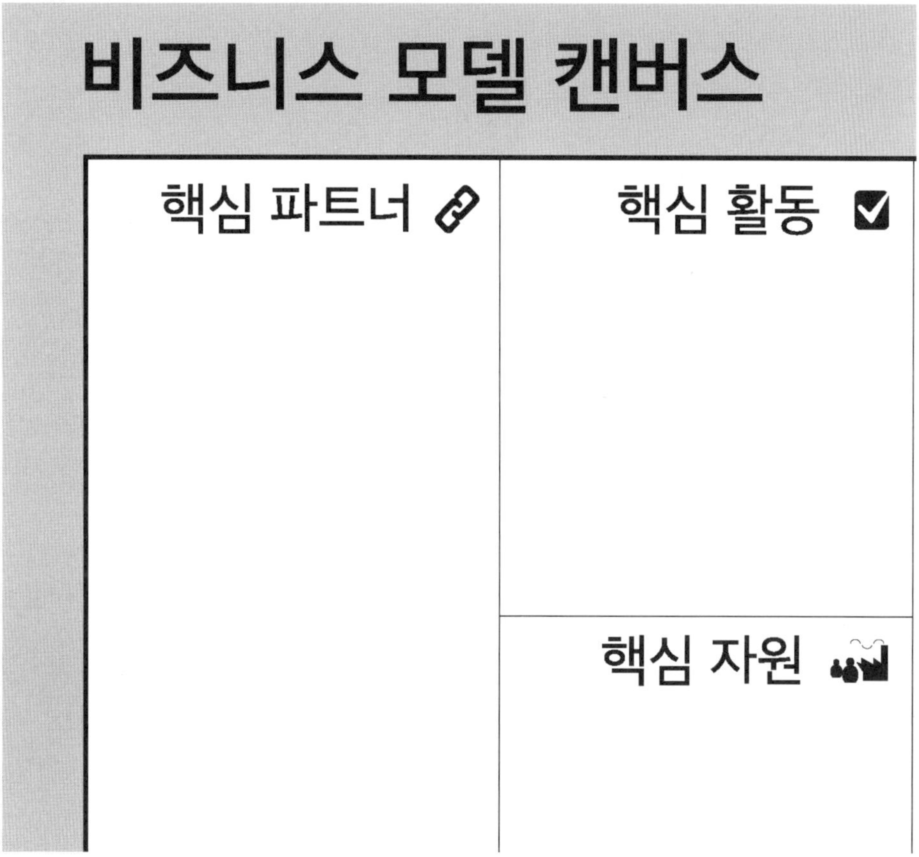

그림 7-19
해결책의 이면에 있는 핵심 구성 요소들

모든 필요한 것들에 대해 속속들이 알고 있는가? 더 나아가, 그 모든 것들은 실현 가능하며 지속 가능한가? 트레이드야의 경우에, 우리의 컨시어지 모델은 명백하게 지속 가능하지 않았다. 만약 우리가 엄밀히 따져보았다면, 우리는 재러드가 개인적으로 각각의 거래를 촉진하는 것에 의존지 않았을 것이다. 그는 첫 거래가 성사될지 불안해하는 모든 신규 사용자들을 파악할 수 없었다. 그래서 우리는 더 나은 방법을 떠올려야 했다9장에서 더 이야기하기로 하자.

비타와 에나는 실제 사용자에게 프로토타입을 보여주기 전에 각각의 단계별로 특정한 질문과 문제점 목록을 만들었다. 스스로에게 던진 그 질문들 중에는 누가 핵심 파트너인지 묻는 것도 있었다. 핵심 활동은 무엇인가? 그리고 핵심 자원은 무엇이며 어디에서 그것을 얻을 것인가? 답을 얻기 위해 그들은 다음과 같은 질문을 했다.

화면 1~5
우리는 큰 집들의 초기 재고를 어디에서 얻을 수 있을까? 초기에 에어비앤비나 다른 주택 임대차 사이트에서 사람들과 접촉해서 집의 재고를 확보할 수 있을까?

화면 5
어떻게 하면 고객이 개인 주택을 예약하도록 유혹할 사진들을 찍을 수 있을까? 에어비앤비처럼 우리도 사진사를 고용해서 뒷마당과 집들을 찍을 수 있을까?

화면 6
음식을 제공하고, 대리 주차를 해주고, 꽃을 준비하는 등의 일을 해주는 파티 업자들을 어떻게 선별해야 할까? 사람은 얼마나 필요할까? 그런 제휴관계는 어떻게 맺을까? 이미 특정 지역에서 서비스를 제공하고 있는 지역의 작은 프랜차이즈에 초점을 맞추는 것이 더 나을까?

화면 7
집주인과 손님들이 선택할 가능성이 가장 높은 시간대는 언제일까? 목록을 보여주는 것이 좋을까, 아니면 주말로 한정하는 것이 좋을까?

화면 8

총비용을 산정하는 웨딩 패키지를 만드는 게 가능하기는 한가? '견적'이라는 단어를 넣는 것이 안전장치일까, 아니면 예산이 한정된 손님들을 쫓아버리게 될까? 이렇게 변수가 많은 패키지를 만드는 현실적인 이유는 무엇일까?

전반적인 프로토타입 질문들

솔루션을 좀 더 쉽게 시험하는 데 도움이 되는 것은 없을까? 만약 우리가 산타모니카나 로스앤젤레스 해변 지역처럼 시장의 특정 부문에 집중하면 어떨까? 얼마나 많은 사람이 이렇게 중대한 행사를 진심으로 준비하려고 할까? 모든 일을 조율할 웨딩플래너가 필요할까? 아니면, 이 플랫폼이 중개업자웨딩플래너를 배제하고 신부들이 비용을 절약하게 해줄 완성형 솔루션이 될까?

이들 질문에 대한 답은 시간이 지남에 따라 바뀐다. 예를 들어, 비타와 에나가 사이트에 전시할 집은 어디에서 구할까? 초기에는 개인적으로 집주인을 설득할 필요가 있을 것이다. 내 어머니와 그녀의 동업자 레아가 첫 고객들에게 한 것처럼 말이다. 어느 정도 규모가 커지면, 비타와 에나는 사용자들을 모으기 위해 온라인 광고를 할 필요가 있을 것이다. 이들 사용자에게 가치 제안을 판매하면 그들이 서비스에 가입할 것이다.

'전환'9장에서 다룬다을 시작하기 전에, 고객에게 면대면 실험을 실행함으로써 솔루션 프로토타입을 테스트하는 방법을 배워야 한다. 이제 잠재적 사용자들을 게릴라 조사로 습격할 차례다.

요약

이 장의 교훈은 아무도 사용하기를 원치 않을 제품에 시간, 돈, 노력을 들이지 말라는 것이다. 대신에 검증된 사용자 학습을 얻어낼 수 있는 작고 구조화된 실험을 개발하고 운영할 방법을 모색하라. 새로운 제품의 경험을 관리할 수 있는 뭔가를 해라. 심지어 당신의 침실 벽장에서 그 상품을 팔아야 할지라도 말이다.

실험은 대부분 실패한다. 그러니 결과를 충분히 생각하고 가치 있는 결과물에 집중하라. 때때로, 결과는 명확하지 않을 것이다. 따라서 각각의 실험 후에는 팀원들끼리 토론을 통해 실험 결과를 해석해야 한다.

8장
게릴라 조사 수행하기

운에 맡기고 밖으로 나가보세요.
좀 해보고 노력했다고 말해보세요.
직접 불만과 마주해보시고.
한 관점은 더 많은 감정을 만들어내죠.
—조이 디비전Joy Division, 1979

이 정성적 현장 조사는, 소규모의 구조화된 실험을 통해 가치 제안 및 혁신적인 핵심 경험에 대한 가정을 사용자들에게 즉각적으로 검증하도록 도와줄 것이다. 이 장에서는 게릴라 사용자 조사를 통해 잠재적인 고객층으로부터 행동으로 옮길 수 있는 결과물을 얻어내는 데 초점을 둘 것이다. 7장에서 다룬 프로토타입을 이용해 진실에 좀 더 가까이 다가가자. 마음을 열고 제품의 핵심 경험을 잠재 고객들이 어떻게 느끼고

그림 8-1
제3원리: 검증된 사용자 연구

생각하는지 진정으로 들어야 한다. 이 장에서는 제3원리, 검증된 사용자 조사(그림 8-1)에 초점을 맞추고, UX 전략 툴킷을 사용하는 법을 다룬다.

게릴라 사용자 조사 : 작전명 실버 레이크 카페

2013년 9월 23일, 맨손의 UX 단원들이 내가 1장에서 소개한 소프트웨어 엔지니어의 가치 제안에 대한 조직적인 공습을 감행했다. 치료센터 작전은 캘리포니아의 실버레이크에 있는 최신 유행 카페 두 곳에서 10명이 참여한 가운데 8시간 동안 열렸다. 전체 팀리더, UX 연구자, 이벤트 기획자과 인터뷰 참가자들은 작전을 마치고 무사히 해산했다. 모든 인터뷰는 큰 사고 없이 이루어졌다. 하지만 현장을 떠난 의뢰인은 감정적으로 피로를 호소했는데, 연구 결과가 기대 고객층모든 사람이 솔루션에 기꺼이 돈을 지불할 것이라는 그의 가정을 빗나갔기 때문이다. 그의 비즈니스 모델은 엉망이 되었다.

작전이 어떻게 진행되었는지 살펴보자.

오후 1 : 10

UX 연구원이 첫 번째 카페에 도착한다. 그녀는 커피를 사고 거액의 팁을 준다. 그리고 그녀는 위층으로 올라가 카페 종업원들의 시선을 피할 외진 공간을 찾는다. 6개의 정사각형 테이블이 있는 공간이다. 모든 좌석이 찼기 때문에 그녀는 테이블이 비길 기다린다.

오후 1 : 30

좌석 두 개가 있는 테이블 하나가 빈다. UX 연구원은 테이블을 잡고 좌석 하나에 여분의 재킷을 걸어놓는다. 그녀는 노트북을 꺼내 와이파이 연결과 직렬 전원 콘센트를 확인한다. 그녀가 자리를 잡는 동안, 제이미팀 리더와 의뢰인소프트웨어 엔지니어이 카페에 들어온다. 그들은 커피를 사고 거액의 팁을 남기고 위층으로 올라간다. 그들은 UX 연구원과 눈을 마주치고 세 명이 앉아서 인터뷰를 진행할 수 있는 테이블을 찾아 카페를 둘러본다.

1 : 45 p.m.

직렬 콘센트 근처이면서 계단이 보이고 세 명이 앉을 수 있는 테이블이 빈다. 제이미가 계단을 바라보는 자리에 앉는다. 의뢰인이 반대편에 앉는다. 제이미가 이벤트 기획자에게 문자를 보낸다. "인터뷰 장소가 준비되었습니다." 이벤트 기획자는 카페 앞에 자리를 잡고 공무원처럼 보이도록 클립보드를 꺼낸다. 그의 임무는 카페에 들어가기 전에 참가자를 잡는 것이다.

오후 1 : 55

참가자 1호가 카페에 나타난다. 이벤트 기획자가 문에서 그를 맞이한다. 기획자는 참가자 1호를 카페 안 위층의 첫 번째 인터뷰 테이블로 안내한다. 기획자는 팀 리더와 의뢰인에게 참가자 1호를 소개하고 나가기 전, 참가자 1호가 마실 커피를 주문한다.

오후 2 : 05

참가자 2호가 5분 후 나타난다. 이벤트 기획자가 문에서 그녀를 맞이한다. 그녀를 UX 연구원이 있는 위층의 두 번째 인터뷰 테이블로 데려간다. 연구원히 그녀에게 공손하고 전문적인 태도로 인사한다. 그리고 이벤트 기획자는 그녀의 커피 주문을 받아 아래층으로 가서 음료를 산다. 그는 팁을 후하게 남긴다. 그는 위층에 있는 두 참가자가 마실 음료를 가지고 돌아간다. 이때쯤 그는 참가자들에게 현금을 지불한다. 인터뷰가 시작되고, 기획자는 바깥으로 돌아가 다른 참가자가 오기를 기다린다.

오후 2 : 10~오후 2 : 45

팀 리더와 UX 연구원은 30분간 인터뷰를 하고 정시에 마친다.〈그림 8-2〉 참고 의뢰인은 인터뷰를 들으며 실시간으로 받아 적은 다음 이를 팀이 볼 수 있게 클라우드에 저장한다. 인터뷰를 마치고 나서 팀 리더와 UX 연구원은 인터뷰 질문을 바꿀 필요가 있는지를 신속히 논의한다. 그런 편집 과정을 거친 후 이벤트 기획자에게 다음 참가자를 데려오라고 문자를 보낸다.

그림 8-2
카페에서 진행된 게릴라 조사 인터뷰: 왼쪽이 진행자이고 오른쪽은 의뢰인이다. 참가자는 벽을 보고 있다.

오후 2 : 55~오후 4 : 59

이 시간 사이에 참가자 3호가 도착한다. 참가자 4호는 나타나지 않고, 참가자 5호와 6호는 예정대로 도착한다. 이벤트 기획자가 문에서 각각의 참가자를 맞이하고 위층의 적절한 인터뷰 테이블에 데려간 후, 음료 주문을 받고 배달한 후 참가비를 지불한다. 팀 리더와 UX 연구원이 남은 인터뷰를 진행하고 정시에 끝내는 동안 의뢰인은 계속해서 관찰하고 필기한다.

오후 4 : 45

예정된 마지막 참가자가 온 후, 이벤트 기획자는 선셋 대로에 있는 두 번째 카페로 향한다. 그는 샌드위치와 음료를 주문하고 직류 어댑터 근처에 있는 테이블을 찾는다.

오후 5 : 00

첫 번째 카페에서 진행한 인터뷰를 세 시간 만에 마무리한다. 총 5명의 참가자가 인터뷰에 응했다. UX 연구원, 팀 리더, 의뢰인은 연구 결과를 논의하고 인터뷰를 통해 얻은 바를 정리한 후 두 번째 카페에서 진행할 인터뷰 질문을 조정한다. UX 연구원은 집에 간다. 그녀는 더 이상 인터뷰를 할 필요가 없다. 제이미와 의뢰인은 두 번째 장소로 향한다. 그들은 이벤트 기획자를 만나고 저녁을 주문한다. 5시 20분 무렵, 이벤트 기획자가 클립보드를 들고 문 앞에 자리를 잡는다.

오후 5 : 30

참가자 7호가 도착한다. 이벤트 기획자가 문에서 그를 맞이하여 테이블로 데려간다.

오후 6 : 00

참가자 8호가 30분 일찍 도착해서 카페 뒷문으로 들어온다. 그녀는 곧장 인터뷰 테이블로 향해 진행 중인 인터뷰를 방해한다. 제이미는 참가자 8호를 이벤트 기획자에게 넘겨주고, 기획자는 능숙하게 상황을 처리한다. 제이미는 방해받은 인터뷰를 마친다.

오후 6 : 30~오후 8 : 30

두 인터뷰가 별일 없이 진행된다. 도중에 의도적으로 이중 예약한 한 참가자가 나타나 참가비를 주고 사정을 봐주기로 한다. 두 번째 카페에서 진행한 인터뷰가 3시간 만에 마무리된다. 총 3명의 참가자가 이 장소에서 인터뷰에 응했다.

오후 9 : 00

의뢰인, 제이미, 이벤트 기획자가 결과물을 논의하고 인터뷰를 통해 얻은 바를 정리한다. 임무 보고를 마치고 모두 집에 간다.

계획에 한 주가 걸리고 5,000달러의 연구 예산이 든 긴 하루 후에, 우리는 노트를 들여다보거나 우리가 발견한 것들을 분석할 필요조차 없었다. 참가자들은 솔루션 시

제품에 경탄하고 찬사를 보냈다. 그들은 프로토타입의 UX를 통해 보여준 가치 제안과 핵심 경험을 좋아했다. 하지만 의뢰인은 자신이 선택의 기로에 섰다는 것을 느꼈다. 고객들이 솔루션에 열광적인 반응을 보이긴 했지만, 그들은 계속해서 비즈니스 모델경로, 매출원, 비용 구조이 틀렸음을 입증했다.2장의 비즈니스 모델 캔버스 참고 이것들 없이는 제품은 지속 가능하지 않았다. 그는 처음부터 다시 시작해야 할지, 아니면 계속해나갈지 힘든 결정을 해야 했다.

교훈

- 핵심 이해관계자를 진짜 고객 앞에 놓으면 좋건 나쁘건 모든 반응을 직접 듣게 될 것이다.
- 현장 조사를 성공적으로 수행하려면 준비되고 잘 조직된 원격 팀의 지원이 꼭 필요하다.
- 검증된 결과를 얻기 위해 돈과 시간이 많이 드는 노력을 할 필요는 없다.

사용자 조사 vs 게릴라 사용자 조사

사용자 조사를 실시하는 목적은 제품의 가치 제안을 알리기 위해 타깃 고객층의 요구와 목표를 이해하는 것이다. 카드 분류, 맥락 조사, 중심 집단, 설문조사 등 사용자의 인식을 이해하기 위한 많은 방법들이 있다. 사용자 조사 기법을 배우기 위한 책도 수백 권은 될 것이다. 내가 좋아하는 두 권의 최신 서적은 로라 클라인Laura Klein의 《UX for Lean Startups》과 레아 불리Leah Buley의 《The User Experience Team of One》이다.

사용자 조사는 보통 사용성 검증과 기술적 배경 조사를 포함한다. 각각은 이점과 단점이 있으며, 제품과 과정에 가장 알맞은 조사를 결정하려면 그 차이를 알아야 한다.

사용성 검증은 사람들이 실시간으로 제품을 어떻게 이용하는지 밝힘으로써 제품이 잘 작동하는지에 집중한다. 사용성 조사에서 검사하는 데이터는 다음을 포함한다.

- 사용자가 인터페이스를 이용해 필요한 업무를 수행하는가?
- 사용자가 이를 수행하기 위해 얼마나 많은 클릭을 하는가?
- 사용자가 제품을 파악하는 데 시간이 얼마나 걸리는가?

이런 질문에 대한 답을 찾다 보면 제품의 행동 요청calls to action이 제대로 배치되어 있는지, 사용자가 중요한 정보를 찾을 수 있는지, 안내 용어가 명확한지 등을 확인할 수 있다. 예전에는 사용성 검증이 양방향 거울이 있는 특별한 사용성 연구소나 대기업 구내에서 이루어졌다. 요즘에는 온라인 서비스를 이용한 원격 수행이 가능해졌다. 유저테스팅닷컴Usertesting.com 같은 이들 서비스는 사람들이 어떻게 제품이나 프로토타입을 사용하는지 그들의 생각을 말하면서 보여주는 녹화 영상에 설명을 붙여 신속하게, 그리고 합리적인 가격으로 제공한다. 그러나 사용성 검증은 일반적으로 상호작용 디자인에 관한 것이고, 품질 조절은 물리적인 제품 디자인에 관한 것이다. 다시 말해, 일반적으로 제품이 완성된 후 일반 대중에게 출시되기 전에 이루어진다.

이와 대조적으로 기술적 배경 조사는 사람들의 자연스러운 환경을 연구하는 것으로, 3장에서 앨런 쿠퍼가 주장한 질적 인격과 같은 깊고 어두운 곳으로 파고 들어가는 것이다. 얼마나 심도 깊게 연구해야 할지 이해하기 위해, 내 영웅 중 한 명인 인텔Intel의 인류학 박사 제니비브 벨Genevieve Bell을 살펴보자. 2005년에 나는 그녀가 어떤 프로젝트에 대한 고무녁인 기조연설을 하는 것을 보았다. 그 프로젝트는 아시아에서 사람들이 기술을 사용하는 방식을 파악하는 것으로, 개발도상국으로부터 영감을 얻어 인텔의 차세대 칩 디자인에 대한 정보를 제공하기 위한 것이었다. 2년간 벨 박사는 7개국 19개 도시의 수백 가정을 방문했다. 그녀는 외딴 마을에 살던 한 여성에 대한 이야기를 들려주었다. 그 여성은 물, 전기, 심지어 컴퓨터도 없었지만 대학에 가 있는 아들과 정기적으로 이메일을 주고받고 있었다. 어떻게 그럴 수 있었을까? 그 여성은 수십 킬로미터 떨어진 한 가족의 집으로 가서 그들의 도움으로 이메일을 보내고 있었다. 그녀는 컴퓨터를 사용한 적이 한 번도 없었다!

이런 종류의 사용자 조사에서는 핵심적인 맥락 연구를 실행한다. 그리고 내가 벨 박사와 그녀의 열정적인 현장 조사, 포괄적이고 생각을 일깨우는 분석을 존경하기는 하지만 우리 중 대부분은 인텔을 위해 일하지 않거나 그런 종류의 조사에 쓸 돈과 시간이 없다. 20만 마일을 비행기로 여행하고 호텔 숙박비, 가이드 비용, 일일 경비, 19개의 현장 노트를 작성하는 데 들어가는 비용을 어림잡아 보면 내 머릿속은 멍해진다. 주머니가 두둑한 의뢰인이나 대기업, 제품 전략에 대한 장기 계획을 세우는 연구 분과를 위해 일하지 않는 한, 조사라면 질색하는 물주가 "나가서 후딱 해치우고 오라"고 재촉할 가능성이 농후하다. 이런 경우, 그를 설득해 어떤 식으로든 사용자 조사를 하자고 제안하는 것은 어려울 수 있다. 대신에, 50만 달러가 아닌 5,000달러만 내면 즉각 피드백을 내놓는 양질의 사용자 조사를 할 수 있다면, 어떻게 하겠는가?

답은 게릴라 사용자 조사다. 게릴라전에서 전쟁만 뺀 형태를 생각하면 된다. 게릴라전은 소규모 기동 부대를 이용해 매복과 치고 빠지기 전략으로 적에 맞서는 전략 형태다. '적'은 누구인지 궁금한가? 당신 팀의 주적은 아마도 시간, 돈, 자원일 것이다. 그것들이 없다면 혁신적이면서도 지속 가능한 디지털 제품을 만들어내지 못할 수도 있기 때문이다. 시간이 없거나 예산이 없는 의뢰인에게 있어, 기술적 배경 조사와 같은 전통적인 사용자 조사는 시간이 너무 많이 걸린다. 그리고 사용성 검증은 가치 제안이 목표에 적합한지, 핵심 사용자 경험이 가치 혁신을 제공하는지를 알아보는 것과 그다지 관련이 없다. 그래서 게릴라 사용자 조사가 필요한 것이다. 비용 대비 효율이 높고 기동성 있는 게릴라 사용자 조사를 실행하면 다음 사항들을 빠르게 확인할 수 있다.

- 적합한 고객층을 목표로 두고 있는가?
- 고객이 겪고 있는 공통적인 불편을 해결하고 있는가?
- 제안하는 핵심 경험을 담은 프로토타입으로 보여준 솔루션이 정말로 사용할 만한 것인가?
- 고객이 그 제품을 돈을 주고 살 것인가? 그러지 않는다면, 다른 잠재적 수익 모델이 있는가?
- 이 비즈니스 모델이 통할까?

예산이 넉넉한 의뢰인이더라도 게릴라 사용자 조사를 진행하는 것을 고려해야 한다. 왜냐하면 이러한 종류의 '간략한' 조사는 돈만 절약해주는 것이 아니라 귀중한 시간을 절약해주기 때문이다. 기술 산업은 빠른 속도로 움직이고, 혁신은 움직이는 과녁이다. 여러 장에서 이야기해온 것처럼, 무언가 새로운 것을 해보려는 기회의 창은 곧 닫히거나 이동할 것이다. 게릴라 사용자 조사를 수행하면 당신의 팀이 '작전'을 통해 즉각적이고 유용하며 정확한 지식을 제공할 것이다.

게릴라전: 후아나 갈란에 대한 집중 조명

후아나 갈란Juana Galan은 역사상 가장 유명한 여성 게릴라 전투원 중 한 명이다.〈그림 8-3〉참고 그녀의 이름은 나폴레옹 보나파르트의 '대육군Grande Armée'이 스페인을 침공해서 벌어진 반도전쟁이 한창이던 1808년에 알려졌다. 대육군은 수천수만의 잘 훈련되고 규율이 엄격한 전문 군인으로 구성되어 있었다. 조국을 지키기 위해 갈란은 마을 여성들을 모아 맞서 싸웠다. 그녀는 끓인 기름을 도로 위에 붓고 프랑스 군인들을 향해 창문에서 뜨거운 물을 붓는 등 매우 즉흥적인 전술을 펼쳤다. 이들 기동 전투원들은 마을만 구한 것이 아니라 프랑스 군대가 라만차 지방 전체를 포기하도록 만드는 데 큰 역할을 했다.

그림 8-3
스페인의 여걸이자 게릴라 전사 후아나 갈란(Juana Galán, 1787 – 1812)의 초상화

게릴라 사용자 조사의 세 가지 주요 단계

게릴라 사용자 조사는 기존의 사용자 조사 방법과 다르다. 이는 빠르고, 간략하며, 팀의 비전과 동조하며 이해관계자들에게 즉각적인 투명성을 제공한다. 하지만 많은 협조를 필요로 한다. 녹음기가 있는 단조로운 조사 공간과는 달리, 열린 환경은 통제할 수 없다. 그래서 팀은 각 과정의 모든 단계를 면밀히 생각해두어야 하고 몇 가지 백업 계획을 세워두어야 한다. 목숨이 달린 것은 아니지만, 돈과 시간은 지켜야만 한다!

시간과 비용의 기본 내역을 이해하기 위해 세 가지 단계에 대한 개괄적 검토를 시작하겠다. 그러고 나서, 치료 센터 작전을 사례로 각각의 단계를 자세히 설명할 것이다.

계획 단계 팀의 규모와 참가자 수에 따라 1~2주

계획 단계는 세 단계 중에서 가장 복잡하다. 솔루션 프로토타입을 마무리 짓는 것부터 참가자의 일정 조정까지 모든 것을 포함하기 때문이다. 모든 것은 철저히 따져보고 시간을 맞추고 시연해보아야 한다. 관련된 모든 사람들은 각자의 역할과 어디에 앉을지 설지를 알아야 한다. 실제 게릴라전을 수행할 때와 마찬가지로, 당신은 안으로 들어가서, '적을 해치우고', '잡히지' 말고 카페 주인에게 쫓겨나지 말고 잽싸게 나올 필요가 있다.

조사 계획을 성공적으로 수립하려면 다음과 같은 절차를 따라야 한다..

절차 1 : 사용자 조사 목표를 정한다. 가치 제안과 UX의 어느 측면을 점검할지 정한다.

절차 2 : 원하는 바를 확인할 수 있는 질문을 준비한다. 프로토타입 시연과 함께 전체 인터뷰를 연습한다.

절차 3 : 장소를 찾고 상세 실행 계획을 짠다.

절차 4 : 참가자를 모집한다.

절차 5 : 참가자를 선별하고 일정을 잡는다.

인터뷰 단계 하루

인터뷰 단계는 세 단계 중 가장 신경이 곤두서거나 자극적일 수 있다. 장소를 준비하고 시간을 조정하고 인터뷰를 수행해야 하기 때문이다.

인터뷰 단계에는 다음과 같은 사항이 포함된다.

- 장소 준비하기
- 참가자 보수 지불, 카페 에티켓 지키기, 팁 주기
- 인터뷰 수행하기
- 간결한 필기

분석 단계 2~4시간

분석 단계는 세 단계 중 가장 덜 복잡하지만 가장 중요하다. 이 단계를 대강 해치우지 마라. 왜냐하면 인터뷰 동안 얻은 자료를 한데 모으고, 인터뷰에 참여한 팀원들에게 보고하고, 의뢰인이 함께 있다면 의뢰인의 피드백을 얻고, 이 모든 정보를 빠르게 조합하여 궁극적으로 인터뷰를 통해 제대로 된 증거를 효과적으로 수집하고 있는지를 결정해야 하기 때문이다. 마지막 단계는 분석에 근거하여 앞으로 나아갈 최선의 방법을 결정하는 것이다.

계획 단계 1~2주
절차 1 : 목표를 정하라

이 첫 단계에서는 사용자 조사의 목표를 수립하고 가치 제안과 UX의 어떤 측면을 검증할지 정해야 한다.

자신에게 물어보라. "이 제품이 정말로 용도, 시장성, 실현 가능성을 가지고 있는지 알아내기 위해 내가 알아야 할 가장 중요한 것은 무엇인가?" 이는 '현시점에서 아직도 논의 중인 가장 위험도가 높은 가정이 무엇이냐?'고 물어야 한다는 뜻이다. 소프트웨어 엔지니어의 사례에서, 가치 제안은 여전히 불확실한 상태였다. 3장에서 소개한 공식을 사용하면, 게릴라 사용자 조사를 실행하기 이전의 가치 제안은 '사랑하는 사람들에게 서비스를 제공할 곳을 찾는 사람을 위한 것'이라는 점에서 기본적으로 호텔스닷컴Hotels.com의 가치 제안과 같았다. 소프트웨어 엔지니어의 인터페이스는 호텔스닷컴과 비슷한 매칭 시스템을 제공했다. 사용자들이 내고 싶은 가격을 입력하면 시스템이 지정된 가격 범위 내에서 서비스를 제공처를 추천한다. 호텔스닷컴에서처럼, 재활 센터의 이름은 사용자가 예약할 때까지 드러나지 않았다. 우리 팀은 이러한 역경매 비즈니스 모델이 해당 사용자층에 바람직한 것인지 알 수 없었다.

비즈니스 모델은 본질적으로 UX에 매어 있기 때문에, 이러한 불확실성은 제품에 대한 다른 어떤 결정도 내리지 못하게 만들었다. 우리는 가치 제안의 성패를 확인하기 전까지 일을 진전할 수 없었다. 또한 이는 우리 팀이 의뢰인과 함께 드로잉 테이블로 돌아가기 전에 '아니요'라는 단어를 몇번 들어야 하는지, 그리고 일을 진행하기 전에 '예Yes'를 몇번이나 들어야 하는지를 결정해야 함을 의미했다. 전체 작전을 마치고 나서 성공 여부를 판단하는 기준은 무엇이 될 것인가? 이는 당연히 우리가 인터뷰할 참가자들의 피드백에 달려 있었다.

절차 2 : 인터뷰 질문 준비

5장에서 스타벅스 라테16온스에 화씨 90도 vs. 편안함과 맛있음를 통해 양적 데이터 포인트와 질적 데이터 포인트의 차이를 이야기했다. 데이터 포인트 말고도 양적, 질적 사용자 조사 사이에는 차이가 있다. 우리는 각각의 유형에서 두 가지 모두를 수집하게 마련인데, 양적 사용자 조사는 대개 대규모 사용자 샘플에 의존한다. 사용자가 많을수록 사용자 샘플의 숫자도 많아진다. 이와는 대조적으로, 질적 사용자 조사는 더 적은 수의 선별된 사용자에게 의존한다. 양보다 질인 것이다. 이것이 주요한 차이이며 당신의 팀이 수행할 조사는 바로 질적 사용자 조사다.

게릴라 사용자 조사의 목표는 하루에 1,000명의 사용자에게 프로토타입을 내놓는 것이 아니다. 대신에, 5~10명의 까다롭게 선정한 사용자들과 상호작용함으로써 집중적이고 날카로운 통찰을 얻는다. 닐슨 노먼 그룹Nielsen Norman Group은 사용성 연구가 최대 5명의 사용자를 검증하는 것으로 충분하며, 그 이상 진행해봐야 같은 말을 반복해서 듣게 될 뿐이라고 믿는다. 만약 10명의 사용자에게 제품을 보여주고 그들 중 아무도 그 아이디어를 좋아하지 않는다는 걸 알게 된다면, 그 제품의 성패를 판단할 수 있을 것이다. 하지만 당신의 가치 혁신을 계속 추구하고 싶다면, 사용자가 좋아하고 싫어한다는 것 이상의 정보를 알아내야 한다. 끈질기게 왜, 어떻게, 무엇을 바꾸면 제품을 더 좋게 만들 수 있는지 밝혀내야 하는 것이다.

게릴라 사용자 조사는 사용성 검증이 아니라는 점을 명심해야 한다. 사용성 검증에서는 사용자가 실제 제품을 가지고 어떻게 과제를 완수하는지를 그저 관찰하면 된다. 여기에서 프로토타입꼭 클릭하지 않아도 되는 것은 미래의 제품을 분명히 머릿속에 그릴 수 있게 돕기 위한 것이다. 그래서 목표하는 바를 이룰 수 있는지에 대한 충분히 쓸모 있는 피드백을 얻으려는 것이다. 당신은 사용자를 핵심 경험으로 이끌 것이고, 받아낸 피드백은 주로 언어적이며, 실제적이고 노골적이며 직접적일 것이다.

이러한 질적 반응을 얻기 위해서는 인터뷰 질문을 제대로 생각할 필요가 있다. 적절한 종류의 열린 질문과 후속 질문을 한다면 이전에는 생각해보지 못했을 가치 창출의 기회를 발견할 수 있을 것이다.

나는 '문제 인터뷰'와 '해결 인터뷰'라는 두 가지 훌륭한 접근 방식에 따라 인터뷰 질문을 만들 것을 추천한다. 문제 인터뷰는 3장에서 배운 것이고, 해결 인터뷰는 린 분야의 권위자 애시 모리아Ash Maurya의 방법을 따른 것이다. 모든 질문은 제품과 예상되는 UX와 관련이 있도록 신중하게 구성해야 한다. 참가자를 유도해서는 안 된다. 질문들은 충분히 융통성이 있어 각 참가자의 개인적 상황에 맞춰 쉽게 표현을 바꿀 수 있어야 한다. 예를 들어, 치료 센터 작전에서 몇몇 참가자들은 자신을 위해 재활 센터를 예약했지만 다른 이들은 사랑하는 이를 위해 예약을 해주었다.

여기 내가 인터뷰 질문을 구성할 때 즐겨 사용하는 일반적인 구조가 있다. 이 형식은 UX 전략 툴킷 사이트에 있는 견본 중 하나로, 이를 사용해 온라인에서 질문들을 구할 수도 있다. 팀과 함께 공유하고 논의하고 브레인스토밍을 해보아라. 최상의 인터뷰를 만들어낼 수 있도록 진심으로 들여다보아라.

준비, 선별 정보 요약 및 확인 3분

참가자가 인터뷰를 하러 오기 전에, 전화나 다른 방법으로 사전 선별을 해야 한다. 이는 1단계의 절차 5로 다룰 것이다. 그러나 참가자들이 현장에 도착하면, 이미 알고 있는 것을 확인하는 질문을 하면서 면대면 인터뷰를 시작하는 것이 좋다. 이러한 질문들은 또한 참가자가 문제 인터뷰를 준비할 수 있게 해준다. 참가자를 더욱 편안하게 해주기 위해 선별 당시 활용한 배경 정보를 묻는 질문을 되풀이할 것이다. 이러한 질문은 정보를 확장시켜 여러 면에서 그들의 경험을 이해하는 것을 돕는다.

우리 팀이 치료 센터 작전을 수행할 때 물은 준비 질문들 중 일부를 소개한다.

- 사랑하는 이를 위해 몇 번이나 재활 센터에 예약해보셨는지 말씀해주실 수 있을까요?
- 얼마나 머물렀나요? 일정이 길어지면 시설에서 할인을 해줬나요?
- 각각의 재활 센터를 어떻게 찾아냈나요? 입소문 추천, 인터넷, 전문가 추천 등등
- 인터넷을 사용한 경우, 어떻게 시설을 찾았나요? 예를 들어, 구글 검색 어느 사이트를 이용해서 검색하고 자세한 정보를 얻었나요?

참가자들은 이런 질문들이 지나치다고 느끼지 않을 것이다. 이들은 이미 광고와 선별 질문을 통해 이런 질문을 받으리라는 걸 알고 있기에 당황하지 않는다. 하지만 이러한 질문들은 또 다른 목적 있다. 그것은 작전의 다음 단계문제 인터뷰를 진행하는 데 필요한 맥락을 만드는 것이다.

문제 인터뷰 10분

문제 인터뷰는 3장에서 언급한 문제 인터뷰와 비슷하게 준비하면 된다. 차이점이 있다면 더 많이, 더 자세히 물어야 한다는 것 정도다. 당신은 참가자들이 경험한 문제를 더 깊이 이해하고 싶을 것이다. 질문을 통해 참가자가 과거에 어떻게 문제를 해결했는지 묻는다. 그들의 경험이 어땠는지 완전히 이해하도록 노력하라. 참가자들이 겪은 문제 해결 사건들을 시간순으로 상술하게 시켜라.

치료 센터 게릴라 사용자 조사의 문제 인터뷰를 진행하는 동안, 우리 팀은 지불에 초점을 두었다. 메디케어Medicare : 미국에서 65세 이상 노인을 대상으로 한 의료보험 제도를 이용하는 것에 반대해 치료 센터 비용을 댄 사람은 누구인가? 이와 관련하여 우리가 한 질문들의 예시는 다음과 같다.

- 당신이 직접 지불한 재활 센터들의 경우, 당신의 선택에 따라 과정이 달랐나요?
- 센터가 가격 흥정을 하던가요? 돈을 낸 만큼 대우를 받는다고 느꼈나요? 시설이 비용만큼의 값어치를 한다고 여겨지게 만든 것은 무엇인가요?
- 당신이 치료 센터를 결정한 때부터 환자가 실제 입원하기까지 시간이 얼마나 걸렸는지 기억하나요?길잡이 : 무엇이 급한가요? 선택하는 데 시간이 얼마나 걸렸나요?
- 치료 센터를 찾는 과정에서 정말로 좋았다거나 끔찍했다거나 특별히 기억나는 것이 있나요?

우리는 10가지의 문제 질문을 준비했다. 그리고 그 질문에 대한 답은 우리가 참가자의 불편을 이해하는 데 많은 도움을 주었다. 게다가, 질문을 통해 참가자들은 그 문제를 경험하던 마음 상태로 돌아갈 수 있었다. 이런 방법으로 우리는 자연스럽게 그들이 해결 인터뷰를 준비하도록 해주었다.

솔루션 프로토타입 추가 인터뷰 15분

문제 인터뷰는 해결 인터뷰를 진행하기 위한 발판이 되어준다. 해결 인터뷰에서 당신은 제품 솔루션을 밝히고 그것이 고객의 문제를 해결하는지 알아본다. 몇 가지 솔루션 개념과 보여주고자 하는 각각의 핵심 경험을 위한 질문을 준비해야 할 수도 있다. 치료 센터 작전을 수행할 때 우리 팀은 〈그림 8-4〉에 있는 것처럼 세 가지 핵심 경험을 위한 세 가지 솔루션 프로토타입을 선보였다. 저 시나리오가 당신에게도 들어맞는다면 그것을 따라 스케줄을 맞춰보아도 좋다.

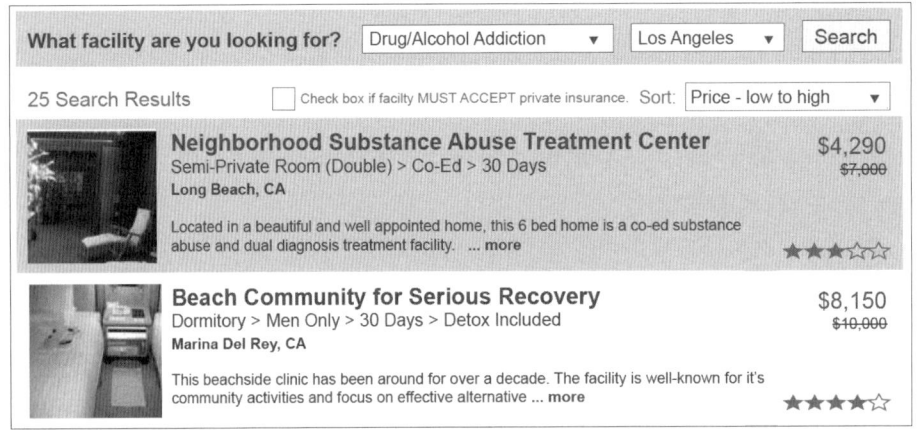

그림 8-4
재활 연구를 위한 프로토타입 화면의 일부

참가자들이 당신이 제안하는 솔루션과 다른 대안들을 생각해보도록 할 만한 해결 인터뷰 질문을 만들어라. 참가자들은 당신의 제품을 개선하는 데 도움이 될 통찰력을 지니고 있을지도 모른다. 다시 한 번 말하지만, 유도하는 질문을 만들거나 묻지 마라. 거꾸로 말하면, 참가자들을 당신 앞에서 브레인스토밍을 하도록 몰아세우지 말라는 것이다. 솔루션 프로토타입의 맥락을 보여주는 친숙한 심성 모델을 선택지로 제공하라. 처음에는 열린 질문을 던져 자유롭게 대답하게 한 다음, 충분한 힌트와 조언을 제공하여 솔루션을 검증하라.

다음은 핵심 경험 중 하나에 대한 해결 질문들이다. 〈그림 8-5〉도 참고 질문을 하기 전에 사용자에게 화면에 보이는 내용을 설명해야 할 수도 있다.

- 화면 1 : 이 화면이 어떤 것 같으세요?
- 화면 2 : 접혀 있는 선택지들이 뭘 뜻하는 것 같으세요? 하나하나 해본다.
- 화면 2 : 평점을 매기는 기준이 뭐라고 생각하세요?
- 화면 3 : 재활 센터에 대한 정보를 담은 목록 페이지입니다. 어떻게 보이세요?
- 화면 3 : '지금 적용' 버튼이 어떤가요? 이걸 누르면 어디로 연결될 것 같습니까?
- 화면 3 : 치료 센터의 실제 이름을 써놓지 않은 것을 눈치채셨을 텐데요, 문제가 될까요?
- 화면 3 : 이 시설에 먼저 연락해보지 않고 신청해도 괜찮겠습니까?

스토리 1: 치료 센터에 적용하기-10분		
화면 1 – 이 화면이 어떤 것 같으세요	도시와 가격을 보여주는 것이 좋네요. 저에겐 중요하거든요. 치료 시설을 찾고 가격이나 선택사양을 쉽게 볼 수 있는 방법 같네요.	가격이 정말로 비싸 보이네요. 별이 뭘 뜻하는지 모르겠어요. 전문가 리뷰가 아닌 이전 체류자들이 남긴 리뷰에 근거한 것으로 추측함
화면 2 – 검색에서 펼치기/필터 기능을 보여줌. 접혀 있는 선택지들이 뭘 뜻하는 것 같으세요?(하나하나 해본다.)	약물과 알코올, 아니면 약물중독이나 알코올중독, 아니면 이중 진단을 찾을 수 있는 것으로 보이네요. 많은 중독자들과 정신질환자는 특별한 장소를 필요로 함 가격, 등급, 거리, 거래에 따라 분류할 수 있고요. 비행기 서비스처럼 거래가 되는 건가요?	자기 설명이군요. 30일 구매하면 15일을 무료로 얻을 수 있다는 건 어떤 의미인지 궁금하네요. 무슨 뜻인지 모르겠어요. 체크 박스가 괜찮은 것 같아요. 왜냐하면 어느 센터가 민영보험을 받아주는지 아닌지 아는 건 저에게 중요하거든요

그림 8-5
재활 연구에서 사용하는 솔루션 입증 인터뷰 질문들의 정리 예시

최종 생각 2분

인터뷰를 마칠 때, 참가자의 이름을 부르며 감사를 표하라. 선별 인터뷰를 통해 얻은 지식을 조금 나누어가며 사적인 상황으로 만들고 솔직한 피드백이 얼마나 소중한지 말하라. 나중에 제품을 가지고 연락을 하는 것에 개의치 않는지 물어보라.

이제, 당신의 팀은 동료나 친구에게 참가자 역할을 시키고 전체 인터뷰를 연습해야 한다. 질문을 하고 프로토타입 시연을 통해 질문과 해결책이 타당한지 확인하라.

절차 3 : 장소를 찾고 상세 실행 계획을 짜기

모든 사람이(이해관계자, 제품 개발 팀, 그 밖에 누구라도) 예정 고객과 일대일로 상호작용할 기회를 누리는 것은 중요하다. 그러니 함께 작업하고 참석하도록 하라.

몇 명이 각각의 인터뷰에 참여할 것인지 정해라. 다수의 인터뷰를 동시에 진행하거나 한 번에 하나씩 진행해도 상관없지만, 언제나 인터뷰 내용을 기록할 사람(의뢰인이나 이해관계자에게 맡기는 것이 가장 낫다)을 하나 두어라. 그리고 연구원 한 명이 인터뷰를 진행하라. 필기를 하면서 동시에 질문을 하는 것은 귀중한 시간을 낭비하는 일이다. 인터뷰 진행자가 참가자에게 집중하는 것이 중요하다.

만일 다수의 인터뷰를 진행할 계획이라면, 이벤트 기획자를 팀에 두고 참가자가 오고 갈 때 안내하고 돈을 건네고 그 밖의 다른 일을 처리하도록 하라. 인터뷰 날짜 전에 게릴라 사용자 조사 팀은 반드시 만나서 모든 역할을 확인해야 한다. 치료 센터 작전을 수행할 당시 우리 팀은 세 번 사전 회의를 하고 세부 계획, 장소, 일정을 검토했다.

내가 언제나 듣는 질문은 왜 카페에서 인터뷰를 진행하느냐는 것이다. 왜 사무실이나 연구실이 아니고 카페일까?

- 참가자가 비공식적 만남이라고 느끼게 해준다. 연구실에 있는 쌍방향 거울을 통해 관찰당할 때와는 달리, 참가자들이 자신이 판단받지 않는다고 느낄 만큼 편안해야 한다.
- 참가자가 삭막한 연구소나 큰 건물의 개인 사무실, 공용 공간에 비해 다른 사람들에 둘러싸인 어느 정도 친숙한 환경에 있게 될 것이다. 팀은 여러 명이지만 참가자는 그렇지 않다.
- 카페는 무료다! 연구소나 공용 공간을 빌릴 필요가 없다. 호텔 로비도 괜찮지만 접근하

기 어렵고 가까운 무료 주차 공간을 찾기가 훨씬 어렵다.

- 의뢰인이나 제품 이해관계자도 이런 비공식적 상황에서는 잠재 고객과 상호작용을 할 수 있다. 거울로 분리되거나 동료들에게 둘러싸이는 대신, 당사자들과 제품, 좋은지 싫은지 얼굴을 마주하고 이야기하는 사람만이 있다. 이해관계자가 더는 무리한 환상을 품지 않을 것이다.

카페를 고를 때 중요한 규칙 몇 가지가 있다.

- 마음에 드는 카페를 찾은 후 연구하려는 정확한 시간대에 가서 시간을 보내보아라. 너무 시끄럽지 않은지, 찾기 어렵지 않은지, 인터뷰를 진행하기에 너무 미친 듯이 바쁘지 않은지 확인하라. 나는 스타벅스 같은 바쁜 프랜차이즈를 멀리하고 개인이 운영하는 카페에 끌리는 편이다. 당신의 필요에 가장 잘 맞는 카페를 찾아라.
- 와이파이가 되는지 확인하라. 직렬 전원 콘센트 근처에 세 사람이 앉기에 충분한 다수의 테이블이 있는지 확인하라.
- 테이블이 카페 직원이나 입구에 나란히 놓여 있지 않은지 확인하라. 피하고 싶을 것이다.
- 인터뷰 날 서너 시간을 버텨야 할 것이다. 그러니 직원이 서빙을 하지 않고 카운터에서 손님이 직접 음료를 받는 카페나 커피숍을 선택하라. 인터뷰가 끝나기 전에 방해받거나 나가달라는 요청을 받고 싶지는 않을 것이다.

녹음기를 쓰지 않는 것에 관해

필기원은 내 인터뷰의 핵심 요소다. 왜냐하면 나는 녹음기를 쓰지 않기 때문이다. 나는 실시간으로 데이터를 뽑아내고 즉시 이해관계자들에게 보고한다. 전에는 기기를 사용했으나 다음과 같은 이유로 쓰지 않게 되었다.

- 녹음기는 사람을 수줍게 만든다. 어떤 참가자들은 바보같이 들릴까 봐 걱정하고, 다른 이들은 인터넷 같은 곳에 공개될까 봐 두려워한다. 치료 센터 프로젝트를 수행할 때 이는 매우 중요한 문제였다. 왜냐하면 참가자들이 매우 사적인 경험을 이야기했기 때문이다.
- 스프레드시트나 다른 문서에 빠르게 필기하는 사람을 쓰는 것이 사후에 녹취하는 데 시간을 쓰는 것보다 효율적이고 저렴하다.
- 인터뷰를 진행할 때 녹음기나 노트에 정신을 빼앗기는 것보다 완전히 대화에 몰두하는 것이 더 낫다. 인터뷰를 다시 들을 기회가 없을 거라고 생각할 때 참가자가 하는 말에 훨씬 더 주의를 기울인다.
- 이해관계자와 팀에게 인터뷰 직후 보고를 하면 솔루션에 대해 버릴 것, 다듬을 것, 진행시킬 것을 즉각 결정하고 실천에 옮길 수 있다.

절차 4 : 참가자를 모집하기

어떤 경우에는 연구원이 무료 봉사자를 찾을 것을 권하기도 한다. 왜냐하면 그들은 돈이 대답에 영향을 미친다고 생각하기 때문이다. 그러나 돈을 주든지 아니든지 사람들이 거짓말하는 것을 막을 방법은 없다. 그들이 내준 시간에 대해 공정한 보상을 하고 것과 올바른 사람들에게 올바른 정보를 추출하는 것은 상당히 균형 잡힌 일이다. 나는 참가자에게 보상을 하는 것을 권한다. 왜냐하면 이 시점에서 분명 그들이 우리를 돕고 있기 때문이다.

보상액은 누구를 대상으로 하며 그들의 시간의 가치를 얼마로 보느냐에 따라 달라진다. 바쁜 교수와 이야기할 필요가 있다면 다른 고객층에게 지불하는 것보다 더 많은 돈을 내야 할 것이다. 가치 있는 참가자를 모을 수 있을 만큼 충분히 높은 보상액을 책정하되, 조사 예산에 맞춰 책정하라.

참가자는 인터뷰를 하고 현금으로 보상을 받을 거라는 사실을 광고에 항상 언급하라. 보상액을 어느 정도에서 시작할지 모르겠다면, 30분당 20달러 정도로 해보아라. 선별 조사를 진행하는 동안 당신이 원하는 통찰력을 가지고 있는지 감지할 수 있을 것이다. 정말로 팀에 도움이 될 사람들에게만 돈을 지불하도록 하라.

치료 센터 작전을 수행할 때 우리 팀은 초기에 크레이그리스트에 참가자를 찾는 광고를 냈다. 참가자를 찾는 다른 방법으로는 다음과 같은 것들이 있다.

- 페이스북 친구들많이 있다면 네트워크에 친구를 소개해달라고 부탁하라
- 링크드인 스페셜 인터레스트 그룹LinkedIn Special Interest Groups : 특정 관련 집단에 게시하라
- 미트업 그룹Meetup Groups : 지역 모임에 참여하거나 게시하라
- 트위터해시태그를 사용하여 불특정 다수에게 날리거나 @ 프로필로 특정 집단의 팔로워들 사이에서 리트윗을 얻어내라
- 고객층에 맞는 친구의 친구를 소개받아라.
- 목표 고객층이 집중된 지역을 선정하라. 예를 들어, 남캘리포니아대학교USC의 내 학생은 캠퍼스 내 사람이 많은 곳에 테이블을 차려놓고 현장 조사 참가자를 구했다. 조사에 참여하는 약속을 잡는 대가로 무료 음료를 제공했다.선별 질문에 통과하면

가족이나 친구 중에서 참가자를 모집할 때는 은연중에 드러나는 편견을 주의하라.

우리 팀은 크레이그리스트를 선택했다. 그것이 가장 넓은 망을 가지고 있고 가장 빨리 반응이 올 거라고 생각했기 때문이다. 그리고 정말 그랬다. 이틀 만에 75개의 응답을 받았다.어떻게 후보를 추려내는지는 1단계 절차 5에서 다룰 것이다. 그러나 실버레이크 작전 후에 우리는 더 풍부한 고객층을 목표로 둘 필요가 있었고, 다른 방법을 택했다.9장을 참고

참가자 모집 광고를 할 때 광고 한 부를 보관해둬라. 크레이그리스트에 올릴 기본

적인 틀은 다음과 같다.

> 제목 : 유료 조사 연구 : 〈문제 유형〉 경험이 있는 〈고객 유형〉 찾음
> 본문 : 〈도시〉 지역의 시장조사 회사에서 유료 연구 조사에 참여할 〈더 상세한 고객 유형〉과 같은 참가자를 찾습니다.
> 연구는 〈날짜와 요일〉에 〈#~#〉시 동안 〈지역〉에 있는 한 카페에서 진행됩니다. 가장 좋은 시간을 알려주십시오.
> 연구는 〈#〉분이 걸리며 보상은 〈#〉달러입니다. 선택 사항 녹음이나 녹화되지 않습니다.
> 연락처와 연락받으실 시간을 적어 응답 바랍니다.
> 선택 사항 자세한 사항은 이리로 :

이 틀은 연구에 필요한 사항에 따라 바뀔 수 있다. 〈그림 8-6〉에 나오는 치료 센터 작전에서 우리가 사용한 광고가 그랬다.

어떤 광고를 하든지 간에 어떤 사람을 찾고 왜 도움을 필요로 하는지 분명히 밝혀라. 광고문은 잠재 고객층을 노리는 것이므로, 진심 어린 관심을 가지고 응답할 것이다. 날짜, 장소, 시간은 고객층에 달려 있다. 예를 들어, 치료 센터 작전에서 우리 팀은 영업일에 인터뷰를 해야 했다. 늦은 오후에 시작해서 저녁까지 사람들이 일하는 시간에 맞춰야 했다. 이와 달리 비타와 에나 3장에 소개한 학생들은 토요일에 게릴라 사용자 조사를 했는데, 그때가 바쁜 예비 신부가 그나마 한가한 때였기 때문이다.

크레이그리스트에 광고를 올릴 때는 두 종류의 광고 중에 선택할 수 있다. 무료, 또는 유료로 도시에 따라 다른 요금을 낸다. 예를 들어, 로스앤젤레스보다 샌프란시스코에 구인 광고를 내는 것이 더 비싸다. 유료 광고를 낼지는 고객층이 어떤 카테고리를 방문할 것인지에 따라 달라진다. 로스앤젤레스 크레이그리스트에서 조사 연구 광고가 가장 많이 올라오는 두 부문은 '기타'와 '일반직'이다. 만약 급하지 않고 유료 참가자를 원하지 않으면 '자원봉사' 부문에 시도해볼 수 있다.

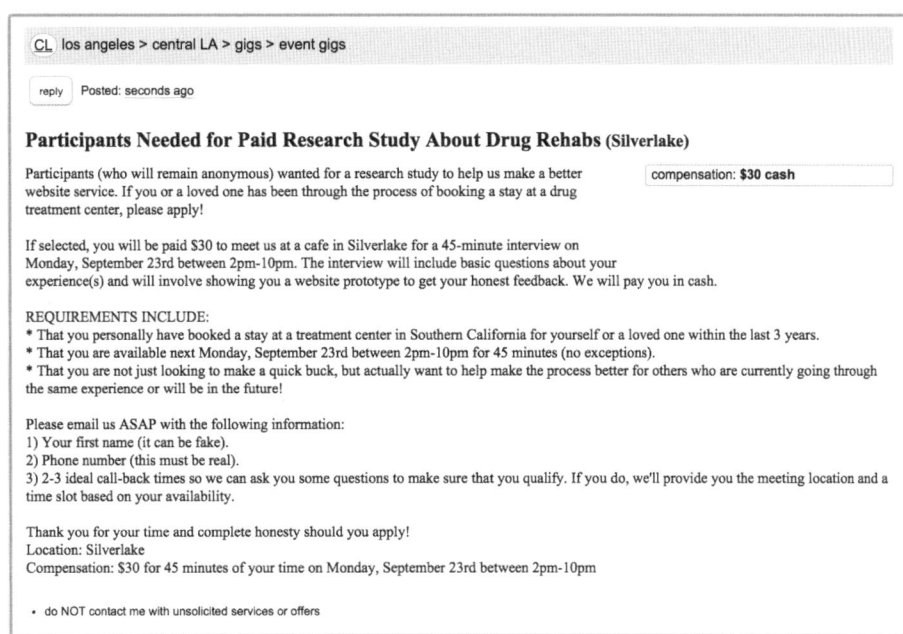

그림 8-6
치료 센터 프로젝트에 대한 참가자를 모집하기 위한 광고

절차 5 : 참가자를 선별하고 일정 잡기

크레이그리스트나 다른 곳에 광고를 올리면 반응이 올 것이다. 하지만 응답자들이 당신이 정말로 인터뷰하고 싶은 그 사람들인지 어떻게 알 수 있을까? 이것이 계획 단계에서 참가자 선별이 가장 중요한 부분인 이유다. 당신은 반드시 목표로 가정한 고객에 부합하는 참가자를 골라야 한다. 당신의 솔루션이 정확히 어떤 문제가 있는지 알고 싶다면 말이다. 이 지점에서 사려 깊게 구성한 선별 질문이 제 역할을 한다. 당신이 가정한 임시 페르소나가 지닌 주요 특징을 생각해보라. 인터뷰를 가족과 친구로 채우지 마라. 그렇게 하면 '통제된' 실험이라 할 수 없다.

3장에서 다룬 바 있듯이, 좋은 선별 질문은 부적합한 사람들을 걸러내준다. 하지만 3장에서 그 질문들을 직접 물었다면, 이제는 디지털로 할 수 있다. 광고 응답자에게 질문에 답해줄 것을 요청할 수 있다. 서베이몽키Survey Monkey : 사용자들에게 자신만의 웹 서베이를 제공하는 미국의 설문조사 업체나 구글 문서와 같은 툴을 보낼 수도 있다. 치료 센터 작전에서는 후보자를 선별하기 위해 주제별 전문가SME가 필요했다. 우리 광고에 누군가 응답할 때마다 정보가 서류로 디지털 팀 전원과 의뢰인에게 전송되었다. 이 템플릿의 예는 〈그림 8-7〉에서 볼 수 있다.

응답자가 초기 접촉에서 전화번호를 보내준 덕분에 SME가 전화를 걸 수 있었다. 전문가는 언제나 대화를 초기 정보와 서류상의 변경 사항을 교차 확인하는 것으로 시작했다. 참가자의 이름, 전화번호, 가능한 시간과 날짜를 요청한 후 다음과 같은 선별 질문을 했다.

Name	Phone Number	Time Booked	High-level Details	Rating 1-3 if we should choose them (3=yes, 2=maybe, 1= no).
Sarah	323-398-4789	2pm @ Vita	Has a son who is now an attorney who is a recovering cocaine addict. He went to three different paid treatment centers.	2+
Mark	323-527-6213	2pm @ Vita	Has a 42 year-old heroin addicted daughter. Just went through booking treatment at a rehab in OC. Very sharp and nice. He will be great for us.	3
Julie	310-631-0084	3pm @ Vita	Very articulate. Has been in recovery for 7 years and glad to be of service. Paid for own treatment at Promises. Went in for addiction to meth.	3
Steve	818-495-6893	3pm @ Vita	Has a lot of experience being in treatment. Last stay was 3 yrs ago for alcoholism. Sounds very educated and knows the drill.	3
Ben	619-548-3496	4pm @ Vita	Self. But also has helped numerous people enter treatment. very knowledgeable of the process from a - z. wants to help. also in silverlake area.	2

그림 8-7
참가자 스크리너와 스케줄

- 치료를 원하시는 분인가요? 아니면 다른 사람의 치료를 원하시는 분인가요?
- 얼마를 냈는지 말해주실 수 있나요? 언제 어디로 갔죠?입원 여부와 기간 확인

우리는 스스로 또는 사랑하는 이를 치료 센터에 보내고 돈을 낸 사람이 필요했다. 그래서 첫 번째 질문을 한 것이다. 우리는 최근3년 이내 경험이 필요했고 재활에 어느 정도의 돈을 낼 수 있는지 알아야 했다. 그래서 두 번째 질문을 했다. 또한 우리는 광고에서 잠재적 참가자가 선별 질문을 받게 될 것이라고 밝히지 않았는데, 단지 돈을 벌기를 원하는 사람을 가려내기 위한 것이었다.

이 데이터를 얻은 후, SME가 각각의 참가자에게 1아님, 2아마도, 3맞음의 점수를 매겼다. SME가 보고를 마친 후, 팀은 모든 3점 참가자에게 공식적으로 인터뷰 일정을 잡아달라고 요청했다. 사람들의 스케줄은 바뀌기 때문에 닷새에서 열흘 이내에 만나는 것이 좋다.

인터뷰 단계하루

이 두 번째 단계에서, 팀은 계획을 실천에 옮긴다. 모든 일이 시계처럼, 발레 안무처럼 정확해야 한다. 뭔가가 잘못되어도 중지할 수는 없다. 모든 사람이 자기 자리에서 예상치 못한 일이 발생하면 어떻게 반응하고 적응할지 알아야 한다. 쇼는 반드시 계속되어야 한다.

장소 준비각각의 연구원은 인터뷰를 시작하기 최소 30분 전에 카페에 도착해서 좋은 테이블을 찾아놓는다. 인터뷰 당일 전에 그들에게 가장 조용한 장소를 찾는 방법을 알려줘야 한다. 아마도 장소를 찾을 때 어디가 좋을지 관찰했을 것이다. 전에 말했듯이, 카페 직원의 시선에서 벗어나 있으며 입구나 출구와 같은 주요 동선에서 떨어진 곳이 좋다. 모든 장비와 노트북은 도착 전에 충전해두자. 하지만 만일을 위해, 직렬 전원 콘센트가 근처에 있는 테이블을 찾아라. 특히 오래 머무는 곳일수록 그렇게 하라. 컴퓨터나 장비 화면에 빛이 비칠 수 있는 창가나 야외는 피하도록 하라.

필요한 각 테이블당 한 명의 연구원이 필요하다. 연구원들은 남는 의자에 재킷을 걸어 의자를 지켜야 한다. 카페 단골에게 방해를 받거나 자리가 비었느냐는 질문으로 연구자의 주의를 산만하게 하고 싶지 않을 것이다. 또한 연구원은 참가자가 다른 곳으로 눈을 돌릴 가능성을 줄일 수 있는 조치를 취해야 한다. 예를 들어, 연구원이 카페 전면을 향해 앉고 참가자가 연구원과 벽만을 보며 앉게 할 수 있다. 테이블은 깨끗해야 한다. 음식이나 음료는 제한해야 한다. 팀은 사전에 먹고 오고, 참가자는 선택하는 음료 한 가지만 마실 수 있도록 한다.

팀은 태블릿 기기로 솔루션 프로토타입을 돌리는 것이 가장 좋다. 노트북과 달리 참가자에게 건네주기도 쉽고 참가자의 얼굴을 가리지도 않기 때문이다. 인터뷰를 시작하기 전에 모든 기기가 제대로 작동하는지 확인하라. 프로토타입이 적절히 기능하는가? 각각의 기기는 와이파이에 연결할 수 있는가? 이해관계자나 필기원이 연구원과 합류할 경우, 서로 마주 보고 앉아야 한다. 이렇게 해야 참가자가 그들 사이에 앉을 수 있다. 시연에 대한 반응과 상호작용을 최적으로 관찰할 수 있을 것이다.

참가자 보상, 카페 에티켓, 팁

참가자에게 보상을 선지급할 팀원을 지정하라. 실버레이크 시나리오에서는 이벤트 기획자가 이 역할을 맡았지만, 이해관계자나 팀 리더, UX 연구자 중 누구라도 될 수 있다. 돈을 미리 줘서 참가자가 궁금해하지 않도록 하라. 마약을 거래하듯이 테이블 아래로 건네지 말고 봉하지 않은 봉투에 넣어서 지불하라.

때때로, 참가자들은 보상의 의미에 대해 신경을 쓴다. '인터뷰가 어떤 식으로든 이상하게 사용되는 것은 아닐까?' 하고 걱정하기도 한다. 치료 센터 작전에서는 개인적이고 감정적인 경험을 다루었기 때문에, 이것은 심각한 문제였다. 그러나 사전 선별을 하기 때문에, 당신을 도와주고 싶은 개인적 관심이 있다는 것을 알고 있을 것이다. 보상은 그저 진심으로 참여해주길 재확인하는 작업이다. 사전에, 진심을 담아 지불하라. 솔직한 피드백을 해주길 바라며 지불한다고 설명하라. 제품을 강매하러 온 것이 아님을 말하라. 이것은 '베타테스트'가 아니다. 우리 팀은 심지어 때로는 참가자들을 편안하게 해주기 위해 실제로 했더라도 제품을 디자인한 사람들이 아니라고 말한다.

인터뷰 장소로 이용하는 카페나 식당도 사업장이라는 것을 인식해야 한다. 구두쇠가 되지 마라. 음식과 음료에 돈을 쓰고 팁을 두둑이 주는 것이 좋다. 팀 리더나 이벤트 기획자가 지폐 다발을 작은 단위로 나누어서 가져가라. 나는 바리스타와 눈을 마주치고 음악을 줄여줄 수 있느냐고 묻기 위해 몇 번이나 팁을 넣는 유리병에 10달러를 넣어야 했다.

인터뷰 실시하기

쓸모 있는 통찰력을 얻기 위해 좋은 인터뷰를 실시하는 것은 연습으로 숙달해야 하는 기술이다. 더 알고 싶다면 스티브 포티걸Steve Portigal의 《사용자 인터뷰Interviewing Users》라는 책을 펼쳐보라. 현장에서 사용자 조사를 실시하는 데 필요한 인터뷰 테크닉을 상세하게 알려주는 뛰어난 입문서다. 부끄럼을 타거나 고객과 이야기하는 것이 처음이라면, 팀원이나 친구들과 사전에 연습하라.

게릴라 사용자 조사 인터뷰 실행 지침은 다음과 같다.

- 언제나 따뜻한 미소로 인사하라. 나는 늘 일어나 악수하고 바로 와준 것에 감사한다.
- 잡담으로 인터뷰를 시작하지 마라. 전문가다운 모습을 보여라. 빠르게 친밀감을 형성하고 카페가 춥다거나 주차하기 어렵다거나 하는 이야기에 머무르지 마라.
- 왜 이 자리를 마련하고 모질게 솔직한 답을 원하는지 이유를 곧바로 말해라. 그리고 준비 질문을 시작하라.
- 대본을 고수하라. 최근 문제를 해결한 경험에 대해 더 자세히 알아야 할 필요가 있다면 추가적인 후속 질문을 해라. 어떻게, 그리고 왜 당신의 솔루션이 통하거나 통하지 않을지 알아내라.

- 필기원에게 속도를 맞추기 위한 알람을 맞춰놓도록 일러둬라. 보통 15분마다 알람은 무음으로 하되 연구원에게 진동으로 전해져서 더 할 질문이 있더라도 인터뷰의 솔루션 부분으로 넘어가야 할 때임을 알려라.
- 참가자 간의 시간 간격을 두고 일정을 잡아라. 인터뷰가 계획보다 길어지거나 참가자가 늦게 나타날 수 있다.
- 끝으로, 시간을 내준 것에 감사하고 그들의 통찰이 얼마나 도움이 되었는지 말하라.

하루를 지내는 동안 질문과 솔루션 프로토타입에 약간의 변화를 줄 수도 있어야 한다. 이는 팀이 클라우드를 통해 데이터를 실행하고, 협업하고, 캡처함으로써 누릴 수 있는 또 다른 이점이다. 실시간으로 질문을 업데이트할 수 있고 모든 연구원이 나란히 변동 사항을 반영하게 할 수 있다. 그러나 프로토타입에 많은 변화를 주지는 마라. 연구자나 팀원은 다음 회기 참가자가 오기 전에 변동 사항을 반영하고 업데이트를 공유해야 한다. 또 프로토타입 질문을 너무 많이 바꾸지 않길 권한다. 너무 많이 바꾸면 통제 집단의 기준이 어지러워진다.

간결한 정보를 뽑아내기

게릴라 사용자 조사를 하면 하루가 끝날 무렵에 90퍼센트의 작업이 끝나고 정보가 정리된다. 그러므로 필기원은 이 하루 동안 매우 중요한 요소다. 각 인터뷰를 진행하는 동안 컴퓨터 문서로 필기하는 것이 가장 좋다. UX 전략 툴킷에 바로 입력하도록 하면 팀원들이 실시간으로 정보를 볼 수 있도록 할 수도 있다. 만약 종이에 적는다면 적는 속도가 빨라야 한다. 인터뷰가 끝난 직후 필기를 클라우드나 팀이 공유할 수 있는 문서로 옮겨야 하기 때문이다.

인터뷰를 하는 동안, 필기원은 철자에 신경 쓸 필요가 없다. 나중에 고치면 된다. 참가자의 반응을 다듬어서 짧은 문장으로 만들어 반응의 핵심 부분만을 요약하도록

그림 8-8
팀 맴버인 비타(가운데)와 에나(가장 오른쪽), 그리고 참가자(왼쪽)가 솔루션 데모를 위한 인터뷰를 한 카페에서 진행하고 있다.

노력해야 한다. 답변을 얻어내는 데 집중하여〈그림 8-8〉참고 추가적인 통찰을 뽑아내지 않고 질문은 그대로 적는다. 나중에 인터뷰 사이에 휴식을 취할 때나 팀원들이 이야기할 때 점검할 수 있다. 아니면, 하루 일과가 끝날 때 필기원이 데이터를 약간 정리하고 솔루션을 어떻게 정비할지에 대한 통찰이나 요점을 제공할 수 있다.

인터뷰 동안이나 후에, 필기원이나 당신은 빠른 분석을 위해 스프레드시트를 색으로 표시할 수 있다. 5장에서 경쟁 분석을 할 때처럼 참가자가 주요 불편 사항으로 언급한 내용은 붉은색으로 표시할 수 있다. 만약 핵심 경험이나 제품 콘셉트가 쉽게 고정적인 응답을 얻어내면, 필기원은 이를 녹색으로 표시할 수 있을 것이다. 당신만의 표시 방법을 자유롭게 만들어라.

분석 단계 2~4시간

이 장의 도입부에서 묘사한 것과 같이, 우리 팀과 소프트웨어 엔지니어는 게릴라 사용자 조사 후에 결과물을 분석할 필요가 없었다. 비즈니스 모델이 효과가 없는 것이 확실했다. 우리가 인터뷰한 사용자들은 가치 제안에 관심이 있었으나, 그만한 돈을 낼 여력이 없거나 호텔스닷컴 스타일의 비즈니스 모델을 떠받칠 만큼의 돈을 기꺼이 내고 싶어 하지 않았다. 그 제품은 더 부유한 고객층에게 연결되는 직접적인 채널을 필요로 했다.

그러나 그렇게 분명하지 않다면, 팀의 다음 행동을 결정하기 위해 모든 피드백을 종합하는 분석 단계가 필요하다. 게릴라 사용자 조사를 통해 당신의 가정이 유효한지 여부를 확인했는가? 엉성하게 실행하는 바람에 실험이 실패했는가? 아니면 치료 센터 작전에서처럼 비즈니스 모델이 유효하지 않다거나 하는 예기치 못한 일이 발생했는가? 목표는 이 분석을 다양한 방향에서 바라보고 결정을 내리기 위해 사용하거나 가치 제안을 현실화하기 위한 후속 실험에 주력을 두는 것이다.

템플릿의 바닥에는 "입증한 지식들"의 열이 있다. 여기에 각각의 참가자들에게서 얻어낸 수준 높은 결과물들을 놓고, 각각의 참가자들이 솔루션 가정이 옳다는 것을 입증했는지, 아니면 그것이 틀리다는 것을 입증했는지 추적할 수 있다. 〈그림 8-9〉를 참고하라.

입증한 지식들
시제품의 전반적 디자인을 좋아함. 그러나 시설 이름을 모르는 상태에서 직접 가 보지 않고 딸을 위해 치료 센터를 예약할지는 의문의 여지가 있음. 비즈니스 모델을 무효화함.

그림 8-9
'입증한 지식들' 예시 셀

입증한 지식들

분석을 하기 위해, 5장에서 그런 것처럼 한 걸음 물러날 필요가 있다. 방금 막 쏟아진 모든 세부 사항에서 한 걸음 물러나 큰 그림을 주의 깊게 살펴보라. 다음 작업 중 하나를 수행할 수 있다.

- 적합한 고객층에 접근했는지 평가하라. 당신이 가정한 임시 페르소나 또는 초기 고객 탐사 결과를 살펴보라. 적합한 고객층이 아니라면 새로운 가정을 세워라.
- 당신이 들은 피드백을 바탕으로 제품이 해결하려고 하는 문제가 실제 존재하는 문제인지 평가하라. 실제로 존재한다면 작은 문제인가, 큰 문제인가?
- 당신이 제시한 솔루션이 목표에 맞는지 평가하라. 만약 사람들이 솔루션 프로토타입에서 제시한 가치에 별로 흥미를 보이지 않았다면, 개선할 수 있는 가능한 방법을 모색하라.
- 만약 가치 제안이 유효하다면, 축하한다! 하지만 여기서 멈추지 마라. 사용자 경험을 개선하기 위해 쉽게 고칠 수 있는 어떤 점이라도 있나 알아보라.
- 가치 제안이 유효하지 않다면, 즉시 이유를 파악하라. 고객, 문제 또는 솔루션이 부적합하기 때문인가? 수정할 수 있는 것인가? 제품이나 사용자 경험을 어떻게 바꿀 것인가?
- 신호에 집중하라. 실험이 최악의 실패였다면, 휴식을 취한 후 다시 시작하라.
- 만약 의뢰인이나 이해관계자가 당신이 조사한 내용을 믿지 않고 무작정 제품을 구축하고 싶어 한다면, 당신이 지켜야 할 원칙과 자금 사정 사이에서 균형을 맞춰야 하는 현실적인 어려움에 직면하게 된다. 오직 당신만이그리고 당신의 배우자만이 이 문제에 답할 수 있다.

UX 전략 툴킷의 스프레드시트의 각 참가자 행의 바닥에 통찰, 답변, 결론을 빠르게 기입하라. 그러면 팀이 결정을 하는 데 걸리는 시간을 단축할 수 있다.

이제 당신은 게릴라 사용자 조사의 막바지 단계에 와 있다. 여기서 당신은 다시 한 번 기로에 서게 된다.

- 가치 제안이 틀렸음을 입증했다. 고객층이 부적합했다면, 3장 고객 탐사으로 돌아 가라.
- 가치 제안이 틀렸음을 입증했다. 솔루션이 잘못되었다면, 4장, 5장, 6장, 7장으로 돌아가라.
- 제품/시장 적합성을 확인했다. 기능적인 최소 기능 제품을 만들고 9장으로 나아가라.

▶ 요약

게릴라 사용자 조사를 실시하면 특히 이해관계자와 함께 하면 처음엔 두려울 수 있으나 하면 할수록 덜 무서워질 것이다. 신속성과 투명성의 이점이 있다. 게다가 팀 전체와 이해관계자가 솔루션이 통할 것인지 빨리 알 수 있다. 그리고 팀으로 수행하면서 모두는 결과에 동등하게 기여한다. 어떻게 사용자가 제품을 경험하는지 실제로 보는 것은 모두에게 진정 이득이 된다.

전환을 위한 디자인

> 넌 남자들의 세계에서 놀 수 없고, 계약을 맺게 해버릴 수도 없지. 집에 가서 네 아내에게 무엇이 문제였는지를 말하지그래. 우리 삶에는 단 한 가지만이 중요하기 때문이야, 저들로 하여금 계약하게 만드는 것이지. 항–상–말–이–야.
>
> —데이비드 마멧의 영화 〈글렌게리 글렌로스Glengarry Glen Ross〉에 나오는 블레이크의 대사

만약에 당신이 거래를 체결하는 사람이 되고 싶다면, UX 전략을 변경하여 사용자 참여와 고객 획득이라는 성공적인 결과물을 늘려야 한다. 당신은 최초 방문객들의 관심을 끌고 이들을 재방문 고객으로 전환시키기 위해 디자인해야 한다. 여기서 말하는 고객에는 당신의 가치 제안과 비즈니스 모델 운영을 위해 사로잡아야 할 모든 사람들이 포함된다. 당신의 서비스에 돈을 지불하지 않는 사용자들도 고객이다. 당신은 제품의 성공을 입증하기 위해 반드시 그 과정의 모든 핵심 데이터 포인트들을 추적하고 측정해야 한다.

이것은 '전환을 위한 디자인' 혹은 '제품 최적화'로 알려져 있다. 그 과정은 〈그림 9-1〉에서 묘사한 것처럼 모든 원리들을 결합시킨다. 이 장에서는 사용자가 가치 제안을 처음으로 접하는 순간부터 제품에 기꺼이 빠져들 때까지 UX 디자인을 최적화하기 위해 분석 솔루션을 성공적으로 활용하는 방법을 기술할 것이다. 퍼널 매트릭스Funnel Matrix라고 불리는 도구를 활용하면 고객들을 더 심층적인 참여로 유도할 수 있는 측정 가능한 지표를 파악할 수 있다. 이를 통해 각기 다른 고객 획득 단계에서 당신의 팀 전체를 어떻게 조정할 것인지를 기술할 것이다.

그림 9-1
당장 모두 수행해야 하는 UX 전략의 4가지 원리

그로스 해커 도입하기

'그로스 해킹Growth hacking : 고객의 취향을 파악하고, 더 효과적으로 고객에게 접근하는 법-옮긴이'은 마케팅 블로거이자 기업가인 숀 엘리스Sean Ellis가 2010년에 만들어낸 신조어다. 이 개념은 제품팀이 고객 성장을 촉진하는 매우 영리하면서 비용 효율적인 방법을 제시하기 위해 만들어졌다. 페이스북, 트위터, 링크드인, 에어비앤비, 그리고 드롭박스Dropbox는 성공을 거두기 위해 그로스 해킹 기법을 사용한 기업의 예시라고 볼 수 있다. 본격적인 그로스 해커들은 마케터, 코더, 그리고 분석 전문가를 모두 합친 것과 같다. 본격적인 그로스 해커들은 분석 도구, 트래픽 생성, 그리고 제품 최적화의 대가이며, 검색엔진 최적화SEO, 광고 플랫폼, 그리고 소셜 미디어 도구의 구조를 깊이 이해하고 있다. 이들은 가능한 모든 수단을 가지고 사업을 성장시키는 데 초점을 맞추기에 해커라고 불린다. 이들은 A/B 테스트, 랜딩 페이지, 바이럴 요소, 이메일 도달 가능성, 그리고 소셜 미디어 통합 등과 같은 기법들을 사용하여 전통적인 마케팅을 한계까지 도달하게 만들었다. 그로스 해킹의 목표는 당신이 가장 가치 있는 마케팅 채널을 확인할 수 있게끔 사용자 참여 지표에 바이럴과 유료 광고 캠페인을 한데로 묶는 것이다. 그로스 해킹은 새로운 사용자들을 얻고 그들이 더욱 깊숙이 참여할 수 있도록 완전히 최적화되게 제품의 판매 퍼널를 지속적으로 다룬다.

트레이드야트레이드야의 경우에, 우리의 핵심 팀은 우리에게 깊이가 없다는 사실을 알고 있었다. 우리는 최소 기능 제품을 디자인하고, 전략을 짜고, 개발해낼 수 있었다. 우리는 퍼널 매트릭스를 채울 수 있었다. 우리에게 필요한 정답이 무엇인지를 알고 있었다. 하지만 우리에게는 우리 앞에 놓인 지표와 분석 리포트를 통해 정답을 이끌어낼 전문가가 없었다. 우리는 도구들과 대시보드dashboard : 한 화면에서 다양한 정보를 중앙 집중적으로 관리하고 찾을 수 있도록 하는 사용자 인터페이스 기능들이 어떻게 운용되었는지 몰랐지만, 30일 내로 재착수를 하기 위해 최소 기능 제품을 개선하고 완벽하게 만들고자 본격적인 테스트를 실행해야만 했다. 크리스마스였고, 우리는 사용성 검증과 디자인 역량을 갖춘 적문적인 그로스 해커를 바랄 수가 없는 상황이었다. 게다가, 우리는 대략 5,000달러 상당의 예산만을 보유하고 있었다. 그렇기에, 우리는 머리를 맞대고 우리만의 그로스 해커를 구성하기로 결정했다.

이게 바로 트레이드야 MVP 견습 프로그램TradeYa MVP Apprentice Program이 생겨난 배경이다. 재러드와 나는 현존하는 최소 기능 제품(MVP)을 업데이트하기 위해 필요한 분석 도구를 모두 연결하는 데 협력 할 수 있는 되도록 많은 사람에게 예산이 분산되기를 원했다. 핵심 팀은 사용자 참여 수준에 대해 설정한 가정들을 우리가 입증할 수 있도록 그들의 계획들에서부터 피드백 데이터를 연결할 수 있도록 퍼널 매트릭스를 사용했다. 〈그림 9-2〉는 우리가 필요로 하는 인재들을 모집하기 위해 사용한 블로그 글이다.

그림 9-2
Help wanted: 트레이드야 MVP를 테스트하기 위한 실험

JLR 인터렉티브JLR Interactive가 "도움이 필요함 : 경쟁력 있는 UX 견습생"이라는 글을 트위터와 링크드인에 올린 지 72간이 채 지나지 않았을 때, 8개의 자리가 모두 충분히 능력 있는 사람들로 채워졌다. 이 지원자들은 로스앤젤레스 전역에서 왔으며, 건축, 마케팅, 공학, 그리고 심리학 전문 지식을 보유했으며, MIT, 코넬대학교, 뉴욕대학교, 그리고 UCLA에서 학위를 취득한 전문가들이었다. 견습생들 중 일부는 이미 UX 디자인과 린 스타트업 접근법을 이해하고 있었으나, 본 프로그램을 수행하려면 UX 외에 다양한 전문적인 배경을 결합해야 했다. 이를 위해 지원자들은 최소 기능 제품 테스트와 최적화에 직접 참여하며 교육을 받았다.

우리는 매우 운이 좋았다. 2013년 1월 2일에 견습생들을 집중 워크숍에서 처음 만났을 때 그들은 열의가 넘쳤으며 매우 집중하고 있었다. 3시간 동안의 워크숍 끝에, 8명의 견습생들이 트레이드야의 역사, 철학, 그리고 최소 기능 제품을 완벽히 인지하게 되었다〈그림 9-3〉 참조. 우선, 그들은 고객 획득을 위한 전환 중심 디자인의 원칙들을 배웠다. 그런 다음 우리는 퍼널 매트릭스라고 부르는 클라우드 기반 툴을 사용하여 협력과 과제 선정을 어떻게 할 것인지 논의했다.

트레이드야의 테스트 과정은 2013년 1월 1일부터 2013년 2월 28일까지 지속되었다. 첫 30일 동안, 견습생들은 분석 도구들을 학습했고, 트레이드야를 위해 도구들

그림 9-3
8명의 트레이드야 린(Lean) UX 견습생들을 지도하면서 퍼널에 대해 이야기하고 있는 제이미(왼쪽)와 재러드

을 설정했으며, 제품의 전환 퍼널을 실험하기 위해 그들 자신이 사용자가 되어 다른 사람들과 거래하고 입찰을 했다. 그런 다음에는 이 도구들이 핵심 지표들을 정확하게 포착하고 있는지를 검증했다. 퍼널 매트릭스에서는 가설의 변화가 모두 업데이트되었으며, 이는 팀 전체가 보고 추적할 수 있었다. 분석 도구로는 구글 애널리틱스Google Analytics와 KISS매트릭스KISSmetrics를 사용했다. 개발팀은 모든 HTML 페이지에 자바스크립트 코드를 더했다.

재러드와 나는 우리가 필요로 하는 데이터 포인트를 얻었는지 확실히 확인하기 위해 개발 과정을 확인하면서 지도했다. 이 방법으로, 우리가 최소 기능 제품을 출시했을 때 사용자가 거래를 성사시키는 데 필요한 행동들을 모두 추적할 수 있었다

교훈

- 전환을 위한 디자인을 하려면 디자이너, 개발자, 제품 관리자, 그리고 마케터를 포함한 교차 기능 팀을 구성해야 한다. 마케팅과 영업팀은 목표 목록을 만들고 반드시 이 목록에 맞추어 신속하게 행동할 수 있어야만 한다. 개발팀 또한 추적하고 측정할 수 있는 지표 목록을 보유하고 있어야 한다.
- 퍼널 매트릭스 기법의 결과물은 희망하는 사용자 행동에 최적화되도록 설계되었거나 재설계되어야 하는 사용자 흐름, 기능 목록, 그리고 와이어프레임 목록을 직접적으로 알려준다.
- 데이터 및 지표들은 판매 퍼널의 모든 단계를 지속적으로 개선하고 고객의 행동을 파악하는 데 도움이 된다.

퍼널 매트릭스 도구 사용하기

퍼널이란 자그마한 구멍을 통해 액체나 다른 물질들을 이동시키기 위해 윗부분에 튜브가 달린 깔때기 모양의 도구다. 자동차 엔진에 오일을 주입할 때, 의도한 방향으로 흘러들어갈 수 있도록 퍼널을 사용한다. 퍼널은 낭비를 줄이기 위해 사용하는 기구를 말한다.

전자상거래의 세계에서, 낭비란 잠재 고객들이 제품의 엔진으로 제대로 들어가지 않을 때 발생한다. 전자상거래 과정에서는 고객이 등록을 하지 않고, 계정을 활성화하지 않으며, 거래를 시작하지 않고, 거래를 끝내지 않는 등의 일들이 일어날 수 있다. 또는 고객이 가치 제안을 적합한 방식으로 경험하지 않았거나, 고객의 욕구가 충족되지 않은 채로 다른 곳으로 가버릴 수도 있다. 전자 상거래 혹은 디지털 제품 퍼널의 디자인이 이 고객을 참여형 고객으로 전환시키지 못한 것이다.

《고객을 개발하려는 기업가를 위한 가이드 The Entrepreneur's Guide to Customer Development》라는 책에서, 저자인 브랜트 쿠퍼와 패트릭 블라코비츠는 잠재 고객이 인터넷 검색엔진 구글 사용자에서 만족스러운 사용자로 이동해 가는지를 나타내기 위해 퍼널 매트릭스를 사용한다. 나는 여기에서 영감을 받아 개념을 확장하고 UX 전략과 직접적으로 연관된 지표를 수정하는 도구를 만들었다.

퍼널 매트릭스를 채우는 목적은 〈그림 9-4〉에서 볼 수 있듯이 이해관계자, 제품 관리자, 마케터, 시각 디자이너, 개발자, 그리고 다른 모든 관계자들과 같이 제품에 연관된 팀 전체가 잠재 사용자가 반복 사용자가 되기 위해 해야 할 필수적인 행동들을 생각하도록 만드는 데 있다. 퍼널 매트릭스의 또 다른 목적은 사용자 경험을 더 효과적으로 최적화하여 전환율을 높이는 방법을 검증, 측정하고, 배우는 것이다. 도구를 사용하여 실험을 시작한 이후, 이 도구가 UX 전략 과정을 더욱 실증적으로 만들어준다는 사실을 발견했다.

FUNNEL MATRIX: <Your Product Name Goes Here><Month(s)/Year>							
Funnel Stage	Stage Definition (customize your own)	User's Process	Desired Action	Business Task	Metrics	Required Functionality	Validated Learnings
SUSPECT	A suspect is user that might possibly require your product or service.						
LEAD	A lead is a potential sales contact -- an individual or organization that expresses an interest (i.e. by providing their email address) in your product or services.						
PROSPECT	A prospect is anyone who is demonstrating a desire for a particular product/service by engaging with in a valuable (to the business) way.						
CUSTOMER	A customer is a person or organization that pays to use a product or service.						
REPEAT USER	Repeat users are customers who "regularly" use your product or service.						
REFERENCE	A user who refers others (evangalizes) on behalf of your product.						

그림 9-4
퍼널 매트릭스 툴의 템플릿

퍼널 매트릭스 도구는 사용자 참여와 획득의 각기 다른 단계들을 보여주며 이 단계들을 측정하는 기준을 보여준다. 나는 우리 팀이 공동 작업을하고 동시에 작업할 수 있도록 구글 스프레드시트를 사용하여 퍼널 매트릭스를 제작했다.템플릿 사본은 UX 전략 툴킷에서 이용할 수 있다.

당신이 퍼널 매트릭스를 사용하는 방법은 제품 개발 단계에서 당신이 어디에 있는지에 따라 달라진다.

- 재러드에게 트레이드야가 있었던 것처럼 현존하는 제품이나 최소 기능 제품을 이미 보유하고 있다면, 당신의 팀은 최적화를 위해 매트릭스 전체를 사용할 수 있다. 적절한 결과를 도출해낼 때까지 당신의 지표를 다루고 측정하라.
- 만일 당신이 첫 기능으로 최소 기능 제품을 위한 와이어프레임을 설계한다면, 사용자 참여도와 핵심 지표를 추측하기 위해 퍼널 매트릭스를 사용하라. 그러면 랜딩 페이지 테스트와 같이 이 장의 뒤에서 논의할 내용들에 대한 최상위 의심 수준을 테스트할 수 있을 것이다.
- 만일 당신이 여전히 UX 전략에서 개념적인 단계에 있다면(스토리보드, 프로토타입 등), 이것을 기회로 삼아 당신의 팀이 전환을 위한 디자인을 할 준비가 되어 있을 때 어떠한 결과를 얻을 수 있을지 알아보라.

왜 맵이 아니라 매트릭스인가?

이 지점에서, 일부 UX 전략가들은 왜 내가 저니 맵journey map, '경험 지도'라고도 불림을 지지하지 않는지 궁금할 것이다. 저니 맵은 플로 차트flowchart처럼 보이며 모든 접점들을 보여준다. 사용자가 당신의 제품의 UX와 상호작용을 하는 여정을 시각적으로 보여주는 것이다. 저니 맵은 제품 관계자들과의 협력적 브레인스토밍 과정의 뒤를 잇는 결과물로 만들어진다. 때때로 이러한 저니 맵들은 해독하는 사람들에게 복잡할 수 있으며, 특히나 당신이 그러한 과정에 참여하지 않았을 경우에는 더욱 그렇다. 만일 당신이 이러한 맵들을 본 적이 없다면, 구글 이미지에서 키워드 검색을 해보기 바란다.

저니 맵은 UX 전략가와 관계자들이 디지털과 비디지털 접점을 통해 교차 채널 경험을 상상하는 데 도움을 줄 수 있다. 하지만 나는 저니 맵은 너무 길어서 작성하는 데 시간이 오래 걸리고 출시된 이후 제품의 현실이 거의 반영되지 않기에 책임성이 부족하다고 생각한다. 내가 너무나 자주 본 일을 소개하겠다. 핵심 관계자, 혹은 내부 UX 팀, 혹은 이 둘 모두를 포괄하는 집단이 합의 형성 과정에 소집되었다. 이들은 그룹으로 나뉘었고, 아이디어를 적어냈고, 그리고 적어낸 아이디어를 벽이나 보드에 게시했다. 모든 사람들은 멀리 떨어져 보고 있었고, 일부 적극적인 참여자들은 개념을 분류했다. 그 과정이 끝나갈 무렵, 일부 사람들은 소중한 노란 종이를 사진으로 담기 시작했다. 디자이너는 이 개념도를 우회적인 정보 다이어그램으로 보이게 바꾸었다. 그런 다음 그 포스터들을 직원들이 화장실에 가는 길에 영향을 받을 수 있도록 사무실 내 어딘가에 걸거나 보관했다.

만일 당신이 전략을 세우고 실행하는 과정에서 더욱 실증적이기를 바란다면, 당신은 이 접근법과 제품을 제품 식별 단계와 개발 주기 전반에 걸쳐 측정되고 업데이트되는 잘 통제된 절차 시스템으로 발달시켜야 한다. 이게 바로 내가 클라우드 기반 매트릭스를 중앙 데이터 저장소로 사용하는 것을 선호하는 이유다. 이 맞춤형 도구를 사용하면, 팀원들이 장소와 관계없이 협력하며 작업할 수 있다. 당신은 첫 단계를 2~4시간가량을 들여 완료할 수 있으며, 그 이후엔 모든 사람들이 손쉽게 접근하여 업데이트를 할 수 있다. 결과물은 해석하기 쉽다. 더욱 중요한 이점은 이 매트릭스는 제품이 출시되고 반복될 후에 지표 리포트를 위한 중앙 데이터 저장소로서 역할을 할 수 있다는 것이다. 이 퍼널 매트릭스는 UX를 위해 실세계 지표를 지닌 린 회계를 다룰 수 있는 방법이다. 그러니 당신이 필기한 노트를 치워도 된다. 적어도 지금은 말이다. 퍼널 매트릭스 도구를 탐구하고 채우도록 하자. 저니 맵에 대한 다른 의견은, 경험 전략가인 홀리 노스가 10장에서 말하는 것을 확인하기 바란다.

퍼널 매트릭스 다루기

내가 처음으로 퍼널 매트릭스 도구를 사용한 것은 재러드와 함께 트레이드야를 테스트하기 위해서였다. 수개월 동안, 우리는 수백 개의 사용자 행동을 측정한 분석 리포트를 살펴보았으며, 이 리포트를 가지고 전체적인 상황을 고려하며 결정을 내리려고 노력했다. 하지만 우리는 단일 사용자 행동에서 나온 입증된 데이터 결과물을 가지고 더 작은 결정들을 내리는 것이 더욱 효율적일 것이라고 생각하게 되었다. 우리는 최소 기능 제품에 유의미하게 변화시키는 데 우리의 시간과 힘, 그리고 돈을 집중해야만 했다. 이렇게 하여, 재러드와 개발자들인도에서 스카이프를 통해 영상통화를 한 개발자들과 나는 과제를 수행하기 위해 네 시간 동안 집중했다.

UX 퍼널 매트릭스 도구는 당신의 팀이 신중히 고려하여 정보를 입력해야 하는 셀로 이루어진 열과 행으로 구성되어 있다. 여기에는 특정 기간 동안에 서술된 사용자의 이야기가 입력된다. 만일 제인이라는 사용자가 페이스북 피드를 통해 당신의 온라인 제품트레이드야라고 하자을 발견했다면, 그녀가 실제 사용자가 되려면 어떠한 과정을 거쳐야만 할까? 아마도 한 번에 '사용할 수도 있는 사람'에서 '반복 사용자'가 될 수는 없을 것이다. 그 대신에, 그녀는 당신의 제품과 더 깊은 상호작용을 손쉽게 할 수 있어야만 한다. 따라서 각 행에는 그녀가 제품을 처음 본 순간부터 당신의 제품을 홍보하는 헌신적인 사용자가 되는 단계에 이르기까지 그녀가 거친 과정을 보여주는 정보가 담긴다. 당신은 또한 실험에 시간제한을 두고 싶을 것이다. 그것이 각기 다른 가설에 대한 예상 결과물을 측정하는 당신의 팀에게 데드라인을 설정해주기 때문이다. 트레이드야의 경우엔, 우리는 60일의 시간제한을 두었다. 우리는 돈을 쓰지 않는 고객들을 돈을 쓰는 고객으로 전환시키는 데 필요한 것을 알고 싶었기에 이 제한을 두기를 했다. 우리가 이 시간 안에 사용자가 전환하도록 만들 수 없다면 우리가 곧 실패할 것이라고 생각했다.

수직 축

퍼널 매트릭스에서 열은 당신의 온라인 제품에 대한 사용자 참여 단계들을 포함하고 있다. 이 단계 레이블들은 〈그림 9-5〉에서 볼 수 있는 것처럼 제품의 비즈니스 모델과 직접적으로 관련되어야만 한다. 각기 다른 제품은 성장을 위해 각기 다른 엔진을 필요로 한다. 이 열들에 대해 이야기를 할 때 참고하면 좋은 테이블이 《린 애널리틱스 Lean Analytics》라는 책에 나와 있다.

나는 당신이 일반 단계 정의들을 가지고 퍼널 매트릭스를 시작할 것을 권장한다. 다른 셀의 내용과 데이터가 제대로 입력될 때까지, 이들을 원하는 방식대로 조정하는

Business model Company stage	E-commerce	Two-sided marketplace	Software as a Service	Free mobile app	Media	User-generated content
Will it grow?	Will they find you and tell others?		Will they sign up, stick around, and tell others?		Can you grow traffic to a level that can be profitably monetized?	
Stickiness stage: Achieving a minimum viable product that engages customers in a meaningful, valuable way.	Conversion, shopping cart size. For acquisition: cost of finding new buyers. For loyalty: percent of buyers who return in 90 days.	Rate of inventory creation, search type and frequency, price elasticity, listing quality, fraud rates.	Engagement, churn, visitor/user/customer funnel, capacity tiers, feature utilization (or neglect).	Onboarding; adoption; ease of play; time to "hooks"; day-, week-, and month-long churn; launches; abandonment; time played; regional testing.	Traffic, visits, returns; segmenting business metrics by topic, category, author; RSS, email, Twitter followers and click-throughs.	Content creation, engagement funnel, spam rates, content and word-of-mouth sharing, primary acquisition channels.
Virality stage: Growing adoption through inherent, artificial, and word-of-mouth virality; optimizing viral coefficient and cycle time.	Acquisition-mode: customer acquisition costs, volume of sharing. Loyalty model: ability to reactivate, volume of buyers who return.	Acquisition of sellers, acquisition of buyers, inherent and word-of-mouth sharing. Account creation and configuration.	Inherent virality, customer acquisition cost.	App store ratings, sharing, invites, rankings.	Content, virality, search engine marketing and optimization; promoting long time on page.	Content invites, user invites, in-site messaging, off-site sharing.

그림 9-5
비즈니스 모델의 단계들

데 시간을 들이기 바란다. 당신은 〈그림 9-6〉에 나온 것과 같이 정확한 단계 레이블은 필요 없을 수도 있다. 사람들이 당신의 제품에 어떻게 관여할지에 대해서 알려진 예외적 사항들과 알려지지 않은 예외적 사항들이 있을 것이기 때문이다. 하지만 이러한 일반적인 레이블들은 당신이 작업을 시작할 수 있게 해줄 것이다. 단계마다 중요한 점은 그것들이 제품의 퍼널을 따라 직선 모양으로 측정 가능하게 진행된다는 것이다.

다른 단계를 정의하기 전에 먼저 첫 열을 전부 채우자. 특히 당신이 고객 개발 기법을 처음 사용하는 것이라면 그렇게 하는 것이 좋다. 사용자들이 당신의 제품을 처음 발견하기 시작하면서 원하는 행동이 뚜렷하게 보이기 시작하면, 당신은 정의들이 실제 사용자 참여 전략과 직접적으로 연결되어 있다는 것을 이해할 것이다. 그런 다음, 다음 열들을 차례대로 처리하기 바란다. 행의 제목들은 당신의 팀과 함께 논의해야 하는 다른 요인들이다. 다음 장에서 더욱 자세히 다루도록 하겠다.

각 단계별로 나는 우선 일반적인 설명을 하고, 트레이드야를 위해 우리가 셀에 특별히 무엇을 집어넣어야 할지를 사례를 들어 설명할 것이다. 이 책의 첫 부분에서 나는 '사용자'와 '고객'이라는 용어가 서로 대체될 수 있다고 말했지만, 이 장에서만큼은 그렇지 않다. 퍼널 매트릭스에서, 사용자는 퍼널의 시작점에서 끝부분까지 이동하며 참여형그리고 돈을 지불하는 고객이 되는 사람으로 정의된다.

9장 전환을 위한 디자인

퍼널의 단계	각 단계의 정의 (상황에 맞게 수정해서 활용하라)
잠재 고객	잠재 고객이란 당신의 제품 또는 서비스를 필요로 할 가능성이 있는 사용자를 말한다.
주도 고객	주도 고객이란 잠재적 판매 접촉으로, 당신의 제품 또는 서비스에 흥미를 표하는(예: 이메일 주소를 제공함) 개인 또는 조직을 의미한다.
예상 고객	예상 고객이란 욕구를 지니고 있으며 당신의 특정 제품을 구매하거나 소비함으로써 이 욕구를 충족하기를 열망하는 사람들을 의미한다.
단골 고객	단골 고객은 제품 또는 서비스를 사용하기 위해 돈을 지불하는 개인 또는 조직을 의미한다.
반복 사용자	반복 사용자란 "정기적으로" 당신의 제품 또는 서비스를 사용하는 고객을 말한다.
레퍼런스 사용자	당신의 제품을 대표하여 다른 사람들에게 홍보를 해주는 사용자.

그림 9-6
비즈니스 모델의 단계들

잠재 고객 단계

잠재 고객은 당신의 제품이나 서비스를 요구할 가능성이 있는 사용자를 의미한다. 트레이드야의 퍼널 매트릭스에서, 잠재 고객은 제품이나 서비스를 보유했었거나 원했던 사람을 의미한다. 그렇다. 이것은 모든 사람을 가리키는 것처럼 들린다. 왜냐하면 정말로 모든 사람들을 가리키기 때문이다. 여기에는 문제가 있다. 모든 사람들을 포함하는 수평적 시장은 너무나 넓다. 당신의 특정한 고객층이 원할 만한 제품이나 서비스의 유형으로 범주를 한정할 필요가 있다. 〈그림 9-7〉에 묘사한 것처럼, 트레이드야의 잠재 고객은 물건을 거래하는 것을 긍정적으로 여기는 누군가가 된다. 우리는 이러한 유형의 사용자들이 중고 의류 거래, 수집가 집단, 그리고 다른 거래 사이트 때문에 존재한다는 사실을 알았다. 우리는 크레이그리스트에서 물물교환 섹션을 사용할 사용자와 유사한 잠재 고객을 찾고 있는 것처럼 느꼈다.

각 단계의 정의	
잠재 고객	잠재 고객이란 그들이 구매할 여유가 없는(혹은 지불하고 싶지 않아 하는) 무언가를 원하는 사람 혹은 판매하거나 다른 어떤 것과 교환하고 싶어 하는 가치를 가진 무언가(물건 또는 서비스)를 가진 사람을 의미한다.

그림 9-7
트레이드야 퍼널 매트릭스의 잠재 고객 단계를 확대한 모습

주도 고객 단계

주도 고객은 일반적으로 이메일을 통해 개인적인 연락처를 제공함으로써 당신의 제품이나 서비스에 관심을 보이는 개인, 단체, 잠재적인 판매 접촉을 의미한다. 당신은 이들과 연락을 취할 수단을 보유하기를 희망한다. 이것은 사용자와의 공식적인 관계를 시작할 수 있게 한다.

트레이드야의 경우, 주도 고객이란 도달한 방법과는 관계없이 트레이드야 페이지에 도착하고, 회원 가입을 하는 누군가를 의미한다. 이 사용자는 다양한 방법을 통해 접근할 수 있다. 소셜 미디어가 될 수도 있고, 입소문을 듣고 올 수도 있으며, 직접 검색을 해서 도달할 수도 있다.

예상 고객 단계

예상 고객이란 욕구를 지니고 있으며 당신의 특정 제품을 구매하거나 소비함으로써 이 욕구를 충족하기를 열망하는 사람들을 의미한다. 이 고객은 돈을 지불하는 고객이나 참여형 사용자로 나아가는 협상 단계에 있다(이 내용은 다음 단계에서 정의할 것이다).

트레이드야의 경우, 예상 고객이란 그가 특별히 원하는 무언가를 보았거나 그가 거래하기를 원하는 특정한 물품을 보유하고 있는 누군가이다. 그는 거래하기 위해 무언가를 올리거나, 이미 사이트에 올라와 있는 거래 대상에 입찰을 한다. 이 사용자는

우리의 핵심 경험인 실제 거래에 참여하기 위해 최소 기능 제품 인터페이스상에서 가능한 첫 행동을 취한다.

단골 고객 단계

단골 고객은 당신의 비즈니스 모델에 가치가 있는 사람이나 단체를 의미한다. 단골 고객은 제품을 사용하기 위해 돈을 지불하거나 다른 사용자에게 가치가 있는 무언가를 기여한다. 웹의 양면 시장과 프리미엄Freemium : 본 서비스는 무료로 제공하고 추가 고급 기능에 대해서는 요금을 받는 경제에서, 이것은 콘텐츠, 목록, 혹은 요청이 될 수 있다.

트레이드야의 경우, 단골 고객이란 거래에 참여하고 성공적으로 끝마치는 사용자를 의미한다. 이것은 입찰에 응한 뒤에, 사용자가 거래를 하고, 그 거래를 성공적으로 끝마치는 것을 의미한다. 그 반대도 마찬가지다.

반복 사용자 단계

반복 사용자는 당신의 제품이나 서비스를 '주기적으로' 사용하는 고객을 의미한다.

트레이드의 경우, 반복 사용자는 여러 거래에 연관되어 있는 사람이다. 그는 종종 거래를 하고 거래할 품목이나 서비스를 제공하거나 입찰에 계속해서 응한다.

레퍼런스 사용자 단계

레퍼런스 사용자는 자신의 최초 경험 혹은 지속된 경험에 순전히 기반을 두고 다른 사람들에게 사이트를 언급하는 누군가를 의미한다. 이러한 사용자들은 구전으로 당신의 제품을 다른 잠재 고객들에게 소개한다. 이것은 구전성Virality이라고 불리며 성장 엔진에 연료를 공급해준다〈그림 9-5〉 참조.

레퍼런스 사용자는 본인이 퍼널의 어떠한 단계에 있는 것과는 관계없이 당신의 제품을 다른 사람들에게 전할 수 있다. 레퍼런스 사용자는 개인적인 추천을 통해 새로운 사용자들을 사이트로 인도한다. 당신의 판매 퍼널을 개선하는 데 중대한 역할을 한다.

당신은 반드시 이 사람들을 소중히 다루어야 하며, 이 사람들이 당신의 제품을 매우 좋아하도록 만들기 위해 성실히 일해야 한다.

트레이드야의 경우, 레퍼런스 사용자란 트레이드야 페이지를 공유하는 누군가를 의미한다. 홍보를 하는 것도, 그저 흥미롭게 본 것도 모두 포함된다.

가로 축
사용자의 프로세스

사용자의 프로세스(그림 9-8)는 사용자가 제품을 경험하는 각 단계에서 참여하는 활동 유형을 묘사한다. 활동들은 정확히 어디에 위치해 있는가? 사용자들은 어떠한 과제를 완료하려고 하는 것일까? 당신의 팀에 소속된 UX 디자이너에게는 사용자 프로세스는 아마도 퍼널 매트릭스에서 가장 명확한 단계가 될 것이다.

트레이드야의 예시에서 사용자 참여의 첫 단계인 잠재 고객 단계에서 시작하자. 내가 집을 나가 걷기 시작하려고 할 때 갑자기 소리를 내지르며, "돈을 그만 쓰세요! 트레이드야를 사용하세요!"라고 소리를 지르면 어떨까? 내가 소리치는 것을 들은 이웃들은 트레이드야에 대한 첫인상을 제품에 대한 관심으로 이어갈 것이다. 친근한 옆집 이웃은 나의 목소리를 우연히 듣고서 더 자세히 알아보고 싶은 것이다. 그러나 나를 알지 못하는 건너편의 새 이웃은 그냥 무시해버리거나 경찰을 부를 것이다.

사용자의 프로세스

사용자들은 특정 아이템을 보거나 그들을 사이트로 끌어들이는 곳(예: 언론, 입소문, 소셜 네트워크 등)에서 트레이드야에 관한 어떤 이야기를 듣는다.

그림 9-8
트레이드야 퍼널 매트릭스의 사용자 프로세스 셀

따라서 잠재 고객의 사용자 단계에서는 다음과 같은 생각을 해야 한다. '잠재 고객과의 최초 접점은 무엇인가?' '접점'이라는 문구는 당신이 고객을 처음으로 '접하거나' 관계를 맺는 것을 의미하는 경영 용어다. 잠재 고객은 트레이드야를 소셜 미디어에서 발견할 수 있다. 혹은 이웃이 소리치는 것을 듣고 제품을 발견할 수 있다. 친구가 "내가 거래하고 있는 이 서핑보드를 확인해봐!"라고 적은 페이스북 글이나 트위터 글에 공유된 트레이드야 링크를 통해 볼 수도 있다. 잠재 고객은 직접 검색을 통해서 트레이드야나 트레이드야 품목의 리스트를 찾을 수도 있다.

궁극적으로, 세로 셀에 들어갈 것은 사용자들이 제품을 최초로 발견할 가능성 높은 방법들이다. 이 '방법'들은 고객을 획득하기 위한 당신의 판매 경로나 전술이다. 이들을 발견하고, 탐구하고, 실험해보기 바란다.

원하는 행동

퍼널 매트릭스에서 '원하는 행동'이란〈그림 9-9〉 참고 사용자들이 방금 경험한 '과정'에 응하여 했으면 하는 행동을 의미한다. 원하는 행동이란 당신이 사용자들에게 바라는 행위를 말한다. 이것은 트윗을 좋아하는 것부터 앱을 다운로드하거나 웹 페이지로 이어지는 링크를 클릭하는 것을 모두 포함한다.

원하는 행동

(1) 트레이드야 홈페이지에 도달하고 여러 개의 트레이드야 아이템들이 나타나며 필요한 로그인 행동을 클릭할 때까지 온보드(Onboard) 또는 로그인이 필요하지 않다.
(2) 사용자가 직접적 보내기 링크에서 들어오고 있기 때문에 트레이드야 아이템 페이지에 도달한다.

그림 9-9
트레이드야 퍼널 매트릭스의 '원하는 행동' 셀

내가 거리에서 트레이드를 사용하라고 외친 예시로 돌아가보자. 만약 새로운 이웃이 경찰을 부르지 않았다면, 그 이웃은 잠재적으로 ① 스마트폰으로 트레이드야를 구글에서 검색해보거나, ② 집이나 직장에서 나중에 컴퓨터로 트레이드야를 검색해보거나 ③ 사무실의 에스프레소 머신 주위에서 동료들에게 이 기이한 경험을 이야기하거나 소셜 네트워크상에서 이 기이한 경험을 공유할 것이다.

잠재 고객 단계에서 당신이 원하는 반응은 당신의 사용자가 프로젝트에 처음 노출되었을 때 긍정적인 반응을 보이는 것이다. 분명히 말하건대, 부정적인 첫인상을 심어주는 것은 매우 나쁜 UX와 같다. 당신은 반드시 잠재 고객이 당신이 희망하는 방식으로 반응하도록 해야 한다. 잠재 고객이 마주하는 콘텐츠/메시지/경험의 유형에 따라 어떠한 일이 일어날지 생각해보자. 다루어야 할 시나리오나 기술적 측면예를 들어, 모바일 vs 데스크톱이 하나 이상 있는가? 모든 사용자들이 정문제품의 홈페이지으로 들어오는가? 아니면 다양한 옆문제품 페이지로 연결되는 친구의 피드에 적힌 페이스북 링크를 통해 들어오는가? 어떤 문으로 들어오든, 당신은 가치 제안이 명확하게 전달되는지 확인하는 것이 좋다.

당신의 퍼널 매트릭스에 있는 셀에 원하는 행동을 채우기 위해서 사용자의 주요 목표가 무엇인지 생각해보자. 사용자의 주요 목표는 이메일 주소를 입력하는 것에서부터 페이스북 계정으로 로그인 하기, '주문하기' 버튼을 클릭하기에 이르기까지 다양한 유형의 활동이 될 수 있다. 만일 당신 제품의 매출원이 배너 판매나 영상 광고라면, 목표는 고객들로 하여금 클릭을 반복하게끔 하도록 눈에 띄는 '계속' 링크를 충분히 콘텐츠 페이지에 채워놓는 것이다. 만일 사용자가 사이트에 머무르는 시간Toime on Site을 늘리고 싶다면, 끝이 없는 핀볼 게임처럼 사용자들이 사이트에 머무르게 만드는 글들이 풍부하게 있어야 한다.

원하는 반응은 사용자의 참여 수준에 따라 달라질 수 있다. 잠재 고객은 긍정적인 경험을 해야 하지만, 고객은 제출 혹은 구매 버튼을 클릭함으로써 반응을 해야 할 수도 있다. 당신의 사용자가 퍼널을 기꺼이 통과할 수 있게끔 원하는 행동의 최단 경로를 세심하게 고려해보자.

사업 과제

자, 이제 UX 전략을 잠시 제쳐두고 마케팅을 다뤄보자. 〈그림 9-10〉에 나와 있는 것처럼 당신의 사업 목표 측면에서 퍼널 매트릭스를 볼 시간이다. 바로 사용자의 프로세스를 가능하게 하기 위해 이면에서 무엇이 일어나야만 하는지를 다루는 것이다. 여기엔 유효성이 증명된 온라인 광고 캠페인과 새로운 형태의 그로스 해킹을 둘 다 포함한다. 기본 개념은 제품 내에서 유기적으로 마케팅을 시행하는 것이지, 완제품에 대한 마케팅을 시행하고 지표를 통해 다시 다루는 것이 아니다. 이것은 UX 전략에서 필수적인 요소다. 사업 전략과 상호작용 디자인은 반드시 함께 가야 한다.

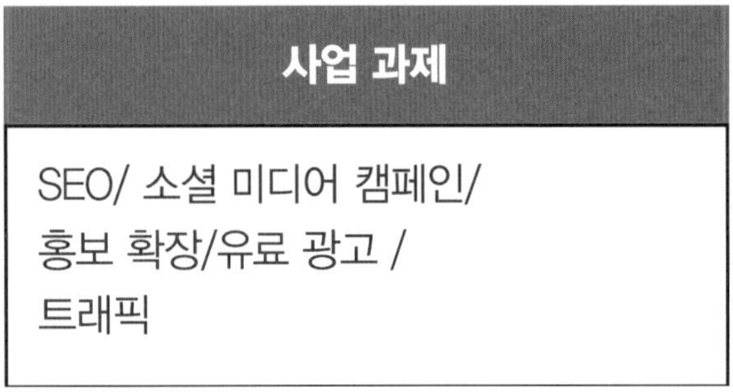

사업 과제
SEO/ 소셜 미디어 캠페인/ 홍보 확장/유료 광고 / 트래픽

그림 9-10
트레이드야 퍼널 매트릭스의 사업 과제 셀

따라서 잠재 고객 단계에서 사업 과제는 당신과 당신의 팀이 잠재 고객에 닿고 그들의 이목을 끌기 위해 새로운 채널을 찾고 새로운 실험들을 잔뜩 하는 것이다. 그러려면 사용자들이 당신의 제품을 발견할 수 있는 각기 다른 접점들페이스북, 모바일 기기, 직장 컴퓨터, 혹은 에스프레소 머신 앞에서의 대화과 맥락을 고려해야 한다.

당신의 퍼널 매트릭스에 있는 사업 과제 셀을 트래픽을 증가시키기 위한 페이스북 광고나 소셜 미디어 캠페인을 구매하는 것과 같이 제품을 홍보할 수 있는 수단으로 채워보자. 제품이 멋져 보이게 하면 사용자가 제품을 홍보하도록 유도할 수 있다. 당신이 이 셀에 무엇을 놓든 간에, 그것들은 당신이 원하는 행동들을 획득하기 위해 사업에서 수행해야 일임을 알아야 한다.

매트릭스

영업 또는 마케팅 일을 하는 사람들은 너무나 잘 알겠지만, 성공은 숫자로 결정된다. 당신의 퍼널 매트릭스 지표는 당신의 사용자들이 당신이 원하는 행동을 다른 일과 비교해서 얼마나 잘 수행했는지를 측정한 단위다. 이 지표들을 이용하면 링크드인에 비교하여 페이스북에서 얼마나 많은 사용자들이 왔는지, 혹은 미국의 세 주요 도시 중에서 어느 도시가 본 웹사이트에 가장 많은 트래픽을 전달했는지와 같은 것들을 확인할 수 있다. 당신이 정확한 항목을 측정하기로 선택하고, 이 데이터가 정확하다면, 성패를 가늠하게 해주는 강력한 지표가 될 수 있다. 사용자 참여의 각 단계에서는 정말로 중요한 특정 지표가 있다. 목표로 삼은 고객들이 참여하도록 '계약을 맺는 사람'처럼 집중해야 한다.

트레이드야의 잠재 고객 사례에서, 이것은 〈그림 9-11〉과 같이 새로운 방문객들의 행동 양상에 대한 데이터를 분석할 수 있다는 것을 의미한다. 만일 잠재 고객이 홈페이지를 통해 트레이드야에 오지 않았다면, 가장 트래픽이 높았던 페이지는 어느 것인가? 반송률은 얼마였는가? 이 잠재 고객은 사이트와 얼마 동안 상호작용을 했는가? 분석 도구는 엄청난 양의 데이터를 제공하지만, 각 단계에서 어떠한 데이터가 핵심 지

그림 9-11
트레이드야 퍼널 매트릭스의 매트릭스 셀

매트릭스

방문자, 반송률, 홈페이지 방문 고객과 제품 페이지 방문 고객의 비율(%), 트래픽이 가장 많이 유입되는 사이트들, 트래픽이 가장 많이 유입되는 도시 또는 국가

표인지 알아내는 것은 바로 우리 UX 전략가의 몫이다.

지표 열에 들어가는 것은 '정량화'할 수 있는 것들이다. 참여도에 따라 사용자의 행동을 묶는 각 단계에서 측정하기로 계획하는 것 말이다. 지표는 합계, 퍼센티지, 그리고 비율로 나타낸다. 마케팅팀의 일원, 이해관계자, 그리고 당신의 디자인팀/개발팀은 지표가 의미하는 바를 숙지해야 한다. 예를 들어, 일반적인 지표는 사용자가 사이트에서 소요하는 시간을 나타내며, 분과 초로 측정하는 '평균 방문 지속 기간Average Visit Duration'〈그림 9-12〉이다. 하지만 이 지표는 광고를 판매하려고 하는 미디어 웹사이트와 같은 특정한 비즈니스 모델에 더 적합하다. 전자상거래 사이트에서는 거래에 초점을 맞추어야 한다. SaaS에서 우리는 특정 기간 동안 잃어버리는 고객의 숫자를 나타내는 '서비스 제공자를 바꾸는 고객'을 몹시 두려워한다. SaaS의 주요 목표는 고객 유지

그림 9-12
2013년부터의 트레이드야 월간 매트릭스

다. **유지=고착성=습관적인 사용=재방문 고객.**

린 스타트업 대가인 에릭 리스는 "과거에 고객 탐사에서 주장되었던 가설을 확인하거나 반박하는 행동 가능한 지표"야말로 진정한 지표라고 말했다. 이것은 당신이 당신의 제품이 정말로 잘 통하고 있으며 사용자들이 참여하고 있음을 보여주는 것들을 측정하고 싶어 한다는 것을 의미한다. 하지만 투자자들과 이해관계자들은 합계와 퍼센티지를 좋아한다. 그렇기에 랜딩 페이지로 트래픽을 유도하는 능력밖에는 나타내지 못하는 헛된 지표들이나 페이지 뷰를 보는 함정에 흔히 걸려들곤 한다. 헛된 지표들은 오로지 얼마나 많은 사람이 정문 앞에 왔는지만을 나타낸다. 정말로 중요한 것은 이 사람들 중 몇 퍼센트가 문을 열고, 안을 탐색했는지다. 포착할 수 있는 모든 데이터에 정신을 잃거나 아무 의미도 없는 것을 측정하는 것은 정말로 쉽다. 당신의 가치 제안이 잘 통한다는 것을 의미하는 진정한 지표나 '핵심 지표'를 측정하는 데 초점을 맞추어야 한다.

요구되는 기능성

요구되는 기능성은 퍼널의 수준이 UX의 관점에서 작동되도록 하기 위해 가능하게 해야 하고, 통합해야만 하는 기능과 플랫폼예를 들어, 트위터을 의미한다. 이 열을 채우는 것은 제품의 최소 기능 제품 혹은 베타버전을 위해 설정된 기능들을 세련되게 하는 지름길이다. 이 기능들은 반드시 사용자의 여정 전반에 걸쳐 작동되어야 하며 제품의 작동에 필수적이다.

각 기능은 제품을 더 복잡하게 만드는 것보단 더 좋고 쉽게 사용할 수 있도록 만드는 무언가가 되어야만 한다. 제품이 잘 작동하게 만드는 기능에 초점을 맞추고, 다음 관점에서 조심스럽게 고려되는 기능들에 집중하라. 사용자 가치, 만들기 위한 노력의 수준, 그리고 사업 가치. 기능이 제품에 미칠 영향과 기능을 구축하는 데 필요한 노력을 비교하여 균형을 맞추도록 하라. 얼마나 많은 사람이 실제로 사용하거나 요청했는가? 경쟁자들과 차별되는 제품의 독특한 기능인가? 아니면 그저 사람들이 한번 시도해보고는 다시는 사용하지 않을 그러한 기능인가? 퍼널 매트릭스 도구는 기능을 특정한 참여 지표에 결합시킴으로써 영향력을 측정할 수 있도록 도울 것이다.

트레이드야의 경우에, 핵심 기능들은 현존하는 거래에 응찰할 수 있는 능력이었으며, 특정한 품목을 거래대 상으로 올릴 수 있는 능력이었다〈그림 9-13〉. 계정 생성 기능은 페이스북 계정을 통한 가입할 수 있도록 함으로써 제외되었다. 우리는 또한 어떠한 고객들이 거래에 관심이 있는지를 알기 위해 투표 기능이 필요했다. 7장에서 언급한 것처럼, 사용자 프로필과 거래 시스템은 첫 목표를 달성하는 데 필수적이지 않았기에 잠시 미루어두기로 결정했다. 첫 목표는 바로 낮은 진입 장벽으로 사람들이 트레이드야에서 무언가를 거래하게끔 하는 것이었다.

요구되는 기능성
구글 애널리틱스가 설치된 트레이드야 랜딩 페이지, 트레이드야 트위터 프로필, 트레이드야 페이스북 프로필

그림 9-13
트레이드야 퍼널 매트릭스의 '요구되는 기능성' 셀

입증된 학습 사항

이 지점에서, 우리는 토머스 돌비Thomas Dolby와 그의 노래 가사인 "그녀는 날 과학으로 눈을 멀게 하고, 기술로 내 머리를 강타했지She Blinded Me With Science"에 주의를 기울이고 영감을 받았다. 그렇다. 이제 실험실 가운을 입고 논리적이고 이성적으로 과학자들처럼 생각을 할 차례다. 이 퍼널 매트릭스의 목적은 비교를 통한 벤치마킹을 위해 검증된 데이터를 사용하는 제품에 대한 정성적 질문들에 답할 수 있게 돕는 것이다. 당신이 묻는 이 질문들은 참여의 각 단계에서 당신의 팀이 고객의 행동과 사업 과제에 대해 솔직한 태도를 유지할 수 있도록 한다. 과학자들처럼, 당신은 힘든 질문을 하고, 데이터를 분석하며, 희망하는 결과에 눈이 멀어서는 안 된다. 진실한 태도를 유지하라.

트레이드야의 경우에, 잠재 고객 단계에서의 주요 질문은 "장기 고객이 될 수 있는 고개들은 대체 어디서 오는가?"였다. 우리는 우리의 경로들트위터, 페이스북, 구글 애드, 혹은 직접 검색 중에 어떠한 경로가 가장 효과적인지를 알고 싶었다. 우리는 효과가 있는 것은 무엇이든 더 해야만 했다. 잠재 고객이 트레이드야 페이지에 도착한 뒤에, 검증된 학습은 잠재 고객의 행동에 더욱 특화되었다. 어떠한 유형의 제품이나 서비스에 사람들이 가장 많이 입찰했는가? 그 제품은 노트북이었는가? 아니면 가구였는가? 웹 컨설팅 서비스였는가? 아니면 일용 근로 서비스였는가? 서비스보다 제품을 더 많이 거래했는가? 우리는 사이트를 더 잘 다듬고 재러드가 컨시어지 서비스를 제공할 때의 얼리 어댑터들이 보여준 열기에 부응하기 위한 해답을 원했다. 우리는 이 고객들이 누구고, 어디서 왔으며, 가장 관심을 쏟는 거래 품목이 무엇인지 등을 세세히 이해할 필요가 있었다.

당신이 기대하는 것들과 고객들에 대해서 알아야 할 것들이 여기에 있다〈그림 9-14〉. 당신은 참여하는 열정적인 사용자를 만들어내기 위해 예측 가능하고 측정할 수 있는 방법론을 고안해내려고 한다. 이를 달성하기 위해선, 당신의 실험과 지표에서 나온 반복될 수 있는 결과물이 필요하다. 당신은 사용자의 제품 참여가 퍼널을 타고 아래로 진행됨에 따라 질문들이 더욱 구체화되는 것을 볼 수 있을 것이다.

입증된 학습 사항
어느 정도 퍼센트의 사용자들이 대문(홈페이지)을 통해 유입되는가 아니면 트레이드야 아이템 페이지를 통해 유입되는가? 어느 사이트(예: 페이스북)에서 사용자들이 유입되고 있는가? 어떤 도시/국가에서 사이트로 가장 많이 유입되고 있는가? 특정 마케팅 캠페인과 연계된 트래픽이 급증하는 것을 볼 수 있는가?

그림 9-14
트레이드야 퍼널 매트릭스의 '입증된 학습 사항' 셀

당신은 두뇌의 모든 논리 회로를 사용해 이러한 질문들이 해명될 수 있고 측정 가능하다는 것을 확실히 해야 한다. 소셜 미디어의 품목 페이지와 비교하여, 직접 검색을 통해 최상위 홈페이지로 이동하는 트래픽이 얼마나 되는가? 이것은 측정이 가능한 질문이다. 이 사용자들이 랜딩 페이지에 도달했을 때 얼마나 흥미를 느꼈는가? 이것은 측정할 수 없는 질문이다.

더글러스 러시코프Douglas Rushkoff는 저서 《통제하거나 통제되거나Program or be Programmed》에서, 다음과 같이 썼다. "모든 것이 데이터 포인트는 아닙니다. 그렇습니다. 디지털 아카이브digital archive 덕분에, 우리는 모든 데이터를 회수할 수 있습니다. 하지만 그 맥락을 잃는 위험성을 감수하고 그렇게 합니다." 러시코프는 데이터를 보는 안목에 대해 말한 것이다. 가능하다면, 다른 데이터 포인트들과 비교하여 입증된 가설을 상호 참조하는 방법을 찾아야 한다. 그렇기에 유의미한 고객 탐사를 입증하거나 반증하는 지표들을 추적하기 위한 당신의 논리를 다른 팀 일원에게 보여주어여 한다. 그리고 당신이 학습한 내용에 모두가 동의하는지 확인해야 한다.

자, 이제 퍼널 매트릭스 과제가 과학 실험처럼 느껴질 것이다. 그 이유는 바로 퍼널 매트릭스 과제가 일종의 과학 실험이기 때문이다. 당신의 가정지각된 고객들을 위한 제품의 독특한 가치 제안이 맞거나 틀렸다는 것을 입증하는 목표를 가지고 체계적인 방법을 수행한다. 당신은 원인사용자 프로세스+사업 과제이 긍정적인 사용자 효과원하는 행동를 만들어내는지 파악하기 위해 지표를 사용한다. 결과물성공 혹은 실패은 기본적으로 당신이 입증한 학습 사항이다. 당신이 개발한 퍼널 매트릭스는 제품의 테스트 단계에서나 제품의 전 주기에 걸쳐서 사용하고, 다듬고, 반복시킬 개발, 측정, 학습 도구가 될 것이다. 퍼널 매트릭스는 사업이 지속적으로 개선됨에 따라 기준점이 될 수도 있다〈그림 9-15〉. 당신 팀에 소속된 UX 담당자는 심지어 퍼널 매트릭스 개발을 주도할 수도 있다.

기억해야 할 점은, 이 도구를 사용하려면 사용자 경험의 많은 문제들을 해결하려는 균형 있고 열정적인 팀이 필요하다는 것이다. UX 디자이너는 현실적으로 혼자서 일할 수 없으며, 혼자서 일해서도 안 된다. 퍼널 매트릭스는 제품의 분석과 지표에 연관되어 있기 때문이다. 잘나가는 마케팅팀의 일원이 잠재 고객 획득 계획에 퍼널 매트

Funnel Stage	Stage Definition	User's Process	Desired Action	Business Task	Metrics
SUSPECT	A suspect is somebody who wants something they can not afford (or prefers not to pay for). Or somebody who has something of value (good or service) that they would be happy to sell or exchange for something else.	They see an item or hear about TradeYa somehow (i.e. press, word-of-mouth, social networks, etc.) that attracts them to the site.	(1) Lands on TradeYa homepage and is presented with the multiple TradeYa items and is not required to "Onboard" or log-in until they click a required logged-in action. (2) Lands on TradeYa item page because user is coming from a direct referal link	SEO / Social Media campaigns / Publicity outreach / Paid advertising traffic	Visits, Bounce Rate, %Percentage of (first-t visitor coming to home vs item pages, top site traffic is coming from. cities or countries that is coming from.
LEAD	A lead is a person who on first impression finds the site's value proposition compelling enough to enter their real email address or sign up using their Facebook account.	Lands on any TradeYa page with the "Welcome Gate" up which prompts them to enter their email address or to log in with Facebook. Once they do, they have the option of going thru the Onboarding experience which they can choose to opt out anytime.	Views onboarding message and signs in with Facebook or email address. Goes through (does not opt out or bail out of onboarding). If we decide that onboarding is not required until before or after submission of a TradeYa, then the goal is to get them to browse the site effectively to a desired TradeYa page.	Increase inventory, sharing, and messaging/promting to users on the value of creating a personalized profile.	Conversion Rate, Rate Homepage VS Tradeya up, Email Address vs F signups, Welcome Ema Open Rate, Email Verifi

그림 9-15
트레이드야 퍼널 매트릭스의 상단 부분

릭스를 그로스 해킹하는 것으로 일취월장할 기회다. 트레이드야 견습생 프로그램으로 이 장의 초반부에 설명한 것처럼 말이다.

UX 초보자를 위한 분석 툴

UX를 개선하기 위한 적합한 지표를 찾아내는 데 당장 활용할 수 있는 몇몇 유용한 분석 툴을 간략히 살펴보도록 하자. 여러분의 팀이 새 버전을 출시함에 따라 사용자를 전환할 필요가 있는지를 알려면 하고 있던 실험을 측정해야만 한다. 더 분명히 말하자면, UX 전략에 따라 변경한 레이아웃이 사용자의 인식, 관여, 그리고 성공적 거래를 증진하고 있는지 알아야 한다는 것이다. 구체적인 툴에 대해 말하는 것은 최고의 틀이 끊임없이 변하고 있어 조심스럽다. 그래서 나는 여러 툴들을 다음의 세 가지 분류로 나누었다.

기업 지향적 분석 보고 툴

인기 있는 툴: 구글 애널리틱스Google Analytics, 어도비 애널리틱스Adobe Analytics

고급 설명: 보고 툴들은 앱이나 웹사이트의 트래픽과 트래픽 소스에 대한 세부적 통계를 생성해내는 데 초점을 맞추고 있다. 구글 애널리틱스는 가장 널리 사

용되는 툴로, 무료 기본 서비스와 프리미엄 버전을 함께 제공한다. 이와 달리, 어도비 애널리틱스이전에는 옴니추어Omniture였음는 기업 시장에 특화된 툴이다. 이런 툴들은 구현과 모니터링을 위해 개발자 또는 분석 전문가를 필요로 한다.

대시보드, 퍼널 전환, A/B 테스트

인기 있는 툴: 키스매트릭스KissMetrics, 옵티마이즐리Optimizely, 게코보드Geckoboard, 믹스패널Mixpanel, 토탕고Totango, 차트비트Chartbeat

고급 설명: 대시보드와 변환 툴들은 수많은 서비스들예컨대, 구글 애널리틱스와 페이스북로부터 모든 지표들을 실시간으로 확인할 수 있는 시각적 장소를 제공한다. 그것들을 사용하여 구체적인 행동에 대한 리포팅을 함으로써 고객 관여와 고객 유지의 정도를 측정할 수 있다. 또한 고객 세분화에도 중점을 맞추어 사용자들이 누구이며 어디에서 유입되는지를 확인할 수 있을 것이다. 그리고 그렇게 세분화한 고객들을 A/B 테스트 및 다변수 테스트를 수행하기 위한 집단으로 나누어볼 수도 있다.

이메일 전송/추적 서비스

인기 있는 툴: 센드그리드SendGrid, 메일침프MailChimp, 아이콘택트iContact, 콘스턴트 콘택트Constant Contact

고급 설명: 이메일 서비스 제공자는 제품을 사용하는 동안 수행하는 작업및 사용하지 않는 작업에 따라 웹사이트 방문자 또는 모바일 앱 사용자들에게 고도로 맞춤화된 메시지를 보내는 데 활용된다. '전송 가능성'은 일반적으로 사용자의 받은 편지함에 실제로 전송되는 전자메일의 수를 백분율로 나타낸 수치다. 성공적인 캠페인은 시기적절하고 알맞은 콘텐츠의 적당량을 전송하여 사용자가 제품에 참여하도록 하고 사용을 거부하지 않도록 하는 탄탄한 마케팅 전략을 기반으로 한다.

랜딩 페이지로 잠재 고객 단계의 실험 수행하기

잠재 고객 단계인데 제품이나 최소 기능 제품이 없다면 어떻게 될까? 자, 여러분에게는 여전히 작업에 활용할 퍼널이 있지만, 그것은 모두 가정된 것에 불과하다. 정말 어떠한 단계에서도 아무런 지표에 연결할 수 없을 것이다. 단 하나, 잠재 고객을 제외하고.

랜딩 페이지 실험을 통해 퍼널의 잠재 고객 단계를 잠재적으로 그로스 해킹을 할 수 있다. 시작하기 전에 먼저 몇 가지 기본 사항을 살펴보겠다. 랜딩 페이지란 제품의 홈페이지가 아닌 웹 페이지를 의미한다. 랜딩 페이지는 사용자가 한 가지의 특정한 주요 작업을 하도록 유도하기 위해 특별히 디자인한 것이다. 다른 말로 주도 고객 캡처 페이지, 스퀴즈 페이지squeeze page, 그리고 목적지 페이지destination page라고도 불린다. 사용자들은 여러 접점들유기적 검색 결과, 광고 및 소셜네트워크 캠페인에서 랜딩 페이지로 이동하게 된다. 랜딩 페이지는 기본적으로 퍼널의 맨 꼭대기에서 잠재 고객들을 빨아들이도록 디자인된다.

원하지 않는 잠재 고객의 랜딩 페이지를 사용하여 가치 제안을 검증할 수 있는 방법은 많다. 사례 연구를 활용해 그 방법을 구체적으로 설명할 것이다.

사례 연구 1: 가치 제안이 전환을 필요로 할 때

8장에서 호텔스닷컴 형식으로 재활 센터 웹사이트를 디자인하자는 아이디어를 고안한 소프트웨어 디자이너는 매우 곤란한 상황에 처했다. 〈그림 9-16〉은 '북유어케어Book Your Care' 홈페이지가 원래 어떻게 생겼는지를 보여준다. 소프트웨어 디자이너를 대신해 우리가 수행한 게릴라 사용자 조사는 그의 비즈니스 모델이 틀렸음을 입증했다. 현재 웹사이트는 효과가 없었고, 그는 적절한 타당성 검증 없이 재설계에 돈을 쓰는 것이 낭비가 될 것임을 알고 있었다.

그는 사용자 조사에서 통제 집단이 그랬던 것처럼 부유한 고객층이 그의 가치 혁

그림 9-16
북유어케어의 원래 홈페이지

신에 열광할 것인지 알아야만 했다. 우리 팀과 이해관계자들은 이 사용자 그룹과 접촉할 경로를 찾기 위해 동분서주했다. 우리는 크레이그리스트에 광고를 게재했다. 우리는 베벨리힐스의 고급 잡지에 광고를 냈다. 의뢰인과 나는 심지어 알코올중독자협회 Alcoholic Anonymous 모임에 방문하여 우리가 찾기 어려운 고객들을 더 자세히 알기 위해 사랑하는 가족의 일원이 알코올중독자인 척한 적도 있다. 바로 그때 마지막 노력의 일환으로서 랜딩 페이지 실험을 하기로 결정했다. 우리는 부유한 고객층을 목표로 하기 위해 이 온라인 광고 캠페인을 진행해야 한다는 것을 알고 있었다. 하지만 많은 치료 센터가 이 고객층을 사로잡기 위해 구글과 페이스북에 수백만 달러를 쓰고 있었다. 그래서 이 캠페인은 돈이 많이 들 뿐만 아니라, 피 튀기는 경쟁의 장이 될 예정이었다.

우리는 가치 제안의 다양한 변형들을 신속하게 구성하고 이 변형들을 구글과 페이스북의 선별적인 온라인 광고 캠페인을 통해 테스트하고자 언바운스Unbounce라고 불리는 제품을 사용하기로 결정했다. 이 제품 덕분에 효과적으로 사이트를 보류시킬 수 있었다. 우리는 복잡한 백엔드를 방해하고 싶지 않았다. 개발자들은 실험을 위해 사이트를 고치느라 시간, 힘, 돈을 낭비하지 않아도 되었다. 그 대신에, 만일 잠재 고객이 랜딩 페이지 실험을 통과하면, 우리는 센터 예약 과정을 통해 컨시어지 서비스를 제공할 생각이었다7장에서 재러드가 한 것처럼 말이다.

다음 페이지의 〈그림 9-17〉은 테스트 랜딩 페이지가 어떻게 생겼는지를 보여준다.

랜딩 페이지로 트래픽을 유도하기 위해 우리는 페이스북상에 선별 광고를 시행했다. 우리는 로스앤젤레스 지역의 부촌에 살고 있는 사용자들에게 광고를 돌렸다. 조심해야 할 점은, 작은 실험에 원하거나 필요한 만큼보다 훨씬 더 많은 돈을 지출할 수 있다는 것이다. 그래서 다음 한계를 두었다.

- 초기 예산을 500달러로 잡았다.
- 캠페인을 위한 키워드를 결정했다.
- 잠재 고객들을 랜딩 페이지로 끌어들일 수 있을 만큼 강력한 메시지를 전달하기 위해 광고 카피를 마무리 지었다.
- 고객 통계최종 학력, 도시, 그리고 나이 등를 구축했다.
- 캠페인을 언제 시작할 것인지 결정을 내렸다.
- 〈그림 9-18〉에서 볼 수 있는 것과 같이 캠페인을 열고 기다렸다!

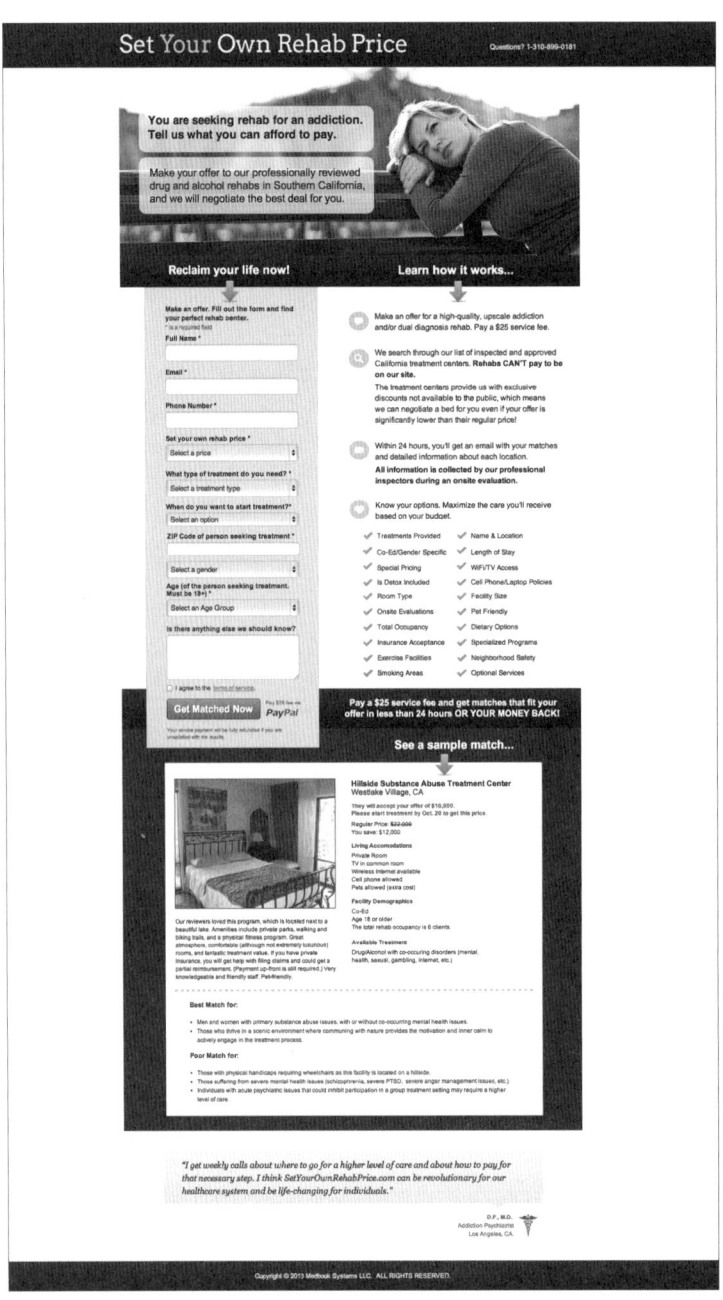

그림 9-17
Set Your Own Rehab Price의 랜딩 페이지

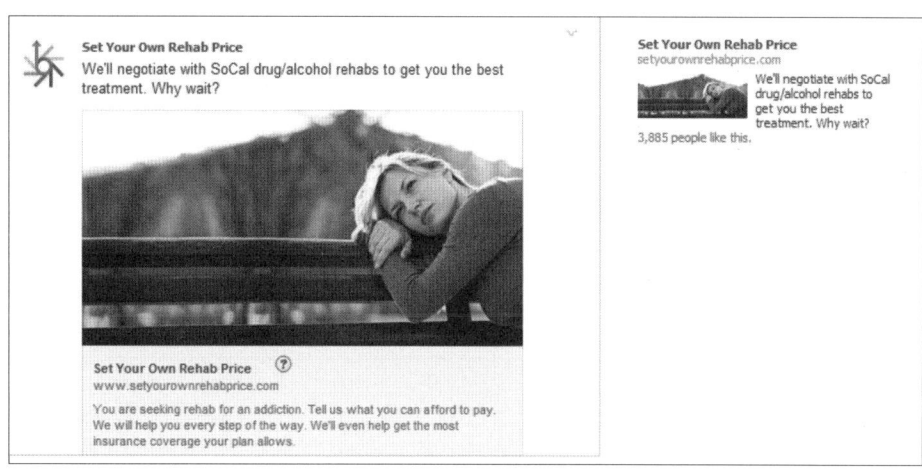

그림 9-18
페이스북 광고 캠페인

언바운스 같은 강력한 툴을 사용한 덕분에 우리는 페이스북 캠페인에서 변형시킨 랜딩 페이지 두 개를 동시에 운영할 수 있었다. 언바운스는 자동으로 트래픽의 절반을 각 페이지로 보냈다. 그렇게 랜딩 페이지 두 개로 〈그림 9-19〉에서 보여주는 것처럼 두 개의 서로 다른 가격 책정 전략을 테스트했다. 이것을 A/B 테스트라고 부른다.

그림 9-19
A/B 테스트 센터 대시보드

이 실험에서, 우리의 핵심 지표는 페이스북 광고를 클릭해서 우리 사이트로 들어온 방문객잠재 고객의 숫자와 가치 제안을 믿으며 우리에게 연락처 정보를 제공한 사용

9장 전환을 위한 디자인

자주도 고객의 숫자였다. 〈그림 9-19〉는 1,000명이 넘는 방문객 중에서 오로지 5명의 사용자가 주도 고객으로 전환되었다는 것을 보여준다. 이들 중 절반은 경쟁자를 조사하려고 했던 다른 치료 센터의 대표들이었다. 우리가 컨시어지 서비스를 제공해줄 수 있었던 한 사람은 식탐을 채울 목적으로 연락처를 제공한 것이었다.

그림 9-20
트레이드야의 페이스북 온라인 광고 캠페인

사례 연구 2: 가치 제안이 주도 고객을 사로잡아야 할 때

랜딩 페이지로 실험을 하는 또 다른 이유는 주도 고객을 만들어내야 하기 때문이다. 그 목표는 여러분의 가치 제안에 어느 정도 노출된 사람들의 이메일 주소를 되도록 많이 확보하는 것이다. 7장에서 나는 재러드가 거래의 장점을 분명히 나타내기 위해 어떻게 익스플레이너 영상을 만들었는지를 설명했다. 이것은 최소 기능 제품을 테스트하기 이전에 했던 일로, 랜딩 페이지를 통해 고객을 유치한 좋은 예다. 첫 번째로, 재러드는 페이스북에서 광고 캠페인을 진행했다. 재러드는 '비츠 바이 닥터 드레Beats by Dre'의 전자 제품 페이지에 "좋아요" 버튼을 눌렀던 미국 거주 페이스북 사용자들을 타깃으로 삼았다. 그는 두 편의 광고를 내보냈는데, 그중 하나는 〈그림 9-20〉에서 볼 수 있다.

둘 중 하나의 캠페인을 클릭한 사용자들은 〈그림 9-21〉의 랜딩 페이지로 이동했다. 재러드는 트래픽을 랜딩 페이지로 보내기 위해 증정품을 활용했다. 사용자들이 랜딩 페이지에 도달했을 때 그들은 그냥 이메일 주소만 제출하고 떠나버릴 수 없었다.

그림 9-21
증정품 콘테스트를 위한 트래이드야 랜딩 페이지

그들은 동영상을 봐야 했고 이어지는 질문에 정성적인 응답을 최소 한 가지 이상 해야 했다. 이것은 불특정 다수의 사용자들이 적어도 5초 동안은 익스플레이너 동영상을 봐야 한다는 것을 의미했고, 이는 그들이 가치 제안에 노출되었다는 것을 의미했다. 재러드는 트레이드야의 가치 제안의 요지를 이해하지 못하는 이들의 이메일 주소는 원하지 않았다.

재러드는 수백만 명의 사용자들 대상으로 캠페인을 진행하는 데 2,000달러를 썼다. 그중 6,700명은 페이스북 광고를 클릭했고, 이는 그들을 랜딩 페이지로 이끌었다. 또 그중 5,000명은 콘테스트에 참가했는데, 이것은 5,000명이 가치 제안에 노출되어 잠재 고객에서 주도 고객으로 전환되었음을 의미한다. 이는 그가 74퍼센트의 전환율을 달성했다는 말이다. 재러드는 전환 비용으로 클릭당 33센트, 이메일 주소당 41센트를 지불한 셈이다.

어떤 사람들은 "그래서 뭐? 그 사람은 그저 공짜 헤드폰을 원하는 사람들의 이메일을 얻었을 뿐이야"라고 말할지도 모른다. 재러드는 신중히 고려한 랜딩 페이지 실험 덕분에 그 질문에 대답할 수 있었다. 콘테스트에 참가한 사람들 중 5퍼센트 이상이 소셜네트워크 서비스에서 다른 사용자들이 볼 수 있도록 트레이드야를 공유하기 시작했다. 그들은 가치 제안을 다른 불특정 사용자들에게 전파하고 있었다. 최소 기능 제품이 출시되었을 때 재러드는 5,000명의 사람들을 대상으로 직접 이메일을 보내 계정을 활성화하고 사이트에서 거래를 준비하도록 했다. 그러한 요청을 그들이 받아들인다면, 재러드의 랜딩 페이지 실험은 전환을 성공적으로 이루어냈다고 할 수 있다.

랜딩 페이지 실험을 만들어내기 위한 법

가치 제안을 위해 랜딩 페이지 실험을 활용하기로 결정했다면 운이 좋은 것이다. 랜딩 페이지 테스트에 사용할 수 있는 툴들은 정말 많다. 간단한 무료 툴부터 강력한 고가의 툴까지 다양하다.

툴을 선택할 때 중요한 것은 다음과 같은 기능을 쉽게 사용할 수 있는 툴을 선택하는 것이다.

- 필요에 따라 플러그 앤드 플레이plug-and-play : 주변기기를 추가할 때 별도의 물리적인 설정을 하지 않아도 설치만 하면 그대로 사용할 수 있는 위젯과 형태 모듈을 추가한다.
- 도메인 이름을 부여한다.
- 페이지 변환을 추적한다.

랜딩 페이지 실험은 다음과 같은 순서로 진행하는 것이 좋다. 제가 방금 설명한 사례 연구도 같은 순서로 실행한 것이다.

1. 실험을 정의하고 고객 경험의 어떤 부분이 테스트되고 있으며 그것이 어떻게 가치 제안에 부응하는지를 밝혀라.

여러분은 가치 제안 또는 전환을 테스트하거나 새로운 사용자를 획득하고자 할 것이다. 앞서 예로 든 사례 연구에서 확인한 바와 같이, 랜딩 페이지에서 얻은 정량적 결과를 여러분이 답변을 얻고자 하는 질문에 어떻게 대응시킬 수 있는지 알아내는 것이 매우 중요하다.

2. 랜딩 페이지를 디자인/개발하라.

랜딩 페이지의 주된 기능은 거기에 도달한 고객들에게 가치 제안을 제공함으로써 잠재 고객들이 당신이 제안하는 경험/제품에 빠져들도록 전환시키는 것이다. 이러한 전환은 30초 광고만큼이나 빠르게 이루어져야 한다. 되도록 모든 미디어를 사용하여 잠재 고객들에게 당신의 제품이 무엇을 하는 것인지 전달해야 한다. 여러분이 콘텐츠나 브랜드 전략가들을 대화에 끌어들이고자 할 때도 여러분은 글, 사진, 영상을 이용해 당신의 제품을 이해하기 쉽게 간략하게 표현해야 한다. 3장에서는 가치 제안의 핵심 측면에 대해 설명했는데, 이것이 랜딩 페이지가 전달해야 하는 것이다.

또한 사용자가 양식을 제출한 이후의 경험을 검토해야 할 수도 있다. 이상적으로는 다음 단계를 설명하는 '감사Thank You' 페이지 같은 것이 될 것이다. 소프트웨어 엔지니어가 만든 제품일 경우, 사용자가 불안해하며 우리와 대화를 하고 싶어 할 경우를 대비해 〈그림 9-22〉에 나온 것처럼 전화번호도 표시해두었다.

그림 9-22
Thank You 페이지 화면

3. 보조 페이지를 디자인/구축하라.

다양한 버전의 랜딩 페이지를 실행하여 다양한 가치 제안, 기능, 광고 문안 및 UI 디자인 패턴을 테스트할 수 있다.

4. 일정 기간 동안 '제어된' 온라인 캠페인을 실행하라.

일반적으로 광고 캠페인은 일주일 미만으로 진행한다. 그러나 그 기간은 전적으로 예산에 달려 있다.

5. 학습한 사항을 검증하기 위해 지표를 측정하라.

모든 것은 퍼널로 돌아간다. 만약 여러분이 중요한 숫자를 수집하거나 보지 않는다면 제품을 여러분이 항상 꿈꿔왔던 파괴적 발명품으로 만들 결정을 내릴 수 없다.

요약

이 장에서는 UX 전략을 바탕으로 성공적으로 분석을 활용하여 UX 디자인을 최적화하는 방법을 보여주었다. 그리고 퍼널 매트릭스라고 불리는 도구를 사용하는 방법과 다양한 고객 획득 단계를 설명했으며, 지표를 통해 고객의 참여를 입증하는 방법을 논의했다. 또한 사용자를 랜딩 페이지로 유도하기 위한 디자인 방법을 배웠으며, 디자이너, 개발자, 제품 관리자, 그리고 마케터들을 포함한 여러 부서의 팀을 통합하는 방법을 배웠다.

UX 전략을 수행하는 데 필요한 기법들에 대해서는 모두 이야기했다. 이제, 다른 전략가들의 의견을 들어볼 시간이다.

전방의 전략가들

표류하기를 멈춰야 해
이 못생긴 오리 새끼를 죽여
우리는 힘을 지녔어
그 힘을 잘못 사용하면 안 돼
왜냐하면 인생은 짧고 생각으로 가득하니까
나는 그 힘을 사용해

―더 폴The Fall, 1979

UX 전략을 실천하면서 여럿이 옹기종기 모여 관련 내용을 비교할 기회는 최근까지도 아주 적은 편이었다. 이러한 이유로, 나는 이 책에 실을 인터뷰를 위해 미개척지에서 UX 전략가들을 찾기 시작했다. 그들은 경영 전략가에서 디자인 관리자에 이르기까지 넓은 영역에서 아주 적은 돈이 들어가는 일부터 대규모의 예산이 소요되는 프로젝트까지 모든 일에 종사하는 사람들이었다. 나의 목표는 이들이 전략을 수행하는 방식이 나와는 달랐음에도 그들의 관점과 기술을 공유하는 것이었다. 이들은 모두 동일한 질문 10개에 응답했다. 이제부터 그들이 한 말을 소개한다.

홀리 노스 Holly North

출생 : 영국 컥필드Cuckfield

현재 거주지 : 영국 런던

학력 : 영국 서섹스대학교 사회학 학사

그림 10-1
홀리 노스

1. 어떻게 전략가가 되었으며 업무의 일부로서 전략을 수립하기 시작했습니까?

음, 저는 텔레비전 산업의 제작 부문에서 일을 시작했고, 대략 1990년대 중반쯤에 이메일과 '웹'에 대한 이야기를 듣기 시작했어요. 하지만 런던 지하철에 있는 광고에서 웹 주소를 보고서야 비로소 세상이 변하고 있음을 알아차렸죠. 나는 이처럼 새로운 디지털 채널을 더 잘 이해하고 싶었어요. 그래서 디지털 혹은 과거에는 "멀티미디어"라고 불리던 것에 뛰어들게 되었습니다.

저는 런던의 대형 크리에이티브 에이전시와 작업하며 매우 다양한 프로젝트, 기술, 그리고 의뢰인들을 경험했어요. 뭔가를 처음부터 시작한다는 것이 대단하게 느껴졌죠. 그리고 인터랙티브 텔레비전의 부상과 함께, 나는 텔레비전 경험을 디지털 경험과 결합할 기회를 엿보았어요. 방송사들은 경쟁이 증가하는 와중에 시청자들의 눈길을 사로잡고 더 흥미롭게 할 방식을 찾고 있었죠. 수많은 인터랙티브 서비스들은 프로그램이 제작된 이후에야 고안되었으며, 그저 추가적인 것이나 나중에 덧붙인 것처럼 느껴졌어요.

우리는 상호작용과 텔레비전 프로그램의 제작의 통합과 관련하여, 단지 특정 쇼 프로그램이 아닌 방송사의 경영 전략을 어떻게 보완할 것인지를 더 전략적으로 생각해야 한다는 것을 깨달았어요. 이는 한 발자국 떨어져 시장과 이러한 기술적 변화가 가능하게 했던 전후 사정을 살피며 비즈니스와 미디어 전략을 바라보는 것을 의미합니다. 트렌드, 격차, 그리고 기회를 찾았으며 그에 따라 디지털 로드맵을 개발했어요. 단지 누가 소비자인지 묻는 것을 넘어서, 그들이 무엇을 하길 원했으며, 무엇을 필요로 했는지 질문했죠.

저는 사회학을 공부했어요. 돌이켜보면 사회학은 지금 제가 하는 일을 준비하는 데 매우 유용했어요. 사회학자는 인간 사회를 체계적으로 살펴야 합니다. 그래야 개인과 사회 사이의 관계를 살피고 사람들의 동기, 직업, 전통, 그리고 문화를 더 잘 이해할 수 있죠. 이는 UX 전략가에게는 훌륭한 훈련이라 할 수 있죠.

제가 처음부터 전략가가 되고 싶었던 것은 아닙니다. 정확히 말해 UX 전략가가 되려고 한 것 역시 아니에요. 하지만 성공하려면 전략적 사고와 전략적 프레임워크는 필요하다고 생각합니다. 제게는 이것이 추정에 의문을 제기하면서 일반화된 이론에 의존하지 않고, 사실에 근거한 정보를 찾는 것을 의미합니다. 그러려면 자신의 능력을 이해하고 자신의 생각을 검증할 수 있어야 합니다. 더욱 중요한 것은, 어쩌면 물어야 할 올바른 질문이 무엇인지를 결정하는 것인지도 모르겠네요.

2. 당신에게 UX 전략은 어떤 의미입니까? UX 전략가란 혹시 실체가 없는 직함이 아닙니까?

아, 전략과 디자인은 큰 차이가 있다고 생각해요. 전략은 계획과 접근 방식에서 출발하며, 디자인은 그 전략을 전술적으로 실행하는 것이죠.

솔직히 말하면 나는 사용자 경험 전략보다 경험 전략이라는 용어를 더 선호합니다. 사용자 경험 전략이라는 용어는 그것이 경영 전략, 마케팅 전략, 혹은 제품 전략에서 분리되어 있다는 느낌을 풍깁니다. 그래서는 안 됩니다. 제품이나 서비스 전략을 개발하려면 비즈니스 내의 다양한 접점들을 이해할 필요가 있습니다. 관련된 과업이나 활동에 누가 관여되어 있는지 말이죠. 이는 비즈니스 이해관계자, 판매 및 마케팅, 그리고 기술 담당자와 대화하고, 사무실 관리자, 우편물 담당자, 혹은 판매 보조원과 같은 예기치 못했던 사람들과도 이야기해야 한다는 것을 의미합니다.

전략은 비즈니스와 그 고객의 총체적인 관점에서 나오는 것입니다. 어쩌면 이는 시맨틱semantic : 차세대 지능형 웹으로, 자동화된 기계가 문서의 의미를 분석하여 주제를 파악하고 그 주제를 검색하는 것—옮긴이의 문제일 수도 있지만, 종종 사람들이 사용자 경험 전략에 대해 이야기하면서 그것이 특정 제품 혹은 서비스에 대한 사용자 경험의 관점과 원칙, 그리고 디자인 목표에 관한 것이라고 하는 말을 듣곤 합니다. 사용자 경험 전략은 분명 경험 전략의 일부이지만 사용자 경험에만 국한되어서는 안 됩니다.

그렇기에 UX 전략가는 가짜 직함이 아닙니다. 비즈니스에서 우리는 직함과 위치에 얽매이지 말아야 한다고 생각합니다. UX는 이제 그저 새로 생겨난 분야가 아니에요. 기업들은 UX의 중요성이 인식하고 있습니다. 만약 우리 UX 전략가들이 아직도 자신이 무슨 일을 하는 사람인지 정의하려고 애쓰고 있다면, 어쩌면 우리가 비즈니스에 안겨다주는 가치를 입증할 만큼 충분히 전략적이지 않을 수도 있습니다.

그래서 저는 종종 저 자신을 경험 전략가라고 말하면서 인터랙션 디자이너라고 부르기도 합니다. 왜냐하면 저는 그 두 가지 일을 모두 하고 있기 때문이죠.

3. 당신은 경영 전략을 어떻게 배웠습니까?

정식 훈련은 받지 않았어요. 저는 수년 동안 직장에서 경영 전략의 기본을 배웠습니다. 성공하려면 단지 그 조직의 고객이나 최종 사용자가 아니라 조직의 비즈니스 모델과 전략을 파악해야 한다는 사실을 꽤 빨리 이해했죠. 저는 그저 고객의 목소리를 들어주는 직원이 아니었어요. 비록 그것이 직무가 시작될 때의 역할이긴 했지만 말이죠.

오랜 시간 동안 UX를 전담하는 부서가 있었으며 시각디자인과 관련된 일을 했습니다. 기술과 비즈니스 관련 인원들은 다른 곳에 있었죠. 통합된 팀은 그리 많지 않았기에 우리는 거품 속에서 디자인을 하고 있었던 셈이죠. 비즈니스로 달성하고자 하는 바를 모른다면 비즈니스를 위한 솔루션을 어떻게 설계할 수 있겠습니까?

우리가 하는 모든 일이 우선순위에 있는 비즈니스를 지원하는 것은 아닙니다. 우리는 이것을 고객 또는 최종 사용자의 니즈와 우선순위와 균형을 맞추어야 합니다. 우선순위에 있는 비즈니스를 지원하려면 당연히 그것을 이해하고 있어야만 하죠. 일반적으로, 이는 수익을 증가시키는 것, 비용 절감을 하는 것, 그리고 시장점유율을 높이는 것입니다. 만약 이런 것들을 지원하지 않고 있다면 당신은 올바른 솔루션을 설계하고 있지 않은 것입니다.

저는 상당히 많은 것을 배울 수 있었던 뛰어난 경영 전략가들과 함께 일했고, 이 점을 매우 감사히 여기고 있습니다.

4. 전략가가 되기를 열망하는 UX 디자이너들이 MBA 학위를 취득하거나 경영학 학위를 가지고 있는 것이 도움이 된다고 생각하십니까?

저는 경영대학원에 가지 않았기에 잘 모르겠어요. 하지만 학위를 따기 위해 그 정도로 시간과 돈을 투자할 가치가 있는지 의문스럽습니다.

솔직히, 나는 경영대학원을 다니는 것이 경영 컨설턴트나 투자 은행가들에게만큼 UX 전략가들의 경력에도 도움이 될지 잘 모르겠어요. 만약 돈을 많이 받고 싶다면 은행업이나 금융업으로 가는 편이 좋을 겁니다. UX 전략가가 되는 데 필요한 특수한 지식과 기술을 얻고자 한다면 경영대학원보다는 직장에서 다른 UX 전문가들과 함께 일하는 게 더 나을 거예요.

UX를 중점적으로 배울 수 있는 자료나 기회는 무수히 많습니다. 무료 온라인 자료, 책예컨대, 지금 이 책, 컨퍼런스, 마스터클래스, 그리고 내가 시작할 때는 없었던 대학 학위도 있습니다.

5. 어떤 유형의 제품 전략을 수립했을 때 가장 작업하기 즐겁고 재미있었습니까?

혁신적인 제품이나 서비스를 개발하는 데 참여하는 것은 매우 재미있습니다. 하지만 솔직히 시간과 예산을 고려하면, 혹은 수많은 조직들이 위험을 회피하는 것을 고려하면 정말로 혁신적인 제품을 만드는 것은 어려운 일입니다.

운 좋게도 저는 기기 자체가 아닌 비즈니스 부문에 관한 고객 경험 전략을 세우기 위해 구글 글라스Google Glass 팀과 함께 일할 수 있었습니다. 새롭거나 떠오르는 기술로 일하는 것이 즐거웠습니다. 그러한 것들이 훌륭한 배움의 기회를 주고 글라스 역시 예외가 아니었기 때문입니다.

의뢰인의 비즈니스와 고객 모두에게 가치를 창조하는 전략을 개발하는 프로젝트를 할 때 매우 큰 보람을 느낍니다. 혹은 영국에서 최초로 인터랙티브 TV 서비스를 제공한 업체와 작업했을 때와 같이, 업계에 영향을 미치는 일을 할 때 보람을 느낍니다.

솔직히 대부분의 경우, 일을 재밌게 만들어주는 것은 의뢰인, 그리고 저와 함께 일하는 사람들입니다.

6. 다른 작업 환경예를 들면, 스타트업, 에이전시, 기업에서 전략을 시행하는 데 따르는 어려움은 무엇입니까?

우리가 하는 일 중 많은 것들이 사람, 절차, 그리고 기대를 조율하는 것이며, 이것은 매우 어려운 일입니다. 특히 사람을 관리하는 일은 일부 조직에서는 아주 어려울 수 있습니다. 저는 제가 누구랑 이야기하고 있는지를 생각하는 데 상당한 시간을 보내고, 상대방에 맞춰 대화를 이끌어갑니다. 이것은 조직의 정치학을 이해하는 과정이죠. 조직의 정치학은 또 다른 과제입니다. 이는 우리가 무엇을 하고, 어떻게 하는지에 영향을 미치고, 작업의 질에도 영향을 줄 수 있다. 저는 대개 의사 결정자가 누구인지, 그리고 이들에게 영향을 미치는 요인은 무엇인지를 알아내려고 노력합니다. 적응력은 또 하나의 중요한 기술로, 당신과 함께 일하는 사람들 사이에서 신뢰를 구축하는 데 능숙해지는 것입니다.

스타트업에는 그들만의 어려움이 있습니다. 당신이 입사하기 전에 UX 디자이너나 전략가가 없었을 수 있으므로, 업무의 상당 부분이 주변 사람들에게 사용자 중심 디자인의 가치에 대해 교육하는 것이 될 수도 있어요. 제품이나 서비스에 대한 결정이 이미 UX 전략가가 도착하기도 전에 끝나버렸을 수도 있고, 이는 어떤 변화를 협상하기 어렵게 만들 수도 있습니다. 특히나 사업주들이 종종 제품의 소유주이고 그 제품에 대한 소유권 의식이 매우 강하다는 점을 고려하면 더욱 그렇죠. 때때로 스타트업에서 다수의 역할을 하는 사람들이 당신의 역할에 대해 혼란을 일으킬 수 있습니다. 당신이 어떤 일을 하는지, 그리고 당신이 UX 전략가로서 프로젝트나 해결책에 어떤 가치를 부여하는지 명확하게 전달하는 것이 해법입니다.

시간 역시 어려운 과제일 수 있죠. 스타트업은 종종 제품을 출시하기 위해 아주 빨리 움직여야 하며, 당신은 불편함을 느낄 정도로 빨리 일을 해야 할 수도 있습니다. 한 발자국 떨어져서 속도를 조금 늦추고 당신이 어디까지 왔는지 검토하는 것이 중요합니다. 제품이나 서비스가 비즈니스 우선순위를 뒷받침하고 있습니까? 또 그것이 최종 사용자들의 니즈를 뒷받침하고 있습니까? 당신의 할머니도 이해할 수 있을 만한 방법으로 그 제품이나 서비스가 무엇인지 설명할 수 있습니까?

7. 제품이나 UX 전략을 어떤 식으로든 실험해 본 적이 있습니까? 가치 제안을 시장에서 검증하기 위한 것이든, 타깃 고객에게 프로토타입을 테스트해보는 것이든 말이에요. 전략을 수행하는 동안 어떻게 진실에 더 가까워졌습니까?

우리가 진실에 가까워진 적이 있을까요? 진실이란 뭘까요? 답하자면 이렇습니다. 저는 평가를 시행해오고 있습니다. 평가의 유형은 사용 가능한 예산, 사용 가능한 시간, 평가 대상, 우리가 어느 시점에 있는지, 그리고 최종 사용자가 누구인지에 따라 달라집니다.

나는 UX 전략가이자 디자이너로서 우리의 작업을 탐구하는 것이 매우 중요하다고 생각해요. 우리는 다른 사람들이 사용할 경험을 창조하는 일을 맡고 있습니다. 우리는 이에 많은 시간과 노력을 투자하기에 객관성을 유지하기 어려울 수 있습니다. 우리는 종종 대상 수용자가 아니기에 우리는 좋은 놈, 나쁜 놈, 이상한 놈을 파악할 위치에 있지 않습니다. 그래서 우리는 다른 사람들이 우리의 작업을 평가할 수 있게 해야 합니다. 최종 사용자만 평가할 수 있는 것은 아니에요. 경험을 소유하는 것은 기업이기 때문에 정기적으로 기업 관계자를 초대해서 평가를 받는 것이 중요합니다.

저는 사용자 조사를 좋아합니다. 사람들과 앉아서 그들이 우리가 디자인한 것에 어떻게 반응하는지 살펴보는 것을 좋아하죠. 어떤 단계인지, 평가 재료가 어떤 형태로 되어 있는지는 중요하지 않아요. 사용자 조사를 통해 얻은 결과는 나와 디자인팀이 더 효율적일 수 있도록 도와줍니다. 친구들과 앉아서 이야기하는 것부터 사용성 실험실에서 사용자 그룹으로부터 이끌어낸 더 공식적인 반응까지, 다양한 대상에게서 얻는 모든 것들이 피드백이 될 수 있어요. 나는 실험을 하거나 조사를 하면서 놀라지 않은 적이 없었던 것 같아요. 얼마나 잘하는지와 상관없이, 사람들을 위해 무언가를 디자인하는 사람은 일부 사람들이 제품을 어떻게 사용하는지 혹은 사용하지 않는지 알면 놀랄 수밖에 없습니다.

사람들이 무언가를 테스트하는 동안 그들과 함께 시간을 보내는 것이 중요합니다. 이는 우리가 '진실'에 더 가까워지게 할 수 있을 거예요. 예를 들어, 사람들을 보지도 않고 이들이 클릭하기 전에 페이지에서 무엇을 보고 있었는지 어떻게 알 수 있겠어요. 그들에게 물어보지 않고는 그들이 무슨 생각을 하는지 알아낼 수 없을 것이고, 그들이 멈추는 것을 보지 않는 한 그들에게 질문을 할 수도 없을 겁니다.

8. 전략이나 공유된 비전에 대한 합의를 이끌어내는 당신의 비밀 병기 혹은 비법은 무엇입니까?

저는 '사용자 여정' 혹은 '고객 경험 맵'〈그림 10-2〉 참조이라 불리는 것을 공유하고 싶습니다.

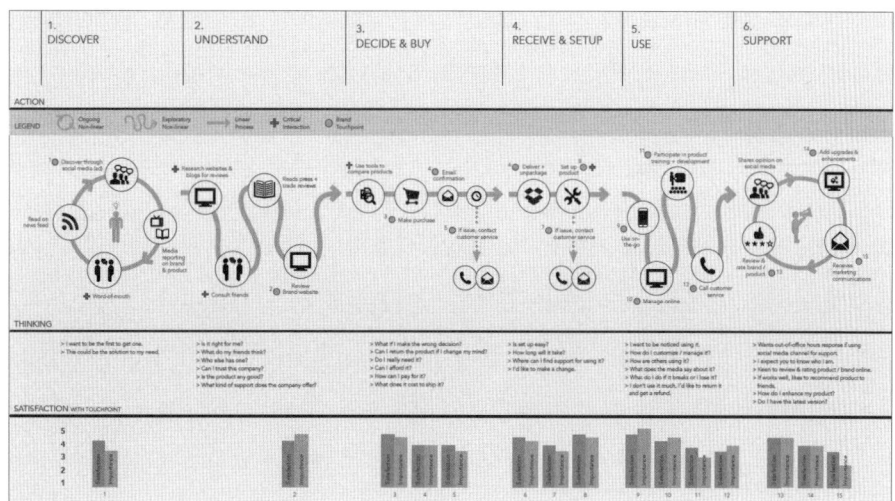

그림 10-2
고객 경험 맵

경험 맵은 사용자 조사에 근거한 전략적 도구로, 개인이 제품이나 서비스에 대해 가질 수 있는 완벽한 경험을 포착하기 위한 것입니다. 경험 맵에는 고객의 관점에서 경험을 기록합니다. 고객이 무엇을 하고 있는지, 그것을 어떻게 하고 있는지. 그것에 대해 어떻게 느끼는지, 고객의 브랜드 경험을 전반적으로 이해하기 위해 경험 맵을 사용합니다. 경험 맵은 또 브랜드가 고객에게 제공하는 가치가 어디서 형성되는지, 그리고 어디서 형성되지 못하는지 확인할 수 있도록 도와줍니다. 궁극적으로 경험 맵은 다수의 접점에 걸쳐 있는 매끄러운 고객 경험을 전달하기 위한 최고의 전략을 결정할 수 있게 도와주는 도구입니다.

나는 의뢰이닝 고객에게 집중할 수 있게 하고자 고객 경험 맵을 사용합니다. 비즈니스 전반의 이해관계자들을 모아서 경험 맵을 통해 함께 탐구합니다. 경험 맵은 이들로 하여금 고객의 관점에서 경험을 이해할 수 있게 하는 훌륭한 도구이며, 고객을 각각의 접점에서 어떻게 대해야 할지에 대한 합의를 이끌어내는 데 사용할 수도 있습니다.

작업의 특성에 따라, 서비스 맵을 구축할 때도 있습니다. 이는 사용자 경험 맵과 유사하지만 비즈니스의 관점에서 만드는 것이에요. 이는 비즈니스가 각각의 접점들에서 고객에게 어떻게 서비스를 제공하는지를 나타냅니다. 고객 경험을 맥락화하는 방식으로 비즈니스가 어떤 성과를 내고 있는지 이해할 수 있도록 서비스 맵을 고객 경험 맵 위에 올립니다.

각각의 맵은 조사를 기반으로 하기에 약간 다른 경향이 있는데, 그 결과가 프로젝트마다 아주 다를 수도 있습니다. 각 맵들은 사용자 여정의 시각적 표현이라는 점과 그 안에 유사한 단계들이 존재하는 경향이 있다는 점에서 유사합니다. 그것들은 종종 선형적 프로세스를 나타내지 않기도 합니다. 고객들이 단계들을 거쳐 일부 접점들과 상호작용하면서 앞뒤로 이동하는 경향을 보이기 때문이죠.

〈그림 10-2〉의 경험 맵은 디지털 채널을 통해 브랜드를 새롭게 만들고 전반적인 고객 경험을 개선하길 기대하는 소매점주 의뢰인이 의뢰한 작업의 일부로 제작한 것입니다.

맵을 보면 고객 여정에 여섯 단계가 있음을 확인할 수 있습니다. 그 과정은 고객이 특정 브랜드의 제품을 발견하고 상호작용할 때 경험하는 행동의 단계들입니다. 이러한 단계들에 대한 경험 맵 전반에는 연속성이 있지만, 구매 여정에 대한 데이터를 취합하기 시작하면서 종종 수정하거나 무언가를 추가하곤 합니다.

각 단계에서 저는 고객들에게 그들의 목표가 무엇인지 묻습니다. 그들의 동기가 무엇인지 묻는 것이죠. 그러고 나서 그들을 다음 단계로 이동시켜 주는 계기나 순간을 발견하려고 합니다. 저는 이들이 여정을 서술하며 스스로 묻는 질문을 적는데, 이는 브랜드가 그러한 질문에 효과적으로 답하고 있는지 아니면 그렇지 않은지 파악할 수 있게 도와줍니다. 다음으로는 고객들에게 자신들의 활동, 상호작용, 그리고 시간이 얼마나 걸리는지를 서술해달라고 요청합니다. 또 각 활동의 만족도를 1에서 5까지 척도 중 하나로 등급을 매겨달라고 부탁합니다. 분명 이런 식으로 고객 경험을 측정하는 것은 감정을 정량화하려고 하는 것이기 때문에 정확한 과학이라고 할 수는 없지만, 그래도 유용합니다. 나는 종종 의뢰인들이 고객이 왜 무언가에 대해 그런 식으로 등급을 매겼는지 이해할 수 있도록 고객들의 말을 인용하기도 합니다.

경험 맵을 디자인하는 올바른 방식은 따로 없습니다. 제가 언급했듯이 이는 작업의 특성에 따라 달라집니다. 저는 그것을 하나의 상품으로 다루지는 않습니다. 경험 맵은 전략이나 디자인의 개발로 이어지며 전진하기 위한 도구라 할 수 있습니다.

9. 혁신적인 제품을 위해 구체적으로 전략을 수행할 때 반드시 거쳐야 하는 단계들을 독자들에게 보여줄 수 있는 경영 사례나 일화가 있습니까?

혁신은 정말로 어려운 것이고, 많은 의뢰인들이 원하는 것입니다. 혁신은 조직적 혹은 절차적 변화를 필요로 하므로 어려운 것입니다. 이성적으로는 의뢰인들도 이러한 혁신이 일어나야 한다는 것을 이해하지만 감성적으로 보면 여기에 전념하기는 어렵습니다.

하지만 항상 구글 글라스처럼 하는 것이 혁신은 아니에요. 혁신은 작은 것부터 단계별로 증가하면서 일어날 수도 있습니다. 당신은 성능이나 인터페이스, 혹은 각 단계에서 혁신을 일으킬 수 있으며, 이는 궁극적으로 진짜 대단하고 의미 있는, 복제하기 어려운 경험으로 이어집니다.

저는 우리가 혁신적인 제품이나 서비스라고 생각하는 것과 관련된 작업을 한 적이 있는데, 그때 제가 진행한 단계들이 다른 제품이나 서비스와 관련된 작업을 할 때와 완전히 달랐다고 확신하지 못하겠습니다.

제가 작업을 진행하는 과정은 유사합니다. 나는 일련의 질문을 합니다.

비즈니스를 관찰합니다. 어떤 문제를 해결하려고 하는지 파악하고 비즈니스의 목표를 설정합니다. 그리고 성공의 여부를 판단한다. 비즈니스가 현재 어디에 있는지 보고 그것이 어떻게 되기를 원하는지 직시해야 합니다.

그리고 의도하는 사용자가 누구인지 결정합니다. 이런 조사가 없다면 우리는 그저 우리 자신을 위해 디자인을 하게 될 것입니다.

또 제품이 목표로 하는 시장을 봅니다. 경쟁자는 누구인지, 혹은 누가 경쟁자가 될 수 있는지, 시장에 유사한 제품이 있는지, 틈새와 기회는 무엇인지, 산업의 동향은 어떠한지 파악합니다.

비즈니스 역량과 다른 기능들도 살펴야 합니다. 비즈니스가 현재 역량과 경쟁력을 기반으로 경쟁 우위를 달성하고 유지할 수 있는지, 우리가 제품을 현재, 그리고 미래에 지원할 능력을 갖고 있는지 보는 거죠.

나는 종종 뒤로 돌아가서 우리가 새로운 인터뷰에서 발견한 것을 정제하고 질문을 정리합니다. 검토하고, 분석하며 전략을 세우죠. 틈새와 기회는 분명히 나타나며 창의적인 답을 얻을 수 있습니다. 그리고 비즈니스 관련자들과 협력하여 우선순위를 적용하고 계획을 개발할 수 있습니다.

10. 전략가가 가져야 하는 중요한 기술이나 마음가짐은 무엇입니까? 혹은 무엇이 당신을 훌륭한 전문가로 만들어주었습니까?

건전한 감성 지능이 필요합니다. 관계를 돈독하게 하고, 신뢰를 구축하며, 사람들에게 영감을 주는 것이 UX 전략가가 일상에서 하는 일입니다.

비판적으로 사고하세요. "왜?"라는 질문을 던지세요. 답을 얻지 못한다면 질문을 다시 구성하고 다시 물으세요. 다른 사람들의 생각에 의존하지 말고 추정도 하지 마세요. 자신과 주변 사람들이 가지고 있는 기존의 견해와 신념에 도전하세요.

다양한 정보원들로부터 모은 사실들에 근거하여 관점을 정하세요. 당신의 접근법, 결정, 혹은 디자인이 여전히 적절한지 평가하고 또 평가하세요.

당신이 동의하지 않는 사람들의 말에 귀를 기울이세요. 그들이 하는 말이 앞뒤가 맞는지, 당신이 뭔가 간과한 것이 있는지 확인하세요. 다른 관점을 얻기 위해 다른 전문 분야의 사람들에게 의견을 구하세요.

자신만의 결정을 내리세요. 잘못될 준비를 하세요. 타협할 준비를 하세요.

피터 머홀즈 Peter Merholz

출생 : 미국 캘리포니아주 산타모니카

현재 거주지 : 미국 캘리포니아주 오클랜드

학력 : 캘리포니아대학교 버클리캠퍼스 인류학 학사

그림 10-3
피터 머홀즈

1. 어떻게 전략가가 되었으며 업무의 일부로서 전략을 수립하기 시작했습니까?

저는 1990년대에 멀티미디어 디자인을 독학했습니다. 소프트웨어 디자인 분야에서 제가 맡은 첫 번째 공식 역할은 웹 개발자였으며, 인터랙션 디자이너가 되기 위해 웹 개발자에서 전향했고, 그 뒤 인터랙션 디자이너에서 UX 디자이너가 되었습니다. 그 과정에서 저는 전략적 질문에 대한 답이 필요하다는 것을 깨달았으며, 더 전략적인 사고를 하려면 'UX 툴 킷'을 늘려야 한다는 것을 알았습니다.

대략 2001년 즈음 어댑티브 패스Adaptive Path에서 일하던 무렵이 내가 엄밀히 말해 '전략가'가 된 시점입니다. 어댑티브 패스는 아주 단순하고, 사용자 경험 중심적이며, 디자인 지향적인 회사였습니다. 우리는 인터랙션 디자인, 정보 디자인, 사용자 조사, 그리고 사용성 검증을 하고 있었습니다. 하지만 우리의 의뢰인들을 위해 최선의 디자인 작업을 하고자 다른 일들도 했습니다. 먼저 그들에게 질문을 해서 디자인 작업이 이루어지는 맥락을 이해했습니다. 우리는 디자인을위한 디자인을 하고 싶지 않았습니다. 우리는 디자인이 어떤 공통의 관심사, 목표, 혹은 대상을 전달하기를 원했습니다.

그 결과 우리는 종종 의뢰인들이 우리가 던진 질문에 대한 답을 모른다는 사실을 알게 되었습니다. 그들은 자기 자신에게도 이런 질문을 한 적이 전혀 없었으며, 그런 질문들이 공유되는 디자인 비전 얼마나 중요한지 이해하지 못했습니다. 그리고 우리는 그러한 질문들에 답하기 위해 본질적으로 전략 작업을 수행하면서 앞으로 나아가고 있는 자신을 발견했습니다. 그것이 제가 전략가가 된 배경입니다. 단순히 최상의 디자인 작업을 하기 위해 필요했던 질문에 대한 답을 찾기 위해서 전략가가 된 것입니다.

2. 당신에게 UX 전략은 어떤 의미입니까? UX 전략가란 혹시 실체가 없는 직함이 아닙니까?

재미있는 질문이네요. 저는 막 UX 디자인과 같은 것이 존재하지 않는다는 글을 블로그에 올렸습니다. 그 글에의 요지는 우리가 UX 디자인라고 부르는 디자인 분야는 그저 전형적인 인터랙션 디자인 또는 정보 구조information architecture라는 것입니다. 그리고 UX 디자인이라고 부르는 것의 나머지는 그저 전략과 제품 관리라는 것입니다. 그러나 어댑티브 패스에서 우리는 경험 전략과 UX 전략이 무엇인지 정의하는 것에 대해 많은 이야기를 나누었으며, 나는 이 개념에 타당성이 있다고 생각합니다. 지난 수십 년간 제품 전략과 경영 전략이 사용자의 니즈와 인지를 설명하는 데 실패했기 때문에 UX 전략이라는 분야가 존재하는 것입니다. 사용자와 사용자 경험이 적당히 유익하다는 것을 확인하기 위해 우리는 UX 전략이라 부르는 것을 개발해야만 했죠.

이상적인 세상에서는 UX 전략이 필요하지 않을 것입니다. 왜냐하면 그것이 제품이나 경영 전략의 구성 요소일 것이기 때문이다. 제 생각에 우리는 이 이상적인 세상을 향해 이동하고 있는 것 같아요. UX가 광범위한 전략의 일부로 여겨지는 일이 점점 많아지고 있습니다. 하지만 나는 UX 전략에 불을 비추고 제품 전략으로 포장하기 위한 도구 모음을 개발하기 위해서는 별개의 뚜렷한 UX 전략 개념이 필요했다고 생각합니다. 적어도 그래야만 우리가 그것에 집중할 수 있을 테니까요.

그렇기에 'UX 전략'이 그저 허울뿐인 것이거나 과장된 것은 아니지만, 그것은 그저 우리가 살고 있는 시대의 일시적인 인공물이나 순간이라고 생각합니다. UX 전략이 제게 어떤 의미가 있는지 생각해보면, 그것은 답해야 할 질문들을 다루는 것이자 디자인에 정보를 제공해주는 질문들에 대한 답이라 할 수 있습니다. 단순히 경영 전략이나 제품 전략을 수용자나 총 유효시장TAM, Total Addressable Market을 이해하는 고전적인 방식으로 생각하는 것만으로는 충분하지 않습니다.

사용자, 수용자, 그리고 고객을 더 깊이 이해할 필요가 있습니다. 이들이 누구인지, 이들이 무엇을 원하는지, 이들이 어떻게 행동하는지, 그리고 이들이 무엇을 찾는지 알아야 합니다. 전통적인 전략 기법들에서도 고객에 대해 이야기하지만 고객의 깊은 이해나 공감을 얻지는 못했습니다. 그래서 제 생각에 UX 전략의 기능은 고객을 이해하는 수준을 높이는 것이라고 생각합니다. 우리는 경영 전략을 개발하며 고객에 대한 이해를 더 직접적으로 인식하기 시작한다는 것을 알 수 있습니다.

3. 당신은 경영 전략을 어떻게 배웠습니까?

저는 정규 훈련이나 경영 전략 교육을 받지는 않았습니다. 하지만 제가 어댑티브 패스에서 일하는 동안 무언가가 일어났습니다. 저는 닷컴 붕괴 사태 직후 UX 디자인을 어떻게 개선할지 고민하고 있었지요. 2002년이었고, UX 커뮤니티에서는 우리의 가치를 증명하는 자기 성찰이 진행되고 있었습니다. 우리가 증명해야 한다고 생각한 공통 주제는 사용자 경험에 대한 투자 회수ROI가 있음을 증명하는 것이었습니다. 우리가 어댑티브 패스에서 이러한 질문을 탐구할 기회를 얻었죠. 나는 MBA 느낌이 나는 문헌을 탐구하기 시작했고 버클리 하스Hass 경영대의 교수인 사라 베크먼Sara L. Beckman, 비즈니스 공학 및 공학 관리, 스탠포드 대학교 박사한테 연락을 하기 시작했어요.

그녀는 디자인이 비즈니스에서 흥미로운 장점을 제공한다는 것을 이해하려고 한 최초의 사람들 중 하나였습니다. MBA 학생인 스콧 허시Scott Hirsch는 어댑티브 패스와 연합하여 비즈니스 가치에 대한 논문을 쓰고 ROI가 사용자 경험을 어떻게 촉진하는지를 연구하고자 했죠. 그들의 권고로 우리는 진정한 비즈니스 사고를 UX 절차에 적용하고자 했습니다. 이러한 일들 덕분에 저는 경영 전략과 기업이 관심을 기울이는 것들에 대해 배울 수 있었습니다.

솔직히 경영 전략은 꽤나 단순합니다. 돈을 투자하면 돈이 나오는 거죠. 비용은 어떻게 감소시키고, 순이익은 어떻게 늘리는지가 모든 비즈니스의 핵심입니다. CEO나 고위 경영진에게 비용을 절감하거나 관리하고 순이익을 늘릴 방법을 이야기하거나 이들이 비용을 늘리면서 순이익을 증가시키려고 하는지 질문할 수 있습니다. 그게 경영 전략인 것입니다. 어렵지 않죠?

2005년도에 어댑티브 패스가 디자인 석사 학위와 경영학 석사 학위를 받은 브랜던 슈하우어Brandon Schauer를 고용한 후에 저는 경영 전략에 대해 잘 알게 되었습니다. 그와 함께 일하며 그의 기법에 익숙해지면서 저는 디자인과 UX가 비즈니스 맥락에서 가지는 기회를 이해할 수 있었습니다. 1980년대와 1990년대에 우리는 우리가 찾을 수 있는 모든 가치 사슬에서 최대한 효율성을 짜냈습니다. 이는 주로 적시 생산, 공정 공학process engineering에 대한 것이었어요. 그저 짜내고, 짜내고, 또 짜냈죠. 수익이 감소할 때까지 계속 짜냈어요. 기회는 우리가 어떻게 하면 완전히 새로운 가치 제안을 실현할 수 있을까 하는 것이었습니다. 그리고 그것이 바로 한 공간 안에서 좋은 디자인으로 완전히 새로운 기회나 차별화를 이끌어 낼 수 있는 방법입니다.

4. 전략가가 되기를 열망하는 UX 디자이너들이 MBA 학위를 취득하거나 경영학 학위를 가지고 있는 것이 도움이 된다고 생각하십니까?

해가 되지는 않아요. 어쩌면 학위가 적절히 도움이 될 수도 있습니다. 저는 그러한 학위를 취득한 사람들을 본 적이 있으며, 그것이 그들에게는 도움이 되었습니다. 하지만 똑같이 배우면서 학교와 매우 비슷한 장소에서 돈을 벌 수도 있을 겁니다. MBA 혹은 경영학 학위가 UX의 기술적 형태에서 좀 더 전략적인 것으로 전환하고자 하는 데 도움이 필요한 사람들에게는 좋을 수 있겠습니다. 그런데 당신이 이미 그런 일을 하고 있다면 MBA에 진학하는 것은 별다른 도움이 되지 않을 것이라고 생각합니다. 학교에 가서 인맥을 쌓고 새로운 사람들을 만나는 것은 도움이 될 수 있어요. 하버드 MBA 혹은 스탠포드 GSB를 취득하는 것은 분명 경력에 해가 되지 않을 거예요. 하지만 그러한 종류의 교육을 받으려면 막대한 비용이 들어간다는 점 역시 고려해야겠죠.

5. 어떤 유형의 제품 전략을 수립했을 때 가장 작업하기 즐겁고 재미있었습니까?

어댑티브 패스에서 금융 서비스를 제공하는 의뢰인을 위해 슈하우어와 함께 작업한 경험이 저를 바꾸어놓았습니다. 이것은 2005년도에 그가 우리 회사에 들어오자마자 일어난 일이었죠. 이 프로젝트는 단순한 웹사이트를 다시 디자인하는 일이었습니다. 하지만 우리의 의뢰인은 까다로웠기 때문에 우리는 전략 작업, 금융 분석, 그리고 모델링도 해야 했습니다. 이 전략적 작업을 수행하면서 우리는 사용자 조사에 대해 더 깊이 이해할 수 있었고, 그 덕분에 우리는 의뢰인에게 더 성공 가능성이 높은 전략을 제공할 수 있었습니다. 그러나 이들은 자신들의 조직이 그렇게 커다란 변화를 할 수 있는 준비가 되어 있지 않았기 때문에 우리의 비전을 달성할 수 없었습니다.

제가 그 프로젝트와 추후 프로젝트를 진행하면서 배운 점은, 우리가 조직에 대단한 전략을 제공한다 하더라도 기업이 형성되지 않았으며 그 문화적 가치가 그러한 전략을 수용할 수 없다면 전략이 무의미하다는 것입니다.

가장 재밌는 전략 프로젝트는 비전 프로젝트였습니다. 우리는 한국의 기업들을 위해 두 가지 일을 했는데, 하나는 미디어의 미래를 제시하는 일이었고, 다른 하나는 상업의 미래를 제시하는 일이었습니다. 이러한 비전 프로젝트는 멋지고 재밌어요. 특히나 디자인 회사에서 디자이너로 일하고 있다면 말이죠. 한 프로젝트에서 우리는 경향 분석을 해서 이러한 기술이 어디로 나아가고 있는지, 사용자 행동이 어떻게 진화하고 있는지 알아냈습니다. 우리는 일반적인 기법이나 UX 방식이 아닌 많은 이차적인 연구를 했습니다. 우리는 블로그, 기사, 그리고 학술지를 읽었죠. 우리는 이 공간에서 많은 것을 빨아들이려고 했어요. 우리는 미디어 전문가들을 인터뷰하고, 유튜브에서 일하는 사람들, 제품 회사에서 일하는 사람들, 학자들을 인터뷰했습니다. 우리는 그저 미래가 어디로 흘러가는지 알아내려고 했어요.

트렌드 연구를 하면서 우리는 파란 스티커에 붙인 구체적인 개념을 파악했습니다 〈그림 10-4〉 참조. 그리고 우리는 그러한 개념들을 노란 스티커에 쓴 주제에 따라 분류했습니다. 그리고 우리는 화이트보드 마커로 개념과 주제에 배경과 설명을 적었습니다. 그리고 우리가 그 맵을 보며 1년 정도 괜찮다고 느꼈을 때 화이트보드를 사진으로 찍었습니다. 그러고 나서 우리는 모든 마커 선을 지우고 다음 년도에 대한 이야기를 하기 위해 스티커를 이동시켰습니다. 그리고 그것이 맘에 들면 사진을 찍었다. 그렇기에 화이트보드를 찍은 사진은 우리의 트렌드 예측을 보여주는 타임시리즈 time series가 되었으며 우리가 만든 트렌드 맵에 추가되었습니다〈그림 10-5〉 참조.

그러한 이해를 우리의 디자인 창조성에 덧붙이고 미디어의 경험을 예측하는 일은 정말 재밌었습니다. 나는 그 프로젝트와 기회로부터 많은 것을 배웠어요.

트렌드 맵 만들기

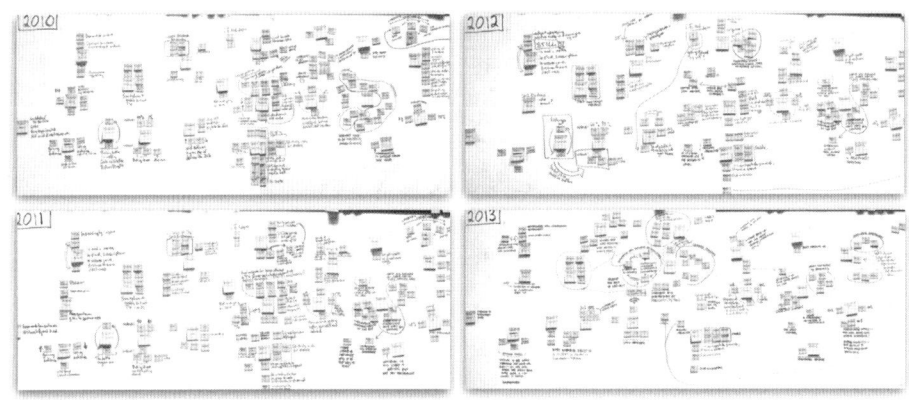

그림 10-4
트렌드 분석 작업의 결과물

프로세스 개요
트렌드 예측

인터뷰와 이차적 연구를 통해 트렌드와 그것이 암시하는 것을 확인한다.

이차적 연구
애널리스트 리포트, 뉴스 기사, 산업 블로그

전문가 인터뷰
MIT, 유튜브, 구글, 노키아, 월스트리트저널, T-모바일, 인텔의 선구자적 이론가 8명과 대화하기

비주류 사용자 인터뷰
TV, 게임, 영화, 음악, 스포츠, 뉴스 등 미디어 소비의 각기 다른 측면을 다루는 미래지향적 사용자 6명과의 대화

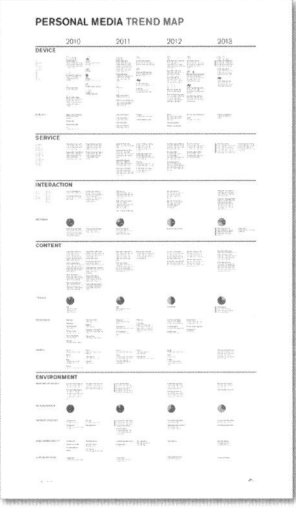

그림 10-5
트렌드 예측 슬라이드

UX 전략 작업은 많은 문제점이 있었는데, 특히 에이전시에서 수행하는 UX 전략 작업은 명확한 영향을 끼치기 힘들다는 어려움이 있었습니다. 나는 실제로 조직이 발전하는 것을 많이 보지 못했습니다. 제가 컨설팅 업계를 떠나고 나서 흥미로웠던 점 한 가지는, 실리콘밸리가 '전략'에 거의 관심을 보이지 않았다는 거예요. 마치 전략이라는 단어가 입에 올리면 안 되는 추잡한 단어 같았죠.

린 스타트업 운동은 전략의 가치를 최소화하는 실리콘밸리의 사고방식에 맞서고 있어요. 인튜이트Intuit와 같이 전략을 매우 진지하게 시행하는 회사들이 있는데, 나는 이들이 어떻게 그렇게 할 수 있는지 모르겠습니다. 그래서 저는 그 회사들에 대해 동정심을 느낄 정도예요. 저는 전략이 하는 역할이 있으며 구체적인 전략이 있다고 생각합니다. 저는 여러분이 전략을 세우는 것이 시간과 에너지의 낭비라고 느끼지 않길 바랍니다. 만족하는 것은 어려운 도전입니다.

6. 다른 작업 환경예를 들면, 스타트업, 에이전시, 기업에서 전략을 시행하는 데 따르는 어려움은 무엇입니까?

에이전시만 놓고 보면, 어떤 에이전시에서 전략을 시행하느냐에 따라 다릅니다. 제가 어댑티브 패스에 있을 때 당신이 우리에게 왔다면 당신은 우리가 제시하는 전략을 수용했을 것입니다. 어댑티브 패스는 디자인 에이전시가 아니기에 전략적 관심사를 이야기한다면 당신은 그저 "픽셀이나 처리하자"라고 말하지는 않을 것입니다.

일부 에이전시들은 그렇게 전략을 제시하는 데 어려움을 겪고 있습니다. 하지만 나는 에이전시는 전략적 제공자가 되어서 의뢰인들을 끌어들여야 한다고 생각합니다. 그것은 상대적으로 쉽습니다. 에이전시가 처한 환경, 프로젝트들이 구성된 방식 덕분에 당신은 전략을 수행할 안전한 공간을 생성할 수 있습니다. 진짜 에이전시를 어렵게 하는 것은, 제가 앞서 말했듯이 에이전시들가 전략을 제안하는 것이 무의미하다고 느끼는 것입니다. 그래서 전략을 전달할 때나 전달하고 나서 몇 달 후에 "어떻게 하고 있어요?"라고 물어보면 "음, 우리는 조직을 재정비했어요." "그 사람은 퇴사했어요." "그게 뭐죠?" 같은 말을 들을 수도 있습니다. 그렇게 당신이 한 작업이 실제로는 사용되지 않을 수 있어요. 그게 에이전시의 어려움이죠.

기업에서의 어려움은 전략의 일관성을 유지하는 것입니다. 전략 작업을 생산 작업에 연결하는 것이 한 가지 방법인데, 이는 이러한 두 기능을 조직의 다른 부서에서 담당하는 경향이 있기 때문입니다. 그렇기에 과제는 당신의 전략이 작동 가능하고 실행 가능한 것처럼 느껴지게 하는 것입니다. 저는 기업에서는, 풍부하고, 깊고, 생각을 많이 한 전략을 얻을 수 있다고 생각합니다. 하지만 전략적 통찰력을 갖춘 이후에는 이미 시장이 바뀌었을 수도 있어요.

스타트업에서 전략을 세우고 실행할 때 느끼는 일차적인 어려움은 시간이 없다는 것입니다. 상당히 복잡한 전략을 제대로 수행하려면 시간, 노력, 그리고 에너지가 필요합니다. 스타트업에서는 당신이 아직도 자기 자신을 증명하고 있으며 입지를 다지고 있기 때문에 그 시간이 없을 수 있어요. 스타트업에서 전략적 경향은 그 설립자에게서 나와야 합니다. UX 전략을 구성하고 당신이 UX에 대해 적절하게 생각하고 있다고 느끼는 것이 중요합니다. 비록 UX 전략을 명확하게 실행하지 않았더라도 그래야 한다는 것을 이해하는 회사들은 성공합니다.

주된 어려움은 유의미하고 적합한 UX 전략을 환경을 고려하지 않고 구성하는 것입니다. 이차적인 어려움은 전략적 노력을 환경이 필요로 하는 적합한 범위에서 하는 것입니다.

나는 현재 하드웨어를 만드는 조본Jawbone : 초창기 스마트밴드의 대표적 브랜드—옮긴이이라는 제품 회사에서 일하고 있다. 투자 위험을 감소시키기 위해 우리는 전략적이어야 한다. 그렇지 않으면 많은 돈을 날리게 될 것이다. 또한 우리는 전략에 대해 더 생각하고 고심해야 한다.

7. 제품이나 UX 전략을 어떤 식으로든 실험해본 적이 있습니까? 가치 제안을 시장에서 검증하기 위한 것이든, 타깃 고객에게 프로토타입을 테스트해

보는 것이든 말이에요. 전략을 수행하는 동안 어떻게 진실에 더 가까워졌습니까?

이 질문에 대한 짧은 답은 '별로'예요. 조본에서는 리스크, 즉 하드웨어의 출시에 필요한 초기 자본 때문에 더 많은 작업을 하고 있습니다. 그렇기에, 제가 이 회사에 들어온 지 얼마 되지 않았기 때문에 나는 전략을 적용하기 전에 이전의 전략을 검증해야 합니다.

8. 전략이나 공유된 비전에 대한 합의를 이끌어내는 당신의 비밀 병기 혹은 비법은 무엇입니까?

올바른 연구를 하는 것, 올바른 사람들과 대화하는 것, 이들에게 올바른 질문을 하는 것, 그리고 전략과 시행을 위해 올바른 종류의 행동을 관찰하는 것, 이런 것들은 비밀 무기라고 할 수 없겠네요. 많은 사람이 이미 하고 있으니까 말이에요. 당신은 제품을 시장에 판매할 때 관여할 사람들을 대상으로 연구를 시행하고 있습니까? 올바른 행동을 관찰하고 있습니까? 적합하게 이들을 관찰하고 있습니까? 당신이 그저 바보 같은 질문을 하고 있는 게 아닙니다. 당신은 그들이 자기들 마음대로 행동하도록 허락하고 있지만, 그렇다고 몇 개월이 걸리는 연구를 할 수 없음을 인지하고 있죠. 그렇기에 당신은 적절하게 강요하고 그것으로부터 올바른 것을 얻어야 합니다. 당신은 적합한 통찰력을 개발할 수 있을 정도로 유의미하게 분석하고 있습니까?

저는 앨런 쿠퍼가 개발한 페르소나의 팬입니다3장 참조. 이것을 항상 사용하지는 않지만, 저는 이것을 사용할 때는 모든 범위의 사용자 행동을 연국하는 것을 좋아합니다. 수많은 사용자 조사 인터뷰에서 얻은 데이터를 볼 기회가 주어진다면 두드러지는 행동을 파악할 수 있습니다.

9. 혁신적인 제품을 위해 구체적으로 전략을 수행할 때 반드시 거쳐야 하는 단계들을 독자들에게 보여줄 수 있는 경영 사례나 일화가 있습니까?

제가 어댑티브 패스에서 진행한 마지막 프로젝트에서 우리는 거대한 글로벌 미디어 브랜드를 위해 일했습니다. 우리는 그 브랜드의 온라인 스토어인 전자상거래 플랫폼에 대한 작업을 했습니다. 그렇기에 전략 과정은 연구와 함께 시작했죠. 아이들을 대상으로 한 미디어 브랜드였기에 연구는 주로 엄마들을 대상으로 진행했어요. 우리는 가정에서 많은 인터뷰를 했으며, 어머니들이 아이들을 위한 물건을 사는 것에 대해 이야기했고, 그 브랜드의 특성 때문에 선물에 집중했어요. 그 선물은 매일 사는 물건은 아니었고 특별한 경우에 사는 물건이었죠. 그래서 우리는 그 연구 결과를 분석했어요.

우리는 이 프로젝트를 위해 페르소나를 만들지는 않았습니다. 우리는 페르소나와 매우 유사하지만 다른, 프로필을 만들었습니다. 페르소나는 이름이 있는 특정한 개인이며, 프로필은 더 분류학적이죠. 우리는 엄마들을 4~5가지 프로필 유형으로 나누었습니다. 아이들을 아끼는 만큼 아이들이 좋아하는 물건을 좋아하는 엄마들이 있었으며, '나는 훌륭한 양육자가 되고 싶어. 그래서 나는 아이들이 나중에 좋은 세상을 만드는 데 도움이 되는 물건을 사고 있어"라고 느끼는 물건을 사는 엄마들도 있었고, 일하는 것에 죄책감을 느껴 아이들과 소통하기 위해 아이들이 원하는 물건을 전부 사주는 엄마들도 있었어요. 그래서 이런 프로필을 구성하고 그것을 바탕으로 우리는 이야기와 시나리오를 들려주었습니다. 우리가 이러한 방식으로 시나리오를 구성한 것은 다른 기술적 플랫폼에 집중하기 위해서였습니다.

인터넷만 사용하는 엄마가 있었으며, 모바일 스마트폰만 사용하는 엄마, 태블릿만 사용하는 엄마, 그리고 아이를 망치는 할머니가 있었습니다. 우리는 일종의 스포일러로 할머니를 활용했습니다. 사실 그 할머니는 이러한 범주를 모두 포괄하는 사람이었어요. 그리고 우리는 사용할 시나리오를 썼습니다. 할머니는 실제로 이야기를 쓰는 과정을 더 흥미롭게 만들었어요. 우리는 이러한 할머니들과 꽤 많은 이야기를 나누었어요. 이러한 할머니들은 아이들과 같이 살지 않았어요. 아이들은 조부모님들과 떨어진 도시에서 살았죠. 그래서 우리는 이러한 시나리오를 쓰면서 조부모님들을 한 도시에, 그 아이들을 다른 도시에 두었습니다.

자, 이제 이걸 가지가 우리가 뭘 했을까요? 우리는 크리스마스 무렵에 이 시나리오를 썼어요. 조부모는 크리스마스에 아이에게 뭔가를 주고 싶어 해요. 그렇지만 조부모는 아이가 선물을 뜯어 볼 때 거기에 함께 있을 수 없죠. 그래서 우리는 이 이야기를 쓰면서 선물을 뜯을 때 웹 브라우저에 접속해 할머니의 영상 메시지를 볼 수 있게 해야 한다고 깨달았습니다. 크리스마스 아침에 거기 있을 수는 없지만 볼 수 있게 하는 거죠. 이 모든 것은 단일 전략 개발, 연구 분석, 시나리오 개발, 제품 디자인 및 개발에서 비롯되었고 의뢰인들이 좋아하는 기능으로 이어졌어요. 의뢰인은 이것이 적합하다고 느꼈기에 이 기능을 추가했습니다. 의뢰인은 매우 분명한 브랜드를 가지고 있었고, 그 브랜드는 분명한 특성을 가지고 있었으며, 그 기능은 이 의뢰인의 마음에 딱 들어맞았죠. 이것은 연구에서 우리가 제공한 기능에 이르기까지 우리가 꽤 성공적으로 프로젝트를 진행했다고 생각하는 사례예요.

당신은 더 넓은 시장에서 어떤 일이 일어나는지 알고 싶을 거예요. 하지만 저는 다른 기업들이 무엇을 하고 있는지 살펴보고 그것을 따라야 한다고 느끼는 기업가들이 너무 많다고 생각해요. 하지만 당신은 경쟁에 휘말리는 것을 원치 않을 거예요. 동등해지고 싶죠. 하지만 동등함을 추구하는 것은 레드오션 전략이에요. 그저 거기 있는 사람들만큼만 하길 바라는 거죠. 블루오션을 찾아야 합니다. 저는 당신이 블루오션을 찾길 바랍니다. 하지만 당신은 여전히 경쟁자들이 무엇을 하는지에 너무 신경을 쏟고 있어요. 당신이 해야 할 일은 당신의 조직이 어떤지, 당신의 기업이 어떤지, 당신은 비즈니스와 관련하여 어떤 사람인지 파악하는 것입니다.

저는 다른 회사가 그들의 브랜드에 완벽하게 맞는 전략을 실행하는 것을 보곤 합니다. 하지만 그게 우리가 해야 할 일인지는 모르겠어요. 왜냐하면 우리에게는 맞지 않는 것 같거든요. 다시 말하지만, UX가 브랜드 전략을 충분히 수용하지 못할 때가 많습니다. 저 브랜딩이 잘 다루어지지 않기 때문에 UX 내에서 브랜드와 브랜딩에 대한 상당한 반감이 있다고 생각해요. 이는 매우 피상적이죠. 하지만 당신이 탐구한다면 브랜드 전략, 성격 문제, 회사가 보유한 가치의 문제, 회사가 소중히 여기는 특성 문제

및 브랜드의 요소를 적절하게 파악할 수 있습니다.

제품을 출시하는 것은 매우 어려운 일이기 때문에, UX를 진행하려면 많은 정보가 필요해요. 그리고 조직 내 사람들이 자신들이는 만드는 제품에 관심이 없다면, 자신들이 만드는 제품에 열정을 보이지 않는다면, 그들은 그저 시장이 있다고 생각하기에 뭔가를 만들고 있는 거예요. 이들은 제품을 시장으로 가져가려는 노력을 하고 있지 않은 거죠. 제품은 그것을 만드는 사람들이 쓰고 싶어 하는 물건이어야 합니다.

10. 전략가가 가져야 하는 중요한 기술이나 마음가짐은 무엇입니까? 혹은 무엇이 당신을 훌륭한 전문가로 만들어주었습니까?

그러한 마음가짐은 당신이 일부를 이해하고 있고 그것이 전체 내에서 어떻게 구축되는지 이해할 수 있을 때 소유할 수 있는 마음가짐입니다. 저는 디자인을 더 넓은 차원인 시스템 차원에서 생각했기 때문에 전략가가 되었습니다. 뭔가에 접근할 때마다 체계적인 사고방식을 가지려고 노력합니다. 그리고 저의 체계적인 사고방식을 충족하기 위해서는 내가 이 넓은 시스템 내에서 무엇을 하고 있는지 이해를 할 필요가 있었죠.

전략가는 또한 설득력이 있어야 하기에 우수한 스토리텔링, 커뮤니케이션 및 프레젠테이션 기술이 있어야 합니다. 또한 사람들을 참여시킬 수 있어야 합니다. 전략은 추상적이기 때문에 다른 사람들이 이에 반응할 수 있도록 이를 더 구체적으로 만들어야 합니다. 추상적인 전략은 뿌리를 내리지 않는 경향이 있기 때문에 전략가는 이야기를 전달하는 능력도 갖춰야 하는 거죠. 서사를 형성해 관중과 연결하는 거죠.

밀라나 소볼 Milana Sobol

출생 : 러시아 카잔타타르스탄

현재 거주지 : 미국 뉴욕

학력 : 브렌다이스대학교 신경과학, 경제학 학사/브렌다이스국제비즈니스스쿨 국제금융학 석사

그림 10-6
밀라나 소볼

1. 어떻게 전략가가 되었으며 업무의 일부로서 전략을 수립하기 시작했습니까?

기본적으로 제가 모든 것을 해야 했고 많은 역할을 동시에 수행했던 경영대학원을 졸업하자마자 스타트업을 시작했어요. 우리는 처음부터 제품을 만들었으므로, 적합한 비전과 전략이 없다면 제자리걸음만 할 게 뻔했습니다. 저는 실제로 일을 하면서 전략에 대해 배웠어요.

그 스타트업은 무명 음악가들을 위한 온라인 음악 유통 플랫폼이었어요. 음악 산업이 흐트러지기 시작하면서 모두들 음반 회사들이 사업을 했던 방식에 도전하고 싶어 할 때 사업을 시작한 거죠. 이 전략은 우리의 수용자음악가와 온라인에서 충족되지 않은 욕구를 온라인 기술과 관련하여 이해하는 데 초점을 맞춘 것이었습니다. 우리는 이 새로운 시대를 위한 디지털 도구를 촉진할 방안을 생각해야만 했어요. 그럼으로써 음악가들이 창작물에 더 집중할 수 있도록 하고 싶었어요. 하지만 동시에 우리는 수익을 낼 수 있는 방식으로 일해야 했죠. 전략은 단지 제품에 대한 관점만을 다루는 것이 아니에요. 이는 또한 달성해야 할 실용적 로드맵이죠. 최종 사용자와 지속 가능한 비즈니스 모델을 생각해야 하는 거죠.

제가 사업을 시작할 무렵, 처음에는 모든 조각들의 균형을 맞추는 일을 잘하지 못했어요. 저는 모든 부문들, 비즈니스, 디자인, 그리고 기술이 나의 계획과 맞닿아 있으며 나의 의사결정에 그렇게 많은 구멍들이 있는지 몰랐어요. 하지만 저는 실수를 하며 배웠고 더 나은 자원이 있는 더 체계적인 환경에서 그 역할을 다시 시도하고 싶었어요. 그래서 저는 창업 이후에 해야 할 일을 모색하면서 인터랙티브 디자인 회사에서 전략과 관련된 일자리를 찾았어요. 창조적인 환경에서 문제를 해결하고 실제 제품을 만들고 싶었기 때문입니다.

2. 당신에게 UX 전략은 어떤 의미입니까? UX 전략가란 혹시 실체가 없는 직함이 아닙니까?

아니요, 절대 그렇지 않아요. 수년 동안 저는 에이전시와 스타트업에서 여러 유형의 UX 전략가들과 함께 일했어요. 어떤 이들은 디자이너처럼 생각했고, 또 다른 이들은 비즈니스 측면에 집중하기도 했죠. 저는 스스로 경영 전략가에 더 가깝다고 여기며, 탄탄한 UX 디자이너나 아주 경험이 많은 디자이너와 함께 정말 최선을 다해 일하는 편이에요. 우리는 제품이 사용자를 위해 무엇을 하는지 깨닫고 이로부터 비즈니스를 만들어나가기 위해 함께 일합니다. 저는 제품 기능과 전체적인 상호작용 경험에 대해 아주 기본적인 아이디어를 갖고 있어요. 하지만 UX 디자이너들과 디자이너들이 하는 방식으로 세밀하게 모든 것을 생각할 수는 없죠. 그래서 사업주이자 경영 전략가인 제게는 UX 전략이 우리가 하는 모든 일의 핵심입니다. 왜냐하면 우리에게 서비스는 곧 제품이기 때문이죠. 우리가 그저 비즈니스 경험을 쌓은 고객을 위한 접점은 아닌 거예요. 우리의 제품은 디지털 제품이에요. 그것은 서비스이기도 하죠. 또 그것은 비즈니스입니다. 그래서 우리는 그 사실을 올바르게 이해시켜야 하며, 단지 사용할 필요가 있는 것에 그쳐서는 안 되며, 사람들이 사용하고 싶게 만들어야 합니다.

3. 당신은 경영 전략을 어떻게 배웠습니까?

학교를 갓 졸업하고 첫 7년 동안 저는 정말 아무것도 몰랐지만 그것을 배워야만 하는 환경에 끊임없이 나를 밀어 넣으면서 현재 경영 전략에 대해 내가 알고 있는 것의 대부분을 배웠어요. 그런 환경에 들어가는 데 필요한 학력은 있었지만, 제가 창조적인 에이전시 환경에서 어떻게 일하는지를 알았던 것은 아니랍니다. 저는 좋은 대학에 있는 경영대학원을 다녔고 어려운 강의들을 아주 많이 이수했기에 서류상으로는 전략가의 위치에 있기 적합해 보였어요. 하지만 솔직히 내가 처음으로 전문적인 환경에 들어갔을 때, 제품 중심적 사고를 하는 단계에서 요구되는 경쟁 분석조차도 적절히 하는 법을 몰랐죠. 제가 받은 훈련은 대부분 금융업에 관한 것이었어요.

경영대학원을 막 졸업한 사람들은 학교에서 하던 것처럼 일을 아카데믹한 방식으로 처리하고 싶어 해요. 저는 처음부터 다시 배워야만 했어요. 20번째 비즈니스 분석/

전략 프레젠테이션을 완료하고 나서야 마침내 어느 정도 이해한 것 같은 느낌이 들었어요. 비즈니스 목표와 디자인 모두에 유용한 좋은 이야기를 구성하는 방식을 제대로 이해하기까지는 약간의 시간이 걸렸죠. 하지만 제가 배운 것은 분석적으로 생각하는 법이 아니었어요. 그것은 이미 알고 있었죠. 저는 이야기를 하는 방식을 배웠어요. 창조적인 비즈니스에서, 경영 전략은 결국 제품의 기회에 관한 단순한 이야기가 되어야 합니다.

4. 전략가가 되기를 열망하는 UX 디자이너들이 MBA 학위를 취득하거나 경영학 학위를 가지고 있는 것이 도움이 된다고 생각하십니까?

아니요, 전혀 아니랍니다. 정말로 필요한 것은 생산적인 회의에서 동료들과 시간을 보내는 것이라고 생각합니다. 의뢰인들과 이야기하는 법과 그들의 사업적 문제를 진지하게 듣는 법을 배워야 합니다. 좋은 청취자가 되는 것은 필수예요. 그러니 오히려 심리학 학위가 MBA보다 더 도움이 될 수 있어요. 그래도 체계적인 사고와 문제 해결에 접근하는 프레임워크를 배우고 수행해보기 위해서 몇몇 경영학 강의를 이수하는 것은 정말 유용하다고 생각해요.

전략은 주로 혼란스럽고 복잡한 것을 단순한 다이어그램 또는 팀원 모두가 이해하고 원인을 찾아낼 수 있는 진술로 간소화하는 것입니다. 일부 사람들은 그런 것들을 타고나게 잘하고, 다른 사람들은 창의적인 생각을 더 잘하죠. 매우 창의적이면서 동시에 분석적인 사람을 찾는 것은 어려운 일이죠. 그러한 사람들은 매우 특별한 존재죠.

제 경험에 따르면 경영대학원은 정말 큰 회사에서 일하고 싶을 때만 필요한 것 같아요. MBA 학위는 《포춘Fortune》지 500대 기업에서는 요구하겠지만 창의적인 세계에서도 필요하다고는 생각하지 않아요. 저는 존경하는 여러 층의 전략가들과 그들이 '비즈니스 이야기'를 어떻게 말하는지 보면서 많은 것을 배웠어요. 앞서 언급했듯이, 스토리텔링의 유형은 당신이 학교에서 완벽하게 배울 수 없는 것이에요.

5. 어떤 유형의 제품 전략을 수립했을 때 가장 작업하기 즐겁고 재미있

었습니까?

제가 지금 하는 일이 아마도 제게는 가장 매력적인 일 같아요. 하지만 다시 생각해보면 그것은 제가 많은 요소가 걸려 있는 제품의 소유주이기 때문일 거예요. 저는 이름만 거는 게 아니라 돈과 모든 것을 다 걸었을 때 다른 종류의 헌신을 할 수 있다고 생각해요. 위험 요소가 그것을 아주 매력적으로 만들어주는 것일지도 모르겠어요.

에이전시 업계에서는 종종 전략을 세우기도 하고 디자인을 통해 전략을 확인하기도 합니다. 디자인을 구축하면서 전략을 알아보지만, 그것이 의뢰인의 비즈니스에 어떠한 영향을 미치는지 알아보기 위해 매일매일 소통하지는 않아요. 의뢰인을 상대하는 일을 하다 보면 때때로 전략을 전달한 이후에 피드백을 받고 사후처리를 하게 됩니다. 하지만 당신의 작업이 의뢰인에게 전달된 이후의 일이며, 프로젝트는 이미 종료된 후죠. 그 전략이 당신의 손을 떠난 뒤라면 이제 그것은 의뢰인의 몫이에요. 그리고 결과는 의뢰인이 그 전략으로 무엇을 하며 그들이 이 제품을 어떻게 시장화하는지에 따라 달라지죠. 그리고 그 시점에는 무엇이 잘되었는지, 잘되지 않았는지 구분하기 어렵습니다. 전략이, 디자인이, 기술이, 혹은 마케팅이 문제였는지 확인하기 힘들죠. 만약 전략가가 전체 과정에 관여하지 않는다면 그 전략가는 책임을 질 수 없겠죠. 제게는, 그것이 그다지 좋은 일이 아니에요. 왜냐하면 최종 결과에 참여할 수 있는 것이 제게 동기를 부여하기 때문이에요.

그래서 지금은 우리가 바로 시장에 내놓아보고 사람들이 어떻게 반응하고 그것을 어떻게 사용하는지 확인할 수 있는 제품을 만들고 있어요. 가정을 하고 최고의 생각에 근거하여 제품을 만드는 데만 9개월을 매달렸어요. 며칠 만에 우리는 실제 사용자들에게 몇몇 피드백을 얻을 수 있었어요. 피드백이 항상 긍정적이지는 않지만 그래도 매우 만족스러운 상황이에요. 제 말을 믿어도 좋아요. 피드백이 항상 긍정적인 것은 아니에요. 이 직접적인 학습을 통해 저는 원래의 아이디어를 실제 사용자들과 함께 되풀이하게 되죠. 완벽한 피드백 순환은 아이디어를 가장 흥미로운 제품으로 만드는 것입니다.

6. 다른 작업 환경예를 들면, 스타트업, 에이전시, 기업**에서 전략을 시행하는 데 따르는 어려움은 무엇입니까?**

정치가 항상 어려운데, 세 명 이상으로 구성된 어떠한 비즈니스의 영역에서도 정치는 항상 나타납니다. 그래서 모든 종류의 기업과 대형 의뢰인과 함께 일할 때면 정치가 큰 역할을 하게 됩니다. 종종 마케팅 부서에서 나오는 예산과 씨름을 해야 하는데, 그들은 그들만의 계획이 있죠. 종종 당신은 비즈니스/제품 그룹에서 정보를 얻어서 제품을 개발하고 있겠지만, 비즈니스 그룹은 실제로 전략에 대한 대화에는 관여하지 않습니다. 그런 경우에 어려움은, 모두가 함께 하도록 만들기 위해 모든 것들을 탐색해야 한다는 것입니다.

스타트업에는 고유한 문제가 있을 거예요. 조금 외로울 수도 있죠. 당신이 소규모로 사업을 시작했다면 당신이 함께 일하는 사람들은 항상 적을 거예요. 그러면 집중이 필요하고, 당신은 '우리는 너무 피곤하고 신선한 의견이 필요해'라고 느낄 수도 있어요. 궁극적으로 이윤을 내기 시작하거나 자금을 마련하기 전까지는 자원은 항상 제한될 거예요. 사람들이 자신이 가장 잘하는 것에만 집중하게 할 수는 없어요. 우리는 많은 역할을 하죠.

나는 이것이 에이전시가 최상의 균형을 유지하는 이유라고 생각합니다. 만약 당신이 다양한 자격을 가진 팀원들과 함께 있다면, 당신은 UX 전략가, 경영 전략가, 그리고 다른 사람들로부터 피드백을 받을 것입니다. 생각할 시간이 충분하며 많은 다른 관점이 있다면, 이는 다른 관점을 가지는 데 도움이 됩니다.

7. 제품이나 UX 전략을 어떤 식으로든 실험해본 적이 있습니까? 가치 제안을 시장에서 검증하기 위한 것이든, 타깃 고객에게 프로토타입을 테스트해보는 것이든 말이에요. 전략을 수행하는 동안 어떻게 진실에 더 가까워졌습니까?

제가 이야기할 수 있는 최고의 예는 내가 지금 작업하고 있는 모바일 생산성 앱이

예요. 저는 생산의 다른 단계에서 다양한 테스트를 했습니다. 구상, 프로토타입, 최종 제품에 이르기까지 말이에요. 우리에게는 20명으로 구성된 그룹이 있었는데, 이 그룹은 배경, 필요, 그리고 행동으로 구분된 잠재적 사용자들로 이루어져 있었습니다. 이 잠재적인 사용자들과의 대화는 유용했어요. 그들 덕분에 우리가 만든 것이 우리가 만들고자 했던 것이 맞는지 확인할 수 있었어요.

두 번째 테스트는 몇 가지의 다른 프로토타입을 가지고 수행했어요. 다양한 그룹의 사람들이 앱을 가지고 놀면서 그들이 좋아하는 것과 싫어하는 것에 대해 이야기를 나누었어요.

실제 테스트는 우리가 앱을 출시하고 마케팅을 할 때 이루어졌습니다. 그러고 나서 우리는 앱을 몇 주 동안 사용한 1,500명의 표본을 얻었습니다. 우리는 이 제품에 깊이 관여한 사람들이 왜 그것을 좋아하고 왜 다른 사람들은 좋아하지 않는지 알아보려고 온라인 설문조사를 실시했습니다. 이 테스트 기간 동안 우리는 이들이 부족하다고 느낀 기능과 복잡하다고 느끼는 기능이 무엇인지 알 수 있었죠. 이것은 어려운 사용자 테스트가 아니었지만 아주 큰 도움이 되는 통찰력을 얻을 수 있었죠.

어쨌든 피드백은 많이 얻는 게 좋아요. 어떤 사람들은 "이건 별로야. 왜 이런 걸 만드는지 모르겠네. 아무도 이걸 사용하지 않을 거야"라고 말할 거예요. 하지만 다른 사람들은 "이건 내가 제일 좋아하는 앱이야. 나는 이걸 매일 사용해"라고 할 겁니다. 정말 도움이 되는 피드백은 우리에게 정확히 무슨 특성을 좋아하는지, 좋아하지 않는지 설명을 한 사람들의 피드백이었습니다.

우리는 매우 높은 수준의 제품 콘셉트를 표현했지만 많은 사람이 제품이 무엇을 의미하는지 이해했고 우리가 의도한 것이 무엇인지도 이해했습니다. 그제야 우리가 실행한 전략이 옳았다고 느꼈죠. 이는 우리가 기회에 대해, 그리고 사람들이 이 제품을 실제로 원하는지에 대해 많은 연구를 했기 때문에 중요했어요. 우리는 전략이 초기에 구축되었다고 확신했었지만, 다양한 단계의 디자인 및 테스트를 통해 아이디어를 다듬으면서 전략이 더욱 분명해졌습니다. 마지막에는 우리가 구축한 제품이 무엇인지, 누가 이것을 사용하기를 원하는지, 그리고 왜 사용하길 원하는지 알아낼 수 있었어요. 그리고 우리는 이러한 사실을 뒷받침할 실제 데이터를 가지고 있었어요.

8. 전략이나 공유된 비전에 대한 합의를 이끌어내는 당신의 비밀 병기 혹은 비법은 무엇입니까?

저는 성격이 꼼꼼한 편이에요. 시장에서 일어나는 일을 거시적인 관점으로 이해하려고 하죠. 그렇기에 언제나 시장을 연구합니다. 저는 사용자/대상 고객이 누구인지 알고 싶고, 이들이 유사한 문제를 해결하기 위해 어떤 제품을 사용하는지 알고 싶어요. 저는 경쟁의 모든 측면을 살펴봅니다. 때로는 예측하기 매우 쉬울 때도 있지만, 어떤 경우에는 경쟁 대상이라고 생각했던 기업이 아예 다른 분야에서 경쟁을 하고 있기도 하죠. 저는 이들이 어디로 가는지, 그리고 어떻게 UX를 구축했는지 알고 싶습니다.

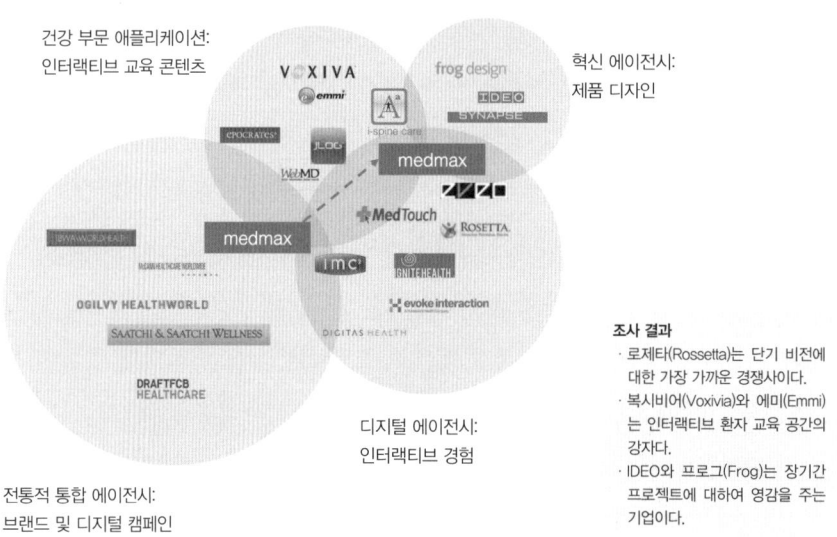

그림 10-7
생태계 맵

나는 제품에 대한 그들의 디자인 전략을 이해하고 싶으며 이들이 달성하고자 하는 것이 무엇인지 확인하고 싶습니다. 이러한 세부 사항을 내 파트너와 팀과 공유할 수 있다면 모든 사람이 정보를 잘 습득하고 결정을 더 잘 내릴 수 있을 테니 말이죠.

종종 저는 모든 프로젝트에서 단순한 생태계 맵ecosystem map을 만들어〈그림 10-7〉참조 선수들이 누구인지, 이들이 무엇을 제공하는지, 그리고 왜 사람들이 이들을 좋아하는지이들을 차별화하는 것이 무엇인지 나타내곤 합니다. 이것은 경쟁적 맵이지만 제가 일하고 있는 제품과 관련된 프레임워크입니다.

이것은 모든 팀원들에게 유용한 참조 도구입니다. 저는 모든 사람들이 우리가 맵 어디에 있는지, 그리고 어디로 가고 있는지 이해하길 원합니다.

9. 혁신적인 제품을 위해 구체적으로 전략을 수행할 때 반드시 거쳐야 하는 단계들을 독자들에게 보여줄 수 있는 경영 사례나 일화가 있습니까?

에이전시의 경우 전략 수행 과정이 단순하게 시작됩니다. 의뢰인은 생성하고자 하는 제품이나 서비스에 대한 기본적인 아이디어를 갖고 있으며 무엇을 해결해야 하는지 알고 있습니다. 종종 의뢰인은 문제의 근원을 완전히 이해하지 않고 솔루션에 대한 아이디어만 갖고 있을 수 있으며 문제와 기회를 정의할 때 도움이 필요한 경우도 있습니다. 그렇기에 에이전시는 의뢰인에게 지식을 전달받아, 의뢰인이 아는 것과 시장이 우리에게 말해주는 이야기를 종합하여 분명한 목표와 로드맵을 구축합니다.

기술 스타트업의 경우에는 상황이 더 재밌고 반복적입니다. 접근법은 유사하지만 의뢰인의 조직에서 동의를 얻는 데 드는 시간과 노력이 적은 편입니다. 조율과 최적화에 더 많은 시간이 들죠. 인위적인 시간의 제약은 덜하지만 종종 자원의 약을 더 심하게 받기 때문에 우리는 생각을 더 많이 해야 합다.

현재 우리 스타트업을 보면, 비전은 분명히 구축되어 있지만 전략은 진화했고 앞으로도 계속 진화할 것입니다. 이메일이 가장 효율적인 솔루션이 아님에도 사람들이 이메일을 사용할 때 보이던 행동을 관찰한 것에서 초기의 비전이 도출되었습니다. 우리는 이런 사실과 관련하여 무언가를 할 수 있다고 생각했죠. 즉시 완벽한 답을 알 수는 없었지만 분명한 문제가 있었습니다. 솔루션이 다른 이메일 앱인지, 필기 앱인지, 혹은 작업 관리 도구인지는 우리도 몰랐습니다.

그렇기에 첫 단계는 분명히 기회의 영역, 혹은 의뢰인이 최종 사용자에 대해 지목하는 문제를 파악하는 것이었습니다. 이 지식을 기반으로 우리는 솔루션을 위한 계획으로서 전략을 구축했습니다. 우리는 가능한 대안이라고 생각하는 몇 가지의 다른 답들을 내놓았습니다. 하지만 실제로 디자인하고 프로토타입을 만들 때까지는 우리도 확실한 답을 알지 못했어요. 디자인하고자 하는 것을 더 잘 이해했을 때에야 다른 유사한 제품을 살피고 이러한 제품을 사용하는 사람들과 대화를 나누며 더 경쟁적인 분석을 할 수 있었죠. 그리고 그러한 지식을 바탕으로 우리는 하나의 최종 솔루션이 나올 때까지 프로토타입을 조정했습니다. 이 일을 통해 전략은 다른 모든 일과 마찬가지로 반복적으로 수행해야 한다는 교훈을 얻었습니다. 먼저 가설을 세우고, 계획을 구체화하며 새로운 정보를 배우고, 가설을 조정하고, 계획을 조정하는 일을 계속 반복해야 합니다. 전략은 살아 있는 경험입니다.

10. 전략가가 가져야 하는 중요한 기술이나 마음가짐은 무엇입니까? 혹은 무엇이 당신을 훌륭한 전문가로 만들어주었습니까?

제가 일을 잘하도록 해주는 것은 고난도의 생각, 그리고 세부 사항과 실행 계획에 동시에 집중하는 습관입니다. 그리 효과적이지 않은 전략을 내놓으려고 해도 그에 앞서 아주 많은 '숙제'를 해야 합니다. 하지만 그 숙제들을 모두 모아 흥미롭고 실용적인 이야기로 만드는 것에서 마법이 시작되죠. 이런 일이 언제나 쉽지는 않습니다. 비전이 있어야 합니다. 큰 그림을 보고 가능성에 흥분할 수 있어야 하죠. 뿐만 아니라 다른 사람들과 원활한 의사소통을 할 수 있어야 하며, 그들이 당신을 따를 수 있게끔 해야 합니다.

제프 카츠 Geoff Katz

출생 : 미국 미주리주 세인트루이스

거주지 : 미국 캘리포니아주 샌프란시스코

학력 : 러트거스뉴저지주립대학교 역사학 학사

그림 10-8
제프 카츠

1. 어떻게 전략가가 되었으며 업무의 일부로서 전략을 수립하기 시작했습니까?

저는 사람들마다 '전략'이라는 단어를 매우 다른 의미로 받아들인다고 생각합니다. 사람들이 혼란한 상태에서 벗어나 실제 기회를 파악하고 그 기회를 우선시하도록 만드는 것이 제가 다른 소비자 엔터테인먼트 기술 플랫폼에서 했던 일입니다. 종종 새롭게 등장한 플랫폼에서 작업할 기회가 있었습니다. 웹과 움직이는 GIF가 새로운 플랫폼이던 시절이 있었습니다. 1995년도의 맥도날드나 리바이스의 첫 번째 웹사이트를 떠올린다면 내 말을 이해할 수 있을 겁니다. 이전에는 존재하지 않았던 디지털 미디어가 너무나 많아졌기 때문에, 사람들이 진정 좋아하리라 여겨지는 것을 파악해야 했습니다. 이러한 상황은 UX를 통해 할 수 있는 것과 해야 하는 것의 본질적 구성요소를 발견하도록 하는 기회가 되었으며, 제품 경험이 어떻게 시장에 출시되는 제품에 반영되는지를 보여주는 청사진blueprint을 만들게 해주었습니다. 이것이 지난 20년에 걸쳐 제가 집중해온 일입니다.

사상의 역사를 연구하던 제 배경과 훈련은 제가 전문적인 전략가의 역할을 할 수 있게 해준 완벽한 조합입니다. 구체적인 정보의 근원을 파악하고, 이를 특정 수용자를 위해 참신하고 흥미로우면서 관여할 수 있게 하는 더 큰 그림을 그리는 데 사용했습니다. 저는 광고업계에서 경력을 시작했으며, 당시의 과업은 30초 동안 분명하고 간결하게 커뮤니케이션을 하는 것이었습니다. 저는 대형 광고회사에서 인터넷 업계로 옮긴 1995년 전까지 텔레비전 광고 제작자로 일했습니다. 대형 광고회사에서 인터넷 업계로 옮기고 나서는 언제나 의뢰인에게 집중하고 디자인과 엔지니어링팀을 목표를 향해 이끄는 데 모든 역량을 집중했죠. 그 목표는 빨리 이해될 수 있고 분명하게 행동할 수 있게 하는 것이었습니다.

2. 당신에게 UX 전략은 어떤 의미입니까? UX 전략가란 혹시 실체가 없는 직함이 아닙니까?

광범위한 직접 소비자 제품과 B2B 제품을 넘나들며 작업을 함에 있어, UX 전략은 제품을 정의하는 데 반드시 필요한 요소입니다. 지금은 우리가 해왔던 인터랙티브 미디어 디자인 및 개발 프로젝트를 이루고 있는 별도의 지식 분야가 존재합니다. UX와 제품 디자인을 시작하는 사람들에게, 대학원 과정이나 전문 교육과정을 거쳐 인터랙티브 제품 디자인과 개발 과정의 모든 부분에서 깊은 경험을 할 수 있는 기회는 매우 중요합니다. 그 넓은 배경이 바로 UX 디자이너와 UX 전략가를 구분 짓는 차이입니다.

전략가들은 더 높은 수준의 관점을 가지고, 성공하기 위해서는 이 세계가 어디로 나아가야 하는지를 확신할 수 있어야 합니다. 떠오르는 기회에 초점을 맞추고 이를 기술팀이 실제로 시행할 수 있는 방식으로 정의 내림으로써 사람들을 도와줄 수 있어야 한다고 생각합니다. 그동안 기술자들에게 그저 무엇을 개발해야 할지를 듣고 싶어 한다는 말을 여러 차례 들었습니다. 이는 그들이 창의적이지 않은 사람들임을 뜻하지 않습니다. 아주 특별한 수준의 세부 사항 없이는 소프트웨어를 만들 수 없기 때문입니다. 그 세부 사항을 얻어내고 제품을 그 당시 시장에 부합한 시기에 출시하는 것이 UX 전략가가 하는 일입니다.

나는 그 직함이 그저 허울뿐이라고는 생각하지 않습니다. 이것은 디자인의 관점에서 비즈니스 목적을 지지하는 데 집중하는 사람이 모든 회사에 있어야 한다는 것을 나타내는 직함입니다. 기술의 진화와 사용자를 기반으로 제품 기회를 파악하고 그러한 혁신을 제품 디자인으로 추구하여 이전에 보거나 사용한 것보다 더 나은 제품을 제공할 수 있습니다. UX 전략은 이전에는 별개였던 교리를 따릅니다. 사실상 이것이 새로운 교리로 성장하고 있다는 근거가 있습니다. UX 디자인이 일반적으로 가짜 직함으로 여겨졌던 시절이 있었죠. 제가 일했던 상호작용 디자인 에이전시의 의뢰인들은 그저 페이지에서 픽셀을 보길 원했습니다. 디자인이 어떻게 작동하는지, 디자인이 어떻게 사용자가 경험하기 쉽거나 더 어렵게 만드는지, 그리고 디자인이 브랜드에 어떻게 기여하는지는 그 이후에 하는 생각이었습니다. 스크린과 상호작용하는 UX가 더 복잡해지고 사용자가 제품 디자인 과정의 중심에 놓이기 시작하면서 UX는 독특한 분야로 부상하여 대화형 제품 개발의 필수적인 부분이 되었습니다. 저는 이제 UX 전략가가 별개의 디자인, 경험, 그리고 비즈니스를 잇기 때문에 중요한 역할을 한다고 생각합니다. 그래서 저는 이것이 단순히 가짜 직함이라고 생각하지 않습니다. 저는 UX 전략가가 매우 중요하다고 생각합니다.

3. 당신은 경영 전략을 어떻게 배웠습니까?

거리에서 배웠어요. 저는 디자인이나 경영학 학위가 없습니다. 교양 교육을 받을 때 대부분의 친구들은 MBA가 아니라 변호사가 되고 싶어 했어요. 당시에 예술과 디자인은 비즈니스가 아니라 개인적인 표현을 하고자 했던 것이며, 컬러 인쇄가 최신 기술이었습니다. 4년 동안 역사를 연구한 이후의 목표는 LSAT^{Law School Admission Test, 미국 법학대학원 입학시험}에 응시해 로스쿨에 가는 것이었죠. 당시에는 MBA를 고려도 하지 않았어요. 그래서 저는 샌프란시스코에 가서 브랜드 회사에 들어가 포스터를 만들기 시작했습니다. 매킨토시 컴퓨터가 프린트 산업이 진화하는 데 영향을 미치는 것을 보았으며, 기술이 진화하는 속도를 보고 저는 컴퓨터를 디자인에 사용하기 시작했습니다.

1990년대 초반이 되어서야 컴퓨터가 창의적 과정의 일부로 들어오게 되었습니다. 전통적인 그래픽 디자이너, 예술 지도자, 광고 TV 프로듀서와 함께 일하고 컴퓨터를 새로운 비즈니스 기회를 열 수 있는 디자인 및 광고 도구로 사용하는 것이 이러한 초기 단계부터 제 경력에 필수적이었던 것은 아닙니다. 1994년과 1995년에는 웹이 어디에나 존재할 뿐만 아니라 주요한 비즈니스 채널이 될 것이라는 생각을 사람들이 이해하기에는 꽤 어려웠습니다. 웹 브라우저는 그 당시에는 컴퓨서브^{CompuServe, 컴퓨터네트워크 회사}나 AOL^{전화 접속 콘텐츠 사이트}, 그리고 프로디지^{Prodigy, ISP}와 같은 인터랙티브 서비스보다 덜 유용했던 인터넷의 '그래픽 얼굴'이 되었습니다.

저는 넷스케이프^{Netscape}가 공공 서비스를 제공할 때 넷스케이프에서 열린 회의에 참가한 적이 있습니다. 누군가 샴페인을 가져왔으며 우리는 새로운 세계가 시작되는 광경을 보고 있음을 깨달았습니다. 당시 넷스케이프의 사람들은 브라우저의 진화 '프레임'을 기억하는가?와 인터넷이 어디를 향하고 있는지에 대해 이야기했습니다. 이들은 1997년도에 인터넷이 진정한 소비자를 향한 비즈니스 채널이 될 것이라고 이야기했죠. 그것은 큰 실험이었습니다. 그것은 텍스트와 하이퍼링크와 나쁜 그래픽이었죠. 저는 1995년도에 사람들이 인터넷을 어떻게 사용하는지를 파악하기 위한 CKS 파트너스CKS Partners의 프로젝트를 수행했습니다. 당시 인터뷰한 학생들은 이것이 상업화되거나 인터넷으로 물건을 사는 것을 이해하지 못했습니다. Jodi.org가 수십 억 달러의 가치를 가질 것임을 예상하지 못했습니다. 하지만 맥도날드, 리바이스, MTV, 그리고 디즈니는 인터넷을 새로운 경영 전략의 일부로 사용하기 시작했습니다. 처음에는 실험 삼아, 그 이후에는 새로운 마케팅 채널로 사용했으며, 결국 웹 및 인터넷 연결된 제품들은 소비자와의 직접적인 소통과 B2B 소통의 가장 중요한 형태이자 수익의 근원이 되었습니다. 특히나 엔터테인먼트 비즈니스는, 처음에는 음악으로 시작하고 나중에는 TV로, 영화 배포와 유튜브의 UGC로, 그리고 소셜 앱으로 퍼져나가기 시작했습니다. 예술이 아니라 비즈니스가 이러한 웹을 일시적인 유행이나 기술적 실험 이상으로 만들었다. 저는 인정하고 싶지 않지만, 이러한 노력과 이러한 실험이 기여하지 않았다면 이것들은 존재하지 않았을지도 모릅니다. 나는 세상의 가장 큰 기업과 함께 일해 투자자들의 돈을 써서 대화형 미디어에서 무엇이 되고 무엇이 되지 않는지 증명할 수 있었습니다. 저는 5년 간격으로 페이스북처럼 특이한 것이 나타나 모든 사람들을 끌어들인다고 생각합니다. 다른 4년하고도 364일 동안 우리는 그저 앞으로 조금씩 나아가 근본적인 기술을 정말 멋진 제품으로 만들고 지속 가능한 비즈니스를 구축하려 하는 것이라고 생각합니다.

우리가 UX 전략가로서 하는 일들 중 상당수는 다른 사람들이 특정 시점에 동시에 하는 일들을 통해 알 수 있습니다. 비즈니스 역사상 이렇게 한 치 앞을 내다보기 힘들 정도로 유동적인 환경에 처한 적은 없었으며, 변화의 속도 역시 빨라지고 있습니다. 우리는 국제적으로 연결된 미디어가 모든 것의 미래에 어떤 영향을 미칠지를 살펴보고 있습니다.

우리가 지금 스카이프를 통해 하고 있는 이러한 인터뷰도 15년 혹은 20년 전에는 상상도 못했을 일입니다. 《우리는 어떻게 여기까지 왔을까How We Got to Now》라는 책에서 스티븐 존슨Steven Johnson은 별것 아니었지만 그 중요성이 점차 커지는 기술적 혁신과 실험이, 종종 그 기여를 인정받지 못하는 사람들의 손으로 만들어지며 그들이 예측할 수 없었던 방식으로 세상을 바꾼다고 설명하죠. 저는 우리가 UX 전략가로서 하는 기여가 세계를 더 나은 곳으로 만드는, 유사한 기여라고 생각합니다.

저는 엔터테인먼트와 미디어 업계에서 일하며, PC부터 음악 재생기, 스마트폰, 태블릿, 게임 콘솔, 그리고 홀로렌즈HoloLens나 오큘러스 리프트Oculus Rift와 같은 연결 장치, TV 화면을 통해 완전히 새로운 경험을 하게 해주는 아마존의 파이어 TV 스틱Amazon Fire TV Stick까지 플랫폼의 진화를 지켜봐왔습니다. 이런 상황에서 오늘날 세계가 어디에 있는지를 조금 앞서 내다보고 몇 년 뒤에 세상이 어떻게 바뀔지 전망하는 것은 어려운 일이죠. 21세기 폭스21stCenturyFox의 COO인 체이스 캐리Chase Carey는 "오늘날 보이는 세상의 비즈니스는 몇 년 뒤에는 볼 수 없을 것이다"라고 말했습니다. 그렇긴 하지만, 일반적인 사람의 행동의 근원은 인터넷이 막 시작될 초창기부터 존재했습니다.

1994년도에 로스앤젤레스에서 열린 "정보 고속도로 정상회담Information Superhighway Summit"에서, 앨 고어Al Gore는 500개의 우주 채널인공위성과 인터넷에 대해 이야기했는데, 그것이 바로 오늘날 우리가 사는 세상입니다. 그저 몇 배더 많아졌을 뿐이에요. 기술로 가능해진 경험이 일상적인 행동의 일부가 되려면 수많은 실험이 있어야 하며, UX 전략가로서, 그러한 노력에 일조하는 것은 재미있는 일입니다. 그래서 기본적으로 저는 이러한 크로스 플랫폼 제품 계획에 참여하고 말단 사용자들에게 무엇이 유효하고 유효하지 않았는지 확인하는 것을 통해 경영 전략을 배웠습니다.

4. 전략가가 되기를 열망하는 UX 디자이너들이 MBA 학위를 취득하거나

경영학 학위를 가지고 있는 것이 도움이 된다고 생각하십니까?

UX 디자이너들이 회사에 기여하려면 현실에 입각하는 것이 중요하다고 생각합니다. 저는 그 일을 하는 데 경영학 학위가 필요한지는 모르겠어요. 나는 수천 명의 직원이 있는 회사에서 일을 해봤고 8명의 직원이 있는 회사에서도 일해봤지만, 2주마다 한 번씩 월급을 받는 것을 비롯해 모든 사람이 받아들이는 현실에는 특정한 가치가 있다고 생각합니다. 그러한 가치는 사람들이 일하는 이유와 매일같이 하는 일에 대한 사람들의 심성 모형에 깊이 뿌리박혀 있는 것입니다. 지난 20년간 실리콘밸리에는 무한한 돈이 있으며 다음 얼마 동안 버틸 수 있는 자금이 있다면 제품을 어떻게 만들어야 할지, 제품을 어떻게 시장이 받아들이게 할지 알아낼 수 있다는 잘못된 인식이 있었습니다.

하지만 나는 모든 사람들이 이 크고 넓은 세상에서 그렇게 운이 좋다고 생각하지는 않아요. 하루가 끝날 즈음에 사람들이 사용하고 싶어 할 만한 제품을 만들 수 있고, 그건 중대한 사건이죠. 하지만 아직 비즈니스는 아니에요. 대단한 사용자 경험을 구축했으며 성공적인 제품을 보유한 페이스북과 트위터 같은 회사들도 예상 수치에 맞추기 위해 매 분기마다 놀라울 정도의 압박을 받으며, 그렇기에 잘 디자인되고 사랑받는 제품은 충분하지 않아요. 당신 역시 돈을 벌어야 하고, 더 많이 벌수록 좋죠. 이렇기에 UX, 제품 디자인, 그리고 UX 전략을 실제 비즈니스와 별개로 생각하는 것은 가능하지 않아요. 저는 UX 전략가가 비즈니스가 실제로 어떻게 작동하는지에 대한 기본적인 이해에 기반을 두어야 한다고 생각합니다.

5. 어떤 유형의 제품 전략을 수립했을 때 가장 작업하기 즐겁고 재미있었습니까?

저는 항상 소비자에게 집중하는 미디어와 엔터테인먼트 사업을 할 기회가 있었어요. 아이들에게 TV 시청은 정말 재미있는 일이죠. 저는 소비자 인터넷을 보며 이것이 TV 배포 플랫폼처럼 연결되고 무제한적인 것이라고 생각했어요. 하지만 제가 익사이트앳홈Excite@Home에서 일하던 1990년대 말이 되어서야 비로소 소비자 광대역 통신이 나타나기 시작했으며, 2000년대에 접어들어서야 디지털 영상을 DVD와 마이크로소프트의 얼티메이트TV Ultimate TV와 티보TiVO 같은 DVR을 통해 볼 수 있게 되었습니다.

이제는 광대역 통신, 디지털 영상, 그리고 연결된 기기를 조종하는 습관과 함께 우리는 마침내 인터넷의 초창기부터 기대했던 세계에 도달했습니다. 저는 새로운 플랫폼상의 어떤 제품이 어떻게 될 수 있는지를 보여주는 첫 번째 견본을 만들 기회를 항상 누릴 수 있었던 것이 아주 흥미진진하고 재미있었습니다. 저는 이러한 기술이 어떻게 작동하는지를 탐구하는 것을 좋아하고, 미디어가 새로운 플랫폼으로 옮겨 감에 따라 엔터테인먼트 경험을 어떻게 더 좋고 매력적으로 만들 것인지 생각하는 것을 좋아합니다. 제가 작업한 개념과 제품 중에서 잊힌 것도 있고, 널리 받아들여진 것도 있습니다. 저는 그것들이 사람들이 오늘날 미디어 엔터테인먼트를 사용하고 상호작용하는 방식의 근본적인 디딤돌이 되었다고 생각합다.

6. 다른 작업 환경예를 들면, 스타트업, 에이전시, 기업에서 전략을 시행하는 데 따르는 어려움은 무엇입니까?

저는 익사이트앳홈, 다이렉TV, 그리고 티보와 같은 대형 제품 회사들과 함께 일할 기회가 있었으며, 인터랙션 디자인 에이전시와도 함께 일할 기회가 있었습니다. 예를 들어, 2000년대 중반에 저는 케빈 팜햄Kevin Famham이 세운 샌프란시스코 최고의 브랜드 경험 디자인 회사인 메소드Method에서 일했으며, 마이크로소프트와 쇼타임 네트웍스Showtime Networks 같은 큰 엔터테인먼트사, 그리고 박시Boxee : 동영상 스트리밍 업체—옮긴이 같은 스타트업을 위해 일하기도 했습니다.

저는 다른 작업 환경에서 전략을 수행하는 어려움을 이렇게 묘사하고 싶습니다. 제품 회사 내에서 일하는 것은 눈을 가리고 사는 것과 같다고 말이죠. 제품 회사 내에서 일하는 사람은 자신의 제품과 시장 분야에 모든 관심을 쏟습니다. 매일 매일의 현재 개발하고 있는 제품에 집중할 것이며, 모든 에너지를 회사 내 다른 구성원들에게 제품 개발 노력을 독려하는 데 쓸 것입니다. 예를 들면, 제가 다이렉TV에서 일할 때 이들은 우주에 인공위성을 띄워서 거실의 셋톱박스로 영상을 보내려고 했습니다. 그래서 우리는 새로운 형태의 데이터인 '고급 서비스'를 만들어서 그러한 데이터를 인공위성 신호에 연결하고 다운로드하여 새로운 사용자 경험을 이끌어낼 생각이었습니다. 이 아이디어는 휴스 코퍼레이션Hughes Corporation에서 엔지니어로 경력을 쌓은 사람들에게조차 두려움을 일으킬 정도였다. 이는 그들이 개발한 플랫폼을 사용할 수 있는 새로운 방식이었는데, 이들은 위험을 회피하려고 했습니다. 이들은 "수백만 개의 셋톱박스를 고철 덩어리로 만들어버릴 것을 다운로드하려는 것이냐?"라고 물었고, 우리는 "그렇습니다!"라고 답했죠.

위험을 회피하려는 문화가 팽배한 대기업에 위험을 감수하는 사고를 주입하는 것은 너무나 어려운 일이었지만, 이것이 변화를 야기했습니다. – 뉴스코프News Corp.가 회사를 인수해 문화를 바꾸었죠. – 그래서 혁신을 지속할 수 있는 환경을 만들었습니다. 대기업들의 구조적 특성이 일상적인 위험을 키우는 것은 아닙니다. 실제로 이들은 오늘날 위험을 줄이고 사업 이익을 최대화하는 데 집중하고 있습니다. 이것은 혁신가의 딜레마이며, UX 전략가로서 우리는 매일 이를 다룹니다.

제가 에이전시에서 일할 당시에 처한 어려움은 조금 달랐습니다. 폭넓은 관점을 가져야 했어요. 다양한 산업 분야의 많은 기업들이 무엇을 생각하는지 알아야 했고, 많은 기업들이 실제로 이를 알아내기 위해 도움이 필요했습니다. 에이전시에서 전략을 수행할 때의 어려움은 제가 앞서 언급한 기업들의 구조적 특성을 고려한다면, 고객사 내에서 옹호자를 찾는 것이었어요. 이게 쉽지 않은 이유는, 당신은 당신의 일을 하고, 전달할 수 있는 것을 완성하고, 떠나야 하기 때문이죠. 그러고 나서 다음 프로젝트를 진행합니다. 에이전시에서 일하는 것의 장점은 당신이 그러한 의뢰인의 기업 문화 속에서 계속 살지 않다도 된다는 것입니다. 단점은 이러한 프로젝트들이 종종 현실 세계에서 빛을 보지 못한다는 것입니다.

7. 제품이나 UX 전략을 어떤 식으로든 실험해본 적이 있습니까? 가치 제안을 시장에서 검증하기 위한 것이든, 타깃 고객에게 프로토타입을 테스트해보는 것이든 말이에요. 전략을 수행하는 동안 어떻게 진실에 더 가까워졌습니까?

저는 그러한 실험 과정이 당신이 일하는 문화나 장소에 기본적으로 적용되어야 한다고는 생각하지 않습니다. 대기업과 달리, 25명의 사람들로 구성된 벤처 스타트업에서 일하고 있는 우리는 프로토타입을 제작하거나 목표 고객을 대상으로 테스트할 시간이 없습니다. 우리가 하고 있는 일들이 아주 성공적이고 보편적으로 전개되어 많은 사람이 즐길 수 있는 미래를 상상할 뿐입니다.

제가 근무한 티보는 좀 달랐습니다. 기업 문화가 더 진화했으며, 사용자 경험 디자인은 매우 체계적이었고, 모든 기술과 제품이 프로토타입 제작과 UX 테스트 과정을 거쳤습니다. 실리콘밸리에 있는 우리 연구소에서만 그런 것은 아닙니다. 우리는 새로운 제품 콘셉트와 프로토타입을 클리블랜드로 가져가 거기서 테스트하곤 했습니다. 우리는 실리콘밸리의 '거품'으로부터 빠져나와 우리가 뭔가 멀리 공명하는 것을 만들었는지 확인할 필요가 있었죠. 그래서 우리는 광범위한 사용자 및 사용자 그룹 테스트를 하고, 그 정보를 프로토타입에 다시 반영했습니다. 종종 우리는 이러한 과정을 몇 번 반복했고, 얻어낸 정보를 다시 제품에 반영했습니다. 비록 사용자 중심 디자인이 오늘날 크고 성공적인 많은 회사에서 제품 개발 과정의 많은 부분을 차지하고 있지만, 저에게는 이러한 디자인과 프로토타입 제작을 완전히 수용하는 환경에서 일하는 것이 여전히 사치스러운 일입니다.

8. 전략이나 공유된 비전에 대한 합의를 이끌어내는 당신의 비밀 병기 혹은 비법은 무엇입니까?

저는 주요한 비즈니스 문제를 해결하는 것에 집중하는 것이 핵심이라고 생각합니다. 당신 주변의 환경이 변하는 동안 솔루션과 기회를 파악할 수 있는 능력이 필요합니다. 저는 텔레비전 네트워크 고객의 영상을 페이스북이나 트위터 같은 대형 소셜네트워크로 옮기기 위해 몇 가지 작업을 하고 있습니다. 오늘날 세상이 돌아가는 방식을 보고, 당신의 제품이 당신의 고객과 소비자들을 위해 할 수 있는 것을 생각하고, 당신의 회사가 모든 일을 완벽하게 실제 세상에서 수행할 수 있게 해야 합니다. 하지만 실제로 세상에 내놓기 전에는 검증이 되지 않은 것입니다. 당신은 성공했을 수도 있고 성공하기에는 너무 늦었을 수도 있습니다. 어쩌면 애초에 좋은 생각이 아니었을 수도 있죠. 저는 에릭 리스의 린 스타트업 운동에서 나온 아이디어, 특히 최소기능제품을 정의하고 전달하는 문화가 스타트업과 대기업에 뿌리내리길 바랍니다. 예를 들어, 저는 현재 그러한 기법을 적용했을 때 유익할 것이라고 생각되는 제품을 만들고 있습니다. 아직 모든 회사에 그러한 문화가 정착된 것은 아니지만 말이죠.

9. 혁신적인 제품을 위해 구체적으로 전략을 수행할 때 반드시 거쳐야 하는 단계들을 독자들에게 보여줄 수 있는 경영 사례나 일화가 있습니까?

저는 프로젝트를 수행할 때 거의 언제나 새로운 기술 플랫폼에 대한 기술적 개요 및 요구 사항 분석으로 시작합니다. 이는 우리가 비즈니스 기회라고 생각하는 을 분명하게 정의 내릴 첫 기회이기도 합니다. 이 초기 작업은 현존하는 솔루션을 혁신하거나 새로운 제품을 만드는 데 자원을 투입하는 것을 정당화합니다. 저는 소프트웨어 개발자도 아니고 공학적 배경지식도 없기 때문에 솔루션 설계자인 CEO와 수석 엔지니어와 공동으로 작업합니다. 제가 현재 일하고 있는 회사인 워치위드Watchwith에서는 이러한 제품 개발 과정에서 현재 제품관리팀 및 기술팀이 집중하는 분야보다 앞서 있는 기회에 초점을 맞춥니다.

기술적인 개요는 크리에이티브 브리프〈그림 10-9〉참조를 개발하는 데 사용하는 기본적인 이해를 설정합니다. 그리고 저는 UX 및 시각디자인팀을 프로세스에 끌어들이기 위해 크리에이티브 브리프를 사용합니다. 저는 크리에이티브 브리프를 위해 고객과 대화하면서, 고객들이 생각하거나 계획할 시간이 많지 않은 분야를 혁신합니다. 이들은 오늘날 자신들의 비즈니스를 지원하는 데 집중하고 있으며, 우리는 그들이 앞으로 나아갈 계기를 제공합니다. 우리 회사는 신흥 플랫폼 미디어 및 엔터테인먼트 생태계에 속해 있기 때문에, 우리는 고객의 요청에 응답하기보다는 시장을 이끌 위치에 있습니다. 궁극적으로 우리는 목표에 대한 전폭적인 지지를 이끌어낼 새로운 수익원을 확보할 필요가 있습니다.

커넥티드 TV 오버레이 디자인 프로젝트

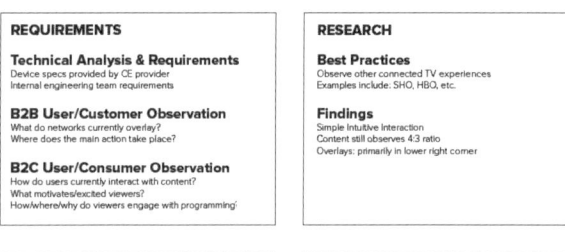
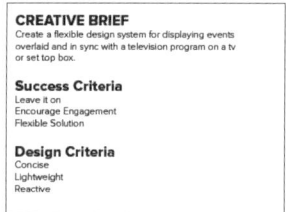
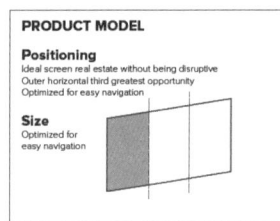
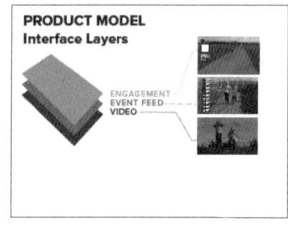
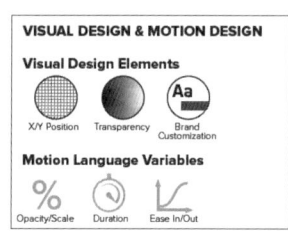

그림 10-9
크리에이티브 브리프(creative brief)

크리에이티브 브리프는 제품 목표에 관한 개요를 포함하고 있으며 성공의 기준을 정의합니다. 크리에이티브 브리프 문서들의 정렬함으로써 콘셉트에 대한 탐구를 우리의 사업 목표를 지지할 제품 구현 옵션들에 대한 콘셉트 탐구를 시작하게 됩니다. 다음으로 우리는 제품에 대한 고위의 상호작용 모델을 정의하는 데 집중합니다.

우리는 최소한으로 만들어진 와이어프레임에 기초한 파워포인트 제품 클릭 순서가 제품의 주요한 사용 사례를 설명하는 데 도움이 된다는 사실을 발견했습니다. UX

가 형성되는 과정에서 이 단계는 필수적입니다. 와이어프레임만으로는 제품 및 경영진과 효과적으로 소통하기에 충분하지 않습니다. 동작 연구 영상은 커뮤니케이션의 도구로써 동등하게 중요하며, 우리에게 시간과 자원이 있다면 비디오를 만드는 것을 권장합니다. 창의적인 요약과 동작 연구는 회사의 이해관계자들과 논의를 진전시키고 고객 없이 초기 합의를 이끌어내는 데 도움이 되는 도구입니다. 크리에이티브 브리프와 동작 연구는 초기 개념 증명 또는 프로토타입 공학의 초기 개발을 위한 기초 자료로 검토/승인되고 제품을 관리할 수 있게 합니다.

10. 전략가가 가져야 하는 중요한 기술이나 마음가짐은 무엇입니까? 혹은 무엇이 당신을 훌륭한 전문가로 만들어주었습니까?

전략가가 갖춰야 할 최고의 덕목은 호기심과 장난기죠. 뭔가를 바꿀 수 있다는 믿음과 뭔가 시도하고자 그리고 가끔 실패하고자 하는 의도는 창의적인 전략가들과 창의적인 보통 사람들이 핵심 특성입니다. 우리가 매일매일 일상적인 작업을 하는 속도는 놀랍도록 빠르지만, 대단한 산물은 만드는 데는 오랜 시간이 걸리며 차용되는 데는 더 오래 걸립니다. 이것은 오랜 기간에 걸쳐 조금씩 일어납니다. 애플 뉴턴 메시지패드Apple Newton MessagePad, 1993, 팜파일럿Palm Pilot, 1996, 혹은 마이크로소프트의 태블릿 PC2001는 소비자들의 호응을 얻는 데 실패했지만 애플의 아이패드2010는 성공했습니다. 다이렉TV가 1500만 명의 구독자를 얻기까지는 10년이나 걸렸습니다1994~2005. 커넥티드 TVconnected TV : 인터넷 기반 서비스가 가능한 TV는 2010년이 되어서야 겨우 도입되었으며, 10년이 지나기 전에는 지배적인 형태의 텔레비전이 되기 힘들 거예요.

저는 1994년도부터 소비자들을 위해 '상호작용 TV'를 개발하려고 했으며, 리바이스의 유스웨어Youthwear를 선전하는 첫 텔레비전 광고를 만들었고, 타임워너 풀 서비스 네트워크Time Warner Full Service Network에서 다비치 타임 앤 스페이스daVinci Time and Space를 광고했습니다. 그리고 멈출 계획이 없습니다. 그렇기에 나는 일을 잘하기 위해서는 특정한 인내심을 기르는 것이 탐구적이고 재치 있는 마인드를 가지는 것만큼이나 중요하다고 생각해요. 그러한 인내는 제품의 인터랙션 디자인 과정을 올바르게 수정하며, 매일같이 반복적으로 미래를 혁신하려고 하는 과정에서 나온다고 생각합니다.

대단원

"그리고, 계속하여…… 지혜의 길을 따라 무거운 발걸음을 내딛고 자신감을 가지며…… 그러나, 당신은 곧 경험의 근원일 수 있다. 당신의 특성에 대한 불만족을 내던져라. 자기 자신을 용서하라. 당신은 여태까지 살아온 모든 것을 합칠 능력을 갖고 있다. 잘못된 시작, 오류, 망상, 열정, 당신의 사랑과 희망. 이런 것들을 목표에 남김없이 혼합하는 것이다."

—프리드리히 니체Friedrich Nietzsche, 《인간적인 너무나 인간적인Human, All Too Human》

때때로 제품들은 세상의 빛을 보지 못하는데, 이는 예측하거나 통제할 수 없는 이유 때문은 아니다. 재무 상태의 위기, 없어져버린 팀, 새로운 기술, 개인적인 동기, 망가진 관계, 그리고 적용될 UX 전략의 범위를 벗어난 많은 것들이 그 이유가 될 수 있다.

당신이 1장에서 만난 소프트웨어 엔지니어는 랜딩 페이지 실험 이후에 보험 회사들과 직접적으로 협상을 하면서 B2B 모델에서 중요한 역할을 했다. 하지만 그해 2013년도는 미국의 전체적 의료 시스템이 막 새로운 보험법에 순응하려 하고 있을 때였다. 내가 마지막으로 그와 대화했을 때 그는 치료 센터들이 파괴된 산업 내에서 경쟁하는지 과정을 방해하는 데는 몇 년이 걸릴 수 있다고 했다. 완벽히 디자인한 웹사이트, UX, 혹은 경영 전략조차 해결하지 못할 만큼 너무 많은 변수들이 있었다. 무거운 러시아 억양으로, 이전의 체스 천재는 "내가 그의 사업을 망쳤다"라고 반농담으로 말했다.

나의 학생들인 비타와 에나에게는 에어비앤비 웨딩 서비스가 수업 프로젝트였기에 수업이 끝나자 그 프로젝트도 끝났다. 그들에게는 이루어야 할 다른 개인적이고 전문적인 꿈이 있었다. 나는 이들이 어디를 가든 잘하고 있으리라고 생각한다그리고 이 가치를 개발하고자 한다면 당신이 해도 좋다.

최근에 토팡가 협곡Topanga Canyon에 있는 재러드의 집에서 그와 함께 시간을 보냈고, 트레이드야를 진전시킬 방법에 대해 이야기를 나누었다. 그는 '온라인을 통해 물물거래를 하는 것이 왜 이렇게 어려운 것인가?'라는 수수께끼를 풀기 위한 실험에 4년이란 긴 시간과 수백만 달러의 투자금을 투입했다. 그 결과 심성 모형을 변화시키기는 어렵다는 것이 증명되었으며, 8만 명 이상의 사용자들을 보유한 트레이드야는 매일 평균적으로 10회 정도의 거래를 성사시키고 있다. 트레이드야가 에어비앤비가 했던 것처럼 공유경제의 블루오션을 성공적으로 지배하려면 시간이 더 많이 걸릴 것이다. 하지만 이제 재러드는 온라인 물물거래 상호작용에 필수적인 것들을 만드는 방법에 대해 상당한 전문지식을 갖고 있다. 그는 영향력 있는 사용자들에 대해 잘 알고 있다. 그들은 작은 사업체 운영자, 프리랜서, 그리고 창업가들로 급성장하고 있는 창의적인 계층이다.

나는 우리가 삶에 수많은 위험이 도사리고 있다는 것을 기억해야 한다고 생각한다. 그 위험들 중 일부는 전문적이고 나머지는 개인적이며, 그 둘을 분리하는 것은 어렵다. 예컨대, 내 외할아버지 알렉스 진들러Alex Zindler를 생각해보자. 그는 1907년도 폴란드의 타르노폴Tarnopol, 이제는 우크라이나의 Ternopil이 됨에서 태어났다. 그의 첫 기억은 유대인에 대한 공습으로 집이 부스러지는 장면이었다. 공습이 벌어지는 동안 그의 동생들이 죽었다. 그의 아버지는 그가 여섯 살이 되고 나서 죽었다. 그리고 제1차 세계대전1914~1918이 발발하여 그가 열한 살이 될 때까지 계속되었다. 그의 국가명, 모국어, 그리고 길거리 표지판이 독일, 오스트리아, 그리고 러시아군이 마을을 짓밟으면서 일곱 번이나 바뀌었다.

1923년도에 알렉스가 16세가 되었을 때 그와 그의 어머니 로냐Ronya는 박해를 피해 폴란드를 떠났다. 더 나은 삶을 찾아서 이들은 벨기에 앤트워프로 향하는 기차를 타고, 캐나다의 퀘벡으로 가는 배를 탔다. 그러나 북아메리카로 가는 길에 로냐가 콜레라에 감염되어 죽었다. 비탄에 잠긴 알렉스는 어머니가 바다에 묻히는 것을 지켜볼 수밖에 없었다.

알렉스는 돈 한 푼 없고 영어도 하지 못하는 고아로, 퀘벡시에 도착해 방금 도망친 국가로 강제 추방당할까 봐 두려웠다. 다행히도 같은 배에 탄 성직자가 그를 보증해 남을 수 있었다. 하지만 알렉스는 뱃삯을 성직자에게 갚아야 했으며, 이는 상당한 금전적 부담이 되었고, 그는 2년 동안 토론토의 재단사 밑에서 일했다. 10대 후반이 되어서야 그는 자유를 즐기고, 친구들을 많이 사귈 수 있었으며, 취미로 복싱을 시작했다〈그림 11-1〉.

〈그림 11-1〉
1925년 알렉스 진들러(오른쪽)와 그의 친구 어빙 로스(Irving Roth)

알렉스는 몇 년 동안 복싱 연습을 했는데, 스파링 도중 얼굴을 맞아 한쪽 눈에 심각한 백내장이 생겼다. 이를 해결하기 위해 수술을 받았고, 알렉스는 한쪽 눈이 보이지 않고 다른 한쪽 눈의 시력은 약해졌다는 사실을 알게 되었다. 이러한 상황에 처하면 대부분은 의욕을 잃거나 이러한 신체적 장애로 활동이 제한될 것이다. 그러나 알렉스는 그러지 않았다. 그는 결혼을 했고, 캐나다 매니토바주Manitoba의 위니펙Winnipeg에 자리를 잡고 아이들을 세 명이나 낳았다. 가족을 부양하기 세탁소에서 25년 동안 어렵게 일했다. 1957년도에 50세의 나이로 알렉스는 심장마비를 겪고 완전히 눈이 멀게 되었다. 2년 후 그의 아내가 죽었으며 가장 어린 아들을 혼자 키우게 되었다.

하지만 나의 할아버지 알렉스는 이러한 비극이 자신을 절망감이나 실패감에 빠지게 하는 것을 용납하지 않았다. 대신에, 공포를 마주하며 집 밖으로 나왔다. 그는 버스로 이동할 수 있도록 훈련을 받았다. 맹인 볼링 리그에 가입했으며 체육관에서 운동을 했다. 그는 아들이 최고의 교육을 받도록 했다.

하지만 알렉스에게 진정한 자유를 준 것은 기술이었다. 그는 진짜 오디오 마니아였으므로 오디오를 기록하고 음악을 듣기 위해 최고의 장비를 구입했다. 테이프로 들을 수 있는 책을 사기 시작했고 최신판《뉴욕타임스》베스트셀러들을 음미했다. 60대 후반에, 음성응답 클럽Voicerespondence Club이라는 레코더 소유주들의 비영리 조직을 통해 알렉스의 사회적 네트워크가 확장됐다. 그 클럽의 구성원들은 카세트테이프로 그리고 나중에는 카세트테이프로 자신의 개인적인 삶, 정치적인 생각, 그리고 뮤지컬 녹음을 공유했다. 클럽은 페이스북과 냅스터Napster의 아날로그 버전이었다. 또 카세트테이프는 그가 캐나다에서 로스앤젤레스에 있는 가족과 소통할 수 있었던 방식이었다. 내 할아버지는 74세의 나이로 1981년에 돌아가셨다. 하지만 할아버지의 녹음 덕분에 나는 그의 폴란드 억양과 그가 공유한 이야기들을 잊지 않을 것이다.

스타트업 설립자, 제품 제작자, 그리고 UX 디자이너라면, 디지털 제품을 개발하는 것은 성공하거나 실패하게 되는 개인적인 경로가 될 것이다. 우리의 예금, 건강, 그리고 감정이 사용자의 삶을 바꾸고자 하는 가치에 투자된다. 하지만 발명가로서 우리는, 실패는 일부 사람들에게는 힘들 수 있겠지만 성공을 위해 필수적인 제품의 여정임을 받아들여야 한다. 나의 할아버지처럼 행동할 필요가 있다. 그는 삶의 어려움이 결과를 규정하도록 허용하지 않았다. 대신에 계속 노력했으며, 최대한 열심히 살고자 했으며, 그런 목적으로 기술을 사용하는 방식 또한 구축했다.

교훈

- 일이 언제나 계획대로 되지는 않는다. 우리는 민첩해져야 하며 전진하기 위한 새로운 방법을 찾아야 한다. 삶의 도전을 받아들이고 능동적인 정신을 유지하라.
- 사용자의 삶을 개선하고 진짜 문제를 해결하도록 도와줄 수 있는 새롭고 예상치 못한 방법들로 일상의 기술을 사용할 기회를 간과해서는 안 된다.
- 우리는 궁극적으로 우리의 삶을 책임지며 그 삶을 어떻게 사느냐에 따라 규정된다. 우리 존재는 우리 스스로 만들어가는 것이다. 인생을 낭비하지 말자.

UX 디자인 전략

전쟁에서 이기는 혁신적 디지털 제품을 만드는 법

초판 1쇄 발행일 2017년 2월 28일
1판 1쇄 발행일 2018년 5월 31일

발행처 유엑스리뷰
발행인 현명기
지은이 제이미 레비 Jaime Levy
옮긴이 현호영 Hyun Hoyoung
주　소 부산광역시 수영구 광남로 160-1 2층
전　화 051.755.3343
메　일 uxreviewkorea@gmail.com

본서의 무단전재 또는 복제행위는 저작권법 제136조에 의하여 5년 이하의 징역 또는 5천만 원 이하의 벌금에 처하게 됩니다.

낙장 및 파본은 구매처에서 교환하여 드립니다. 구입 철회는 구매처 규정에 따라 교환 및 환불처리가 됩니다.

ISBN 979-11-955811-3-9

UX Strategy

Authorized Korean translation of the English edition of UX Strategy ISBN 978-1-4493-7286-6 © 2015 Jaime Levy. This translation is published and sold by permission of O'Reilly Media, Inc., which owns or controls all rights to publish and sell the same.

This Korean edition was published by UX Review in 2017 by arrangement with O'Reilly Media, Inc. through KCC (Korea Copyright Center Inc.), Seoul.

이 책은 한국저작권센터를 통한 저작권사와의 독점계약으로 유엑스리뷰에서 출간되었습니다.
저작권법에 의해 한국 내에서 보호를 받는 저작물이므로 무단전재와 복제를 금합니다.